Private Altersvorsorge

Inhalt

Übersichten, Tests und Interviews

Wenn ich einmal alt bin...

Das Alter liegt für die meisten von uns irgendwann in der Zukunft, es kommt zwar näher, ist aber noch weit entfernt. Und wer träumt wohl nicht davon, morgens nicht mehr zur Arbeit hetzen zu müssen, die Zeit nach den eigenen Vorstellungen einteilen zu können und endlich all das zu tun und zu sehen, wofür bisher die Zeit nie ausgereicht hat? Doch woher kommt das nötige Geld, wenn nicht mehr regelmäßig Gehaltszahlungen auf dem Konto eingehen? Wie hoch wird die Rente oder die Pension dann sein?

DIE GRUNDVERSORGUNG

Bei Ihren hohen Beiträgen zur gesetzlichen Rentenversicherung müssten Sie doch im Alter davon leben können. Aber weit gefehlt: Die Rente wird deutlich niedriger ausfallen und auch mit einer Zusatzrente aus der betrieblichen Altersversorgung oder der Zusatzversorgung des Bundes und der Länder bleibt eine – mehr oder weniger große – Lücke bestehen. Wer bei der Rente Pi mal Daumen rechnet, läuft Gefahr, sich völlig zu verschätzen. Befragungen haben ergeben, dass ungenaue Vorstellungen über die Höhe der Einkünfte im Alter bestehen: Die monatliche Rente wird oft doppelt so hoch geschätzt, wie sie in Wirklichkeit einmal sein wird. Rechnen Sie mit einer Altersrente von höchstens 50 Prozent ihres Gehalts!
Neben den geringen Altersrenten haben die leeren Kassen der Sozialversicherungen zu weiteren Einschränkungen geführt: Die Renten bei Berufsunfähigkeit sind drastisch gekürzt worden, bei Krankheit müssen höhere Zuzahlungen geleistet werden und im Pflegefall sind sie nicht hoch genug, um die Unterbringung in einem lebenswerten Rahmen zu finanzieren.
Deshalb ist es unerlässlich, sich als Erstes mit der Grundversorgung, unserem sozialen Netz, zu beschäftigen. Dabei werden Sie feststellen, dass Ihre Absicherung nicht ausreicht. Decken Sie finanzielle Risiken, die Ihre Existenz bedrohen, durch Versicherungen ab. Spinnen Sie Ihr persönliches Sicherheitsnetz, indem Sie aus dem großen Angebot den für Sie sinnvollen Versicherungsschutz herausfiltern, und schließen Sie Lücken der gesetzlichen Grundversorgung.
Da mit Beginn der Rentenzahlung aus der BfA oder LVA die Hälfte zum Lebensunterhalt fehlt, bauen Sie mithilfe dieses Buches eigenes Vermögen auf.
Nutzen Sie die Checklisten in den folgenden Kapiteln und verschaffen Sie sich einen Überblick darüber, wie hoch Ihr Einkommen im Alter sein wird, und welche Lücke geschlossen werden soll (siehe Checkliste Seite 43).
Haben Sie den Betrag ermittelt, der Ihnen im Alter fehlt, können Sie mit dem Rechenbeispiel im Klappentext des Buches ganz einfach ausrechnen, wie viel Geld Sie monatlich sparen sollten, um diese Lücke zu schließen.
Mit 30 schon ans Alter denken? Bestimmt nicht zu früh. Und auch wenn es mit 30 mit dem Sparen nicht geklappt hat – fangen Sie jetzt an, es lohnt sich immer! Um mit 65 ausreichend versorgt zu sein, sind lange Zeiträume notwendig, da im Ruhestand Monat für Monat Geld entnommen werden soll. Denn nach dem Ausscheiden aus dem Berufsleben liegen vielleicht 20, 30 oder mehr schöne Jahre vor Ihnen. Wer rechtzeitig anfängt, Geld in unterschiedlicher Weise anlegt und immer mal wieder prüft, ob die aufgemachte Rechnung noch stimmt, wird im Alter nicht enttäuscht sein.
Heutzutage steckt niemand mehr Geld in einen Sparstrumpf und leert diesen zum 65. Lebensjahr aus, um dann das Angesparte für die voraussichtlich verbleibenden Jahre aufzuteilen. Man investiert bei Banken, in Investmentfonds und Versicherungen.
Doch Vorsicht! Altersvorsorge ist keinesfalls das Glück derjenigen, die mehr oder weniger zufällig die richtigen Anlageprodukte erworben haben und daher mit viel Glück oder vielleicht sogar einer fixen Idee höchste Renditen erwirtschaften; Altersvorsorge ist ein geplanter Vorgang, bei dem entsprechend der eigenen Risikobereitschaft Geld angelegt wird.
Um Ihr Ziel zu erreichen, im Alter gut leben zu können, benötigen Sie Wissen: Wie sind Chancen und Risiken in unterschiedlichen Geldanlageprodukten verteilt? Welche Versicherungen verringern das persönliche Risiko? – Und Sie benötigen eine individuelle, auf Ihre Situation

abgestimmte Planung. Sämtliche Informationen dazu finden Sie – übersichtlich geordnet – in den einzelnen Kapiteln dieses Buches! Also, Schritt für Schritt die Kapitel erarbeiten. Am Anfang steht das Fundament Ihrer finanziellen Absicherung im Alter – die Grundversorgung. In Deutschland wurde bereits im Jahre 1871 eine gesetzliche Sozialversicherung ins Leben gerufen, deren gesetzliche Grundlage die Reichsversicherungsordnung ist. Als erste Einzelversicherung wurde die gesetzliche Krankenversicherung 1883 umgesetzt. Heute umfasst die Sozialversicherung fünf Bereiche:
- → Rentenversicherung
- → Krankenversicherung
- → Pflegeversicherung
- → Unfallversicherung
- → Arbeitslosenversicherung

Nahezu jeder Bundesbürger ist gesetzlich sozialversichert – ob er will oder nicht. Angestellte zahlen bis zur Beitragsbemessungsgrenze Beiträge in die Rentenversicherung ein, sind in der gesetzlichen Kranken- und Pflegeversicherung pflichtversichert – sofern das Einkommen nicht die Versicherungspflichtgrenze zur Krankenversicherung übersteigt – und zahlen monatlich Beiträge zur Arbeitslosenversicherung. Lediglich die Unfallversicherungsbeiträge werden insgesamt von den Arbeitgebern entrichtet. Die gesetzliche Rentenversicherung zahlt Renten im Alter, bei Tod, bei Erwerbsminderung und Rehabilitationskosten bei schweren Erkrankungen oder nach Unfällen. Die Finanzierung erfolgt über den Generationenvertrag – ein Umlagesystem, bei dem mit den Beiträgen der heute Beschäftigten die Renten der Älteren bezahlt werden. Da sich die Altersstruktur in der Bundesrepublik verändert, wird sich auch die Rente verändern müssen: Zahlen heute noch 100 Berufstätige die Rente für 48 Rentner, so muss im Jahr 2030 bereits jeder Beitragszahler mehr als einen Rentner finanzieren!

Ein sorgenfreies Leben im Ruhestand – das wünschen sich alle.

Die gesetzliche Alterssicherung ist inzwischen in aller Munde, die Höhe der Renten wird immer wieder aufs Neue öffentlich diskutiert. Aufgrund der höheren Lebensdauer und steigender Arbeitslosigkeit sinken die Einnahmen von BfA und LVA, gleichzeitig steigen jedoch die Ausgaben. Dies kann langfristig nur durch Kürzungen der Renten und Beitragserhöhungen ausgeglichen werden. Der jüngste Schritt, um doch noch eine ausreichende Absicherung für jeden im Alter gewährleisten zu können, ist die Einführung der Riester-Rente, eine kapitalgedeckte private Altersvorsorge, mit der Geld fürs Alter angespart wird.
Um ohne finanzielle Risiken und Überraschungen alt werden zu können, ist es wichtig zu wissen, wie Ansprüche für die Altersrente aufgebaut werden, welche Leistungen die gesetzli-

chen Rentenversicherungsträger erbringen und welche finanzielle Absicherung das Sozialversicherungssystem bietet.
Auch die gesetzliche Krankenversicherung beruht auf dem Solidaritätsprinzip. Die Beitragshöhe hängt vom Einkommen ab. Das heißt, bis zur Versicherungspflichtgrenze wird ein prozentualer Beitrag für die Leistungen gezahlt. Zu diesem Beitrag können nicht arbeitende Familienangehörige und Kinder mitversichert werden. Der Beitrag ist unabhängig von Alter, Geschlecht und gesundheitlichem Risiko des Versicherten. Die Krankenkassen zahlen ambulante, stationäre und zahnärztliche Behandlungen und ein Krankentagegeld ab der 6. Krankheitswoche. Darüber hinaus übernehmen die Krankenkassen verschiedene Leistungen bei Schwangerschaft, Mutterschaft und für ambulante Kuren. Mit der mehrstufigen Gesundheitsreform, die 1989 in Kraft trat, sind Kürzungen vorgenommen worden, deren Kenntnis für die Überlegungen, ob der Versicherungsschutz ausreicht, wesentlich sind. Was bekomme ich bei Krankheit? Welche Leistungen bezahlen die gesetzlichen Krankenversicherungen? Und wie sieht es aus, wenn ich pflegebedürftig werde? Nur die Kenntnis der Ansprüche ermöglicht die Überlegungen, welche Lücken geschlossen werden müssen.

Die Renten der BfA und der LVA

Die gesetzliche Rentenversicherung ist heute noch immer für viele die Grundlage der Altersvorsorge. Die Renten sind sicher! Sicher ist allerdings nicht die Höhe der Rente, die der Einzelne im Alter erhält, sondern nur der Anspruch auf eine Rentenzahlung. Die gesetzliche Rente deckt zirka 67 Prozent des bisherigen Nettoeinkommens ab. Man nimmt damit in der Einkommenspyramide der Renten den gleichen Rang ein, den man auch während der Arbeitszeit innehatte.
Jeder Arbeitnehmer, jede Arbeitnehmerin zahlt während des Berufslebens einen Beitrag in Höhe eines festgelegten Prozentsatzes in die gesetzliche Rentenversicherung ein. Die Hälfte der Beiträge zahlen die Arbeitnehmer,

rechengrößen

der gesetzlichen Rentenversicherung

	Alte Bundesländer	Neue Bundesländer
✔ Beitragssatz	19,1 %	19,1 %
✔ Beitragsbemessungsgrenze jährlich	54 000,00 Euro	45 000,00 Euro
✔ Höchstbeitrag (Pflicht)	859,50 Euro	716,25 Euro
✔ Geringfügigkeitsgrenze	325,00 Euro	325,00 Euro
✔ Durchschnittliches Bruttoarbeitsentgelt	2 376,50 Euro	1 983,23 Euro
✔ Bezugsgröße	2 345,00 Euro	1 960,00 Euro
✔ Aktueller Rentenwert	25,31406 Euro	22,06224 Euro

die andere die Arbeitgeber. Beiträge sind bis zur Beitragsbemessungsgrenze zu zahlen, die jedes Jahr neu festgelegt wird. Im Jahr 2002 beträgt die Beitragsbemessungsgrenze 54 000 Euro für die alten Bundesländer und 45 000 Euro für die neuen Bundesländer. Der Beitragssatz beträgt einheitlich 19,10 Prozent des Bruttogehalts. Damit liegt der monatliche Höchstbetrag bei 859,50 Euro in den alten Bundesländern und 716,25 Euro in den neuen Bundesländern. Das Einkommen, das die Beitragsbemessungsgrenze übersteigt, ist nicht versichert. Grundsätzlich gilt, dass zwischen dem letzten Nettoeinkommen und der Rente immer eine Lücke klafft, und diese Lücke wird sich aller Voraussicht nach vergrößern. Für Versicherte, die über der Beitragsbemessungsgrenze verdient haben, ist die Lücke noch größer, da sie ja im Verhältnis zum Einkommen weniger eingezahlt haben. Um das Alter zu planen, ist es sinnvoll, sich mit den gesetzlichen Absicherungssystemen näher zu beschäftigen, um die eigenen Ansprüche einschätzen zu können. Die gesetzlichen Grundversorgungen sind kein Buch mit sieben Siegeln, sondern nachvollziehbar.

tipp

Die BfA oder die jeweilige LVA führen für jeden Versicherten ein separates Versichertenkonto. Schreiben Sie diese an und bitten um

- ✔ einen Versicherungsverlauf und Kontenklärung
- ✔ Rentenauskunft

unter Angabe Ihrer Sozialversicherungsnummer, z.B. 65170839J008 oder dem Geburtsdatum, Geburtsort und ggf. Geburtsname.

Die Adresse der BfA:
Bundesversicherungsanstalt Berlin
D-10704 Berlin
Oder über das Internet
www.bfa.de

Die LVA erreichen Sie regional oder unter www.lva.de

Grundlagen der Rentenberechnung

Um unterschiedliche Erwerbsbiografien in eine Rente umsetzen zu können, haben die gesetzlichen Rentenversicherungsträger eine Berechnungseinheit geschaffen: Die jährlichen Arbeitseinkünfte werden in Entgeltpunkte umgerechnet. Die persönlichen Entgeltpunkte lassen sich berechnen, indem das eigene Jahresentgelt durch das Durchschnittsentgelt aller Arbeitnehmerinnen und Arbeitnehmer dividiert wird. Entsprach das persönliche Jahreseinkommen dem Durchschnitt aller Beitragszahlungen, wird für dieses Jahr 1,0 Entgeltpunkt gutgeschrieben. Das Durchschnittsentgelt für das Jahr 2002 beträgt 28 518 Euro in den alten Bundesländern und 27 357,72 Euro in den neuen Bundesländern.
Damit wird das Einkommen des gesamten Berufslebens für die Rente berücksichtigt. Die Entgeltpunkte der einzelnen Jahre werden addiert. Die Gesamtsumme der Entgeltpunkte bildet das gesamte Berufsleben ab. Sowohl Zeiten, in denen nur eine Halbtagsbeschäftigung ausgeübt wurde oder weniger verdient wurde, als auch Zeiten mit überdurchschnittlichem Verdienst bis zur Beitragsbemessungsgrenze des jeweiligen Jahres fließen ein.
Zu diesen Entgeltpunkten werden Leistungen des persönlichen Ausgleichs addiert. Dies sind die Entgeltpunkte für die schulische Ausbildung von maximal 3 Jahren, für die ersten 3 Berufsjahre, für Kindererziehung, für Zeiten

der Arbeitslosigkeit oder Krankheit, gegebenenfalls kommen noch Entgeltpunkte für Zurechnungszeiten bei Erwerbsminderung hinzu. Diese Summe bildet dann die Berechnungsgrundlage für die Höhe Ihrer persönlichen Rente. Die monatliche Rente wird mit einer Rentenformel berechnet, für die folgende Faktoren maßgeblich sind:

- → die insgesamt erreichten Entgeltpunkte (EP)
- → ein nach Rentenart unterschiedlicher Rentenartfaktor (RAF)
- → ein nach dem Rentenzugang unterschiedlich hoher Rentenzugangsfaktor (RFF)
- → der dynamische, aktuelle Rentenwert (aRW)

Die Rentenhöhe ist abhängig von der Art der Rente. Der Rentenartfaktor für die Altersrente beträgt 1,0. Für die Rente wegen voller Erwerbsminderung ebenso. Bei teilweiser Erwerbsminderung beträgt der Rentenartfaktor nur 0,5. Daraus ergibt sich eine Rente in halber Höhe. Im Falle einer Berufsunfähigkeit wird eine Rente in Höhe von 2/3 der Altersrente gezahlt.

Mit dem dynamischen, aktuellen Rentenwert wird die allgemeine Entwicklung der Arbeitsentgelte auf die Renten übertragen. Die gesetzlichen Renten werden jährlich den wirtschaftlichen Veränderungen angepasst. Die Rentenerhöhung erfolgt, indem die persönlichen Entgeltpunkte mit dem jeweils aktuellen Rentenwert multipliziert werden. Die Erhöhung des aktuellen Rentenwertes um die von Steuer- und Sozialabgabenlast bereinigten Tariferhöhungen entspricht somit einer Nettolohn- oder Nettogehaltserhöhung. Damit werden der Inflationsausgleich und eine Dynamisierung der Rente erreicht.

Da die gesetzliche Rentenversicherung die Grundversorgung darstellt, werden auch Zeiten berücksichtigt, in denen keine eigenen Beiträge entrichtet worden sind. Diese werden als Anrechnungszeiten bezeichnet.

Die eigene Rente berechnen

Die Renten der gesetzlichen Rentenversicherung spiegeln das gesamte Berufsleben wider, da die erzielten Gehälter in Entgeltpunkte umgerechnet werden. Entsprach das persönliche Einkommen dem durchschnittlichen Einkommen aller Beitragszahler, wird 1,0 Entgeltpunkt für das Jahr gutgeschrieben. Bei höherem Einkommen werden mehr Entgeltpunkte gutgeschrieben, bei niedrigerem Einkommen entsprechend weniger.

Da Beiträge an die gesetzlichen Rentenversicherungen nur bis zur Beitragsbemessungsgrenze zu entrichten sind, wird bei der Berechnung auch nur Einkommen bis zur Beitragsbemessungsgrenze berücksichtigt.

Neben dem regelmäßigen Einkommen werden auch Sonderzahlungen wie Urlaubsgeld, Weihnachtsgeld und sozialversicherungspflichtige Tantiemen einbezogen.

Die Einkommen der gesamten Berufstätigkeit, ergänzt um die Entgeltpunkte für schulische Ausbildung, die ersten drei Jahre der Berufstätigkeit, Arbeitslosigkeit, Krankheit und Mutterschutz, ergeben die für die Rentenberechnung maßgeblichen Entgeltpunkte.

Um die Höhe der Rente zu errechnen, müssen die Entgeltpunkte mit dem dynamischen, aktuellen Rentenwert (siehe Seite 14f.) multipliziert werden.

Die Ermittlung der Entgeltpunkte für Beschäftigte in den neuen Ländern ist leider etwas komplizierter. Das in der ehemaligen DDR erzielte Entgelt wird durch einen Multiplikationsfaktor in das Einkommensgefüge der Bundesrepublik eingeordnet. Dazu ist das erzielte Entgelt mit dem Multiplikationsfaktor zu multiplizieren und dann der erzielte Betrag durch das durchschnittliche Bruttoarbeitsentgelt aller Arbeitnehmer zu dividieren. Dann ergeben sich die zur Berechnung der persönlichen Rente notwendigen Entgeltpunkte.

Anre

Anre
keine
beso
ren u
liche
fallen
Kranl
gerscl
nicht
der Sc
oder I
Für di
17. Le
Damit
gen und Universitätsstudien berücksichtigt. Pro Jahr werden dem Versichertenkonto für den Schulbesuch maximal 0,75 Entgeltpunkte gutgeschrieben. Seit dem 30.9.1996 sind auch Studenten, die eine Beschäftigung aufnehmen, versicherungspflichtig. Einkünfte über der Geringfügigkeitsgrenze führen zur Versicherungspflicht in der Rentenversicherung. Die Beiträge werden von Student und Arbeitgeber je zur Hälfte erbracht.

Die ersten 3 Berufsjahre oder die ersten 3 Jahre mit Pflichtbeiträgen vor dem 25. Lebensjahr werden rentenrechtlich gesondert betrachtet. Bei Beiträgen, die zu weniger als 0,75 Entgeltpunkten jährlich führen, werden diese auf 0,75 Entgeltpunkte pro Jahr angehoben und dem Versichertenkonto gutgeschrieben. Berufseinsteiger, die aufgrund ihres Einkommens 0,75 Entgeltpunkte oder mehr erreicht haben, erhalten keine zusätzliche Anhebung.

Geburt eines Kindes und Kindererziehung

Für die Geburt eines Kindes werden der Mutter entsprechend den gesetzlichen Schutzfristen Anrechnungszeiten gutgeschrieben. Die Schutzfristen betragen 8 Wochen vor der Geburt und 1 Monat nach der Geburt. Die

ntgeltpunkte gut-
schnitt ihrer per-
s gesamten Berufs-

ung können
dem Vater bezie-
hrieben werden.
chen Zeitraum
en werden sollen,
Geburtstag des
Seit Juli 2000 wer-
ziehung mit 100
ntgelts aller Versi-
kt pro Jahr,

Wenn während der Kindererziehungszeit eine Beschäftigung ausgeübt wird, werden zusätzlich zu den Beitragszeiten die Kindererziehungszeiten bis zur Beitragsbemessungsgrenze zugerechnet.

Bis zum 10. Lebensjahr eines Kindes gelten Zeiten ohne Beschäftigung als Berücksichtigungszeiten. Diese bedingen keine Rentenanwartschaften, spielen jedoch für die Gesamt-

Zeiten der Kindererziehung gehören zu den Berücksichtigungszeiten.

Rentenberechnung (Alte Bundesländer)

So ermitteln Sie Ihre persönliche Entgeltpunkte ermitteln (Alte Bundesländer)

Jahr	Beitrags-bemessungsgrenze	Persönliches Jahresentgelt	Durchschnittliches Jahresentgelt	Persönliche Entgeltpunkte
	1	2	3	4
		Tragen Sie hier Ihr jeweiliges Jahres-bruttogehalt ein		Spalte 2 (maximaler Betrag Spalte 1) dividiert durch Spalte 3
2002	54 000 EUR		28 518 EUR	
2001	104 400 DM		54 684 DM	
2000	103 200 DM		54 513 DM	
1999	102 000 DM		53 082 DM	
1998	100 800 DM		53 745 DM	
1997	98 400 DM		53 806 DM	
1996	96 000 DM		51 678 DM	
1995	93 600 DM		50 665 DM	
1994	91 200 DM		49 142 DM	
1993	86 400 DM		48 178 DM	
1992	81 600 DM		46 820 DM	
1991	78 000 DM		44 505 DM	
1990	75 600 DM		41 946 DM	
1989	73 200 DM		40 063 DM	
1988	72 000 DM		38 858 DM	
1987	68 400 DM		37 726 DM	
1986	67 200 DM		36 626 DM	
1985	64 800 DM		35 286 DM	
1984	62 400 DM		34 292 DM	
1983	60 000 DM		33 293 DM	
1982	56 400 DM		32 198 DM	
1981	52 800 DM		30 900 DM	
1980	50 400 DM		29 485 DM	
1979	48 000 DM		27 685 DM	
1978	44 400 DM		26 242 DM	
1977	40 800 DM		24 945 DM	
1976	37 200 DM		23 335 DM	
1975	33 600 DM		21 808 DM	
1974	30 000 DM		20 381 DM	
1973	27 600 DM		18 295 DM	
1972	25 200 DM		16 335 DM	
1971	22 800 DM		14 931 DM	
1970	21 600 DM		13 343 DM	
Summe der Entgeltpunkte aus Beitragszahlungen				
Entgeltpunkte für die schulische Ausbildung maximal 3 Jahre (0,75 pro Jahr)				
Entgeltpunkte für die ersten 3 Berufsjahre (mindestens 0,75 pro Jahr)				
Entgeltpunkte für Kindererziehung				
Entgeltpunkte für Krankheit / Arbeitslosigkeit				
Entgeltpunkte für Erwerbsminderung (Zurechnungszeiten)				
Summe aller Entgeltpunkte:				

Persönliche Rentenberechnung

Summe der Entgeltpunkte	multipliziert mit dem aktuellen Rentenwert	=	monatliche Altersrente in Euro
X	25,31406	=	EUR

Rentenberechnung (Neue Bundesländer)

So ermitteln Sie Ihre persönliche Entgeltpunkte (Neue Bundesländer)

Jahr	Beitrags-bemessungs-grenze	Persönliches Jahresentgelt	Umrechnungs-faktor	Persönliches Jahresentgelt neue Bundes-länder	Durchschnittliches Jahresentgelt neue Bundes-länder	Persönliche Entgelt-punkte
	1	2	3	4	5	6
		Tragen Sie hier Ihr persönliches Jahresbruttogehalt (Lohn) ein		Spalte 2 multipliziert mit Spalte 3		Spalte 4 (max. Betrag Spalte 1) dividiert durch Spalte 5
2002	54 000 EUR		1,1983		28 518 EUR	
2001	104 400 DM		1,2160		54 684 DM	
2000	103 200 DM		1,2030		54 513 DM	
1999	102 000 DM		1,2054		53 082 DM	
1998	100 800 DM		1,2113		53 745 DM	
1997	98 400 DM		1,2089		53 806 DM	
1996	96 000 DM		1,2209		51 678 DM	
1995	93 600 DM		1,2317		50 665 DM	
1994	91 200 DM		1,2687		49 142 DM	
1993	86 400 DM		1,3197		48 178 DM	
1992	81 600 DM		1,4393		46 820 DM	
1991	78 000 DM		1,7235		44 505 DM	
1990 2 Hj	40 230 DM		2,3473		20 973 DM	
1990 1 Hj	39 480 DM		3,0707		20 973 DM	
1989	73 200 DM		3,2330		40 063 DM	
1988	72 000 DM		3,2381		38 858 DM	
1987	68 400 DM		3,2548		37 726 DM	
1986	67 200 DM		3,2986		36 626 DM	
1985	64 800 DM		3,3129		35 286 DM	
1984	62 400 DM		3,2885		34 292 DM	
1983	60 000 DM		3,2627		33 293 DM	
1982	56 400 DM		3,2147		32 198 DM	
1981	52 800 DM		3,1634		30 900 DM	
1980	50 400 DM		3,1208		29 485 DM	
1979	48 000 DM		2,9734		27 685 DM	
1978	44 400 DM		2,8923		26 242 DM	
1977	40 800 DM		2,8343		24 945 DM	
1976	37 200 DM		2,7344		23 335 DM	
1975	33 600 DM		2,6272		21 808 DM	
1974	30 000 DM		2,5451		20 381 DM	
1973	27 600 DM		2,3637		18 295 DM	
1972	25 200 DM		2,1705		16 335 DM	
1971	22 800 DM		2,0490		14 931 DM	
1970	21 600 DM		1,8875		13 343 DM	

Summe der Entgeltpunkte aus Beitragszahlungen	
Entgeltpunkte für die schulische Ausbildung maximal 3 Jahre (0,75 pro Jahr)	
Entgeltpunkte für die ersten 3 Berufsjahre (mindestens 0,75 pro Jahr)	
Entgeltpunkte für Kindererziehung	
Entgeltpunkte für Krankheit / Arbeitslosigkeit	
Entgeltpunkte für Erwerbsminderung (Zurechnungszeiten)	
Summe aller Entgeltpunkte:	

Persönliche Rentenberechnung

Summe der Entgeltpunkte multipliziert mit dem aktuellen Rentenwert		=	monatliche Altersrente in Euro
X	25,31406	=	EUR

leistungswertsbewertung eine Rolle. Alle Zeiten werden in Entgeltpunkte umgerechnet und zu den Beitragszeiten addiert.

Zeiten der Arbeitslosigkeit oder Krankheit

Als System der sozialen Grundsicherung berücksichtigt die gesetzliche Rentenversicherung auch Zeiten der Arbeitslosigkeit oder Krankheit.
Ab dem Jahr 1995 werden Zeiten der Arbeitslosigkeit oder Krankheit mit 80 Prozent des Bruttoarbeitsentgelts bewertet, das der Lohnersatzleistung (Arbeitslosengeld, Arbeitslosenhilfe oder Krankengeld) zugrunde liegt. Weihnachts- und Urlaubsgelder finden keine Berücksichtigung. Daraus folgt, dass bei langer Krankheit oder Arbeitslosigkeit der Rentenverlust höher ist als 20 Prozent.

Zeiten der Pflege

Mit Einführung der gesetzlichen Pflegeversicherung werden für Menschen, die einen Angehörigen zu Hause pflegen, Beiträge in die gesetzliche Rentenversicherung gezahlt. Die Beiträge liegen zwischen 100 und 300 Euro, je nachdem, welche Pflegestufe und welchen Umfang die zu pflegende Person zugesprochen bekommen hat. Die Beitragszahlung beträgt 40, 60 oder 80 Prozent der jeweils geltenden Bezugsgröße, 2 345 Euro für das Jahr 2002 in den alten Bundesländen und 1 960 Euro in den neuen Bundesländern. Die Versicherungspflicht gilt ab dem 1.4.1995, die Zahlungen übernimmt die Pflegeversicherung. Dies gilt für Angehörige, die einen Pflegebedürftigen nicht erwerbsmäßig wenigstens 14 Stunden wöchentlich in seiner häuslichen Umgebung pflegen.

Wehr- und Ersatzdienst

Beiträge für die Zeiten von Wehr- und Ersatzdienst zahlt der Bund. Grundlage der Beitragszahlung sind 80 Prozent der jeweiligen Bezugsgröße. Dies entspricht 0,79 Entgeltpunkten und damit etwa 80 Prozent eines Durchschnittsverdienstes. Für vor 1992 geleisteten Wehr- oder Zivildienst werden dem Versichertenkonto 0,75 Entgeltpunkte jährlich gutgeschrieben.

Erhöhung niedriger Einkommen

Wer in seinem gesamten Berufsleben nur ein geringes Einkommen erzielt hat, soll vor Altersarmut geschützt werden. Im Rahmen der Rentenbewertung werden daher Einkommen, die erheblich unter dem Durchschnittseinkommen liegen, erhöht, um eine bessere finanzielle Sicherung im Alter zu erreichen. Um die maximale Anhebung zu bekommen, müssen 35 beitragspflichtige Versicherungsjahre nachgewiesen werden. Berücksichtigungszeiten wegen Kindererziehung und Pflege verkürzen diesen Zeitraum. Maximal können die Zeiten auf 75 Prozent eines Durchschnittsverdienstes pro Jahr angehoben werden.
2003 wird eine neue Grundsicherung eingeführt. Ältere ab 65 oder junge Menschen über 18 mit dauernder Erwerbsminderung erhalten eine Leistung, die der Hilfe zum Lebensunterhalt der Sozialhilfe entspricht. Eigenes Vermögen wird angerechnet, allerdings müssen Eltern und Kinder mit einem Jahreseinkommen unter 100 000 Euro keinen Zuschuss mehr zahlen.

Rente wegen verminderter Erwerbsfähigkeit

Zur Berechnung einer Rente wegen Erwerbs- oder Berufsunfähigkeit vor dem 60. Lebensjahr werden die Zeiten bis zum 60. Lebensjahr wie Beitragszeiten berücksichtigt. Die Zeiten bis zum 55. Lebensjahr werden voll und die Zeiten zwischen dem 55. und dem 60. Lebensjahr mit einem Drittel hinzugerechnet. Durch diese Zurechnungszeiten sollen Minimalrenten verhindert werden. Wenn Sie diese Berechnung selbst durchführen, ermitteln Sie die Entgeltpunkte auf der Übersicht der Altersrente und multiplizieren die Summe mit 0,5. Dann erhalten Sie die voraussichtliche Rente bei Erwerbsminderung.

Die Gesamtleistungsbewertung
Seit 1992 findet die Zuordnung von beitragsfreien Zeiten und beitragsgeminderten Zeiten im Rahmen der so genannten Gesamtleistungsbewertung statt. Entscheidend für die Höhe des Gesamtleistungswertes ist die Höhe aller geleisteten Beiträge und deren Dichte. Diese Zeiten erhalten einen Durchschnittswert an Entgeltpunkten, der sich aus der Gesamtleistung der Beiträge im belegungsfähigen Gesamtzeitraum errechnet. Für die Altersrente ab dem 65. Lebensjahr umfasst der belegungsfähige Gesamtzeitraum 575 Monate. Zeiten innerhalb dieses Gesamtzeitraums, die beitragsfreie Zeiten sind, gelten nicht als belegungsfähig und werden damit für die Berechnung vom Gesamtzeitraum abgezogen. Für diese Zeiten wird eine Beitragszahlung nicht erwartet. Berücksichtigungszeiten für Kindererziehung und geleistete Pflege erhöhen diesen Wert.
Der Gesamtleistungswert ergibt sich entweder aus der Grundbewertung oder aus der Vergleichsbewertung. Maßgebend ist immer der höhere Wert.

Die Rentenarten

Rente wegen Erwerbsminderung

Seit dem 1.1.2001 hat sich die Rentensituation bei Erwerbs- oder Berufsunfähigkeit deutlich verändert. Bisher hatten Versicherte, die wegen Krankheit oder Behinderung auf nicht absehbare Zeit nicht in der Lage waren, ihren Beruf auszuüben, Anspruch auf Rente. Der bisher ausgeübte Beruf war maßgebend, das heißt, niemand konnte auf einen anderen Beruf oder eine andere Tätigkeit verwiesen werden. Dies trifft jetzt nur noch auf vor dem 2.1.1961 Geborene zu, alle anderen genießen keinen Berufsschutz mehr.
In Zukunft gibt es also nur noch Renten wegen Erwerbsminderung. Maßgeblich ist hier lediglich, ob noch eine berufliche Tätigkeit ausgeübt werden kann. Dies wird anhand der individuellen Belastbarkeit ermittelt. Im Sinne der BfA ist derjenige, der weniger als 3 Stunden täglich auf dem allgemeinen Arbeitsmarkt tätig sein kann, voll erwerbsgemindert. Teilweise erwerbsgemindert ist, wer zwischen 3 und weniger als 6 Stunden arbeiten kann. Bei voller Erwerbsminderung liegt ein Anspruch auf die volle, bei teilweiser Erwerbsminderung ein Anspruch auf die halbe Erwerbsminderungsrente vor.

erwerbsminderungsrenten

Durchschnittliche Höhe der Erwerbsminderungsrenten

	Alte Bundesländer	Neue Bundesländer
✔ Männer	816,50 EUR	718,90 EUR
✔ Frauen	614,00 EUR	626,30 EUR

Altersrente

Die Regelaltersrente erhalten diejenigen, die das 65. Lebensjahr vollendet und die allgemeine Wartezeit von 5 Jahren erfüllt haben. Diese setzt sich zusammen aus Beitragszeiten (Pflicht- und freiwillige Beiträge), Kindererziehungszeiten, Zeiten aus dem Versorgungsausgleich und Zeiten geringfügiger Beschäftigung mit Beitragszahlungen allein durch den Arbeitgeber und Ersatzzeiten.

altersrenten

Durchschnittliche Höhe der Altersrente

	Alte Bundesländer	Neue Bundesländer
✔ Männer	968,90 EUR	1 040,50 EUR
✔ Frauen	445,33 EUR	619,10 EUR

Ein früherer Rentenbeginn ist möglich, jedoch vermindert sich die Rente um 3,6 Prozent je vorgezogenem Rentenjahr. Bei Rentenbeginn mit dem 60. Lebensjahr vermindert sich die Rente lebenslang um 18 Prozent. Ende 2000 betrugen die durchschnittlichen Altersrenten 968,90 Euro. Es gibt deutliche Unterschiede in der Höhe der Renten sowohl für Frauen und Männer als auch in den alten und den neuen Bundesländern aufgrund der unterschiedlichen Erwerbsbiografien.

Altersrente für langjährig Versicherte

Ab dem Jahr 2000 gilt, dass eine Altersrente erst ab dem 65. Lebensjahr ohne Abschlag bezogen werden kann.
Auf die Wartezeit von 35 Jahren sind sämtliche rentenrechtliche Zeiten anzurechnen:
→ Beitragszeiten (Pflicht- und freiwillige Beiträge)
→ Kindererziehungszeiten
→ Zeiten aus dem Versorgungsausgleich
→ Zeiten geringfügiger Beschäftigung mit Beitragszahlung des Arbeitsgebers
→ Ersatzzeiten
→ Anrechnungszeiten (schulische Ausbildung nach Vollendung des 17. Lebensjahres)
→ Berücksichtigungszeiten (zum Beispiel Erziehung eines Kindes bis zum 10. Lebensjahr)

Die Durchschnittsrente an langjährig Versicherte beträgt 1 158 Euro. Frauen erhalten durchschnittliche 610,48 Euro und Männer 1 295,10 Euro monatlich.

Altersrente für Schwerbeschädigte, Berufs- und Erwerbsunfähige

Bisher haben Versicherte, die das 60. Lebensjahr vollendet hatten und bei Beginn der Rente zu 50 Prozent schwerbehindert, berufs- oder erwerbsunfähig waren und die Wartezeit von 35 Jahren erfüllt hatten, Anspruch auf eine vorgezogene Altersrente. Diese Altersgrenze wird stufenweise auf das 63. Lebensjahr angehoben. Weiterhin reicht seit dem 1.1.2001 das Vorliegen von Berufs- oder Erwerbsunfähigkeit nicht mehr aus, sondern es muss künftig Schwerbehinderung vorliegen, um die vorgezogene Altersrente zu erhalten.
Die durchschnittlichen Altersrenten für schwerbehinderte, berufs- oder erwerbsunfähige Frauen betragen 772,56 Euro und für Männer 1 220,45 Euro.

Altersrente wegen Arbeitslosigkeit

Auch die Möglichkeit, eine Altersrente wegen Arbeitslosigkeit zu erhalten, hat das Rentenreformgesetz eingeschränkt. Ab 2012 gibt es diese Rentenart nicht mehr. Ab dann gilt einheitlich das 65. Lebensjahr als Rentenbeginn. Bei früherem Rentenbezug wird die Rente um 0,3 Prozent je Monat vor dem 65. Lebensjahr gekürzt.

Altersrente für Frauen

Die mit der Rentenreform 1957 eingeführte Altersrente für Frauen, die eine Rente ab dem 60. Lebensjahr vorsah, wenn eine Vorversi-

cherungszeit von 15 Jahren bestand, ist mit dem Rentenreformgesetz 1996 aufgehoben worden.
Im Jahr 2004 läuft dieses Modell endgültig aus und auch Frauen haben erst ab dem 65. Lebensjahr Anspruch auf eine Altersrente aus der gesetzlichen Rentenversicherung.

Rentenabschläge

Bereits mit dem Rentenreformgesetz 1992 wurde die schrittweise Anhebung der Altersgrenze auf das 65. Lebensjahr geregelt. Grundsätzlich gilt seitdem: Für jeden Monat der Inanspruchnahme einer Altersrente vor Vollendung des 65. Lebensjahres mindert sich die Rente um 0,3 Prozent, bei einem Rentenbeginn mit 60 entspricht dies einem Rentenabschlag von 18 Prozent.

Rentenanträge

Alle Renten müssen schriftlich beim Versicherungsträger beantragt werden. Die Renten beginnen bei rechtzeitiger Antragstellung am 1. des Kalendermonats, zu dessen Beginn die Anspruchsvoraussetzungen erfüllt sind. Die Renten werden monatlich, gegebenenfalls nach Abzug des Eigenanteils zur Kranken- und Pflegeversicherung der Rentner, auf ein im Rentenantrag angegebenes Konto überwiesen.

Hinterbliebenenrenten

Witwen-/Witwerrente: Grundsätzlich besteht nach dem Tod des Partners oder der Partnerin Anspruch auf eine Witwen- oder Witwerrente, wenn der Verstorbene die allgemeine Wartezeit von 5 Jahren erfüllt oder bereits eine Rente bezogen hat. Die Ehe muss zum Zeitpunkt des Todes bestanden haben. Trat der Tod durch einen Arbeitsunfall oder während des Wehr- oder Zivildienstes ein, gilt die Wartezeit als erfüllt. Dies gilt auch für Berufsanfänger.

Die gesetzlichen Rentenversicherungen unterscheiden in
- → große Witwen-/Witwerrente
- → kleine Witwen-/Witwerrente

Ab dem 1.1.2002 wird die kleine Witwen- oder Witwerrente nur noch für 24 Monate gezahlt. In Zukunft entsteht ein Anspruch auf eine große Witwen-/Witwerrente erst, wenn die Ehe mindestens 1 Jahr gedauert hat. Damit soll ausgeschlossen werden, dass jemand kurz vor dem Tod noch eine »Versorgungsehe« eingeht.
Die große Witwen-/Witwerrente wird in Zukunft nicht mehr 60 Prozent betragen, sondern nur noch 55 Prozent der Rente der verstorbenen Person. Zum Ausgleich wird die Kindererziehung zusätzlich berücksichtigt. Hinterbliebene, die Kinder erzogen haben, erhalten einen dynamischen Zuschlag an persönlichen Entgeltpunkten, der zur Witwen- oder Witwerrente geleistet wird. Er entspricht bei einem Kind und durchgehender mindes-

hinterbliebenenrente

Durchschnittliche Höhe der Hinterbliebenenrenten

✔ Große Witwenrente	621,73 EUR
✔ Große Witwerrente	235,71 EUR
✔ Kleine Witwenrente	187,13 EUR
✔ Kleine Witwerrente	154,41 EUR
✔ Halbwaisenrente	166,68 EUR
✔ Vollwaisenrente	325,18 EUR

tipps

- ✔ Beantragen Sie beim Tod eines Angehörigen immer sofort eine Witwen-/Witwerrente, da diese für das erste Vierteljahr ungekürzt gezahlt wird, das heißt ohne Einkommensanrechnung.
- ✔ Sofern der Angehörige noch nicht Rentner war, wenden Sie sich an die BfA oder LVA oder an das Versicherungsamt der Gemeinde-, Stadt- oder Bezirksverwaltung.
- ✔ War der Verstorbene bereits Rentner, beantragen Sie einen Vorschuss innerhalb von 30 Tagen nach dem Tod beim zuständigen Rentenservice bei der Deutschen Post AG (nicht bei der BfA!). Der Antrag auf Vorschuss gilt gleichzeitig als Antrag auf Witwen- oder Witwerrente.

tens 3-jähriger Erziehung 2 Entgeltpunkten. Das sind im Jahr 2002 monatlich 50,62 Euro in den alten und 44,12 Euro in den neuen Bundesländern. Für jeden weiteren Erziehungsmonat erhöht sich die große Witwen-/Witwerrente um 0,70 Euro in den alten und 0,61 Euro in den neuen Bundesländern.
Eigenes Einkommen wird auf die Witwen-/Witwerrenten angerechnet. Leistungen aus der betrieblichen Altersvorsorge oder berufsständischen Zusatzversorgungen, Unfall- und Lebensversicherungen, Hinterbliebenenrenten und Mieteinnahmen werden dem Einkommen nicht zugerechnet.
Für Ehepaare, die nach dem 31.12.2001 geheiratet haben oder bei denen beide Partner nach dem 1.1.1962 geboren sind, gilt ein neues Hinterbliebenenrecht. Ab dem 1.1.2002 werden grundsätzlich alle Einkommensarten angerechnet. Ausgenommen bleiben lediglich steuerfreie Einnahmen und Erträge aus Altersvorsorgeverträgen, die steuerlich gefördert worden sind.
2002 gilt ein Freibetrag in Höhe von 668,29 Euro für die alten und 582,44 Euro für die neuen Bundesländer. Er erhöht sich für jedes waisenrentenberechtigte Kind um 141,76 Euro beziehungsweise 123,55 Euro. Die Freibeträge werden jedes Jahr neu festgesetzt.
Zum Aufbau der eigenständigen Alterssicherung von Frauen besteht für jüngere Paare die Möglichkeit, statt einer Hinterbliebenenversorgung das Rentensplitting unter Ehegatten zu wählen. Sind beide Ehepartner einverstanden, können die gemeinsam in der Ehezeit erworbenen Rentenanwartschaften partnerschaftlich geteilt werden. Die Wirkung dieser Teilung tritt schon zu Lebzeiten beider Ehegatten ein. Nämlich dann, wenn der erste Ehegatte in Rente geht.
In der Regel verbessert das Rentensplitting die Rentenansprüche der Frau. Beim Tod des Partners sind diese Ansprüche von der Einkommensanrechnung ausgenommen und verfallen auch nicht bei einer weiteren Heirat. Voraussetzung für ein Splitting sind bei jedem Ehepartner rentenrechtliche Zeiten von 25 Jahren, einschließlich Kinderberücksichtigungszeiten.
Waisenrente: Nach dem Tod eines Elternteils wird eine Halbwaisenrente, nach dem Tod beider Eltern eine Vollwaisenrente gezahlt, sofern die Verstorbenen die 5-jährige Wartezeit erfüllt haben. Waisenrentenberechtigt sind sowohl eheliche als auch Stief- oder Pflegekinder, Enkel und Geschwister, die in den Haushalt der Verstorbenen aufgenommen und überwiegend unterhalten worden sind. Waisenrente wird bis zur Vollendung des 18. Lebensjahres gezahlt. Darüber hinaus

längstens bis zur Vollendung des 27. Lebensjahres bei Schul- oder Berufsausbildung, Ableistung eines freiwilligen sozialen Jahres oder bei Behinderung.
Für die Zeiten des Waisenrentenbezugs nach dem 18. Lebensjahres wird eigenes Einkommen (Einschränkungen entsprechend der Witwen-/Witwerrente) auf die Waisenrente angerechnet. Es gibt einen Freibetrag in Höhe von 445,53 Euro (West) und 388,30 Euro (Ost). Der den Freibetrag übersteigende Teil wird zu 40 Prozent auf die Waisenrente angerechnet. Dies kann zur Zahlung von gekürzten Rentenbeträgen führen. Ab dem 1.1.2001 werden auch auf die Waisenrenten grundsätzlich alle Einkommensarten angerechnet.
Bezieher von Waisenrenten, die das 18. Lebensjahr überschritten haben, sind verpflichtet, bestehende Schul- oder Berufsausbildungen nachzuweisen und jede Einkommensänderung der BfA mitzuteilen.
Die durchschnittlichen Halbwaisenrenten betragen 166,68 Euro, die Vollwaisenrenten 325,18 Euro.

Die Beamtenversorgung

Die Beamtenversorgung unterscheidet sich in wesentlichen Punkten von der Versorgung der gesetzlich Rentenversicherten in der Bundesversicherungsanstalt für Angestellte oder in den Landesversicherungsanstalten. Werden die in die BfA und LVA eingezahlten Beiträge addiert und mit Anrechnungszeiten und Berücksichtigungszeiten die Rente des Versicherten ermittelt, so ergibt diese immer einen Querschnitt des Berufslebens. Grundlage der Beamtenversorgung ist die Verpflichtung des Dienstherrn, die wirtschaftliche und soziale Existenz eines Beamten auch nach Eintritt von Dienstunfähigkeit oder Erreichen der Altersgrenze zu gewährleisten. Maßstab ist hierbei ein dem letzten Dienstgrad angemessener Unterhalt. Die Beamtenversorgung dient dazu, die finanziellen Lebensvoraussetzungen zu sichern und die wirtschaftliche Unabhängigkeit zu gewährleisten. Damit erhalten Beamte eine Pension, die sich auf das zuletzt bezogene Gehalt bezieht und somit den Erfolg des gesamten Berufslebens und die damit ansteigende Vergütung für die Pension berücksichtigt – im Gegensatz zu den Rentnern, die in der gesetzlichen Rentenversicherung versichert sind und deren Renten aus dem Einkommen des gesamten Berufslebens errechnet werden.
Beamte sind von der gesetzlichen Rentenversicherung befreit. Da die Versorgung der Dienstherr übernimmt, zahlen Beamte auch keinen Beitrag für die Altersversorgung.

tipps

- ✔ Mit dem Versorgungsänderungsgesetz haben Beamte die Möglichkeit, eine zusätzliche Altersversorgung mit staatlicher Förderung abzuschließen (Riester-Rente).
- ✔ Nutzen Sie diese Chance und informieren Sie sich über die unterschiedlichen Möglichkeiten. Sollten Sie schon einen hohen Pensionsanspruch erworben haben, investieren Sie dieses Geld in Investmentfonds.
- ✔ Für Beamte/Beamtinnen, deren Ehepartner nicht berufstätig oder selbstständig tätig sind, besteht die Möglichkeit, pro Person einen förderfähigen Vertrag abzuschließen und damit die volle Zulagenförderung auszunutzen.

Beamte, die vor der Verbeamtung Beiträge in die gesetzliche Rentenversicherung eingezahlt haben, erhalten im Alter zusätzlich eine gesetzliche Altersrente. Beide Zahlungen dürfen zusammen die höchstmögliche Versorgung als Beamter nicht übersteigen.
Beim Auflösen des Beamtenverhältnisses entfällt der Anspruch auf das Ruhegehalt. Beamte werden dann so gestellt, als ob sie von Anfang an in der gesetzlichen Rentenversicherung versichert gewesen wären. Die Beiträge werden bis zur Beitragsbemessungsgrenze erhoben, und zwar mit dem Beitragssatz, der zum Zeitpunkt der Nachversicherung gilt. Ausgeschiedene Beamte werden nicht in der VBL – zusätzliche Altersversorgung für die Arbeiter und Angestellten des öffentliches Dienstes – nachversichert. Damit verlieren Beamte den Versorgungsrentenanteil, der allen Beschäftigten im öffentlichen Dienst tarifvertraglich zugesichert ist.
Mit dem Versorgungsänderungsgesetz wird ein Teil der Versorgung der Beamten auf ein kapitalgedecktes Verfahren im Sinne der Riester-Rente umgestellt. Damit haben auch Beamte die Möglichkeit, eine kapitalgedeckte Altersvorsorge aufzubauen.

Grundlagen der Berechnung des Ruhegehalts

Für die Berechnung des Ruhegehalts ist von Bedeutung, welchen Status ein Beamter hat. Der Beamte auf Lebenszeit hat einen Anspruch auf die volle Versorgung, derjenige, der in einem Beamtenverhältnis auf Probe oder auf Zeit beschäftigt ist, erhält eine eingeschränkte Versorgung und der Beamte auf Widerruf erwirbt keinen Versorgungsanspruch.
Um Ruhegehalt in Anspruch nehmen zu können, muss die 5-jährige Wartezeit erfüllt sein, es müssen also 5 volle Dienstjahre nachgewiesen werden. Bei Dienstunfähigkeit oder wegen einer Dienstbeschädigung muss die Wartezeit für Beamte auf Lebenszeit oder auf Probe nicht erfüllt sein.
Der Anspruch auf Ruhegehalt beginnt mit dem 65. Lebensjahr, bestimmte Berufsgruppen, wie Polizei oder Bundesgrenzschutz, erhalten das reguläre Ruhegehalt ab dem 60. Lebensjahr. Auch Beamte haben die Möglichkeit eines vorgezogenen Pensionsbeginns. Hier wird, entsprechend den Regelungen der gesetzlichen Rentenversicherung, das Ruhegehalt mit einem Versorgungsabschlag in Höhe von 3,6 Prozent pro Jahr ausgezahlt, maximal jedoch 10,8 Prozent. Der Abzug kommt erstmals ab dem Jahr 2003 zum Tragen. Beim Ruhegehalt wird der geleistete Dienst berücksichtigt und damit sichergestellt, dass die Versorgung der beamtenrechtlichen Stellung und der mit dem Amt verbundenen Verantwortung der letzten Position entspricht. Bei der Berechnung des Pensionsanspruchs spielt auch die Dauer des Beamtenstatus eine Rolle. Der Pensionsanspruch eines Beamten beträgt 1,875 Prozent je ruhegehaltfähigem Dienstjahr. Die Versorgungsstaffel ist seit 1992 linear, damit wird jedes ruhegehaltfähige Dienstjahr mit dem gleichen Prozentsatz bewertet. Der Höchstsatz des möglichen Ruhegehalts betrug bisher 75 Prozent des letzten Gehalts. Um diesen zu erreichen, müssen 40 Dienstjahre nachgewiesen werden.
Durch das Versorgungsänderungsgesetz verschlechtern sich die Versorgungsansprüche. Die Maximalversorgung nach 40 Dienstjahren wird auf 71,75 Prozent der ruhegehaltfähigen Dienstbezüge gesenkt. Der jährliche Erhöhungssatz reduziert sich damit auf 1,79375 Prozent.

Ruhegehaltfähige Dienstzeit

Zur Berechnung der ruhegehaltfähigen Dienstzeit werden folgende Zeiten berücksichtigt:

→ Zeiten ab dem 17. Lebensjahr
→ Zeiten, die im Beamtenverhältnis zurückgelegt wurden
→ Zeiten, die zur Ernennung des Beamten geführt haben (Zeiten als Arbeiter/Angestellter im öffentlichen Dienst)
→ Zeiten der Ausbildung (Fachschul-, Hochschulausbildung, maximal 3 Jahre)
→ Zurechnungszeiten bei frühzeitiger Dienstunfähigkeit

Bei der Berechnung der ruhegehaltfähigen Dienstzeit für Beamte in den neuen Bundesländern gilt, dass für Zeiten vor Oktober 1990 höchstens 5 Jahre anerkannt werden, und diese auch nur dann, wenn die Wartezeit von 5 Jahren in der gesetzlichen Rentenversicherung nicht erreicht worden ist.
Grundsätzlich ist die Dienstzeit ruhegehaltfähig, die ein Beamter vom ersten Tag seiner Berufung in das Beamtenverhältnis zurückgelegt hat. Bei einem Wechsel des Dienstherrn werden die Dienstzeiten addiert.
Zusätzlich zu den oben genannten Zeiten werden folgende Zeiten bei der Berechnung der ruhegehaltfähigen Dienstzeit berücksichtigt:
→ Zeiten, die ein Beamter vor der Berufung in das Beamtenverhältnis und nach dem 17. Lebensjahr zurückgelegt hat
→ Zeiten der Kriegsgefangenschaft, Internierung oder Gewahrsam und daran anschließende Zeiten von Arbeitsunfähigkeit oder Heilbehandlung
→ Grundwehrdienst oder Zivildienst
→ Tätigkeiten als Arbeiter oder Angestellter im öffentlichen Dienst, die im engen Zusammenhang mit dem Beamtendienst stehen

Unberücksichtigt bleiben die Ausbildungszeiten. Diese werden nur dann berücksichtigt, wenn die Wartezeit von 5 Jahren in der gesetzlichen Rentenversicherung nicht erreicht wurde. Davon können höchstens 5 Jahre als ruhegehaltfähige Dienstzeit berücksichtigt werden.
Bei Beamten werden im Todesfall vor dem 60. Lebensjahr den erreichten ruhegehaltfähigen Zeiten Zurechnungszeiten hinzugefügt.

Ausschlaggebend für die Berechnung Ihres Ruhegehalts ist der Status am Ende Ihrer Berufstätigkeit.

Der Versorgungsprozentsatz

Die ruhegehaltfähige Zeit ist die Grundlage für die Ermittlung des persönlichen Versorgungsprozentsatzes. Zur Berechnung werden die ruhegehaltfähigen Jahre und Tage addiert. Dies ist dann die ruhegehaltfähige Zeit.
Seit 1992 bis zum 31.12.2001 gilt ein linearer Prozentsatz von 1,875 Prozent pro Jahr. Ab dem 1.1.2002 ist der Prozentsatz auf 1,79375 Prozent gesenkt worden. Zur Ermittlung des persönlichen Versorgungsprozentsatzes wird die ruhegehaltfähige Zeit mit 1,79375 Prozent multipliziert. Der höchstmögliche Prozentsatz wird mit 40 Dienstjahren erreicht.
Für Beamte, die am 31. Dezember 1991 bereits verbeamtet waren, gilt für eine Übergangszeit sowohl das alte als auch das neue Recht zur Berechnung der Versorgung (Vertrauens-

berechnung des ruhegehalts

Ermittlung der ruhegehaltfähigen Dienstzeit

Zeiten, die im Beamtenverhältnis zurückgelegt wurden	.... Jahre	.... Tage
Zurechnungszeiten	.... Jahre	.... Tage
Addition	.... Jahre	.... Tage

Berechnung des persönlichen Versorgungsprozentsatzes ...., ... multipliziert mit 1,79375 = Jahre Tage	
Ruhegehaltfähige Dienstbezüge (= aktuelle Dienstbezüge inkl. ruhegehaltfähige Zulagen; sofern die letzte Beförderung noch keine 2 Jahre zurückliegt, müssen die Dienstbezüge der letzten Stufe plus Zulagen eingesetzt werden)	EUR

Persönliche Ruhegehaltsberechnung

Persönlicher Versorgungsprozentsatz	multipliziert mit	den ruhegehaltfähigen Dienstbezügen	=	Ruhegehalt in Euro
	X		=	EUR

schutz). Das jeweils günstigere Ergebnis wird berücksichtigt. Aufgrund der bis 1991 degressiven Versorgungsskala wurde die höchstmögliche Versorgung bereits nach 35 Dienstjahren erreicht. Auch bei der Einführung des Versorgungsänderungsgesetzes gibt es für ältere Beamte einen Vertrauensschutz.

Teilzeitbeschäftigung und Beurlaubung

Zeiten einer Teilzeitbeschäftigung sind nur zu dem Teil ruhegehaltfähig, wie der Anteil der ermäßigten zur regelmäßigen Arbeitszeit ist. Für eine 10-jährige Teilzeittätigkeit mit der Hälfte der regulären Arbeitszeit werden 5 ruhegehaltfähige Jahre berücksichtigt. Bei einer Teilzeitbeschäftigung über 10 Jahre (120 Monate) mit einem Drittel der normalen Arbeitszeit werden 40 ruhegehaltfähige Monate berücksichtigt.

Bei einer Beurlaubung vom Dienst, an der kein dienstliches Interesse besteht, entstehen keine ruhegehaltfähigen Zeiten. Bei einer Beurlaubung ohne Dienstbezüge, die einem dienstlichen Interesse oder öffentlichen Belangen dient, erfolgt kein Versorgungsabschlag. Dies muss spätestens bei Beendigung der Beurlaubung schriftlich zugestanden worden sein.

Zeiten der Kindererziehung

Zeiten der Kindererziehung werden seit 1986 auch im Recht der Beamtenversorgung berücksichtigt. Für Geburten vor 1992 sind in der Beamtenversorgung 6 Monate ruhegehaltfähig. Für Geburten ab 1992 wird ein Kindererziehungszuschlag von 3 Jahren gewährt, entsprechend der gesetzlichen Rentenversicherung.

Ruhegehaltfähige Dienstbezüge

Neben dem Zeitfaktor, der die Grundlage des Versorgungsprozentsatzes ist, wird das Ruhegehalt vom Wertfaktor, also von den ruhegehaltfähigen Dienstbezügen, maßgeblich beeinflusst.
Zu den ruhegehaltfähigen Dienstbezügen zählen:

- das Grundgehalt
- der Familienzuschlag
- sonstige Dienstbezüge

Grundgehalt

Ruhegehaltfähig sind die Bezüge des letzten Monats vor Ausscheiden aus dem aktiven Dienst. Sie unterliegen keiner Begrenzung nach oben. Nur wenn die letzte Beförderung noch keine 2 Jahre zurückliegt, sind lediglich die Bezüge des vorher bekleideten Amtes ruhegehaltfähig.
Im Unterschied zur gesetzlichen Rentenversicherung gibt es keine Beitragsbemessungsgrenze oder eine andere, die Rente in der Höhe begrenzende Einschränkung. Damit erhält ein Beamter ein Ruhegehalt, das sich an der Höhe der letzten Amtsbezüge bemisst.

Familienzuschlag

Beamte erhalten je nach Familienstatus einen Familienzuschlag. Ledige und Geschiedene erhalten die Stufe 1, Verheiratete, Verwitwete oder Geschiedene, die zum Unterhalt verpflichtet sind, erhalten die Stufe 2 und Beamte, die Kindergeld nach dem Bundeskindergeldgesetz beziehen, die Stufe 3.
Ruhegehaltfähig ist nur der Familienzuschlag der Stufen 1 und 2.

tipp

Beamte auf Probe, Beamte auf Anstellung, Beamte auf Zeit und Beamte, die noch keine 5 Jahre als Beamte auf Lebenszeit erreicht haben, benötigen auf jeden Fall eine private Absicherung für den Fall einer Dienstunfähigkeit, da das Beamtenverhältnis bei Dienstunfähigkeit endet und die Zeiten in der BfA nachversichert werden. Damit besteht nur noch ein Anspruch auf Erwerbsminderungsrente. Deren Höhe liegt in der Regel deutlich unter der vorher bezogenen Versorgung und auch die Zurechnungszeiten der BfA liegen deutlich unter den Zurechnungszeiten der Beamtenversorgung.

Sonstige Dienstbezüge

Sonstige Dienstbezüge wie Amtszulagen, Stellenzulagen, Überleitungs- und Ausgleichszulagen, Zuschüsse für Professoren sind dann ruhegehaltfähig, wenn sie im Besoldungsrecht als ruhegehaltfähig bezeichnet sind und bis zum Eintritt in den Ruhestand ein Anspruch darauf bestand. Bei Teilzeitbeschäftigten erfolgt der Ausgleich über den Anteil der Teilzeitbeschäftigung im Vergleich zur Vollbeschäftigung und nicht über die Höhe der Bezüge. Diese sind immer voll ruhegehaltfähig, das heißt, der Ausgleich erfolgt über den Zeit- und nicht über den Wertfaktor.

Mindestversorgung

Die Regelungen zur Mindestversorgung stellen sicher, dass Beamte im Ruhestand angemessen versorgt sind. Eine amtsbezogene Mindestversorgung beträgt 35 Prozent der Dienstbezüge, bei Dienstunfall sogar 55 Prozent der persönlichen ruhegehaltfähigen Dienstbezüge.

Die amtsunabhängige Mindestversorgung gilt einheitlich für alle Besoldungsgruppen. Hierbei werden 65 Prozent der jeweils ruhegehaltfähigen Dienstbezüge aus der Endstufe der Besoldungsgruppe A 4 zuzüglich 30 Euro als Ruhegehalt gezahlt, bei Dienstunfähigkeit erhöht sich der Satz auf 70 Prozent.
Im Falle einer Mindestversorgung erhalten Beamte die Versorgungsart mit dem für sie günstigsten Ergebnis.

Anpassung der Versorgungsbezüge

Die Versorgungsbezüge von Beamten im Ruhestand oder bei Dienstunfähigkeit werden zu denselben Zeitpunkten angepasst wie die Dienstbezüge. Anpassungen erfolgen prozentual und berücksichtigen das Grundgehalt, den Familienzuschlag sowie die sonstigen Zulagen.
Weiterhin erhalten Versorgungsempfänger eine jährliche Sonderzuwendung, die mit dem Ruhegehalt für das Dezembergehalt ausgezahlt wird.

Versorgung bei Dienstunfähigkeit

Bei Dienstunfähigkeit in den ersten 5 Jahren der Tätigkeit als Beamter wird das Beamtenverhältnis beendet und der Beamte scheidet aus dem öffentlichen Dienst aus. Die Zeiten der Tätigkeit im öffentlichen Dienst werden bei der BfA nachversichert. Bei Dienstunfähigkeit vor dem 40. Lebensjahr gelten die Regelungen zur Erwerbsminderungsrente.
Bei Dienstunfähigkeit vor dem 60. Lebensjahr werden den erreichten ruhegehaltfähigen Zeiten Zurechnungszeiten hinzugefügt.
Die Zeiten ab Dienstunfähigkeit bis zum 60. Lebensjahr werden ab 2001 zu 2/3 den ruhegehaltfähigen Dienstzeiten hinzugerechnet. Für jedes Pensionsjahr vor dem 65. Lebensjahr wird ein Versorgungsabschlag von 3,6 Prozent pro Jahr vorgenommen, höchstens jedoch 10,8 Prozent der Gesamtversorgung.

Versicherungstechnische Abschläge

Ähnlich wie Rentner, die eine Rente aus der BfA oder LVA erhalten, haben auch Beamte die Möglichkeit, ein vorgezogenes Ruhegehalt in Anspruch zu nehmen. Für jedes vorgezogene Jahr werden 3,6 Prozent abgezogen. Das heißt bei Inanspruchnahme des Ruhegehalts ab dem 60. Lebensjahr wird die Pension um den Höchstsatz von 10,8 Prozent gekürzt. Diese Reduzierung gilt für den gesamten Rentenbezug und wirkt sich auch auf die Hinterbliebenenrenten aus.

Anrechnung einer gesetzlichen Rente

Für Beschäftigte, die sowohl Ansprüche aus der LVA/BfA erworben haben als auch ein Ruhegehalt aus einem Beamtenverhältnis beziehen, werden beide Versorgungen zusammen betrachtet. Die gesetzliche Rente wird auf die Beamtenversorgung nur dann angerechnet, wenn die Versorgung einschließlich der gesetzlichen Rente höher ist als die mögliche Gesamtversorgung. Wenn jemand spät in ein Beamtenverhältnis berufen wurde, wird er so gestellt, als würde der höchstmögliche Versorgungssatz erreicht. Liegt die Versorgung einschließlich der gesetzlichen Rente unter dieser Obergrenze, so wird die Beamtenversorgung nicht gekürzt. Nur dann, wenn eine Gesamtversorgung erreicht wird, die höher ist als bei einem Nur-Beamten, wird die Versorgung entsprechend gemindert.

Hinterbliebenenversorgung

Die Beamtenversorgung beruht auf der Fürsorgepflicht des Dienstherrn gegenüber dem Beamten und auch seiner Familie. Daher ist die Hinterbliebenenversorgung Teil der Beamtenversorgung. Für den Sterbemonat werden die bisherigen Bezüge weiter gezahlt. Die Zahlung des Witwengeldes/der Witwerversorgung beginnt mit dem Ablauf des Sterbemonats. Weiterhin erhalten die Hinterblie-

benen ein Sterbegeld in Höhe der zweifachen Dienstbezüge oder des zweifachen Ruhegehalts. Ein Antrag hierfür ist nicht erforderlich. Das Sterbegeld gehört nicht zum Nachlass.
Das Witwengeld/die Witwerversorgung beträgt 55 Prozent des Ruhegehalts, das der Verstorbene erhalten hat oder erhalten hätte, wenn er am Todestag in den Ruhestand getreten wäre. Keine Ansprüche bestehen, wenn die Ehe weniger als 3 Monate bestanden hat und der Verdacht nicht widerlegt werden kann, dass es sich um eine Versorgungsehe handelt, oder wenn die Ehe erst nach dem 65. Lebensjahr der/des Verstorbenen geschlossen wurde. In diesem Fall kann dem Überlebenden ein Unterhaltsbeitrag bewilligt werden, auf den eigene Einkünfte in angemessener Weise angerechnet werden.
Eine Kürzung des Witwen-/Witwergeldes erfolgt, wenn die Witwe/der Witwer mehr als 20 Jahre jünger ist als die/der Verstorbene. Für jedes angefangene Jahr des Altersunterschieds über 20 Jahre hinaus erfolgt eine Kürzung um 5 Prozent. Bestand die Ehe allerdings länger als 5 Jahre, so werden für jedes darüber hinausgehende Jahr 5 Prozent hinzugerechnet, bis der volle Betrag wieder erreicht ist. Ein angemessener Lebensunterhalt ist auch für unterhaltsberechtigte Waisen sicherzustellen. Anspruchsberechtigt sind die leiblichen und adoptierten Kinder bis zur Vollendung des 18. und auf Antrag bis zum 27. Lebensjahr, wenn die Voraussetzungen für den Bezug von Kindergeld gegeben sind. Eine Überschreitung des 27. Lebensjahres ist nur in Ausnahmen, beipielsweise bei Behinderung, möglich. Halbwaisen erhalten 12 Prozent, Vollwaisen 20 Prozent des Ruhegehalts. Die Vollwaisenrente wird an Halbwaisen gezahlt, wenn der überlebende Elternteil nicht zum Bezug von Witwen-/Witwergeld berechtigt ist. Dies kann bei einer Wiederheirat oder einer Versorgungsehe der Fall sein. Das durchschnittlich gezahlte monatliche Waisengeld beträgt 320 Euro.

hinterbliebenenversorgung

Durchschnittliche Höhe der Hinterbliebenenversorgung der Beamten

✔ Witwen-/Witwergeld	1 190,00 Euro
✔ Waisengeld	320,00 Euro

Zusatzversorgung des öffentlichen Dienstes

Die Versorgungsanstalt des Bundes und der Länder (VBL) hat die Aufgabe, den Arbeitnehmern des öffentlichen Dienstes im Wege privatrechtlicher Versicherung eine zusätzliche Alters- und Hinterbliebenenversorgung zu gewähren.
Bis zum 31.12.2000 geschieht dies im Rahmen einer Gesamtversorgung, die sich an der Beamtenversorgung orientiert.
Grundlage der Pflichtversicherung ist das Bestehen eines Arbeitsverhältnisses. Der Arbeitgeber ist verpflichtet, die Arbeitnehmer zu versichern,

- → die das 17. Lebensjahr vollendet haben,
- → die nicht nur geringfügig beschäftigt sind,
- → die vom Beginn der Pflichtversicherung bis zur Vollendung des 65. Lebensjahres die Wartezeit von 60 Beitragsmonaten erfüllen können.

Nicht versichert werden können Arbeitnehmer, die nicht länger als 12 Monate eingestellt werden, und ABM-Teilnehmer.
Die Pflichtversicherung beginnt frühestens mit der Anmeldung durch den Arbeitgeber;

Auch im öffentlichen Dienst gibt es Änderungen bei der Berechnung der Renten.

sie endet mit der Abmeldung, spätestens mit dem Wegfall ihrer Voraussetzungen. Die Leistungen der Zusatzversorgung sind

→ Altersrenten,
→ Renten wegen verminderter Erwerbsfähigkeit,
→ Hinterbliebenenrenten,
→ Sterbegelder.

Voraussetzung für eine Rentenleistung ist, dass der Versicherte bei Eintritt des Versicherungsfalles die Wartezeit von 60 Monaten erfüllt hat. Der Versicherungsfall tritt ein, wenn aufgrund des Bescheides des gesetzlichen Rentenversicherungsträgers

→ eine Altersrente als Vollrente gezahlt wird,
→ eine Rente wegen verminderter Erwerbsfähigkeit gezahlt wird oder
→ der Versicherte verstirbt.

Bisherige Absicherung

Bis zum 31.12.2000 erhielten Arbeiter und Angestellte im öffentlichen Dienst eine Gesamtversorgung, die an die Beamtenversorgung angelehnt war. Bei einem fiktiven Nettoarbeitsentgelt, das auf der Grundlage der gesamtversorgungsfähigen Entgelte der letzten 3 Jahre ermittelt wurde, betrug die Versorgung maximal 91,75 Prozent. Dieser Versorgungsprozentsatz wurde nach einer gesamtversorgungsfähigen Zeit von 40 Jahren erreicht.
Die durchschnittliche Höhe der dynamischen Gesamtversorgung liegt bei 1 326 Euro. Die sich daraus ergebende durchschnittliche Versorgungsrente beträgt 373 Euro. Weiterhin gibt es für Arbeitnehmer, die bei Eintritt des Versicherungsfalles beitragsfrei versichert waren, eine so genannte Versicherungsrente. Diese beträgt durchschnittlich 85 Euro monatlich.
Das Gesamtversorgungsmodell wurde zum 1.1.2001 in ein Punktesystem, angelehnt an die Betriebsrentenmodelle der gewerblichen Wirtschaft, umgewandelt. Anders als im Gesamtversorgungssystem werden die Leistungen unabhängig von anderen Bezugssystemen wie der gesetzlichen Rente, der Beamtenversorgung und Steuer ermittelt.
Ausschlaggebend für die Höhe der späteren Rente ist jetzt nicht mehr das Endgehalt, sondern das bisherige im öffentlichen Dienst erzielte Einkommen.
Durch diesen Systemwechsel erhalten Arbeitnehmer die Möglichkeit, eine zusätzliche kapitalgedeckte Altersversorgung durch eigene Beiträge mit steuerlicher Förderung aufzubauen (Riester-Rente). Entgeltumwandlung – Direktversicherungen und Unterstützungskassen – wird dadurch ebenfalls möglich.
Die Umlagefinanzierung der Betriebsrente wird auch nach dem Systemwechsel beibehalten. Die Arbeitgeber tragen die Umlage bis 5,2 Prozent allein, die darüber hinausgehenden Aufwendungen werden zur Hälfte vom Arbeitgeber und zur Hälfte vom Arbeitnehmer finanziert. Der derzeitige Umlagesatz beträgt 7,7 Prozent des zusatzversorgungspflichtigen Entgelts, der Beitrag des Arbeitnehmers beträgt somit 1,25 Prozent.

VBL-Rente

VBL-Jahresrente pro 10 000 Euro Jahreseinkommen

Alter	Jahres-einkommen in Euro dividiert durch 10 000	Altersfaktor multipliziert mit Messbetrag	Spalte 2 multipliziert mit Spalte 3 (Jahresrente)	Alter	Jahres-einkommen dividiert durch 10 000	Altersfaktor multipliziert mit Messbetrag	Spalte 2 multipliziert mit Spalte 3 (Jahresrente)
1	2	3	4	1	2	3	4
65		32		40		60	
64		32		39		64	
63		32		38		64	
63		32		37		64	
61		36		36		68	
60		36		35		68	
59		36		34		72	
58		36		33		76	
57		36		32		76	
56		40		31		80	
55		40		30		80	
54		40		29		84	
53		40		28		88	
52		44		27		88	
51		44		26		92	
50		44		25		96	
49		48		24		96	
48		48		23		100	
47		48		22		104	
46		52		21		108	
45		52		20		112	
44		52		19		116	
43		56		18		120	
42		56		17		124	
41		60					

Summe der Rentenbeträge	
Rente aus Bonuspunkten	
Bonuspunkte für Kindererziehung	
Rente aus Zurechnungszeiten für Erwerbsminderung	
Summe aller Rentenbeträge	
Summe aller Rentenbeträge dividiert durch 12 =	**Monatsrente**
: 12 =	**EUR**

Das Leistungsniveau der neuen Betriebsrente liegt unter dem der bisherigen Zusatzversorgung.

Das neue Punktemodell

In Zukunft erfolgt die Leistung nach einem Punktemodell, mit dem die Beschäftigten im öffentlichen Dienst in jedem Jahr ihrer Tätigkeit Rentenbausteine erwerben. Diese hängen vom Einkommen und vom Lebensalter ab. Für Jüngere sind diese bei gleichem Einkommen höher, weil die Zeit bis zum Renteneintritt länger ist (siehe oben stehende Tabelle). 4 Prozent des Einkommens werden rechne-

risch als Beiträge zurückgelegt und mit garantierten 3,25 Prozent jährlich verzinst. Dazu kommen Bonuspunkte.
Als soziale Komponenten werden Zurechnungszeiten bei Erwerbsminderungs- und Hinterbliebenenrenten eingeführt. Je Kind werden für die Dauer der gesetzlichen Erziehungszeit Beiträge von 20 Euro pro Monat berücksichtigt. Es gibt eine Übergangsregelung für alle Versicherten mit einer Mindestversicherungszeit von 20 Jahren, die monatlich weniger als 1 840 Euro verdienen. Ihre Anwartschaften werden unter Berücksichtigung des Beschäftigungsquotienten festgestellt und auf mindestens 0,8 Versorgungspunkte für jedes volle Kalenderjahr der Pflichtversicherung angehoben.
Die schon laufenden Renten werden als Besitzstandsrenten weitergezahlt und bis zum Jahr 2007 jedes Jahr um 1 Prozent dynamisiert. In Zukunft entsprechen die Versicherungsfälle denen der gesetzlichen Rentenversicherung (Altersrenten, Erwerbsminderungsrenten, Hinterbliebenenrenten). Bei vorzeitiger Inanspruchnahme werden für jeden Monat Abschläge in Höhe von 0,3 Prozent erhoben.

Rentenformel im Punktemodell

In Zukunft werden auch zur Berechnung der Betriebsrente des öffentlichen Dienstes Beitragszahlungen in Entgeltpunkte umgerechnet. Im öffentlichen Dienst ist die Rentenhöhe dadurch von der gesamten Erwerbsbiografie abhängig. Die Versorgungspunkte werden für jedes Beschäftigungsjahr ermittelt. Hierzu sind folgende Faktoren maßgebend:

→ das Entgelt des Versicherten im Berechnungsjahr
→ das Referenzentgelt (10 000 Euro)
→ der Altersfaktor (Tabellenwert für das Alter des Versicherten im Berechnungsjahr)
→ Messbetrag (0,4 Prozent des Referenzentgelts = 40 Euro)

Alle Versorgungspunkte werden addiert.
Zu den Versorgungspunkten aufgrund von Beiträgen kommen Versorgungspunkte wegen sozialer Komponenten hinzu:

→ Zurechnungszeiten bei verminderter Erwerbsfähigkeit
→ Berücksichtigung von Kinderziehungszeiten
→ Anhebung auf einen Mindestpunktwert bei Einkommen unter 1 840 Euro

Im Versorgungsfall wird aus der Summe aller Versorgungspunkte und dem Messbetrag die Rente ermittelt. Die Formel hierfür lautet:

Versorgungspunkte x *Messbetrag* = *Zusatzrente*

Die im Punktemodell enthaltene Berechnungsformel erlaubt, unmittelbar aus einer Tabelle altersbezogen die Jahresrente je 10 000 Euro Jahreseinkommen abzulesen.
Zu den ermittelten Rentenbeträgen müssen die sich aus den so genannten Bonuspunkten ergebenden Beträge addiert werden.

Überleitung in das neue Recht

Die Höhe der laufenden Renten und der Ausgleichsbeträge wird zum 31.12.2000 festgestellt. Zu diesem Zeitpunkt werden für die bestehenden Ansprüche Ausgleichsbeträge ermittelt. Dieser Betrag wird in Versorgungspunkte unter Berücksichtigung eines jährlichen Zinssatzes von 3,25 Prozent umgerechnet und in das Punktemodell übertragen. Diese transferierten Versorgungspunkte werden bis zum Jahr 2007 jährlich mit 1 Prozent dynamisiert.
Die laufenden Renten werden als Besitzstandsrenten weitergezahlt und um jährlich 1 Prozent dynamisiert. Da das Gesamtleistungsmodell aufgehoben wird, führt in Zukunft eine Erhöhung der gesetzlichen Rente nicht mehr zu einer Verminderung der Rente aus der VBL. Für Beschäftigte, die 55 Jahre oder älter sind, werden die Ansprüche so gerechnet, als hätten

sie das 63. Lebensjahr bereits erreicht. Die so errechnete Versorgungsrente wird einschließlich der Zuwächse aus dem neuen System garantiert. Die bisherige Rentenhöhe wird dadurch nicht verringert.

Rente wegen Erwerbsminderung

Grundsätzlich erhalten Versicherte der Versorgungsanstalt Rente bei Erwerbsminderung. Ebenso wie die gesetzlichen Rentenversicherer hat die VBL die Grundlagen für Renten wegen Erwerbs- und Berufsunfähigkeit verändert und zahlt jetzt Renten wegen Erwerbsminderung entsprechend den Regelungen der BfA.
In Zukunft werden bei Eintritt einer Erwerbsminderung vor Vollendung des 60. Lebensjahres den vorhandenen Punkten Versorgungspunkte in noch nicht bekannter Höhe hinzugerechnet, und zwar für jedes noch fehlende Jahr bis zum 60. Lebensjahr. Die Neuordnung sieht vor, dass bei teilweiser Erwerbsminderung die Hälfte der Versorgungsrente zu zahlen ist, die sich bei voller Erwerbsminderung ergeben würde. Eine Abhängigkeit von der Höhe der BfA-Rente besteht in Zukunft nicht mehr.

Hinterbliebenenversorgung

Ebenso wie in der Beamtenversorgung und in der gesetzlichen Rentenversicherung haben die Hinterbliebenen Versorgungsansprüche. Die Voraussetzungen sind eng mit den Bestimmungen der gesetzlichen Rentenversicherung verknüpft. Witwen und Witwer haben einen Anspruch auf 55 Prozent, Halbwaisen auf 12 Prozent und Vollwaisen auf 20 Prozent der Rente, die zum Zeitpunkt des Todes als Rente aus der Gesamtversorgung oder als Versichertenrente gezahlt werden würde.
In Zukunft werden die schon erworbenen Renten durch Zurechnungszeiten aufgewertet und daraus die Hinterbliebenenrenten berechnet.

Die gesetzliche Krankenversicherung

Alle Arbeiter und Angestellten, die unterhalb der Versicherungspflichtgrenze verdienen, im Jahr 2002 beträgt diese 3 375 Euro, sind in einer der etwa 600 gesetzlichen Krankenkassen pflichtversichert.
Der Beitrag wird prozentual vom Einkommen bis zur Versicherungspflichtgrenze ermittelt und jeweils zur Hälfte vom Versicherten und vom Arbeitgeber gezahlt. Der durchschnittliche Beitrag beträgt 13,5 Prozent, die günstigste Krankenkasse verlangt 11,9 Prozent und die teuerste 14,9 Prozent.
Angestellte und Arbeiter oberhalb der Versicherungspflichtgrenze können entweder als freiwillige Mitglieder in der gesetzlichen Krankenversicherung bleiben oder sich und ihre Familienangehörigen ohne eigenes Einkommen in einer privaten Krankenversicherung absichern.
Der Anspruch auf Leistungen ist unabhängig von der jeweiligen Beitragshöhe. Nur bei Leistungen mit Lohnersatzfunktion (Krankengeld, Kinderpflege-Krankengeld) spielt die Höhe des beitragspflichtigen Arbeitsentgelts eine Rolle. Die Leistungen richten sich nach dem Maß der individuellen Bedürftigkeit, die Beitragslast nach dem Maß des individuellen Einkommens. Der Beitrag ist unabhängig vom Alter, vom Geschlecht, vom Familienstand oder vom gesundheitlichen Risiko. Die gesetzliche Krankenversicherung versteht sich als Solidargemeinschaft, in der ein sozialer Ausgleich zwischen besser und schlechter verdienenden Versicherten stattfindet. Auch die beitragsfreie Familienversicherung folgt dem Solidaritätsprinzip. Neben dem Versicherten sind auch Familienangehörige ohne eigenes Einkommen krankenversichert, ohne dass hierfür ein Beitrag gezahlt werden muss.

Beamte und ihre Familienangehörigen ohne eigenes abhängiges Einkommen gehören nicht zu dem Versichertenkreis, da die öffentlichen Arbeitgeber im Rahmen ihrer Fürsorgepflicht zum Teil eine freie Heilfürsorge oder Beihilfen zu krankheitsbedingten Kosten, den Aufwendungen für Säuglings- und Kleinkinderausstattung sowie den Aufwendungen bei dauernder Pflege gewähren. Sie haben darüberhinaus die Möglichkeit, Kostenanteile, die nicht beihilfefähig sind, in Beihilfe-Tarifen der privaten Versicherer abzudecken.
Versicherungsfrei sind Selbstständige mit Ausnahme von Landwirten, Künstlern und Publizisten.

Leistungen der gesetzlichen Krankenversicherung

Die gesetzlichen Krankenversicherungen sollen im Falle einer Krankheit, eines Unfalls oder einer Schwangerschaft durch medizinische Dienst- und Sachleistungen sowie finanzielle Leistungen helfen. Ziel ist, dass die Versicherten möglichst schnell und vollständig wieder gesund werden.
Die gesetzlichen Krankenversicherungen leisten im Wesentlichen für:

- → Ambulante ärztliche Behandlung
- → Arznei- und Verbandmittel
- → Heilmittel (Massagen, Krankengymnastik, Bäder)
- → Hilfsmittel (Hörgeräte, Prothesen, orthopädische Schuhe)
- → Brillengläser
- → Psychotherapeutische Behandlungen
- → Fahrtkosten
- → Zahnärztliche Behandlungen
- → Kieferorthopädische Behandlungen
- → Stationäre Krankenhausbehandlung
- → Krankengeld
- → Mutterschaftsgeld
- → Mutterschaftshilfe

Der Versicherungsschutz in der gesetzlichen Krakenversicherung ist sehr umfassend.
Durch die Gesundheitsreformgesetze wird der Schutz im Einzelnen jedoch eingeschränkt, da die gesetzlichen Krankenkassen Leistungen nicht mehr in der vollen Höhe übernehmen und immer häufiger Zuzahlungen geleistet werden müssen.
Es besteht Zuzahlungspflicht bei Krankenhausbehandlung und stationären Kuren sowie Rehabilitationsmaßnahmen, Arzneimitteln,

rechengrößen

der gesetzlichen Krankenversicherung

	Alte Bundesländer	Neue Bundesländer
✔ Durchschnittlicher Beitragssatz	13,5 %	13,5 %
✔ Versicherungspflichtgrenze monatlich	3 375,00 Euro	3 375,00 Euro
✔ Versicherungspflichtgrenze jährlich	40 500,00 Euro	40 500,00 Euro
✔ Höchstzuschuss für privat Krankenversicherte	227,82 Euro	227,82 Euro

Verbandmitteln, Fahrtkosten, Heilmitteln, Hilfsmitteln und bei kieferorthopädischen Behandlungen, wobei diese nach erfolgreichem Behandlungsabschluss ganz übernommen werden.
Im Zuge der Härtefallregelungen entfallen die Zuzahlungen für Beitragszahler, deren Einkommen unter 938 Euro monatlich liegt.
Auch die Budgetierungen der ärztlichen Leistungen können zu Einschränkungen des Versicherungsschutzes führen, da notwendige Behandlungen in die Zukunft verschoben, teure Arzneimittel nicht mehr verschrieben werden oder die Kranken die Medikamente selber bezahlen müssen. Auch die Leistungen in den Krankenhäusern sind begrenzt. So haben Krankenhäuser eine bestimmte Anzahl von Operationen zur Verfügung. Ist dieses Budget ausgeschöpft, führen weitere Operationen zu Sanktionen durch die Krankenversicherungen.
Das Krankengeld der gesetzlichen Krankenversicherung hat Lohnersatzfunktion. Arbeitnehmer erhalten bis zum Abschluss der 6. Krankheitswoche Lohn- oder Gehaltsfortzahlung vom Arbeitgeber. Danach zahlt die gesetzliche Krankenversicherung ein Krankentagegeld in Höhe von 70 Prozent des beitragspflichtigen Bruttoarbeitsentgelts. Allerdings höchstens 90 Prozent des Nettoarbeitsentgelts. Dies sind maximal 78,75 Euro täglich oder 2 362,50 Euro im Monat. Das Krankengeld wird bei Arbeitsunfähigkeit wegen derselben Krankheit für längstens 78 Wochen gewährt. Danach muss ein Antrag auf Erwerbsminderung bei der BfA gestellt werden. Die Berechnungsgrundlagen für eine Erwerbsminderungsrente sind unabhängig vom Einkommen bei Beginn der Krankheit. Häufig ist die Erwerbsminderungsrente deutlich niedriger als das zuvor gezahlte Krankengeld. Auch für Selbstständige, die nicht in der BfA versichert sind, endet das Krankentagegeld nach der 78. Krankheitswoche. Die Kostenexplosion im Gesundheitswesen hat Jahr für Jahr zu höheren Belastungen der Beitragszahler geführt. Die Krankheitskosten steigen sehr viel schneller als Löhne und Gehälter. Auf der einen Seite werden mehr Leistungen in Anspruch genommen und die »Apparate-

zuzahlungen

Zuzahlungen in der gesetzlichen Krankenversicherung

✔ Arzneimittel	
– kleine Packung	4,00 EUR
– mittlere Packung	4,50 EUR
– große Packung	5,00 EUR
✔ Bandagen und Einlagen	20 %
✔ Verbandmittel	4,00 EUR
✔ Fahrtkosten	
– zur stationären Behandlung (je Fahrt)	13,00 EUR
– zur ambulanten Behandlung (je Fahrt)	100 %
– zur ambulanten Behandlung, wenn eine Krankenhausbehandlung erspart oder abgekürzt wird (je Fahrt)	13,00 EUR
✔ Rettungsfahrten (je Fahrt)	13,00 EUR
✔ Heilmittel	15 %
✔ Krankenhausbehandlung täglich, für maximal 14 Tage pro Jahr	9,00 EUR
✔ Stationäre Rehabilitation	9,00 EUR
✔ Stationäre Vorsorge	9,00 EUR
Mütterkuren	9,00 EUR

medizin« hat viele dieser Leistungen zusätzlich verteuert, auf der anderen Seite verzeichnen die gesetzlichen Krankenversicherungen durch die hohe Arbeitslosigkeit sinkende Einnahmen.
Dies führt dazu, dass durch Leistungseinschränkungen – zu Lasten der Versicherten – versucht wird, die Kosten zu senken.
Die Leistungen der gesetzlichen Krankenversicherungen werden durch den Gesetzgeber festgelegt. Der Vertrag zwischen dem Versicherten und der Krankenkasse sichert die Leistungen dem Grunde und nicht der Höhe nach zu, so dass die Krankenkassen die Möglichkeit haben, Leistungen zu verändern, einzuschränken oder auch komplett zu streichen.

Die gesetzliche Pflegeversicherung

Die Sozialversicherung wurde 1995 um die Pflegeversicherung erweitert. Das Risiko der Pflegebedürftigkeit steigt im Alter rapide an, aber auch junge Menschen sind nach einem Unfall oder schwerer Krankheit auf Hilfe angewiesen. Es besteht seit 1995 Versicherungspflicht für alle, auch für nicht versicherungspflichtige Selbstständige und für Beamte. Gesetzlich Krankenversicherte fallen unter den Schutz der gesetzlichen Pflegeversicherung, privat Krankenversicherte sichern dies über ihren Versicherer ab, Beamte müssen den Teil versichern, den die Beihilfe nicht absichert. Die Beitragsbemessungsgrenze entspricht der der gesetzlichen Krankenversicherung.
Der Beitragssatz beträgt 1,7 Prozent. Der Beitrag wird je zur Hälfte vom Arbeitnehmer und vom Arbeitgeber gezahlt – mit Ausnahme im Land Sachsen, hier zahlen die Arbeitgeber nur 0,7 Prozent als Beitragszuschuss, da bisher noch kein Feiertag zur Gegenfinanzierung gestrichen wurde.
Es werden ambulante Pflegeleistungen für die Betreuung zu Hause gewährleistet, die nach dem Grad der Pflegebedürftigkeit gestaffelt sind. Die Pflegeleistungen werden dabei mit einer dreiteiligen Einteilung nach Pflegestufen klassifiziert.
Pflegebedürftig ist, wer wegen dabei einer körperlichen, geistigen oder seelischen Krankheit oder Behinderung für die gewöhnlichen und regelmäßig wiederkehrenden Verrichtungen im Tagesablauf auf Dauer, mindestens aber für 6 Monate, auf Hilfe angewiesen ist. Das Gesetz unterscheidet drei Pflegestufen.

rechengrößen

der gesetzlichen Pflegeversicherung

	Alte Bundesländer	Neue Bundesländer
✔ Durchschnittlicher Beitragssatz	1,7 %	1,7 %
✔ Versicherungspflichtgrenze monatlich	3 375,00 EUR	3 375,00 EUR
✔ Versicherungspflichtgrenze jährlich	40 500,00 EUR	40 500,00 EUR
✔ Höchstbeitrag monatlich	57,38 EUR	57,38 EUR

pflegeklassen

Definition der Pflegebedürftigkeit und Einstufung in die Pflegeklassen

	Häufigkeit der Hilfe bei ✔ der Körperpflege ✔ der Ernährung ✔ der Bewegung	Häufigkeit der Hilfe bei ✔ hauswirtschaftlicher Versorgung
Stufe I Erheblich pflegebedürftig	mindestens einmal täglich bei mindestens zwei Verrichtungen	jeweils zusätzlich ein bis mehrere Male in der Woche
Stufe II Schwerpflegebedürftig	mindestens dreimal täglich	zu verschiedenen Tageszeiten
Stufe III Schwerstpflegebedürftig	Tag und Nacht	ständig

Ein approbierter Arzt muss die Pflegebedürftigkeit feststellen und die Einordnung in eine Pflegestufe vornehmen.
An Sachleistungen werden für den sozialen Pflegedienst erstattet:

- → bis zu 384 Euro für erheblich Pflegebedürftige
- → bis zu 921 Euro für Schwerpflegebedürftige
- → bis zu 1 432 Euro für Schwerstpflegebedürftige

Aber auch Angehörige, die ein Familienmitglied pflegen, haben Anspruch auf Geldleistungen aus der gesetzlichen Pflegeversicherung in Höhe von 205, 410 oder 665 Euro. Zusätzlich sind die pflegenden Familienangehörigen in der gesetzlichen Rentenversicherung pflichtversichert. Die Beitragszahlungen in Höhe von 102,30 bis 306,80 Euro übernimmt die Pflegeversicherung. Außerdem besteht Versicherungsschutz in der gesetzlichen Unfallversicherung. Weiter können Kosten für Tages-, Nacht- und Kurzzeitpflege, Pflegehilfsmittel, Zuschüsse zum pflegebedingten Umbau der Wohnung und Pflegekurskosten für Angehörige übernommen werden.
Für Leistungen der stationären Pflege übernimmt die Pflegeversicherung in

- → Stufe I 1 023 Euro,
- → Stufe II 1 279 Euro,
- → Stufe III 1 432 Euro
- → und in Härtefällen 1 688 Euro.

Diese Zahlungen werden nur für die Pflegeleistungen erbracht! Die Kosten für die Unterbringung und Verpflegung in einem entsprechenden Pflegeheim sind in diesen Leistungen nicht enthalten, diese müssen selbst gezahlt werden.

Die gesetzliche Unfallversicherung

Die gesetzliche Unfallversicherung ist Teil des sozialen Netzes in Deutschland.
Träger der gesetzlichen Unfallversicherung sind die Berufsgenossenschaften, die Gemeinden und die Gemeindeunfallverbände.
Die Unfallversicherung erbringt Leistungen vor allem für die Folgen von Arbeits- oder Wegeunfällen und bei Berufskrankheiten. Hierzu gehört die Kostenübernahme der Heilbehandlung bei einem niedergelassenen Arzt und die stationäre Versorgung, die anschließende Behandlung und die Versorgung mit Arznei- und Verbandmitteln. Hierzu gibt es ein spezielles Durchgangsarztverfahren, berufsgenossenschaftliche Krankenhäuser oder Stationen in Unfallkrankenhäusern.
Demjenigen, der aufgrund eines Arbeitsunfalls arbeitsunfähig ist, steht neben der Heilbehandlung Verletztengeld zu, das ähnlich wie das Krankengeld der gesetzlichen Krankenversicherung ermittelt wird. Das Verletztengeld darf höchstens dem entgangenen Nettoarbeitsentgelt entsprechen und wird für die Dauer der Heilbehandlung gewährt. Weiterhin werden Rehabilitationsleistungen und berufsfördernde Maßnahmen bezahlt, damit Schwerverletzte wieder in das Berufsleben eingegliedert werden können. Es werden sowohl die berufsfördernden Leistungen als auch ein Übergangsgeld gezahlt, sofern durch die Maßnahme eine ganztägige Erwerbstätigkeit nicht mehr ausgeübt werden kann. Das Übergangsgeld beträgt 80 Prozent der Verletztenrente.
Weiterhin werden Entschädigungsleistungen in Form von Verletztenrenten und Hinterbliebenenrenten gezahlt.
Voraussetzung für eine Verletztenrente ist, dass der eingetretene Arbeitsunfall zu einer Minderung der Erwerbsfähigkeit von mindestens 20 Prozent führt und diese über die 26. Woche nach dem Arbeitsunfall andauert. Bei völliger Erwerbsunfähigkeit beträgt die Rente 2/3 des Jahresarbeitsverdienstes, ansonsten wird die Verletztenrente entsprechend dem Anteil der Erwerbsminderung bezahlt.
Die Witwen-/Witwerrenten betragen 30 Prozent, ab dem 45. Lebensjahr 40 Prozent des Jahresarbeitsverdienstes des Verstorbenen, wobei eigenes Einkommen angerechnet wird. Die Waisenrenten betragen 2/10, die Vollwaisenrenten 3/10 des Jahresarbeitsverdienstes bis zur Vollendung des 18. Lebensjahres.
Kinder genießen den Schutz der gesetzlichen Unfallversicherung auf dem Weg zum Kindergarten oder zur Schule und während ihres Aufenthalts dort.

BETRIEBLICHE ALTERSVORSORGE

Die betriebliche Altersversorgung ist älter als die Sozialversicherung. Schon im Mittelalter erbrachten die Gilden Fürsorgeleistungen für ihre Mitglieder. Während der Industrialisierung Mitte des 19. Jahrhunderts wurde diese Idee wieder aufgegriffen und 1850 von Carl Zeiss in Jena die erste betriebliche Altersversorgung begründet. Die Gutehoffnungshütte, Krupp, Siemens und BASF folgten diesem Beispiel und gründeten Versorgungswerke zur finanziellen Absicherung der Arbeitnehmer im Alter und bei Unfall sowie zur Versorgung der Familien im Todesfall.
Das Ideal der Altersversorgung wird häufig als ein Modell mit drei Säulen dargestellt: gesetzliche, betriebliche und private Altersversorgung. Die zweite Säule ist allerdings das schwächste Glied, nur 4 bis 5 Prozent der Alterseinkünfte kommen aus einer betriebli-

chen Altersversorgung. Die Höhe der durchschnittlichen monatlichen Betriebsrenten liegt im Jahr 2000 bei Unternehmen bis zu 100 Beschäftigten lediglich bei 164 Euro für Männer und 81 Euro für Frauen. Nur bei Großunternehmen sind die Betriebsrenten höher. Hier erhalten Männer durchschnittlich 317 Euro und Frauen 112 Euro monatlich.
Mit der Einführung des Gesetzes zur betrieblichen Altersversorgung von 1974 ist die Entscheidung, ob eine Altersversorgung eingerichtet und in welcher Form sie organisiert wird, allein dem Unternehmen überlassen. Vereinbart das Unternehmen mit seinen Beschäftigten eine Altersversorgung, erteilt es eine verbindliche Leistungszusage für eine Betriebsrente. Diese besteht aus regelmäßigen monatlichen Zahlungen im Alter, Leistungen bei Invalidität und Zahlungen an die Hinterbliebenen im Todesfall.
Das Gesetz zur betrieblichen Altersversorgung regelt auch die Ansprüche für den Fall, dass der Arbeitgeber gewechselt wird. Unverfallbar werden die Ansprüche eines Mitarbeiters auf die Leistungen aus der betrieblichen Altersversorgung, wenn dieser mindestens 35 Jahre alt ist, die Versorgungszusage seit mindestens 10 Jahren besteht oder er schon 12 Jahre im Betrieb gearbeitet hat und davon 3 Jahre lang eine betriebliche Altersversorgung bestanden hat.
Das Betriebsrentengesetz bietet dem Arbeitgeber folgende Möglichkeiten:

- → Pensionszusage
- → Pensionskasse
- → Unterstützungskasse
- → Direktversicherung

oder Verbindungen der vier Möglichkeiten unter Einbeziehung von Entgeltumwandlungen und beitragsorientierten Leistungszusagen. Mit der Verabschiedung des Altersvermögensgesetzes ist auch die betriebliche Altersvorsorge mit Zulagen wie bei der Riester-Rente möglich geworden, ebenso die Pensionskasse. Damit kann erstmals in Deutschland, wie es in den angelsächsischen Ländern schon längst möglich ist, Geld unter Renditegesichtspunkten für die Altersversorgung der Mitarbeiter angelegt werden.

Die betriebliche Altersvorsorge ist das schwächste Glied der »drei Säulen«.

Die Pensionszusage

Die Pensions- oder Direktzusage ist die häufigste Form der betrieblichen Altersvorsorge. Rund 54 Prozent aller Betriebsrenten sind als Pensionszusagen organisiert. Dabei bleibt das Geld im Unternehmen. Die Direktzusage wird intern finanziert. Dies bedeutet einen erheblichen Aufwand und birgt Risiken, die nur große Unternehmen tragen können. Das Unternehmen muss Rückstellungen bilden,

tipps

✔ In der betrieblichen Alterssicherung gilt: Sicherheit vor Rendite. Außerdem soll eine Betriebsrente auch die Invalidität und den Todesfall absichern.

✔ Mitarbeiterbeteiligungsmodelle in Form von Aktien oder Aktienbeteiligungen sind etwas anderes als eine sichere Rentenzusage für das Alter. Sie sind hoch spekulativ und hängen von den wirtschaftlichen Daten des Unternehmens, in diesem Fall des Arbeitgebers, ab. Also überlegen Sie genau, wie viel Geld Sie in eine Mitarbeiterbeteiligung stecken oder wie hoch der Aktienanteil Ihres Gehalts sein soll, damit Sie, falls Sie in schlechten Zeiten den Arbeitsplatz verlieren, nicht auch noch die Altersvorsorge einbüßen.

um im Versorgungsfall die zugesagten Leistungen erbringen zu können. Direktzusagen müssen beim Pensionssicherungsverein für den Fall der Insolvenz versichert werden.
Das Unternehmen darf das Geld ohne Beschränkungen anlegen. Es kann dafür Rückdeckungsversicherungen abschließen, aber auch Aktien oder Anteile an Investmentfonds erwerben oder Investitionen im eigenen Unternehmen tätigen. Daher ist das Risiko eines Verlustes höher als bei den anderen Formen der betrieblichen Altersvorsorge.
Die Unternehmen müssen die Pensionszusagen an die Lohnentwicklungen anpassen.
Für die Arbeitnehmer ist eine Pensionszusage günstig, da die Beiträge steuerfrei sind und die ausgezahlte Betriebsrente erst im Alter versteuert werden muss. Aus diesem Grund kann es sinnvoll sein, im Rahmen einer Entgeltumwandlung selbst Beiträge zur Direktzusage zu leisten. Allerdings verknüpft der Arbeitnehmer dann seine Altersabsicherung mit dem Erfolg seines Arbeitgebers.

Die Pensionskasse

Pensionskassen sind eigenständige Versorgungswerke, die sowohl vom Arbeitgeber selbst gegründet als auch als Versicherungsverein auf Gegenseitigkeit oder als Aktiengesellschaft organisiert werden können. 18,9 Prozent der betrieblichen Altersvorsorge wird in Pensionskassen verwaltet. Der Arbeitnehmer hat ein Recht auf seine Betriebsrente gegenüber der Pensionskasse. Pensionskassen sind in der Geldanlage an genaue Vorschriften gebunden, da sie dem Versicherungsaufsichtsgesetz unterliegen. Es dürfen daher höchstens 30 Prozent des Kapitals in Aktien oder Aktien-Investmentfonds angelegt werden. Dies erhöht die Sicherheit der Geldanlage.
Die Beiträge zur Pensionskasse sind für den Arbeitnehmer steuerpflichtig. Allerdings können Beiträge bis zu 1 752 Euro im Jahr der günstigeren Pauschalbesteuerung von 20 Prozent zuzüglich der pauschalen Kirchensteuer und des Solidaritätszuschlages unterworfen werden. Für den Arbeitgeber sind die Beiträge zur Pensionskasse Betriebsausgaben.
Bei Invalidität, im Todesfall oder als Altersrente ist nur der Ertragsanteil der Betriebsrente steuerpflichtig.

Die Unterstützungskasse

Unterstützungskassen bieten unter den vier Durchführungswegen die größte Flexibilität. Die Unternehmen können Unterstützungskassen selbst gründen oder sich bereits bestehenden Unterstützungskassen anschließen.

Der Arbeitgeber leistet Zuwendungen an die Unterstützungskasse, die allerdings die zu erwartenden Leistungen, die später an die Arbeitnehmer ausgezahlt werden sollen, nicht in vollem Umfang decken dürfen. Deshalb muss das Unternehmen immer wieder Geld nachschießen, wenn Leistungen fällig werden. Dadurch wird es teilweise eine Umlagefinanzierung. Aus diesem Grund haftet der Arbeitgeber gegenüber der Unterstützungskasse.
Der Arbeitnehmer erwirbt weder steuerrechtlich noch versicherungstechnisch einen Rechtsanspruch auf die Betriebsrente, sondern arbeitsrechtlich. Der Widerruf von Versorgungszusagen ist nur aus sachlichen Gründen, die in der Regel in der wirtschaftlichen Lage des Unternehmens liegen, möglich.
Die Unterstützungskasse unterliegt nicht der Versicherungsaufsicht, sondern muss sich beim Pensionssicherungsverein in der vom Gesetzgeber vorgeschriebenen Höhe gegen Insolvenz versichern. Daher hat die Unterstützungskasse die Möglichkeit, die Form der Geldanlage zu wählen, und ist ebenso wie die Pensionskasse an keine Auflagen gebunden.
Die Renten aus der Unterstützungskasse müssen bei Erhalt vom Rentenbezieher versteuert werden, also erst im Rentenalter.

Die Direktversicherung

Bei der Direktversicherung schließt der Arbeitgeber zugunsten des Arbeitnehmers einen Versicherungsvertrag über eine Lebensversicherung oder Leibrentenversicherung bei einem Versicherungsunternehmen ab. Der Versicherungsschutz muss mindestens bis zum 60. Lebensjahr bestehen. Der Arbeitgeber zahlt die Beiträge an das Versicherungsunternehmen, der Arbeitnehmer erhält die Leistung.
Der maximale jährliche Beitrag zur Direktversicherung beträgt 1 752 Euro. Hierauf wird ein pauschalisierter Steuersatz von 20 Prozent für die Einkommen- und Kirchensteuer zuzüglich Solidaritätszuschlag fällig. Die Steuer, die eigentlich vom Arbeitnehmer zu zahlen ist, kann auch vom Arbeitgeber übernommen werden. Wenn die Beiträge zur Direktversicherung aus Sonderzahlungen entnommen werden, sind diese sozialabgabenfrei. Dadurch erhöht sich die Rentabilität einer Direktversicherung nochmals.
Direktversicherungen können als Entgeltumwandlung erfolgen. Damit wird das Gehalt des Arbeitnehmers in Versicherungsleistungen umgewandelt. Der Arbeitnehmer hat das unwiderrufliche Bezugsrecht sowohl im Erlebens- als auch im Todesfall. Der Vertrag kann als Lebens- oder Rentenversicherung abgeschlossen werden. Eine Beitragsbefreiung für den Fall einer Berufsunfähigkeit sollte immer eingeschlossen werden, der Einschluss einer Rente bei Berufsunfähigkeit ist möglich.
Zahlt der Arbeitgeber die Beiträge als zusätzliches Einkommen, stehen dem Arbeitnehmer die Leistungen erst ab der Unverfallbarkeit zu. Die Unverfallbarkeit des Anspruchs tritt ein, wenn der Arbeitnehmer das 35. Lebensjahr vollendet hat und entweder die Versorgungszusage seit mindestens 10 Jahren besteht oder die Versorgungszusage seit 3 Jahren besteht und der Arbeitnehmer dem Betrieb seit mindestens 12 Jahren angehört.
Bei einer Kapitallebensversicherung kommt im Alter der Gesamtbetrag zur Auszahlung. Dieser ist steuerfrei, bei Auszahlung in Form von monatlichen Renten ist nur der Ertragsanteil steuerpflichtig.
Die Geldanlage der Direktversicherung ist nach den Vorschriften des Versicherungsaufsichtrechts geregelt. Es bestehen viele Variationen und neben Kapitallebens- und Rentenversicherungen können auch Versicherungen auf der Grundlage von Investmentfonds als Direktversicherung abgeschlossen werden.
Die unverfallbaren Ansprüche einer Direkt-

versicherung sind über den Pensionssicherungsverein gegen Zahlungsunfähigkeit des Arbeitgebers geschützt.
Entsprechend dem neuen Altersvermögensgesetz können jetzt auch beim Abschluss einer Direktversicherung die Zulagen der Riester-Förderung genutzt werden. Der Vertrag wird dann während der Einzahlungsphase nicht pauschal versteuert, sondern ist steuerfrei und muss erst im Alter versteuert werden.

IHRE PERSÖNLICHE FINANZPLANUNG

Mit den erhaltenen Informationen haben Sie einen Überblick über den Stand der erworbenen Rentenanwartschaften erhalten.
Nehmen Sie sich die Tabelle zur Ermittlung der BfA-Rente (siehe Seite 14 f.) und tragen Sie die entsprechenden Jahresgehälter ein. Ihre persönlichen Entgeltpunkte erfahren Sie, wenn Sie Ihr jeweiliges Jahresgehalt in die Tabelle eintragen und durch das angegebene durchschnittliche Jahresentgeld dividieren. Hieraus können Sie dann ganz einfach die voraussichtliche Rente im Alter errechnen. Oder Sie schreiben an die BfA beziehungsweise nutzen deren Internetservice und bitten um einen Versicherungsverlauf und eine Rentenauskunft. Auch Beamte rechnen sich ihre Versorgungsansprüche mit den erhaltenen Informationen selbst aus (siehe Berechnungsbeispiel, Seite 24).
Arbeiter und Angestellte im öffentlichen Dienst errechnen ihre Ansprüche aus der gesetzlichen Rentenversicherung und dann ihre VBL-Rentenansprüche. Aufgrund der Umstellung der VBL-Versorgung ist das zurzeit leider nicht ganz einfach. Aber in den meisten Personalverwaltungen oder bei der Gewerkschaft finden Sie bestimmt jemanden, der sich mit den VBL-Richtlinien so gut auskennt, dass Sie eine Auskunft erhalten, die für einen ersten Überblick ausreicht. Wie Sie bereits wissen, ist es wichtig, ab und zu das Ziel und das bereits Erreichte miteinander zu vergleichen.
Genauso prüfen Sie, ob und welche Ansprüche Sie bei Berufs- oder Erwerbsunfähigkeit haben oder welche Erwerbsminderungsrente zu erwarten ist.
Auch das Krankengeld sollten Sie überprüfen, um bei länger andauernder Krankheit das Minus Monat für Monat auf Ihrem Konto nicht zu vergrößern.

Verschaffen Sie sich einen Überblick über Ihre finanzielle Situation.

Kassensturz

Bestimmt haben Sie bereits geahnt, dass Sie mit der Rente aus der gesetzlichen Rentenversicherung im Alter kaum leben können. Aber die Berechnung, wie niedrig der Betrag letztendlich ist, hat Sie doch erschreckt. Vielleicht haben Sie schon vor Jahren eine Lebensversicherung und einen Sparvertrag bei der Bank abgeschlossen, in die Sie regelmäßig Geld einzahlen. Ach ja, da existiert doch auch noch diese kleine Lebensversicherung über die vermögenswirksamen Leistungen, die schon in 4 Jahren fällig wird. Und vor 2 Jahren hat ihnen eine Kollegin einen Tipp gegeben, daraufhin haben Sie 5 000 Euro in einen Investmentfonds eingezahlt und trotz Crash kann sich das Ergebnis sehen lassen. Fast hätten Sie es vergessen, eine Unfallversicherung existiert ja auch noch. Aber was passiert, wenn Sie berufsunfähig werden? Na ja, kann ja eigentlich auch gar nicht passieren – und wenn, irgendwie haben Sie es doch immer geschafft. Sicherlich könnten Sie noch jeden Monat einen Betrag zur Seite legen. Doch wo und vor allem wie das Geld ansparen? Noch eine Versicherung oder einen Investmentfonds – nein, doch lieber Aktien, davon redet doch zur Zeit jeder und alle machen damit große Gewinne. Na ja, zumindest die Kollegen im Büro. Ihre Zahnärztin hat allerdings erzählt, sie habe viel Geld beim letzten Aktiencrash verloren. Das wollen Sie auf keinen Fall, aber mehr als 2 Prozent Zinsen auf einem Sparbuch sollen es schon sein.

Wenn es Ihnen auch so geht, dass Sie ein seltsames Sammelsurium an Versicherungen und Geldanlagen haben, ein paar festverzinsliche Wertpapiere, ein viel zu gering verzinstes Sparbuch, einen kleinen Bausparvertrag, obwohl Sie nie bauen möchten, mehrere kleine Lebensversicherungen mit den unterschiedlichsten Ablaufterminen und eine Unfallversicherung, die bei Unfalltod eine gigantische Summe auszahlt, dann sollten Sie jetzt Kassensturz machen!

Hierzu benötigen Sie Zeit, Ruhe und Geduld. Denn jetzt müssen Sie sich die Checklisten auf den folgenden Seiten vornehmen und die Fakten zusammentragen:

➔ Wie hoch sind die jährlichen Einnahmen?
➔ Wie hoch sind die jährlichen Ausgaben?
➔ Welche Verbindlichkeiten bestehen?
➔ Wie groß ist das Vermögen?

Sie sollten aber auch die Ziele definieren, die Ihnen wichtig sind. Versuchen Sie einzuschätzen, wie viel Geld Sie in den nächsten Jahren verdienen, wie sich Ihre berufliche Zukunft verändern wird, wie lange Sie arbeiten möchten, ob und wann Sie ein Haus bauen oder eine Wohnung kaufen wollen.

Auch die Überlegung, Kinder zu bekommen, ein Jahr um die Welt zu reisen, noch mal die Schulbank zu drücken, um sich weiter zu qualifizieren – all dies ist wichtig, um die richtigen Entscheidungen für die finanzielle Lebensplanung treffen zu können.

Je genauer Sie dies einschätzen, desto besser können Sie für all Ihre Ziele, Ideen und Wünsche die finanziellen Möglichkeiten prüfen.

Finanzielle Zukunftsplanung und der Aufbau einer ausreichenden Altersvorsorge ist am einfachsten, wenn alle Unterlagen gut sortiert sind.

Haben Sie Lust bekommen, Ihre Unterlagen neu zu ordnen? Hier ein Vorschlag:

➔ Geld
Sparbücher, Festgelder, Investmentfonds, Aktiendepot, sonstige Geldanlagen und Ratenkredite

➔ Personenversicherungen
Krankenversicherung, Sozialversicherung, Berufsunfähigkeitversicherung, Unfallversicherung, Kapitallebens- und private Rentenversicherungen

➔ Sachversicherungen
Hausratversicherung, Gebäudeversicherung, Privathaftpflichtversicherung, Rechtsschutzversicherung, Kfz-Versicherung

➔ Immobilie/Wohnung
Finanzierung, Daten zur Vermietung, eigener Mietvertrag

➔ Finanzplanung
Haushaltsbudget, Vorsorgeplanung mit Informationen und Notizen über getroffene Entscheidungen

checkliste: die finanzen im überblick

Einkommen jährlich	**1**	**2**
Erwerbseinkommen	EUR	–
Guthabenzinsen	–	EUR
Dividenden	–	EUR
Mieteinkünfte	–	EUR
Sonstige Einkünfte	–	EUR
Gesamt	**EUR**	**EUR**
Monatliche Einnahmen (Ergebnis Spalte 1 dividiert durch 12 / Ergebnis Spalte 2 dividiert durch 12)	**EUR**	**EUR**
Monatliche Gesamteinnahmen (Ergebnis Spalte 1 plus Ergebnis 2)		**EUR**
Ausgaben jährlich	**1**	**2**
Lebenshaltungskosten	EUR	–
Miete/Wohngeld	EUR	–
Versicherungen ohne Ansparverträge	EUR	–
Steuern	–	EUR
Kreditrückzahlungen/Hypotheken	–	EUR
Sparraten	–	EUR
Beiträge für Versicherungen zur Altersvorsorge	–	
Gesamt	**EUR**	**EUR**
Monatliche Ausgaben (Ergebnis Spalte 1 dividiert durch 12/ Ergebnis Spalte 2 dividiert durch 12)	**EUR**	**EUR**
Monatliche Gesamtausgaben (Ergebnis Spalte 1 plus Ergebnis Spalte 2)		**EUR**
Überschuss monatlich (Einnahmen minus Ausgaben)		**EUR**
Vermögen		
Barmittel (Kontenguthaben)		EUR
Wertpapiere/Investmentfonds		EUR
Versicherungen (Rückkaufswerte)		EUR
Immobilien		EUR
Sachwerte (Kunst, Antiquitäten, Briefmarken, Beteiligungen)		
Gesamt		**EUR**
Schulden		
Dispositionskredit/Bankkredit		EUR
Verpflichtungen		EUR
Hypotheken		EUR
Gesamt		**EUR**

checkliste: wie gut sind sie abgesichert?

Berufsunfähigkeit	
Erwerbseinkommen monatlich	**EUR**
minus Erwerbsminderungsrente der BfA oder Dienstunfähigkeitsrente	EUR
minus Rente aus betrieblicher Alterversorgung oder VBL	EUR
minus Rente aus privater Berufsunfähigkeitsversicherung	EUR
Monatlicher Fehlbetrag	**EUR**

Länger andauernde Erkrankung	
Erwerbseinkommen monatlich : 30	**EUR**
minus Krankentagegeld aus gesetzlicher/privater Krankenversicherung	EUR
Fehlbetrag pro Tag	**EUR**
Fehlbetrag im Monat (x 30)	**EUR**

Tod des Partners/der Partnerin			
Vermögen (Checkliste »Die Finanzen im Überblick«)	EUR	Gemeinsames Einkommen	EUR
minus Schulden (Checkliste »Die Finanzen im Überblick«)	EUR	minus eigenes Einkommen	EUR
		minus sonstige Einnahmen	EUR
Fehlender Kapitalbetrag	**EUR**	**Monatlicher Fehlbetrag**	**EUR**

Alterversorgung	
Monatliches Erwerbseinkommen heute	**EUR**
minus Rente der BfA/LVA oder Pension (heutiger Stand)	EUR
minus Rente aus betrieblicher Altersversorgung oder VBL (heutiger Stand)	EUR
minus Rente aus privaten Versicherungen	EUR
Negatives Ergebnis = monatlicher Überschuss **Positives Ergebnis = monatlicher Fehlbetrag***	**EUR**

* Um die Einkommenslücke im Alter zu verkleinern, nehmen Sie die Checkliste »Ermitteln Sie Ihren monatlichen Sparbetrag«, die Sie im Buchumschlag finden, zur Hand und rechnen aus, wie viel Sie monatlich sparen müssen, um die Altersrente entsprechend Ihren persönlichen Wünsche zu erhöhen.

zu versteuerndes einkommen

Ehepaar 65 Jahre alt

Einnnahmen	
– BfA-Rente	24 000 EUR
– Rente aus Direktversicherung	9 600 EUR
– Einkünfte aus Kapitalvermögen	7 500 EUR
Einkünfte gesamt	**41 100 EUR**
Steuerliche Einkünfte	
– Ertragsanteil der Leibrenten (27%)	9 072 EUR
– Kapitaleinkünfte	7 500 EUR
Steuerliche Einkünfte gesamt	16 572 EUR
Steuermindernde Abzüge	
– Werbungskosten Kapitaleinkünfte	102 EUR
– Sparerfreibetrag	3 100 EUR
– Pauschale Vorsorgeaufwendungen	2 268 EUR
– Pauschale wiederkehrende Bezüge	102 EUR
Steuermindernde Abzüge gesamt	5 572 EUR
Steuerliche Einkünfte gesamt	16 572 EUR
Steurmindernde Abzüge gesamt	5 572 EUR
Zu versteuerndes Einkommen	11 000 EUR
Grundfreibetrag für zusammen veranlagte Ehepaare	14 472 EUR
Zu versteuerndes Einkommen	0 EUR
Einkünfte nach Steuern	**41 100 EUR**

Steuern im Alter

Der Traum vieler Menschen, im Alter keine Steuern zahlen zu müssen und nichts mehr mit dem Finanzamt zu tun zu haben, erfüllt sich meistens nicht. Auch im Alter sind Einkünfte grundsätzlich steuerpflichtig.
Dennoch gibt es Vorteile: Leibrenten, dazu gehören die gesetzlichen Altersrenten, Renten aus berufsständischen Versorgungswerken, Renten aus privaten Leibrentenversicherungen und Pensionskassen, sind nur mit dem Ertragsanteil steuerlich relevant. Der Ertragsanteil ist ein vom Gesetzgeber festgelegter Wert, der vom Alter bei Beginn der Rentenzahlung abhängt und der während der Laufzeit unverändert bleibt. Bei einem Rentenbeginn mit 65 Jahren beträgt der Ertragsanteil 27 Prozent; beginnen die Rentenzahlungen mit dem 60. Lebensjahr, beträgt der Ertragsanteil 32 Prozent. Das heißt, nur 27 oder 32 Prozent der Rentenbezüge werden als Einkommen angerechnet.
Die Pensionen der Beamten sind voll steuerpflichtig, da die Beiträge nicht aus versteuertem Einkommen, sondern vom Dienstherrn gezahlt worden sind. Ebenso Betriebsrenten aus Pensionszusagen und Leistungen aus Unterstützungskassen. Gemindert wird die Steuerpflicht durch den Versorgungsfreibetrag von 40 Prozent der ausgezahlten Pension, maximal 3 072 Euro. Außerdem wird auch die Vorsorgepauschale für Arbeitnehmer berücksichtigt.
Rentenzahlungen aus Pflegeversicherungen sind einkommensteuerfrei.
Altersrenten, die aus einem Sparplan nach dem Altersvermögensgesetz gezahlt werden, sind steuerpflichtig, da während der Ansparzeit die Beiträge, die Zinsen, Dividenden und Kursgewinne steuerfrei waren.
Beiträge zur gesetzlichen oder privaten Kranken- und Pflegeversicherung (Eigenanteil), zu

privaten Unfallversicherungen, privaten Haftpflichtversicherungen, Kapitallebensversicherungen, privaten Rentenversicherungen mit Kapitalwahlrecht können bis zu einem Höchstbetrag von 3 068 Euro für Alleinstehende und 6 136 Euro für Verheiratete steuerlich geltend gemacht werden. Alternativ dazu oder wenn die tatsächlichen Aufwendungen niedriger sind als die Vorsorgepauschale (20 Prozent, maximal 1 132 Euro für Alleinstehende und 2 268 Euro für zusammenveranlagte Ehepartner), wird der Pauschalbetrag von dem zu versteuernden Einkommen abgezogen.
Auch die Einkünfte aus Kapitalvermögen bleiben im Alter steuerpflichtig. Hier gilt ein Freibetrag von 1 550 Euro für Unverheiratete und 3 100 Euro für Verheiratete, Werbungskostenpauschale von 51 oder 102 Euro.
Mit der Einführung des Halbeinkünfteverfahrens gesteht das Finanzamt seit dem 1.1.2002 Geldanlegern höhere Gewinne zu, wenn innerhalb der Spekulationsfrist von einem Jahr Aktien, festverzinsliche Wertpapiere oder Investmentfonds verkauft und Kursgewinne realisiert werden. Mussten bisher die Kursgewinne über 502 Euro und Dividenden in voller Höhe versteuert werden, wird mit der neuen Regelung ab dem 1.1.2002 die Steuer nur noch auf die Hälfte der erzielten Kursgewinne erhoben.
Für diejenigen, die ihre Einkünfte im Alter aus Kapitalvermögen, Vermietung und Verpachtung oder nichtselbstständiger Arbeit bestreiten, gilt ab dem Kalenderjahr, nach dem das 64. Lebensjahr beendet wurde, ein Altersentlastungsbetrag, der maximal 1 908 Euro beträgt. Außerdem kann noch ein Werbungskosten-Pauschalbetrag für wiederkehrende Bezüge in Höhe von 102 Euro steuerlich geltend gemacht werden.
Mit den Grundfreibeträgen des Jahres 2002 besteht Steuerfreiheit für Alleinstehende bis 7 236 Euro und für zusammenveranlagte Ehepaare bis 14 472 Euro.

zu versteuerndes einkommen

Ehepaar 65 Jahre alt

Einnnahmen	
– Pension	24 000 EUR
– Einkünfte aus Kapitalvermögen	17 100 EUR
Einkünfte gesamt	**41 100 EUR**
Steuerliche Einkünfte	
– Pension abzgl. Versorgungsfreibetrag	20 928 EUR
– Kapitaleinkünfte	17 100 EUR
Steuerliche Einkünfte gesamt	38 028 EUR
Steuermindernde Abzüge	
– Werbungskosten Kapitaleinkünfte	102 EUR
– Sparerfreibetrag	3 100 EUR
– Pauschale Vorsorgeaufwendungen	2 268 EUR
– Pauschale wiederkehrende Bezüge	102 EUR
Steuermindernde Abzüge gesamt	5 572 EUR
Steuerliche Einkünfte gesamt	38 028 EUR
Steurmindernde Abzüge gesamt	5 572 EUR
Zu versteuerndes Einkommen	32 456 EUR
Grundfreibetrag für zusammen veranlagte Ehepaare	14 472 EUR
Zu versteuerndes Einkommen	17 984 EUR
Einkommensteuer	4 358 EUR
Einkünfte nach Steuern	**36 742 EUR**

Sicher alt werden

Altersvorsorge ist ein langfristiger Prozess des Geldanlegens und Sparens. Der Wunsch, ausreichend Geld zu haben, um das Leben im Alter genießen zu können, bedarf guter Planung und regelmäßiger Überprüfung. Hierfür gibt es viele Angebote: Die Versicherungsgesellschaften umwerben uns mit Lebensversicherungen, neuerdings auch auf Investmentfondsbasis, die Banken empfehlen Aktien und Investmentfonds, unsere Eltern den Kauf eines Eigenheims – damit man weiß, was man hat! Und die neuen Nachbarn kennen jemanden, der vermittelt Geldanlagen, die 20 Prozent Rendite erwirtschaften. Und was wollen Sie? Zwei Seelen wohnen, ach, in Ihrer Brust! Die eine fordert Sicherheit und die andere träumt davon, irgendwie Millionär zu werden.

VERSICHERUNGEN ALS BASIS

Analog zum Risk Management großer Firmen sollten Sie einmal darüber nachdenken, »was wäre, wenn ...« Sie oder Ihr Partner:

→ durch Krankheit über einen längeren Zeitraum nicht berufstätig sein könnten
→ sehr schwer erkrankten und besondere medizinische Hilfe benötigten
→ durch eine Erkrankung oder einen Unfall nicht mehr berufstätig sein könnten
→ durch eine Erkrankung oder einen Unfall pflegebedürftig würden
→ verstürben

Natürlich wollen Sie sich gegen Risiken angemessen absichern, jedoch ohne unnötige Versicherungen abzuschließen. Auch wenn Sie sich nicht der weit verbreiteten Meinung anschließen, Versicherungen seien legaler Betrug, sollten Sie einschätzen können, was eine Versicherung wirklich absichert und welchen Vorteil sie Ihnen letztendlich bringt. Eine Versicherung ist ein Vertrag, der zwischen Ihnen und einer Versicherungsgesellschaft geschlossen wird. Er ist ein Versprechen der Versicherungsgesellschaft, unter bestimmten Voraussetzungen bestimmte Leistungen zu erbringen. Im Gegenzug zahlen Sie die Prämie. Da die Versicherungsprodukte immer flexibler geworden sind, immer besser auf persönliche Bedürfnisse zugeschnitten werden können, sind sie auch unübersichtlicher geworden. Sie finden hier die wichtigsten Versicherungen und Versicherungsbegriffe, damit es für Sie einfacher wird, genauer nachzufragen und zu vergleichen.
Die so erworbenen Kenntnisse sind das Handwerkszeug, das Sie benötigen, um Ihre Altersvorsorge den eigenen Vorstellungen entsprechend zu gestalten. Die Risikoanalyse legt Ihre persönlichen Risiken offen. Nun entscheiden Sie, welche Risiken Sie als so bedeutend einschätzen, um hierfür eine Versicherung abzuschließen – oder welche Risiken Sie selber tragen wollen.
In der Regel steht für Altersvorsorge und Versicherungen lediglich ein beschränktes Budget zur Verfügung, so dass abzuwägen ist, wie viel Geld zur Risikominimierung und wie viel Geld für die Altersvorsorge oder andere Ziele angelegt werden soll.

eine versicherung ...

»Eine Versicherung ist etwas, das man eigentlich nie brauchen müssen möchte, aber doch einfach wollen muss, weil man sie immer brauchen könnte!!«

Karl Valentin

Private Krankenversicherung

Das deutsche Gesundheitssystem ist von starken staatlichen Einflüssen und Reglementierungen geprägt, in dem zwei unterschiedliche Absicherungssysteme nebeneinander bestehen:

→ die gesetzliche Krankenversicherung mit den verschiedenen Allgemeinen Ortskrankenkassen, Betriebs- und Ersatzkassen (GKV)
→ die privaten Krankenversicherungen (PKV)

Die gesetzlichen Krankenversicherungen beruhen auf dem Solidaritätsprinzip. Ihre Beiträge werden grundsätzlich bis zur Beitragsbemessungsgrenze in Abhängigkeit vom

Lohn oder Gehalt erhoben, ohne individuelle Risikofaktoren zu berücksichtigen. Eine Steigerung des Beitrags erfolgt, wenn sich das Einkommen erhöht. Jede Einkommenserhöhung unterhalb der Beitragsbemessungsgrenze führt automatisch zu einem höheren Beitrag – auch ohne Erhöhung des Beitragssatzes der Krankenkasse. Mit der sich jährlich verändernden Jahresarbeitsentgeltgrenze erhöht sich für Versicherte, die über der Beitragsbemessungsgrenze verdienen, der Beitrag erneut. Mit diesem Beitrag ist auch jedes Familienmitglied ohne eigenes Einkommen, Ehepartner und Kinder, beitragsfrei mit versichert. Je größer die Familie, desto günstiger ist der Krankenversicherungsbeitrag pro Person. Die Leistungen der gesetzlichen Krankenversicherungen sind im Umfang und in der Höhe vom Gesetzgeber festgeschrieben. Der Versicherte schließt einen Vertrag über Versicherungsschutz ab, in dem die Leistungen allerdings nicht festgelegt sind und die sich durch Regelungen des Gesetzgebers verändern lassen. Die Erbringung der Leistungen durch die gesetzliche Krankenversicherung erfolgt nach der Gebührenordnung der Ärzte (GOÄ) und der Gebührenordnung der Zahnärzte (GOZ).

Die gesetzlichen Krankenversicherungen arbeiten nach einem Umlageverfahren, in dem die Leistungen mit den laufenden Beiträgen finanziert werden. Ein Beitragsanteil, mit dem die Krankenkassen eine Rücklage bilden könnten, bleibt nicht übrig.

Die privaten Krankenversicherungen arbeiten nach einem Anwartschaftsdeckungsverfahren: Im Gegensatz zur gesetzlichen Krankenversicherung ist unabhängig vom Einkommen für jede versicherte Person ein eigener Beitrag zu zahlen. Eine Mitversicherung von Familienangehörigen wie in der gesetzlichen Krankenversicherung kennt die PKV nicht. Die Beitragseinnahmen werden aber nur zum Teil ausgegeben. Ein Teil des Beitrags wird als Rückstellung für das Alter angesammelt. Kalkuliert werden die Beiträge nach den im jeweiligen Tarif zugesagten Leistungen. Der vom Versicherungsnehmer zu zahlende Beitrag hängt vom gewählten Tarif, vom Eintrittsalter, vom Geschlecht und vom Gesundheitszustand bei Vertragsabschluss ab. Der Versicherungsschutz ist privatrechtlicher Natur, wobei die Vertragsgestaltung durch das Versicherungsvertragsgesetz und das Versicherungsaufsichtsgesetz zum Schutz der Verbraucher klar geregelt ist. Es bestehen Musterbedingungen des Verbandes der privaten Krankenversicherung als Grundlagen für alle Krankenversicherer. Diese Musterbedingungen können von jedem Krankenversicherer erweitert, aber nicht zum Nachteil der Versicherten eingeschränkt werden.

Vergleichen Sie die Leistungen der privaten Krankenversicherungen!

Private Krankenversicherer bieten ein breites Spektrum unterschiedlicher Tarife an. Dadurch ist es möglich, sich entsprechend den eigenen Bedürfnissen gegen das Risiko einer Krankheit zu versichern. Diese Tarifvielfalt macht es allerdings auch schwer, den passenden Versicherungsschutz zu finden und Leistungen sowie Beiträge zu vergleichen. Bei Vertragsabschluss sollten Sie sich genau informieren, welche Leistungen erbracht werden und wofür die private Krankenversicherung die Kosten übernimmt!

Angestellte mit einem Einkommen über der Beitragsbemessungsgrenze, Selbstständige und Beamte können in die private Krankenversicherung wechseln.

Für Beamte gibt es besondere Tarife zur Ergänzung der Beihilfeleistungen. Beamte haben einen Beihilfeanspruch für sich selbst, ihre Kinder und die Ehepartner, deren Einkünfte unter einem festgelegten Satz liegen. Der Beihilfeanspruch von Beamten mit einem Kind beträgt 50 Prozent, bei zwei oder mehr Kindern 70 Prozent. Die Ehepartner haben einen 70-prozentigen, die Kinder einen 80-prozentigen Beihilfeanspruch. Bei einer privaten Krankenversicherung versichern Beamte für sich und ihre Angehörigen die jeweilige Differenz. Je nach Bundesland benötigen Beamte zusätzliche Absicherungen für Zahnersatz und für Wahlleistungen wie Unterbringung im Zweibettzimmer und Chefarztbehandlung. Beihilfeberechtigte in der Ausbildung benötigen wiederum einen anderen, die Beihilfeleistungen ergänzenden Versicherungsschutz.

Rentner bleiben in der privaten Krankenversicherung, wenn sie während des Berufslebens privat versichert waren. Sie sind nur dann in der gesetzlichen Krankenversicherung pflichtversichert, wenn sie 90 Prozent der zweiten Hälfte ihres Erwerbslebens gesetzlich pflichtversichert waren. Wer freiwillig in der gesetzlichen Krankenversicherung versichert war, bleibt dies auch im Alter.

Ist ein Wechsel zur privaten Krankenversicherung sinnvoll?

Die Diskussion, welche Krankenversicherung den besseren Versicherungsschutz bietet, ist aufgrund der vertraglich zugesicherten Leistungen wohl eindeutig zugunsten der privaten Krankenversicherung entschieden, so dass die Entscheidung »für oder gegen« die private Krankenversicherung durch die persönliche Einstellung, Situation und die Lebensplanung bestimmt wird.

Wenn die Voraussetzungen für einen Wechsel erfüllt sind, sollten folgende Fragen beantwortet werden:

→ Lege ich Wert auf einen individuellen Versicherungsschutz?
→ Sind alternative Heilverfahren wichtig für mich?
→ Spare ich langfristig Beiträge?
→ Kann ich durch Selbstbeteiligungen meinen Beitrag senken?
→ Bin ich bereit, für bessere Leistungen auch einen höheren Beitrag zu zahlen?
→ Passt ein eigener Beitrag für jedes einzelne Mitglied meiner Familie zu unserer finanziellen Situation?

Der Anfangsbeitrag zur privaten Krankenversicherung hängt von dem versicherten Leistungsumfang, vom Eintrittsalter, vom Geschlecht und vom Gesundheitszustand bei Versicherungsbeginn ab.

Für Frauen spielen auch Mutterschaftsgeld, Erziehungsurlaub oder die Zahlung von Krankentagegeld während einer Schwangerschaft eine Rolle.

Wichtig ist auch, ob eine Rückkehr in die gesetzliche Krankenversicherung möglich ist. Grundsätzlich werden Angestellte wieder versicherungspflichtig, wenn ihr Einkommen die Jahresarbeitsentgeltgrenze unterschreitet. Innerhalb von 3 Monaten nach Eintritt der Versicherungspflicht besteht die Möglichkeit, sich befreien zu lassen. Die Befreiung ist auch möglich, wenn eine Teilzeitbeschäftigung aufgenommen oder die Arbeitszeit herabgesetzt wird. Auch für die Dauer des Erziehungsurlaubs kann eine Befreiung beantragt werden. Mit dem Gesundheitsreformgesetz ist der einfache Wechsel zurück in die gesetzliche Krankenversicherung erschwert worden. Diese Rückkehrmöglichkeit gilt nur noch für angestellte Versicherte, die unter die Beitragsbemessungsgrenze fallen und das 55. Lebensjahr noch nicht vollendet haben. Danach ist eine Rückkehr in die gesetzliche Krankenversicherung nur noch dann möglich, wenn in den letzten 5 Jahren mindestens 2 1/2 Jahre eine Versicherung in der gesetzlichen Krankenversicherung bestanden hat.

Alle privaten Krankenversicherer müssen einen Standardtarif anbieten, der den Leistungen der gesetzlichen Krankenversicherung entspricht, um einkommensschwachen Privatversicherten eine Reduzierung der Beiträge zu ermöglichen. Dies ist frühestens ab dem 55. Lebensjahr möglich, wenn die Jahresarbeitsentgeltgrenze nicht überschritten und der Versicherte schon 10 Jahre bei dem Unternehmen privat versichert war. Ab dem 65. Lebensjahr steht dieser Tarif allen Versicherten zur Verfügung. Er wird allerdings nur selten genutzt, da die privaten Versicherer Tarife mit umfangreicheren Leistungen anbieten, mit denen sich die monatlichen Beiträge verringern lassen.

Die Leistungen der privaten Krankenversicherung

Die Leistungen der privaten Krankenversicherer reichen vom Basistarif, einem Angebot für Einsteiger mit einem geringen Leistungsspektrum und günstigen Beiträgen, bis zu einer umfangreichen Luxusabsicherung mit entsprechend höheren Beiträgen. Die Leistungen werden von den Ärzten aufgrund der Gebührenordnung für Ärzte (GOÄ) oder für Zahnärzte (GOZ) und von den Heilpraktikern aufgrund der Gebührenordnung für Heilpraktiker (GebüH) in Rechnung gestellt.

In den meisten Fällen liquidieren die Ärzte und Zahnärzte den Regelhöchstsatz. Dieser beträgt für ärztliche Leistungen das 2,3fache, für technische Leistungen das 1,8fache und für Laborleistungen das 1,15fache der GOÄ/GOZ. Es gibt allerdings Tarife, die nur zu einem geringeren Multiplikationsfaktor erstatten, aber natürlich auch Tarife, die über diese Sätze hinaus leisten.

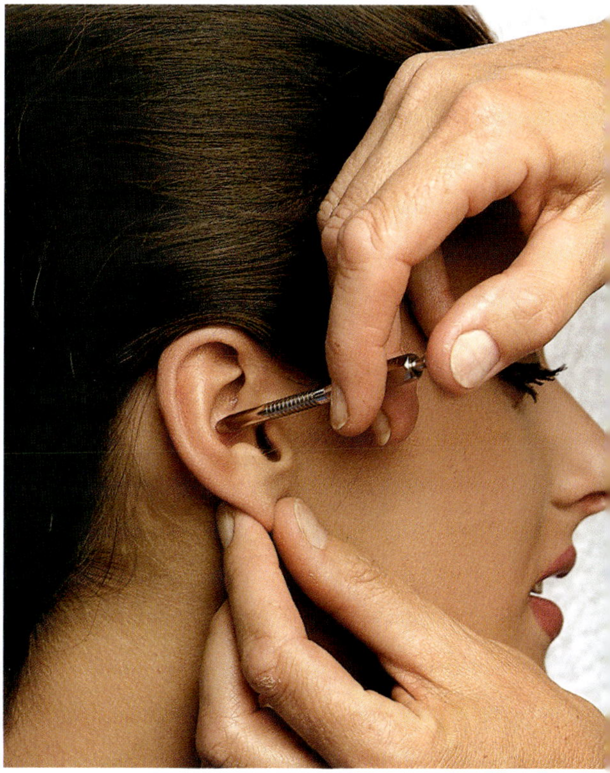

Erkundigen Sie sich gerade bei alternativen Heilmethoden genau, was Ihre Krankenkasse bezahlt und was nicht.

Die Versicherer unterscheiden dabei
- Ambulante Leistungen
- Stationäre Leistungen
- Zahnärztliche Leistungen
- Krankentagegeld
- Pflegeversicherung

Hinzu kommen die ergänzenden Leistungen:
- Krankenhaustagegeld
- Zusatzversicherungen für gesetzlich Versicherte
- Auslandsreisekrankenversicherung

Die Leistungen sind in den Versicherungsbedingungen beschrieben. Normalerweise wird für jeden Leistungsbereich ein Beitrag erhoben, der sich nach Eintrittsalter und Geschlecht richtet.
Die Kompakttarife, die Leistungen zu einem Paket zusammenfassen, erheben einen Gesamtbeitrag. Einzeltarife bieten die größtmögliche Vielfalt und sind individuell zu gestalten.

Durch Selbstbeteiligungen können die monatlich an den Versicherer zu zahlenden Beiträge gesenkt werden. Häufig beschränken sich Selbstbeteiligungen auf den Tarif für ambulante Behandlungen. In den Kompakttarifen gilt die Selbstbeteiligung für alle Leistungen im Versicherungsjahr. Allerdings gibt es auch hier Ausnahmen.
Die Selbstbeteiligung ist eine Beteiligung an den Behandlungskosten eines Jahres und nicht je Behandlungsfall. Sie kann von 125 bis 5 000 Euro reichen oder prozentual bis zu einer Höchstgrenze festgelegt sein. Beispielsweise sieht ein Tarif eine Kostenerstattung durch den Versicherer bei ambulanter Behandlung in Höhe von 80 Prozent der entstandenen Kosten bis zu einer Rechnungshöhe von 2 500 Euro vor. In diesem Fall trägt der Versicherte von jeder Rechnung 20 Prozent der Kosten selbst, höchstens jedoch 500 Euro im Jahr. Übersteigen die Rechnungen den Gesamtbetrag von 2 500 Euro, übernimmt der Versicherer den Rest.

selbstbeteiligung

Vergleich von zwei Versicherungstarifen mit unterschiedlich hoher Selbstbeteiligung

	Tarif 1	Tarif 2
Monatsbeitrag	324 EUR	255 EUR
Monatsbeitrag x 12	3 888 EUR	3 060 EUR
Selbstbeteiligung im Jahr	320 EUR	1 300 EUR
Gesamtbeitrag inkl. SB	4 208 EUR	4 360 EUR
Monatsbeitrag inkl. SB (Gesamtbeitrag : 12)	350 EUR	363 EUR

Tarif 1 ist günstiger.

Eine Selbstbeteiligung ist sinnvoll, wenn durch eine Eigenbeteiligung der Jahresbeitrag insgesamt unter dem Beitrag für den gleichen Vertragsumfang ohne Selbstbeteiligung liegt. Daher muss bei den Überlegungen immer so gerechnet werden, als ob jedes Jahr die Selbstbeteiligung voll ausgeschöpft werden würde. Zusätzlich zu den Selbstbeteiligungen werben viele Versicherer mit Beitragsrückerstattungen. Versicherte, die keine Leistungen in Anspruch nehmen, erhalten dann entweder einen bestimmten Teil der gezahlten Beiträge zurück oder sie erhalten Bonuspunkte, die zukünftige Beiträge reduzieren. Andere Versicherer schreiben die Gutschriften den Rückstellungen für das Alter gut und verringern so die Beiträge im Alter.

Ambulante Heilbehandlung

Bei privat Versicherten rechnen die Ärzte nicht direkt mit den Versicherungsgesellschaften ab, sondern stellen den Patienten die Leistungen in Rechnung. Für ihre Leistungen dürfen sie die Beträge der GOÄ mit einem Faktor multiplizieren. In den Basistarifen ist der Multiplikator häufig auf das 1,8fache der GOÄ begrenzt. Andere Tarife sehen eine Erstattung bis zum 3,5fachen Satz vor. Und in den Luxustarifen wird darüber hinaus bis zum 6fachen Satz oder auch unbegrenzt erstattet. Der Versicherte reicht diese Rechnung bei seinem Versicherer ein und bekommt den Rechnungsbetrag abzüglich der vereinbarten Selbstbeteiligung auf sein Konto überwiesen und begleicht dann die erhaltene Arztrechnung.

Die ambulante Heilbehandlung umfasst folgende Leistungen:

- Ärztliche Beratung und Behandlung
- Hausbesuche
- Untersuchungen
- Ambulante Operationen
- Vorsorgeuntersuchungen
- Laborleistungen
- Röntgendiagnostik und Strahlentherapie
- Leistungen durch Hebammen

Erstattungen für

- Psychotherapeutische Leistungen
- Heilpraktikerleistungen
- Alternative Medizin
- Arzneimittel
- Heilmittel
- Hilfsmittel
- Krankentransporte

gehören grundsätzlich zum Leistungsumfang der ambulanten Behandlung, sind jedoch nicht in jedem Tarif mitversichert.

Bei ambulanten Psychotherapien tun sich viele Krankenversicherer schwer. Aus Sicht der Krankenversicherer muss es sich bei der Therapie um eine medizinisch notwendige Heilbehandlung wegen Krankheit handeln. Bei psychotherapeutischen Behandlungen wird unterschieden, ob die Behandlung von einem Arzt oder Psychotherapeuten ausgeführt wird, teilweise muss der Arzt die Behandlung an einen Therapeuten delegieren und überwachen, damit diese anerkannt wird. Weiterhin gibt es Leistungsbeschränkungen in Bezug auf die Anzahl der Sitzungen pro Jahr oder es sind absolute Höchstbeträge festgesetzt, bis zu denen die Leistungen übernommen werden. Psychotherapeutische Leistungen durch Heilpraktiker sind vom Versicherungsschutz ausgenommen.

Auch bei der Erstattung von Heilpraktikerleistungen gibt es große Unterschiede. Während einige Gesellschaften entsprechend der Gebührenordnung der Heilpraktiker (GebüH) erstatten – allerdings mit unterschiedlichen Multiplikationsfaktoren – erkennen andere die GebüH nicht an und erstatten entsprechend der Gebührenordnung für Ärzte. Das ist sehr unvorteilhaft, da die Leistungen nicht ver-

gleichbar sind. Leistungen für alternative Heilmethoden werden besonders bewertet und bedürfen bei einer Entscheidung für einen privaten Versicherer genauer Überlegung. Hier geht es immer darum, ob die Leistungen von der Schulmedizin überwiegend anerkannt sind. Wenn man sich nicht auf dieses Glatteis begeben möchte, sollte man einen Versicherer suchen, der einen umfassenden Katalog der alternativen Heilmethoden erstellt hat oder einen speziellen Tarif anbietet, in dem alternative Medizin versichert ist.
Arzneimittel sind grundsätzlich im Versicherungsschutz enthalten und werden ohne Selbstbeteiligung erstattet. Einige wenige Tarife auf dem Markt schränken die Erstattung ein oder leisten erst nach einer Selbstbeteiligung. Meistens handelt es sich hierbei um spezielle Tarife für Ärzte oder Apotheker. Ein Tarif ohne Erstattungen für Arzneimittel ist nicht empfehlenswert, da bei vielen chronischen Erkrankungen über sehr lange Zeiträume teure Arzneimittel eingenommen werden müssen. Das wäre eine unkalkulierbare Selbstbeteiligung!
In der Leistungsbeschreibung eines Tarifs ist festgelegt, wie hoch die Erstattungen für Hilfsmittel sind, mit denen körperliche Behinderungen gemildert werden können. Einige Versicherer haben die Hilfsmittel und die maximale Erstattung dafür aufgelistet, andere Versicherer machen hierzu nur pauschale Aussagen. Viele Versicherer bieten ihren Versicherten an, ihnen bei der Beschaffung der Hilfsmittel behilflich zu sein. Damit können zum einen die Erfahrungen des Versicherers genutzt, zum anderen auch Kosten gespart werden.
Unter Heilmitteln verstehen die Krankenversicherer Massagen, Wärmebehandlungen, Krankengymnastik und ähnliche Anwendungen. Auch für Heilmittel bieten einige Tarife nur prozentuale Erstattungen oder Erstattungen bis zu festgelegten Höchstbeträgen, einige Basistarife sehen überhaupt keine Erstattungen für diese Leistungen vor.
Medizinisch notwendige Krankentransporte werden erstattet. Aber auch hier gilt: keine Regel ohne Ausnahme.

Stationäre Heilbehandlung

Grundsätzlich bieten alle privaten Krankenversicherer die freie Wahl zwischen öffentlichen und privaten Krankenhäusern an. Es werden im Rahmen der Tarife für stationäre Heilbehandlungen folgende Kosten übernommen:

- Pflegeleistungen, ärztliche Leistungen und Unterbringung
- Unterbringung in einem Ein- oder Zweibettzimmer
- Ärztliche Behandlung durch den Chefarzt

Bei Abschluss einer privaten Krankenversicherung ist zu entscheiden, ob die Absicherung von Krankenhausbehandlung und Unterbringung in einem Mehrbettzimmer ausreichend ist oder die Unterbringung in einem Ein- oder Zweibettzimmer und Leistungen durch den Chefarzt mitversichert werden sollen.
Die Leistungen der verschiedenen Versicherer unterscheiden sich nur durch die Höhe der Erstattungen, also wie hoch der Multiplikationsfaktor sein darf, den der Arzt für seine Leistungen fordern kann (2,3fach, 3,5fach oder unbegrenzt). Bei einer Krankenhausbehandlung werden die Regelleistungen wie Unterbringung, Pflegeleistungen und ärztliche Behandlung direkt mit dem Versicherer abgerechnet. Für alle Sonderleistungen wie Unterbringung im Ein- oder Zweibettzimmer sowie Behandlungen durch die verschiedenen Chefärzte erhält der Versicherte einzelne Rechnungen zugeschickt. Sie sollten allerdings darauf achten, nur die versicherten Leistungen in Anspruch zu nehmen.

Zahnärztliche Behandlungen

Der grundsätzliche Leistungsumfang enthält:
→ Zahnbehandlungen
→ Zahnersatz
→ Kieferorthopädie
→ Zahntechnikerleistungen (Material- und Laborkosten)

Unterschiedlich sind hier die Erstattungssätze. Die meisten Tarife sehen eine 100-prozentige Erstattung für Zahnbehandlungen vor. Die Erstattungen für Zahnersatz und Kieferorthopädie liegen zwischen 50 und 90 Prozent. Immer häufiger werden für Zahnbehandlung und Zahnersatzleistungen in den ersten Versicherungsjahren Maximalbeträge pro Jahr festgelegt, die Jahr für Jahr ansteigen.
Sind Zahnbehandlungen, Zahnersatz und kieferorthopädische Leistungen infolge eines Unfalls erforderlich, entfallen diese Einschränkungen.
Immer häufiger fordern die Versicherer bei Zahnersatz vor Beginn der Behandlung die Vorlage eines Heil- und Kostenplans. Das ist durchaus sinnvoll, da der Versicherte erfährt, welche Kosten erstattet und welcher Anteil von ihm selbst zu zahlen ist. Außerdem prüfen die Versicherer auch, ob ein Zahnarzt mit seinem Kostenvoranschlag weit über dem Üblichen liegt, und können dem Versicherten dann Vergleichszahlen für eine Verhandlung mit dem Zahnarzt an die Hand geben.

Krankentagegeld

Das Krankentagegeld sollte unbedingt mitversichert werden, da es das Einkommen bei längerer Krankheit sichert. Die privaten Krankenversicherer leisten ab dem vereinbarten Zeitpunkt. Die Arbeitsunfähigkeit ist durch eine Bescheinigung des behandelnden Arztes nachzuweisen. Die Leistungspflicht des Versicherers endet, wenn der Versicherte wieder arbeitsfähig ist oder die gesundheitliche

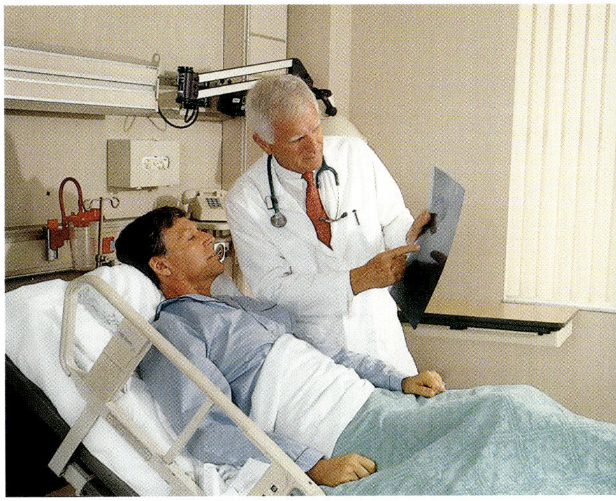

Einzelzimmer, Behandlung durch den Chefarzt ...

Beeinträchtigung als voraussichtlich dauerhaft angesehen wird. In diesem Fall wird aus der Erkrankung eine Erwerbs- oder Berufsunfähigkeit. Die Leistungen des Krankentagegeldes enden nicht, wie in der gesetzlichen Krankenversicherung, nach 78 Wochen.
Privat versicherte Angestellte versichern das Krankentagegeld ab dem Zeitpunkt, ab dem der Arbeitgeber die Lohnfortzahlung einstellt. In der Regel ist das nach der 6. Krankheitswoche. Dementsprechend muss das Krankentagegeld ab dem 43. Tag versichert werden. Da leitende Angestellte zum Teil deutlich längere Gehaltsfortzahlungen in ihren Arbeitsverträgen vereinbart haben, stehen diesem Personenkreis Tarife mit längeren Karenzzeiten zur Verfügung.
Versichert werden sollte das durchschnittliche Nettoeinkommen. Addiert werden dürfen pauschal 15 Euro pro Tag, da bei Krankheit weiter Beiträge zu zahlen sind, und zwar nach Beendigung der Lohnfortzahlung in voller Höhe, da mit den Lohnfortzahlungen auch der Arbeitgeberzuschuss zur Krankenversicherung entfällt. Besser ist es, den Bedarf genau auszurechnen.

tagegeld

Berechnung für in der PKV versicherte Arbeitnehmer und Selbstständige

	Monatsnettoeinkommen (*Jahresnetto* dividiert durch *12*)
+	Beitrag zur privaten Krankenversicherung
+	Beitrag zur Pflegepflichtversicherung
+	ggf. Beitrag zur gesetzlichen Rentenversicherung
:	30 Kalendertage
=	zu versicherndes Krankentagegeld

Für Selbstständige bestehen viele Möglichkeiten, den Verdienstausfall abzusichern, wobei das Krankentagegeld nur den tatsächlichen Verdienstausfall des Selbstständigen, nicht aber die Umsatzeinbuße absichern kann. Hierfür gibt es Verdienstausfallversicherungen im betrieblichen Bereich. Grundsätzlich besteht die Möglichkeit, ein Krankentagegeld ab dem 3. Krankheitstag zu versichern. Je länger die Karenzzeit ist, also die Zeit, die jemand krank ist, ohne einen Tagegeldanspruch zu erwerben, umso günstiger ist die zu zahlende Prämie.

Krankentagegeld ist eine Absicherung des Verdienstausfalles bei Krankheit. Die Musterbedingungen zur Krankentagegeldversicherung sagen aus: Das Krankentagegeld darf zusammen mit sonstigen Krankentage- und Krankengeldern das auf den Kalendertag umgerechnete Nettoeinkommen nicht übersteigen. Maßgebend für die Berechnung ist der Durchschnittsverdienst der letzten 12 Monate vor Antragstellung oder vor Eintritt der Arbeitsunfähigkeit, sofern der Tarif keinen anderen Zeitraum vorsieht. Der Versicherungsnehmer ist verpflichtet, dem Versicherer eine nicht nur vorübergehende Minderung des aus der Berufstätigkeit herrührenden Nettoeinkommens mitzuteilen. Erfährt der Versicherer, dass sich das Einkommen verringert hat und damit das Krankentagegeld höher als das Nettoeinkommen ist, so kann er den Beitrag und die versicherte Leistung herabsetzen.

Prüfen Sie jedes Jahr, ob das versicherte Krankentagegeld im Falle einer lang andauernden Krankheit noch Ihrem jährlichen Nettoeinkommen entspricht.

Wenn Ihr Verdienst sich sehr positiv entwickelt, Sie aber nicht so hohe Versicherungsbeiträge zur Krankentagegeldabsicherung zahlen wollen, versichern Sie die Einkommenssteigerung mit einer längeren Karenzzeit, so dass Sie das komplette monatliche Nettoeinkommen erst nach 91, 182 oder 365 Krankheitstagen erhalten.

Existenzgründer, die über keine finanziellen Rücklagen verfügen, sollten eine kurze Karenzzeit wählen, Selbstständige mit Rücklagen längere Karenzzeiten und sehr gut verdienende Selbstständige sollten das zum Leben notwendige Einkommen mit einer Karenzzeit von 42 Tagen absichern und die Differenz zum Nettoeinkommen für den Fall einer sehr ernsthaften Krankheit ab dem 180. Krankheitstag.

Die privaten Krankenversicherungen bieten Nachversicherungsmöglichkeiten bei einer Erhöhung des Nettoeinkommens, entweder entsprechend der jährlichen Bemessungsgrundlage der gesetzlichen Krankenversicherung oder im Rahmen einer jährlichen Erhöhung um einen bestimmten Prozentsatz. Diese Anpassungen erfolgen in der Regel ohne Wartezeit und ohne Risikoprüfung für den erhöhten Absicherungsbetrag. Für außergewöhnliche Erhöhungen muss ein Antrag gestellt werden, der von einigen Versicherern

ohne Wartezeit anerkannt wird, aber zu einem Risikozuschlag oder zu einer Ablehnung der Erhöhung führen kann.
Freiwillig Versicherte in der gesetzlichen Krankenversicherung haben die Möglichkeit, ein zusätzliches Krankentagegeld, Selbstständige das gesamte Krankentagegeld bei einem privaten Krankenversicherer abzudecken.
Auch pflichtversicherte Angestellte haben bei längerer Krankheit eine Einkommenslücke. Wenn sie länger als 6 Wochen krank sind, zahlt die gesetzliche Krankenversicherung ein Krankengeld, das etwa 90 Prozent des Nettoeinkommens entspricht. Außerdem wird das Krankengeld um die Beiträge zur Sozialversicherung gekürzt. Rechnen Sie diese Einkommenslücke aus und überlegen Sie, ob es notwendig oder sinnvoll ist, eine relativ preiswerte Krankentagegeldversicherung abzuschließen.
Versicherte, die ein Krankentagegeld aus der privaten Krankenversicherung erhalten, müssen es nicht versteuern. Private Krankentagegelder sind völlig steuerfrei!

Krankenhaustagegeld

Ein Krankenhaustagegeld kann unabhängig von der Höhe des Einkommens versichert werden und wird für jeden Tag, der im Krankenhaus verbracht werden muss, gezahlt. Mitglieder gesetzlicher Krankenkassen können hierüber die Eigenbeteiligung für einen Krankenhausaufenthalt absichern. Auch klei-

krankentagegeldversicherung

Berechnung des zusätzlich abzusichernden Krankentagegeldes in der privaten Krankenversicherung für gesetzlich krankenversicherte Arbeitnehmer

Rechenbeispiel:		
Monatsnettoeinkommen (*Jahresnetto* dividiert durch *12*)		1 800 EUR
– Tagegeld aus der gesetzlichen Krankenversicherung oder 90 % des Nettoeinkommens	90 % von 1 800 EUR	1 620 EUR
– 13,65 % aus dem monatlichen Tagegeld oder aus 90 % des Nettoeinkommens	13,65 % aus 1 620 EUR	221 EUR
Zur Verfügung stehendes Krankengeld monatlich		1 399 EUR
Einkommenslücke monatlich		**401 EUR**
Zu versicherndes Krankengeld ab der 7. Krankheitswoche pro Tag	401 : 30	**~ 14 EUR**

ne Annehmlichkeiten wie das Entgelt für die Fernsehnutzung und die Telefonkosten im Krankenhaus können dadurch gedeckt werden. Wenn Sie im Krankenhaus liegen, entstehen vielleicht auch Kosten, weil jemand für Sie die Kinder zur Schule oder zum Kindergarten bringen und abholen muss. Vielleicht benötigen Sie zudem eine Hilfe im Haushalt während dieser Zeit.
Für Selbstständige ist ein Krankenhaustagegeld sinnvoll, da häufig der Krankenhausaufenthalt am Beginn einer Erkrankung steht und die Krankentagegeldversicherung erst ab einem späteren Zeitpunkt leistet.
Die Versicherung des Krankenhaustagegeldes muss jeder für sich entscheiden. Sie kann notwendig sein, aber auch zur Luxusabsicherung gehören, je nach persönlicher Situation.

Besondere Überlegungen für Frauen mit Kinderwunsch

In der privaten Krankenversicherung besteht ein Leistungsanspruch für Schwangerschaft einschließlich aller Vorsorgeuntersuchungen und notwendigen Krankenhausaufenthalte. Eine Entbindung im Krankenhaus wird tariflich immer erstattet, für Hausentbindungen gibt es unterschiedliche Regelungen, entweder Pauschalen oder Erstattungen bis zu Höchstbeträgen. Für Neugeborene besteht eine Nachversicherungspflicht bei der privaten Krankenversicherung innerhalb von 2 Monaten nach der Geburt ohne Risikoprüfung und ohne Wartezeiten zu den Leistungen, die ein Elternteil versichert hat.
Frauen, die sich privat versichern, müssen darauf achten, dass in den Bedingungen für das Krankentagegeld, also der Lohnfortzahlung im Krankheitsfall, auch Leistungen für schwangerschaftsbedingte Krankheiten und Beschwerden vorgesehen sind.
Anders als in der gesetzlichen Krankenversicherung müssen privat versicherte Frauen sowohl während der Mutterschutzfristen als auch während des Erziehungsurlaubs den Beitrag in voller Höhe entrichten, da der Arbeitgeberzuschuss in dieser Zeit entfällt. Einige Versicherer bieten hier auch Beitragsfreistellungen über bestimmte Zeiträume an. Während der Mutterschutzfristen von 6 Wochen vor der Geburt und 8 Wochen nach der Geburt erhalten Arbeitnehmerinnen, unabhängig davon, ob sie in der gesetzlichen oder privaten Krankenversicherung versichert sind, kalendertäglich einen Zuschuss von 13 Euro. Die Differenz zum Nettoeinkommen übernimmt der Arbeitgeber. Danach kann Erziehungsgeld in Anspruch genommen werden. Ein Anspruch auf kostenfreie Mitversicherung während des Erziehungsurlaubs bei einem in der gesetzlichen Krankenkasse verbliebenen Ehepartner besteht seit dem 1.1.2000 nicht mehr.

Für privat versicherte Kinder müssen eigenständige Beiträge gezahlt werden.

Versicherung von Kindern

Beim Wechsel von der gesetzlichen in die private Krankenversicherung müssen auch für Kinder die im Antrag gestellten Gesundheitsfragen beantwortet werden. Für jedes Kind ist ein eigenständiger Beitrag zu zahlen, der für Kinder ohne Alterungsrückstellungen kalkuliert ist.

Neugeborene können in der Krankheitskosten- und Krankenhaustagegeldversicherung ohne Risikoprüfung und ohne Wartezeiten versichert werden, wenn ein Elternteil bei dem jeweiligen Krankenversicherer versichert ist. Die Anmeldung muss spätestens 2 Monate nach der Geburt rückwirkend zum Ersten des Geburtsmonats erfolgen. Der Versicherungsschutz für das Neugeborene darf nicht umfassender als der Versicherungsschutz des versicherten Elternteils sein.

Die Adoption eines Kindes wird genauso bewertet wie eine Geburt, allerdings kann nach Risikoprüfung ein entsprechender Zuschlag erhoben werden.

Sind beide Eltern privat versichert, kann zwischen den Gesellschaften frei gewählt werden. Ist ein Elternteil privat, der andere gesetzlich krankenversichert, ist das Kind bei demjenigen zu versichern, der das höhere Einkommen hat. Mit einer Ausnahme: Ist derjenige, der geringer verdient, privat versichert, kann das Kind ebenfalls dort versichert werden.

Private Krankenversicherung im Alter

Sich mit dem eigenen Alter zu beschäftigen und für das Alter vorzusorgen heißt auch, sich vorzustellen, wie das Alter sein wird, und finanzielle Strategien zu entwickeln, um diese Vorstellungen später einmal finanzieren zu können.

Ein wichtiger Punkt lautet dabei: Was kostet mich meine Krankenversicherung im Alter, welche Leistungen habe ich zu erwarten und wie bezahle ich dann die weiterhin anfallenden Beiträge?

Die private Krankenversicherung hat die Beiträge so kalkuliert, dass von jedem gezahlten Beitrag Geld entnommen und den Alterungsrückstellungen zugeführt wird, also ein Teil des Beitrags für die Kostenreduzierung der Beiträge im Alter angespart wird. Zusätzlich hat der Gesetzgeber seit dem 1.1.2000 die privaten Krankenversicherungen verpflichtet, einen 10-prozentigen Beitragszuschlag zu erheben und diesen komplett für die Alterssicherung der Beiträge einzusetzen. Damit dürfte es im Alter keine Beitragserhöhungen aufgrund der Bevölkerungsentwicklung für die Versicherten mehr geben.

Grundsätzlich bleibt jemand im Alter so versichert, wie er es im Berufsleben auch war. Pflichtmitglieder der gesetzlichen Krankenversicherung sind auch im Alter pflichtversichert und werden dann Mitglied in der Krankenversicherung der Rentner, deren Beiträge sich nur an der Höhe der gesetzlichen Renten bemessen.

Freiwillige Mitglieder in der gesetzlichen Krankenkasse werden – wenn sie 90 Prozent der zweiten Hälfte ihres Berufslebens als freiwilliges Mitglied der gesetzlichen Krankenversicherung angehören – im Alter wieder versicherungspflichtig. Die Beiträge werden dann auf alle Versorgungsbezüge erhoben, also auf Renten aus der gesetzlichen Rentenversicherung, Betriebsrenten oder Pensionen. Seit April 2002 entfällt die Beitragspflicht für Einkünfte aus Kapitalvermögen und Einkünfte aus Vermietung und Verpachtung. Beziehen die von dieser Regelung Betroffenen außer der gesetzlichen Rente weitere Versorgungsbezüge, so wird seit April 2002 nicht mehr der ermäßigte Beitragssatz der Krankenversicherung der Rentner erhoben, sondern der Beitragssatz der jeweiligen Krankenkasse. Rentner erhalten einen Beitragszu-

schuss entsprechend der Höhe ihrer gesetzlichen Rente. Der beträgt die Hälfte des halben durchschnittlichen Beitragssatzes aller Kassen, höchstens jedoch 50 Prozent des tatsächlichen Krankenversicherungsbeitrags.
Wer Mitglied einer privaten Krankenversicherung ist, passt seine Beiträge der veränderten Lebenssituation an, die Beiträge für das Krankentagegeld entfallen. Da auch der Arbeitgeberzuschuss wegfällt, ist die Höhe der Selbstbeteiligung nochmals zu überprüfen. Der 10-prozentige gesetzliche Zuschlag entfällt und der Beitrag reduziert sich durch die vom Versicherer angesammelte Alterungsrückstellung. Für Versicherte, die diesen Beitrag nicht aufbringen können, gibt es den Standardtarif, der Leistungen entsprechend den gesetzlichen Krankenversicherungen erbringt.

Zusatzversicherungen für gesetzlich Krankenversicherte

Seitdem die Leistungen der gesetzlichen Krankenversicherungen immer weiter eingeschränkt werden, bieten die privaten Krankenversicherer Tarife an, die Lücken schließen:

- in der ambulanten Versorgung,
- bei Zahnersatzleistungen und
- bei der stationären Versorgung.

Im Bereich der ambulanten Heilbehandlung bieten die Krankenversicherer Tarife an, die die Leistungen der gesetzlichen Krankenversicherer ergänzen. Sie übernehmen die Zuzahlungen für Arznei-, Verband- und Heilmittel. Eine weitere wichtige Ergänzung betrifft Brillen und Kontaktlinsen, da die gesetzlichen Krankenversicherungen nur noch die Kosten für die Brillengläser im Rahmen von Festbeträgen bezahlen. Die privaten Krankenversicherer bezahlen die erstattungsfähigen Restkosten, allerdings auch nicht in voller Höhe, sondern nur bis zu einem im Tarif festgelegten Höchstbetrag. Auch die Kosten für Vorsorgeaufwendungen wie Mammografien, Gesundheits-Check sowie Früherkennungsuntersuchungen bei Kindern werden bis zu einem Höchstbetrag übernommen. Viele Ergänzungstarife für gesetzlich Versicherte bieten Kostenerstattungen für Heilpraktiker an, aber nur wenige Tarife haben die Leistungen für alternative Medizin weiter gefasst und erstatten auch außerhalb der Gebührenordnung für Heilpraktiker. In der Regel werden zwar 100 Prozent der Leistungen erstattet, aber nur bis zu einem Höchstbetrag. Sinnvoller ist die prozentuale Erstattung ohne Begrenzung, den allerdings nur wenige Versicherer anbieten.
Die ergänzenden Zahntarife spielen eine besondere Rolle, da bei größeren Zahnsanierungen mit erheblichen Kosten zu rechnen ist. Der Leistungsumfang der angebotenen Tarife ist sehr unterschiedlich. Einige Gesellschaften erstatten 85 Prozent des Rechnungsbetrags unter Anrechnung der von der gesetzlichen Krankenkasse erstatteten Leistungen. Der Erstattungsbetrag erhöht sich, wenn die Vor-

tipp

Schließen Sie beim Wechsel in eine private Krankenversicherung gleichzeitig eine private Rentenversicherung ab oder sparen Sie einen monatlichen Betrag, um im Alter ohne Probleme die Beiträge zur Krankenversicherung zahlen zu können.
Viele private Krankenversicherer bieten auch Beitragsentlastungstarife für das Alter an, an denen sich der Arbeitgeber beteiligt, sofern der Höchstbetrag nicht ausgeschöpft ist.

sorgemaßnahmen immer durchgeführt wurden und dadurch der Anteil der gesetzlichen Krankenkasse auf 60 Prozent oder sogar auf 65 Prozent gestiegen ist. In diesem Fall übernimmt die private Zusatzversicherung sogar 95 oder 100 Prozent des Rechnungsbetrags. Häufig wird die Leistung dann aber wieder auf einen Höchstbetrag pro Versicherungsjahr begrenzt. Andere Gesellschaften zahlen 50 Prozent der von der gesetzlichen Krankenversicherung erbrachten Leistungen, begrenzen diese jedoch auf 90 Prozent der entstandenen Aufwendungen. Das bedeutet, dass trotz privatem Versicherungsschutz immer ein Restbetrag aus der eigenen Tasche bezahlt werden muss. Die meisten Anbieter begrenzen die Leistungen in den ersten Jahren.

Vor Abschluss eines Zahnzusatztarifs sollten Sie genau berechnen, wie viel höchstens erstattet wird, und überlegen, wie oft Sie diese Leistungen tatsächlich benötigen. Zahnersatz ist zwar teuer, aber meistens eine in größeren zeitlichen Abständen auftretende überschaubare Ausgabe.

Wichtig beim Abschluss ist, den Jahresbeitrag mit den maximalen jährlichen Erstattungsbeträgen zu vergleichen und genau zu überlegen, wie häufig welche Leistungen in Anspruch genommen werden. Die Kosten für Brillen und Heilpraktiker können sicherlich regelmäßig wiederkehrende Kosten sein, Kosten für Zahnersatz sind in der Regel nur in größeren Abständen zu erbringen.

Die klassische Ergänzungsversicherung ist die Zusatzversicherung für das Krankenhaus, mit der 100 Prozent der privatärztlichen Behandlung und die Unterbringung im Ein- oder Zweibettzimmer erstattet werden. Die gesetzlichen Krankenversicherungen schreiben den Versicherten vor, das nächstgelegene Krankenhaus aufzusuchen. Häufig besteht jedoch der Wunsch, gerade bei schweren Erkrankungen, in einem ganz bestimmten Krankenhaus behandelt zu werden, weil es eine ansprechende Atmosphäre bietet, für die Angehörigen besonders gut zu erreichen ist oder die Behandlung durch einen dort tätigen Spezialisten vorgenommen werden soll. Die Ergänzungsversicherungen ermöglichen die freie Krankenhauswahl. Besonders für Kinder ist eine Zusatzversicherung zu empfehlen, um gegen einen geringeren Beitrag die Leistungen zu erhöhen.

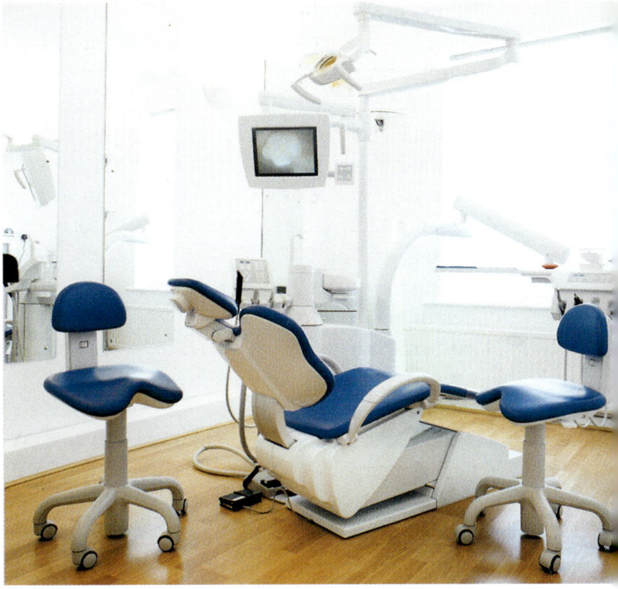

Bei umfangreichen Zahnsanierungen ist mit erheblichen Kosten zu rechnen.

Auslandsreisekrankenversicherung

Immer mehr Menschen reisen und die Reiseziele werden immer exotischer, aber viele Menschen überlegen nicht, dass sie auch während der schönsten Tage im Jahr krank werden können. Häufig sind es nur leichte urlaubsbedingte Erkrankungen wie Sonnenallergien, Insektenstiche, Magen-Darm-Erkrankungen, deren Behandlung nicht viel kostet.

Aber leider nicht immer – auch Reisende können schwer erkranken, einen Herzinfarkt bekommen, einen Bandscheibenvorfall erleiden oder in einen schweren Unfall verwickelt werden. Für die entstehenden Kosten leisten die Auslandsreisekrankenversicherungen ohne Begrenzungen. Da in manchen Ländern die medizinische Versorgung nicht dem deutschen Standard entspricht, bezahlen die Auslandsreisekrankenversicherungen den Transport in ein Krankenhaus nach Deutschland und hier übernimmt dann die reguläre Krankenversicherung die Kosten.
Auslandsreisekrankenversicherungen gehören zum Standard und sind geradezu Pflicht für jeden Reisenden. Automobilclubs bieten sie ihren Mitgliedern an und in jedem Reisebüro liegen Anträge aus. Versichert werden zu 100 Prozent:

- → Ärztliche Behandlung inklusive der Transportkosten zum Arzt
- → Arznei-, Heil- und Verbandmittel
- → Röntgen-, Strahlendiagnostik
- → Krankenhausbehandlung und Transport zum nächstgelegenen Krankenhaus
- → Schmerzstillende Zahnbehandlung und Zahnfüllungen in einfacher Ausführung
- → Rücktransport (Rettungsflug) oder Überführung bis zu einem Höchstbetrag

Diese Absicherung ist notwendig, da die gesetzlichen Krankenkassen nur in Ländern leistet, mit denen Sozialversicherungsabkommen bestehen – und auch dann nicht in voller Höhe. Für Rücktransporte aus dem Ausland zahlt die gesetzliche Krankenversicherung grundsätzlich nicht.
Auch für privat Krankenversicherte ist die Auslandsreiseversicherung sinnvoll. Die Selbstbeteiligung der eigenen Krankenversicherung muss dann nicht gezahlt werden und der Rücktransport aus dem Ausland, der in den privaten Krankenversicherungen häufig nicht enthalten ist, wird erstattet.
Auslandsreiseversicherungen gibt es als Paket für die gesamte Familie zu sehr günstigen Konditionen. Sie gelten in der Regel 1 Jahr und sichern je nach Anbieter alle Reisen von 4 Wochen bis zu 3 Monaten ab. Bei längeren Auslandsaufenthalten müssen spezielle Tarife abgeschlossen werden.
Menschen mit chronischen Erkrankungen, die in ständiger Behandlung sind, sollten bei Abschluss einer Auslandsreisekrankenversicherung detailliert klären, ob sie für akut eintretende Verschlechterungen Versicherungsschutz erhalten. Kontrollen der bestehenden Erkrankungen am Urlaubsort sind grundsätzlich nicht versichert.
Auslandsreisekrankenversicherungen sind für Reisende bestimmt, die sich für eine kurze Zeit im Ausland aufhalten. Wer beruflich für längere Zeit ins Ausland geht, muss eine Auslandskrankenversicherung abschließen, die umfassenden Versicherungsschutz am neuen Wohnort bietet. Hier müssen auch langfristige Heilbehandlungen, Zahnersatz, Schwangerschaften und Entbindungen mitversichert sein. Außerdem muss Versicherungsschutz auch während eines Aufenthalts in Deutschland, beispielsweise für einen Familienbesuch, mitversichert sein, da der bisherige Krankenversicherungsschutz ja nicht mehr besteht.

Die Risikoprüfung bei Antragstellung

Bei Beantragung einer privaten Krankenversicherung müssen Fragen zum Gesundheitszustand beantwortet werden. Diese werden auch für einen zurückliegenden Zeitraum von 5 bis 10 Jahren gestellt. Anzugeben sind alle Erkrankungen und durchgeführten Behandlungen, aber auch wiederkehrende Beschwerden, die nicht ärztlich untersucht worden sind. Darüber hinaus wird dem privaten Krankenversicherer das Recht eingeräumt, bei den behan-

delnden Ärzten Auskünfte einzuholen.
Die Diagnosen und Krankheitsbilder werden mit den vorhandenen Statistiken und den Erfahrungswerten, die der jeweilige Krankenversicherer gemacht hat, abgeglichen und es wird geprüft, ob mit erhöhten Kosten in der Zukunft zu rechnen sein wird. Handelt es sich um ein bekanntes Krankheitsbild mit eingrenzbaren Kosten, wird dem Antragsteller ein Angebot zur Versicherung mit einem Risikozuschlag gemacht. Sind die Kosten nicht abschätzbar, erfolgt eine Ablehnung des Versicherungsantrags.
Wichtig für jeden Antragsteller ist, eine Ablehnung nicht als persönliche Krankheitsprognose für die Zukunft aufzufassen. Es handelt sich hier um eine statistische Methode zur Kalkulation der Kosten, die auf Erfahrungswerten beruht, die aber so keineswegs eintreffen muss.
Die medizinische Risikoprüfung liegt im Interesse aller Versicherten, da nur der Ausschluss von so genannten Überrisiken eine ausgeglichene Kostenstruktur ermöglicht. Bereits vorhandene Erkrankungen, von denen aufgrund statistischer Erhebungen bekannt ist, dass sie mit einer großen Wahrscheinlichkeit zu sehr hohen Behandlungskosten und vielleicht auch Folgeerkrankungen führen, deren Behandlung wiederum sehr teuer sein wird, müssen im Interesse langfristig stabiler Tarife gesondert berechnet werden. Somit werden bei der Risikoprüfung erkannte Risiken, die zwar zu Kostenerhöhungen führen können, die jedoch kalkulierbar bleiben, mit Beitragsaufschlägen versichert.

Private Pflegeversicherung

In Deutschland waren im Jahr 2000 etwa 2 Millionen Menschen nach einer schweren Erkrankung oder einem Unfall nicht mehr in der Lage, sich selbstständig zu versorgen. Sie gelten als pflegebedürftig und haben einen Anspruch auf Geldleistungen aus der gesetzlichen Pflegeversicherung.
Das Risiko der Pflegebedürftigkeit steigt im Alter stark an. Der größte Teil der Pflegebedürftigen ist über 60 Jahre alt. Doch auch etwa 70 000 Kinder und Jugendliche unter 15 Jahren und 250 000 Menschen zwischen 15 und 60 Jahren sind auf eine dauerhafte Unterstützung angewiesen.
Seit 1995 bietet die gesetzliche Pflegeversicherung eine Grundabsicherung. Diese reicht aber nicht aus, die tatsächlichen Kosten für die häusliche oder stationäre Pflege vollständig zu bezahlen. Um diese Lücken zu schließen, bieten die Versicherungsgesellschaften Folgendes an:

- ➔ Pflegekostenversicherung
- ➔ Pflegetagegeldversicherung
- ➔ Pflegerentenversicherung

Das Risiko der Pflegebedürftigkeit steigt mit zunehmendem Alter.

Die privaten Pflegekostenversicherungen ergänzen die Leistungen der gesetzlichen Pflegeversicherung. Einige Gesellschaften bieten Tarife an, die bei Pflegbedürftigkeit nochmals den Betrag erstatten, den schon die gesetzliche Pflegeversicherung übernimmt, so dass es zu einer Verdoppelung der zur Pflege zur Verfügung stehenden Gelder kommt. Bei der Pflege in einem Pflegeheim werden Pflegekosten und die Kosten für Unterbringung und Verpflegung als erstattungsfähig angesehen.
Alle Tarife beziehen sich auf die Einstufung in eine der drei Pflegeklassen; bezahlt werden nach Vorleistung durch die gesetzliche Pflegeversicherung die verbleibenden Kosten bis zu den im Tarif festgelegten Höchstbeträgen.
Möglich sind auch prozentuale Ergänzungen, die dann die jeweilige Leistung der Pflegeversicherung ergänzen. Wenn 10 Prozent versichert sind, erhält der Versicherte im Leistungsfall 10 Prozent der Leistung der gesetzlichen Pflegeversicherung aus der privaten Pflegezusatzversicherung ausgezahlt.
In der Pflegetagegeldversicherung kann ein individuelles Tagegeld pro Pflegetag versichert werden. Von dem vereinbarten Pflegetagegeld werden nach ärztlicher Feststellung der Pflegebedürftigkeit prozentuale Anteile, je nach Pflegestufe und je nachdem, ob die Pflege zu Hause oder in einem Pflegeheim erfolgt, ausgezahlt. Das versicherte Tagegeld wird in voller Höhe bei Pflegestufe III und Unterbringung in einem Pflegeheim gezahlt.
Diese Tarife werden von Krankenversicherungsunternehmen angeboten und als Zusatzversicherung zu der den gesetzlichen Bedingungen entsprechenden privaten Pflegepflichtversicherung angesehen. Sie sind aber auch von Mitgliedern der gesetzlichen Krankenversicherung als zusätzlicher Schutz abzuschließen.
Die Pflegerentenversicherung wird von Lebensversicherungsunternehmen angeboten. Sie zahlt ab Eintritt des Pflegefalls eine monatliche lebenslange Rente, sofern Pflegebedürftigkeit besteht. Bei Vertragsabschluss wird eine Rentenhöhe vereinbart. Bei Eintritt der Pflegebedürftigkeit wird diese prozentual je nach Pflegestufe ausgezahlt. Für die Pflegestufe I werden 40 Prozent der versicherten Pflegerente, für die Pflegestufe II 70 Prozent und für die Pflegestufe III 100 Prozent geleistet.
Alle Tarife beziehen sich auf die Einstufung durch die gesetzliche Pflegeversicherung. Verändert sich die Einstufung und damit die gesetzliche Leistung, verändert sich die Leistung der Zusatzversicherung entsprechend.
Qualifizierte häusliche Pflege und die Unterbringung in einem Pflegeheim werden immer teurer. Schon heute kostet ein Platz in einem Pflegeheim durchschnittlich zwischen 2 000 und 2 500 Euro monatlich, je nach Bundesland sogar deutlich mehr.
Wer nach dem 31. 12. 1957 geboren wurde, kann Beiträge zu einer freiwilligen Pflegezusatzversicherung bis zur Höhe des neu geschaffenen Sonderausgabenhöchstbetrags von jährlich 184 Euro steuerlich absetzen.

Berufs- und Dienstunfähigkeitsversicherung

Bereits im Jahr 1891 wurden in Deutschland Zahlungen für Invalidität durch die gesetzlichen Rentenversicherungen geleistet, wenn Berufstätige aufgrund von Unfall oder Krankheit nicht mehr arbeiten konnten. Die Ursachen für Berufsunfähigkeit haben sich in den letzten 100 Jahren deutlich verändert. Waren damals noch Arbeitsbedingungen und Unfälle die Hauptursache für Berufsunfähigkeit, so bilden heute Herz-, Gefäß-, Rheuma- und Gelenkerkrankungen mit 47 Prozent die Hauptursache für den Verlust der Arbeitskraft. Unfälle machen nur 3 Prozent der Invaliditätsfälle aus.

Zurzeit erhalten 2 Millionen Frauen und Männer eine Rentenleistung aus der Sozialversicherung wegen verminderter Erwerbsfähigkeit.
Jedes Jahr werden 250 000 Menschen berufs- oder erwerbsunfähig. Jedes Jahr trifft es etwa 1 Prozent der Erwerbstätigen, also innerhalb von 25 Jahren werden 25 Prozent der Erwerbstätigen berufs- oder erwerbsunfähig. Oder anders ausgedrückt, jeder vierte Beschäftigte wird berufs- oder erwerbsunfähig!
Trotz des zunehmenden Fitness- und Ernährungsbewusstseins steigen die Zahlen. Und es kann jeden treffen, zu jeder Zeit! Stress und Belastung nehmen in den meisten Berufen zu. Niemand kann sicher sein, bis zum 65. Lebensjahr seinen Beruf ausüben zu können. Im Gegensatz dazu haben sich die Anspruchsgrundlagen in der gesetzlichen Rentenversicherung seit dem 1.1.2000 deutlich verschlechtert. Einen Anspruch auf Berufsunfähigkeitsrente hat nur noch, wer vor dem 1.1.1961 geboren ist. Das heißt, nur für die Älteren spielt bei der Beurteilung, ob ein Rentenanspruch besteht, der bisher ausgeübte Beruf eine Rolle. Der Begriff der Berufs- und Erwerbsunfähigkeit ist durch den Begriff Erwerbsminderung ersetzt worden und einen Leistungsanspruch auf eine Erwerbsminderungsrente hat nur noch, wer überhaupt keine Tätigkeit in einem nennenswerten Umfang mehr ausüben kann.
So muss eine Bankangestellte, die aufgrund einer Erkrankung den bisherigen Belastungen nicht mehr gewachsen ist, aber nach Einschätzung der BfA noch mehr als 6 Stunden am Tag erwerbsfähig ist, einer anderen Tätigkeit, beispielsweise als Regalauffüllerin, nachgehen. Einen Anspruch auf Erwerbsminderungsrente hat sie nicht.
Berufseinsteiger müssen 5 Jahre versicherungspflichtig gearbeitet haben, um einen Anspruch auf Rente bei Erwerbsminderung zu erwerben.

Berufsunfähigkeit

Jeder, der nicht über ein erhebliches Vermögen verfügt, benötigt eine private Berufsunfähigkeitsversicherung. Dies trifft auf alle Erwerbstätigen zu, unabhängig davon, ob sie Ansprüche aus der gesetzlichen Rentenversicherung haben oder nicht.
Private Berufsunfähigkeitsversicherungen werden von Lebensversicherungsunternehmen angeboten. Es werden sowohl selbstständige – nicht an andere Verträge gekoppelte – Policen angeboten als auch Berufsunfähigkeitszusatzversicherungen, die an eine Risikolebens-, eine Kapitallebens- oder private Rentenversicherung angekoppelt sind. Berufsunfähigkeitsrenten werden bis zum Ende des Berufslebens gezahlt, also je nach Vertragsgestaltung bis zum 60. oder 65. Lebensjahr. Da eine Berufsunfähigkeitsversicherung als Sicherung des Einkommens möglichst variabel sein sollte, ist der selbstständigen Berufsunfähigkeitsversicherung,

berufs-unfähigkeit

Ursachen für Berufsunfähigkeit

✔ Bewegungsapparat, Gelenke	28 %
✔ Nerven, Sinnesorgane, Psyche	24 %
✔ Herz, Gefäße	19 %
✔ Krebs	11 %
✔ Sonstige, z.B. Allergien	6 %
✔ Stoffwechsel, Verdauungsorgane	5 %
✔ Atmungsorgane	4 %
✔ Unfälle	3 %

die an keine andere Versicherung gebunden ist, der Vorzug zu geben. Aufgrund der Prämiengestaltung kann eine Koppelung mit einer Risikolebensversicherung jedoch sinnvoll sein. Die Koppelung einer notwendigen Risikoabsicherung mit einem Sparvertrag ist dagegen wenig sinnvoll, da eine Berufsunfähigkeitsversicherung unbedingt dynamisiert werden sollte. Die Dynamisierung mit einem langfristigen Ansparbetrag wird aber irgendwann zu teuer und dann kann nur die gesamte Dynamik gestoppt werden, was zulasten einer inflationsgeschützten Berufsunfähigkeitsabsicherung geht. Außerdem kann in Zeiten, in denen das monatliche Einkommen geringer ist (nach der Geburt eines Kindes beispielsweise mit der Inanspruchnahme des Erziehungsurlaubs durch einen Elternteil), ein Ansparvertrag unterbrochen werden, um Kosten zu sparen. Die Berufsunfähigkeitsabsicherung sollte aber weiter bestehen bleiben.
Versichert wird das Risiko, den zur Zeit des Vertragsabschlusses ausgeübten Beruf aufgrund von Krankheit, Körperverletzung oder Kräfteverfall nicht mehr ausüben zu können. Daher ist es wichtig, bei Vertragsabschluss den eigenen Beruf genau anzugeben und auch erworbene zusätzliche Berufsabschlüsse, für die ein Titel vergeben wurde, im Antrag zu vermerken. Für viele Berufe gibt es auch besondere Versicherungsbedingungen und Tarife.
Wie definiert der Versicherer »Berufsunfähigkeit«? Die Ursache für eine Berufsunfähigkeit ist meistens eine Krankheit. Die privaten Versicherer messen dies an den Begriffen »Krankheit«, »Körperverletzung« und »Kräfteverfall«, die als Ursache einer Berufsunfähigkeit angesehen werden. Durch diese Ursachen muss jemand dauerhaft außerstande sein, seinem zuletzt ausgeübten Beruf nachzugehen. Es wird geprüft, ob es ähnliche Berufe gibt, die stattdessen noch bewältigt werden können. Maßgebend ist nicht nur die gesundheitliche Schädigung, sondern es kommt auch darauf an, wie sich die Erkrankung auf die Fähigkeit zu einer beruflichen Tätigkeit auswirkt. Wenn jemand voraussichtlich 6 Monate ununterbrochen seine berufliche Tätigkeit nicht mehr ausüben kann oder diese seit 6 Monaten

erwerbsminderung

Beispiel für mögliche Leistungsansprüche aufgrund von Erwerbsminderung

Erwerbsfähigkeit in Stunden	Rente	Durchschnittlich zu erwartende Rente von der BfA bei einem Bruttoeinkommen in Euro			
		1 500,-	4 000,-	5 000,-	6 000,-
✔ 6 Std. und mehr	Keine Rente	0,-	0,-	0,-	0,-
✔ Zwischen 3 und 6 Std.	Halbe Rente	244,-	325,.-	406,-	487,-
✔ Weniger als 3 Std.	Volle Rente	488,-	650,-	812,-	974,-

Quelle: BMA

schon nicht mehr ausgeübt hat, liegt Berufsunfähigkeit vor.
Die Frage nach Ausübung und Erfahrung ist anhand leicht feststellbarer Kriterien zu beantworten. Dazu gehören Schulausbildung, Studium, berufliche Ausbildung, bisherige berufliche Tätigkeiten und berufsbezogene Fortbildungen, wobei die Anwendung und Vertiefung der Kenntnisse auf einen entsprechenden Erfahrungsstand schließen lässt.
Von ganz wesentlicher Bedeutung ist auch die Berücksichtigung der bisherigen Lebensstellung, die sich nicht nur aus der Höhe des Einkommens, sondern auch aus der allgemeinen gesellschaftlichen Wertschätzung des ausgeübten Berufs herleitet.
All diese Faktoren berücksichtigt der Versicherer und kann entsprechend seinen Bedingungen auf andere Berufe verweisen. Eine Verweisung ist rechtlich zulässig, allerdings muss diese aufgrund der Gesundheitsverhältnisse, der Ausbildung und Erfahrung sowie der bisherigen Lebensstellung zumutbar sein. Da Verweisungen immer schwierig sind, sollten Sie einen Versicherer auswählen, der generell auf eine Verweisung verzichtet oder diese zugunsten seiner Versicherten stark eingegrenzt hat.
Geleistet wird auch bei Pflegebedürftigkeit. Die Versicherer erbringen die vereinbarten Rentenleistungen, wenn Verrichtungen des täglichen Lebens, entsprechend den Einstufungen für den Pflegefall, nicht mehr oder nicht ohne ständige Hilfe ausgeführt werden können und 1 Pflegepunkt erreicht wird.
Die Leistungspflicht des Versicherers ist in den meisten Tarifen erst ab einer 50-prozentigen Berufsunfähigkeit vorgesehen. Wenn der Versicherte zu 50 Prozent oder mehr berufsunfähig ist, wird die Rente in der vereinbarten Höhe ausgezahlt. Die Leistungspflicht endet, wenn der Grad der Berufsunfähigkeit unter 50 Prozent sinkt.

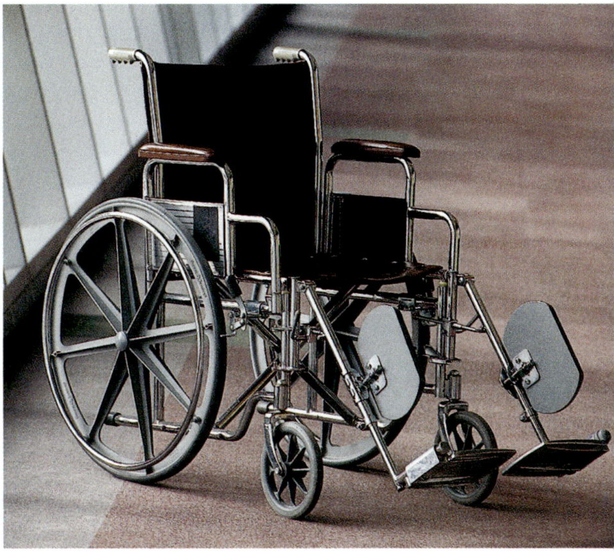

Berufs- oder Dienstunfähigkeit – das kann jeden treffen.

Alternativ dazu bieten Versicherungsgesellschaften Staffelregelungen an, zum Beispiel »25 Prozent/75 Prozent«. Hier wird ab einer 25-prozentigen Berufsunfähigkeit ein prozentualer Anteil der versicherten Rente gezahlt, der sich bis zu einem Berufsunfähigkeitsgrad von 75 Prozent erhöht. Erst ab einer 75-prozentigen Berufsunfähigkeit wird die Rente in voller Höhe gezahlt. Da eine Berufsunfähigkeitsrente als Einkommensersatz bei Berufsunfähigkeit versichert werden sollte, ist die 50-Prozent-Regelung (Pauschalregelung) die am besten einzuschätzende Absicherung.
Beim Abschluss einer Berufsunfähigkeitsversicherung sollten Sie prüfen, wie die Dynamisierung des Vertrags erfolgt, insbesondere ob und in welcher Weise die Rente bei eingetretener Berufsunfähigkeit erhöht wird. Dies ist ein wichtiger Aspekt, damit die ausgezahlten Renten mit der Inflation Schritt halten. Welche Anpassungsmöglichkeiten des Versiche-

rungsschutzes bestehen während der Laufzeit? Wie müssen Berufsänderungen nachgemeldet werden?
Viele Versicherer erzielen mit den eingenommenen Beiträgen in der Berufsunfähigkeitsversicherung Überschüsse, die sie als Beitragsnachlässe weitergeben. Der dem Versicherer zustehende Beitrag ist jedoch der Tarifbeitrag und bei sinkenden Überschüssen darf der Versicherer den Beitrag bis zum Tarifbeitrag anheben. Daher ist bei Abschluss der Höhe des Tarifbeitrags besondere Aufmerksamkeit zu widmen.

Erwerbsunfähigkeit

Die privaten Versicherungsgesellschaften versichern auch Rentenleistungen im Fall einer Erwerbsunfähigkeit. Wenn noch kein Beruf besteht, auf dessen Grundlage eine Versicherung geschlossen werden kann, wie das bei Auszubildenden, Schülern und Studenten der Fall ist, wird ebenfalls die Erwerbsunfähigkeit versichert. Dabei ist darauf zu achten, dass die Bedingungen für die Berufsunfähigkeit ohne erneute Risikoprüfung bei Aufnahme einer Berufstätigkeit gelten. Viele Unternehmen bieten Hausfrauen ebenfalls nur die Absicherung gegen Erwerbsunfähigkeit und nicht den umfassenderen Berufsunfähigkeitsschutz an. Auch bei Ausübung von als besonders gefährlich eingeschätzten Berufen, beispielsweise Lastwagenfahrer, wird nur die Erwerbsunfähigkeit versichert. Für diese Risikoberufe wird die Rentenzahlung häufig nur bis zum 55. oder 60. Lebensjahr versichert. Bei der privaten Erwerbsunfähigkeitsversicherung geht es darum, ob eine erkrankte Person überhaupt noch in der Lage ist, irgendeine Tätigkeit auszuüben. Bei der Einstufung finden der bisherige Beruf, die erworbenen Kenntnisse und die erreichte Lebensstellung keine Berücksichtigung.
Die Erwerbsunfähigkeitsversicherung wird immer häufiger als selbstständige Versicherung angeboten. Der Beitrag beträgt etwa 50 Prozent der Prämie für die umfassendere Berufsunfähigkeitsversicherung. Sie stellt allerdings eine reine Absicherung für den schlimmen Notfall dar.
Selbstverständlich wird bei einer Erwerbsunfähigkeitsversicherung auch im Pflegefall geleistet, allerdings muss auch hier eine höhere Pflegestufe nachgewiesen werden.

Dienstunfähigkeit

Bei Beamten auf Probe oder auf Widerruf kommt es bei Dienstunfähigkeit zu einem besonderen Problem: Sie werden aus dem Beamtenverhältnis entlassen und so gestellt, als ob sie immer als Angestellte beschäftigt gewesen wären. Das wird ermöglicht, indem die Beiträge an die BfA nachentrichtet werden. Die Versicherer haben die Bedingungen der Berufsunfähigkeitsversicherung um Regelungen für die Dienstunfähigkeit ergänzt. Damit erhalten dienstunfähige Beamte auf Widerruf oder auf Probe die Leistungen aus der Berufs-/Dienstunfähigkeitsversicherung für die Dauer eines Jahres. Können sie nachweisen, dass sie nicht nur dienstunfähig, sondern tatsächlich berufsunfähig sind, bleibt der Rentenanspruch erhalten und es kommt wie vereinbart zu Rentenzahlungen bis zum vereinbarten Ablauftermin. Bei Beamten auf Widerruf oder auf Probe wird bei Dienstunfähigkeit infolge eines Dienstunfalls geleistet, solange Unterhaltsbeiträge im Sinne des Beamtenversorgungsgesetzes gezahlt werden, auch wenn das Beamtenverhältnis widerrufen worden ist. Werden die Unterhaltsleistungen eingestellt, enden auch die Zahlungen aus der Dienstunfähigkeitsversicherung, es sei denn, der Versicherte weist nach, dass eine Berufsunfähigkeit besteht.
Ein Beamter auf Lebenszeit erhält Leistungen aus der Dienstunfähigkeitsversicherung, wenn er ausschließlich wegen medizinisch festge-

Dienstunfähigkeit – für Beamte ein besonderes Problem. Sorgen Sie deshalb schon bei Tätigkeitsbeginn mit einer entsprechenden Versicherung vor.

stellter allgemeiner Dienstunfähigkeit in den Ruhestand versetzt worden ist.

Für Mitglieder des Bundesgrenzschutzes, der Feuerwehren sowie des Polizei-, Justiz- und Zollvollzugsdienstes gelten aufgrund der höheren gesundheitlichen Anforderungen auch in der Dienstunfähigkeitsversicherung spezielle Bedingungen. Wichtig sind hier Weiterversicherungsmöglichkeiten nach einem Berufsausstieg ohne erneute Risikoprüfung und unter Anerkennung des Eintrittsalters bei Versicherungsbeginn.

Wichtig ist, bei Beginn der Tätigkeit eine Versicherung abzuschließen, die die besonderen Risiken des Beamtenverhältnisses und der speziellen Tätigkeit versichert.

Beim Abschluss einer Berufsunfähigkeits- oder Dienstunfähigkeitsversicherung gilt es, die Angebote genau zu vergleichen, und zwar zuallererst den Versicherungsumfang und die sich daraus ergebenden Leistungen und erst dann die Prämie.

Für junge Versicherte in der Berufsunfähigkeitsversicherung bieten einige Versicherer auch Erhöhungen der Berufsunfähigkeitsrente innerhalb der ersten 5 Versicherungsjahre ohne erneute Gesundheitsprüfung an.

Die Bedingungen für Leistungen wegen Berufs-, Erwerbs- und Dienstunfähigkeit sind sehr umfangreich und häufig aus der aktuellen Rechtsprechung abgeleitet. Ohne fachkundige Hilfe ist das nicht zu überschauen. Renommierte Institute beschäftigen sich mit dem Vergleich der Bedingungen und stellen diese auch im Internet zur Verfügung (siehe »Adressen, die weiterhelfen«, Seite 213ff.).

Dread-Disease-Versicherungen

Dread-Disease-Versicherungen sind entstanden, um Menschen mit schweren Erkrankungen Geld zur Verfügung zu stellen, damit sie in der neuen Situation ihr Leben entsprechend gestalten können.

In der Dread-Disease-Versicherung wird nicht die Notwendigkeit einer Behandlung, einer Kur oder einer alternativen Therapieform geprüft, sondern beim Eintritt einer schweren Krankheit, die den Versicherungsbedingungen entspricht, wird das versicherte Kapital zur Verfügung gestellt.

Auf Basis einer Kapitallebensversicherung oder einer Rentenversicherung wurde eine Versicherungsform entwickelt, die bei Eintritt einer schweren Krankheit die vereinbarte Versicherungsleistung erbringt.

Damit hat jeder die Möglichkeit, selbst zu entscheiden, welche Angebote er wahrnehmen möchte, beispielsweise sich in einer Spezialkli-

nik behandeln zu lassen, ganz bestimmte Kuren, aufwändige Rehabilitationsmaßnahmen oder alternative Therapieformen in Anspruch zu nehmen. Vielleicht ist es aber auch eine Reise, eine neue, geeignetere Wohnung oder ein anderer Wunsch, der mit dieser Summe erfüllt werden kann.
Mittlerweile bieten viele Versicherer derartige Policen an, die durch weitere Bausteine zu umfassenden Absicherungspakten geschnürt werden können. Zusätzlich zu den Leistungen bei schweren Krankheiten können die Erwerbsminderung und Leistungen im Pflegefall, Renten bei Berufsunfähigkeit und bei einigen Versicherer Krankentagegeldleistungen mitversichert werden.
Der Umfang der versicherten Krankheiten ist bei jedem Versicherer unterschiedlich. Zur Auszahlung der Leistungen müssen dem Versicherer Diagnosen von Fachärzten oder Fachkliniken sowie eindeutige klinische, radiologische oder histologische Befunde vorgelegt werden.
Im Wesentlichen sind folgende Krankheiten versichert:

→ AIDS durch Bluttransfusion
→ Blindheit
→ Gutartiger Hirntumor
→ Herzinfarkt
→ Koma
→ Krebs
→ Multiple Sklerose
→ Parkinson'sche Krankheit
→ Schlaganfall
→ Taubheit
→ Verlust der Sprache

Eine Dread-Disease-Police kann den umfassenden Schutz einer Berufsunfähigkeitsversicherung nicht bieten, stellt allerdings, wenn eine der versicherten Krankheiten eintritt, eine gute zusätzliche finanzielle Grundlage zur Verfügung.

Grundfähigkeitsversicherung

Die Grundfähigkeitsversicherung ist ein völlig neues Produkt, das im Bereich der Erwerbsunfähigkeitsversicherung, vielleicht auch im Bereich der Pflegeversicherung, anzusiedeln ist. Ausgangspunkt der Absicherung ist jedoch nicht, ob und in welchem Umfang jemand noch berufstätig sein kann, sondern nur, ob jemand infolge von Krankheit, Kräfteverfall oder Körperverletzungen nicht mehr über bestimmte Grundfähigkeiten verfügt. Diese sind:

→ **Stufe A**: sehen, sprechen und hören, sich orientieren, Hände gebrauchen, gehen
→ **Stufe B**: Treppen steigen, knien und bücken, sitzen, stehen, greifen, Arme bewegen, heben und tragen, Auto fahren

Ein Anspruch auf Versicherungsleistungen entsteht, wenn jemand – nach ärztlicher Beurteilung – mindestens 12 Monate lang ununterbrochen nicht fähig war oder nicht fähig sein wird, eine der Grundfähigkeiten der Stufe A oder drei der unter Stufe B genannten Fähigkeiten auszuüben. Die versicherte Rente wird bis zum vereinbarten Endalter oder bis zum Tod gezahlt.
Die Rente wird ebenfalls gezahlt, wenn der Versicherte entsprechend den Bedingungen der Pflegeversicherung Leistungen der Pflegestufe II oder III erhält.
Die Grundfähigkeitsversicherung hat im Gegensatz zur Erwerbsunfähigkeitsversicherung eine ganz klare Leistungsdefinition und zeichnet sich durch günstige Beiträge aus. Versichert werden können Rentenzahlungen bis 18 000 Euro im Jahr, unabhängig vom Einkommen. Ansonsten ist die jährlich zu versichernde Grundfähigkeitsrente auf 60 Prozent des jährlichen Einkommens beschränkt. Die Grundfähigkeitsversicherung ist für nicht Erwerbstätige oder als Ersatz für eine Pflege-

rentenversicherung überlegenswert. Ganz sicher stellt sie keinen Ersatz für eine Berufsunfähigkeitsversicherung dar, sie kann diese jedoch ergänzen, um eine bessere finanzielle Absicherung zu erhalten.
Wie alle Versicherungen, die ihre Leistungen im Falle von gesundheitlichen Beeinträchtigungen erbringen, prüft auch der Anbieter der Grundfähigkeitsversicherung den Gesundheitszustand des Antragstellers. Dies geschieht anhand von Gesundheitsfragen und bei Bedarf durch Anfragen bei den behandelnden Ärzten.

Unfallversicherung

Die Bilder von dramatischen Unfällen in den Abendnachrichten, als groß aufgemachte Meldungen der Tageszeitungen und detailliert illustrierte Reportagen in den großen Magazinen erschüttern immer wieder und erinnern daran, dass man jeden Moment einen Unfall erleiden kann.
Im Gegensatz zu unseren Wahrnehmungen sind jedoch nur rund 7 Prozent der Unfälle Verkehrsunfälle. Die meisten Unfälle finden im Haushalt statt. Allerdings haben nur die wenigsten Unfälle so weitreichende Folgen, dass es zu einer dauerhaften Invalidität kommt.
Die Versicherungsgesellschaften haben eine umfassende Produktpalette entwickelt, um finanzielle Rückendeckung im Falle eines Unfalls zu geben. Der Unfallschutz gilt weltweit und rund um die Uhr. Er umfasst alle Unfälle – im privaten Bereich, im Beruf und auch beim Sport.
Unfallversicherungen sind Risikoversicherungen. Die Prämie wird für den Fall gezahlt, dass ein Unfall eintritt. Dann wird die vom Versicherer zugesagte Leistung für Invalidität oder den Tod erbracht. Tritt während der Versicherungsdauer kein Unfall ein, verbleibt die gezahlte Prämie vollständig beim Versicherer.

Die meisten Unfälle passieren im Haushalt, nicht auf der Straße

Grundsätzlich kann sich jeder gegen Unfall versichern. Ausgenommen sind lediglich Personen, die an Geisteskrankheiten leiden oder dauernd pflegebedürftig sind. Bestehen bei Versicherungsbeginn körperliche Fehler, Gebrechen oder Krankheiten, welche Rückfälle oder Verschlimmerungen durch einen Unfall befürchten lassen, können einschränkende Bedingungen vereinbart werden oder der Versicherungsschutz kann abgelehnt werden.
Die Höhe des Beitrags richtet sich nach den versicherten Bausteinen und den jeweiligen

unfall

Ein Unfall liegt vor, wenn

- ✔ plötzlich
- ✔ ein von außen auf den Körper wirkendes Ereignis
- ✔ unfreiwillig
- ✔ eine Gesundheitsschädigung herbeiführt.

Versicherungssummen. Es gilt eine Einstufung nach Gefahrengruppen, wobei Frauen grundsätzlich der Gefahrengruppe A angehören. Männer werden nach dem ausgeübten Beruf eingestuft, wobei kaufmännisch, verwaltend, planend, gestaltend, lehrend, leitend und aufsichtsführend der preiswerteren Gruppe A und körperliche Tätigkeiten der Gruppe B zugeordnet werden. Kinder werden in einer günstigeren Beitragsklasse versichert. Personen, die besonders gefährliche Tätigkeiten ausüben, können nur schwer gegen Unfälle versichert werden, es gibt jedoch Spezialversicherer, die solche Policen anbieten. Hierzu gehören Artisten, Berufs-, Vertrags- und Lizenzsportler, Rennfahrer und Rennreiter, Taucher, Tierbändiger und Astronauten.

Invalidität

Die entscheidende Absicherung im Falle eines Unfalls ist die Invaliditätsleistung in Form einer einmaligen Kapitalzahlung oder einer lebenslangen Rentenzahlung.
Tritt innerhalb eines Jahres, vom Unfalltag an gerechnet, als Unfallfolge eine dauernde Beeinträchtigung der körperlichen oder geistigen Leistungsfähigkeit ein, wird nach dem Grad der Invalidität eine Kapitalentschädigung oder eine Rente gezahlt.
Die Invalidität muss ärztlich festgestellt und geltend gemacht werden. Die Höhe der Leistung richtet sich nach dem Grad der Invalidität. Soweit Gliedmaßen oder Sinnesorgane betroffen sind, richtet sich die Bemessung des Invaliditätsgrades nach der so genannten »Gliedertaxe«. Sie sieht bei Verlust oder Funktionsunfähigkeit feste Sätze vor. Bei Verlust oder vollständigem Versagen von Sinnesorganen und Körperteilen wird anteilig Entschädigung gezahlt. Für besondere Berufsgruppen wie Heilberufe und Musiker bieten die Versicherer eine »verbesserte Gliedertaxe« an, womit sich die Invaliditätsgrade erhöhen. Die meisten Unfallfolgen werden anhand der Gliedertaxen reguliert. Bei Verletzungsfolgen, die nicht enthalten sind, richtet sich der Invaliditätsgrad nach dem Umfang der körperlichen und geistigen Beeinträchtigung.
Werden durch einen Unfall schon vorher geschädigte Gliedmaßen oder Körperfunktionen betroffen, wird die Invaliditätsleistung gemindert.
Da eine geringfügige Invalidität nur selten zu Erwerbs- oder Berufsunfähigkeit führt, sollte der Absicherung der Vollinvalidität die größte Bedeutung beigemessen werden. Menschen, die nach einem Unfall schwere dauernde Beeinträchtigungen behalten und vielleicht auch ihren Beruf nicht mehr ausüben können, müssen häufig ihr ganzes Leben verändern, Wohnungen oder Häuser umbauen, Umzüge finanzieren oder vielleicht ein neues Autos kaufen.
Um bei Vollinvalidität bessere Leistungen zu erhalten, bieten Versicherer Progressionsstaffeln an, durch die sich die versicherten Leistungen erhöhen. Bei einer 350-prozentigen Progression erhöht sich eine Versicherungssumme von 100 000 auf 350 000 Euro bei Vollinvalidität. Bei Abschluss des Versicherungs-

vertrags sollten Sie genau darauf achten, ab wann die Progressionsstaffel eintritt. Sinnvoll ist die Erhöhung der Grundsumme ab mindestens 50-prozentiger Invalidität. Dies regelt jeder Versicherer individuell in seinen Versicherungsbedingungen.
Anstatt der einmaligen Kapitalzahlung bieten immer mehr Versicherer die Leistungserbringung als Unfallrente an. Diese wird lebenslang gezahlt und kann sogar dynamisiert werden, das heißt, Versicherungsleistung und Beitrag erhöhen sich jedes Jahr um einen festgelegten Prozentsatz. Damit ist der Versicherungsschutz inflationsgeschützt und leistet die angestrebte Absicherung auch dann noch, wenn der Versicherungsfall viele Jahre nach Vertragsabschluss eintritt.
Eine sinnvolle Unfallversicherung sollte eine Leistung bei Invalidität erbringen, die mindestens dem fünffachen Jahresbruttoeinkommen entspricht. Kinder sollten so versichert werden, dass bei Vollinvalidität eine Summe zur Verfügung steht, mit der die Veränderungen des täglichen Lebens, Pflege, Unterstützung und Förderung bezahlt werden können. Da Kinder über keine Absicherungen verfügen, sollte eine möglichst hohe Invaliditätssumme oder eine lebenslange Rentenzahlung versichert werden.
Im Gegensatz zu einer Berufsunfähigkeitsversicherung ist die Unfallversicherung eine Versicherung, die eine preiswerte Absicherung bei Invalidität anbietet. Da das Sicherheitsbedürfnis bei jedem Menschen unterschiedlich stark ausgeprägt ist, wird auch jeder eine andere Einstellung zur Unfallversicherung haben. Grundsätzlich gilt jedoch: Wenn eine Unfallversicherung abgeschlossen wird, sollte die Invaliditätssumme bei Vollinvalidität langfristig ein zusätzliches monatliches Einkommen entweder durch eine Rentenzahlung oder durch Anlage der ausgezahlten Summe und Entnahme der jährlichen Zinsen ermöglichen.

Eine Unfallversicherung ist für Kinder besonders sinnvoll, da die meisten Eltern finanzielle Hilfe brauchen, wenn ein Kind aufgrund einer Behinderung pflegebedürftig wird. Auch Selbstständige, besonders am Anfang der Selbstständigkeit, wenn noch keine wirklich

invaliditätsgrade

Bei Verlust oder Funktionsunfähigkeit eines der nachstehend genannten Körperteile gelten folgende Invaliditätsgrade

✔ Ein Auge	50 %
✔ Gänzlicher Geruchsverlust	10 %
✔ Gehör auf einem Ohr	30 %
✔ Gänzlicher Geschmacksverlust	5 %
✔ Arm bis zum Schultergelenk	70 %
✔ Arm bis unterhalb des Ellbogengelenks	60 %
✔ Hand im Handgelenk	55 %
✔ Ein Daumen	20 %
✔ Ein Zeigefinger	10 %
✔ Ein Finger	5 %
✔ Ein Bein über Mitte des Oberschenkels	70 %
✔ Ein Bein bis zur Mitte des Oberschenkels	60 %
✔ Ein Bein unterhalb des Knies	50 %
✔ Ein Fuß im Fußgelenk	40 %
✔ Eine große Zehe	5 %
✔ Eine andere Zehe	2 %

umfassende Absicherung besteht, sollten sich über eine ausreichende Absicherung gegen Invalidität Gedanken machen.

Leistung bei Unfalltod

Ein Baustein einer Unfallversicherung kann die Zahlung einer Geldsumme im Todesfall sein. Dies ist ein preiswerter Einschluss und bei einigen Versicherungsgesellschaften sogar Pflicht. Die Todesfallentschädigung sollte jedoch höchstens die Bestattungskosten decken, nicht aber Lücken in der privaten Absicherung. Diese sind durch eine Risikolebensversicherung zu decken, die immer zahlt und nicht nur bei Unfalltod. Die Unfallversicherung leistet übrigens nur dann, wenn der Tod innerhalb eines Jahres, vom Unfalltag an gerechnet, eintritt.

Übergangsleistung

Die Übergangsleistung ist ebenfalls ein zusätzlicher Baustein, der in eine Unfallversicherung aufgenommen werden kann. Hier kann eine Geldleistung versichert werden, die erbracht wird, wenn nach Ablauf von 6 Monaten seit Eintritt des Unfalls ohne Mitwirkung von Krankheiten oder Gebrechen noch eine unfallbedingte Beeinträchtigung der normalen körperlichen oder geistigen Leistungsfähigkeit von mehr als 50 Prozent besteht und diese Beeinträchtigung bis dahin ununterbrochen bestanden hat. Einige Versicherungsgesellschaften zahlen die Übergangsleistung bei Schwerverletzten unter bestimmten Voraussetzungen sogar sofort nach Einreichung eines ärztlichen Attests aus.

Unfall-Krankentagegeld

Im Rahmen einer Unfallversicherung kann auch ein Unfall-Krankentagegeld mitversichert werden. Es werden unterschiedliche Karenzzeiten angeboten, so dass etwa ab dem 8., dem 15. oder dem 29. Krankheitstag nach Eintritt des Unfallereignisses die Leistung erbracht wird. Das Tagegeld wird gezahlt, wenn eine vorübergehende oder dauernde Beeinträchtigung der Arbeitsfähigkeit eintritt, und richtet sich nach dem Grad und der Dauer der Behandlung. Gezahlt wird das Tagegeld maximal bis zu einem Jahr, vom Unfalltag an gerechnet.
Wenn aufgrund der persönlichen Versorgungsanalyse deutlich wird, dass bei Arbeitsunfähigkeit eine finanzielle Lücke besteht, sollte ein Krankentagegeld bei einer privaten Krankenversicherung abgeschlossen werden und kein Unfall-Krankentagegeld, da die Wahrscheinlichkeit eines Unfalls deutlich geringer als die einer Krankheit ist.

Unfall-Krankenhaustagegeld

Das Angebot der Versicherer umfasst im Falle eines Unfalls auch ein Krankenhaustagegeld, das bei vollstationärer Krankenhausbehandlung vom Tag der Aufnahme bis zum Tag der Entlassung gezahlt wird. Allerdings haben alle Versicherer eine maximale Leistungsdauer in ihren Bedingungen vorgesehen. Bei einem Aufenthalt in einem Sanatorium, einer Rehabilitationseinrichtung oder einer Kuranstalt wird nicht geleistet.
Das Unfall-Krankenhaustagegeld fällt ebenso wie das Krankenhaustagegeld in die Kategorie Luxusabsicherung.

Genesungsgeld

Das Genesungsgeld soll Mehrkosten nach einem unfallbedingten Krankenhausaufenthalt decken. Es kann nur in Verbindung mit einem Krankenhaustagegeld und nur in gleicher Höhe vereinbart werden. Das Genesungsgeld wird für die gleiche Anzahl von Tagen gezahlt, für die auch Krankenhaustagegeld gezahlt worden ist. Einige Versicherer bieten eine Staffel an, mit dem das Genesungsgeld im Laufe der Genesung sinkt, und sehen eine maximale Leistungsdauer wie beim Unfall-Krankenhaustagegeld vor.

Kosmetische Operationen

Bis zum Ablauf des 3. Jahres nach dem Unfall werden die Kosten einer kosmetischen Operation im Rahmen der versicherten Leistungen übernommen. Hierzu gehören Arzthonorare, Unterbringung und Verpflegung im Krankenhaus sowie Medikamente. Voraussetzung dafür ist, dass durch einen Unfall das äußere Erscheinungsbild beeinträchtigt ist.

Bergungskosten

Mit Abschluss dieses Bausteins werden Aufwendungen für Suchaktionen und die Kosten für den Transport nach einer Rettung im Rahmen der versicherten Summe erstattet.

Kurkostenbeihilfe

Ist nach einem Unfall eine Kur notwendig, werden die Mehrkosten, die nicht vom Krankenversicherer oder den gesetzlichen Rentenversicherungen übernommen werden, erstattet.

Unfallversicherung mit Beitragsrückgewähr

Der Wunsch nach Sicherheit veranlasst uns, eine Versicherung abzuschließen, um beim Eintritt eines genau festgelegten Schadenereignisses eine Leistung zu erhalten. Tritt der Schadensfall ein, ist jeder über die erbrachte Leistung froh. Tritt der Schadensfall glücklicherweise nicht ein, wird über die »zum Fenster hinausgeschmissenen Beiträge« geschimpft. Deshalb haben Versicherungsgesellschaften eine Unfallversicherung mit Prämienrückgewähr konstruiert. Die Leistungen entsprechen denen der oben beschriebenen Unfallversicherung. Zusätzlich wird eine Kapitalleistung bei Ablauf des Vertrags oder beim Tod der versicherten Person zugesagt.
Hierfür werden neben den Beiträgen für den Unfallschutz Sparbeiträge erhoben, die mit einem festgelegten Zinssatz verzinst und – zusätzlich zu den vom Versicherer erwirtschafteten Überschüssen – bei Vertragsablauf ausgezahlt werden. So setzt sich die Unfallversicherung mit Beitragsrückgewähr aus einer Unfallversicherung und einem Sparvertrag zusammen.
Hier werden nicht die für das Risiko des Unfalls vereinnahmten Beiträge zurückerstattet, sondern ein gesonderter Sparvertrag sichert die Rückzahlung ab. Dadurch ist diese Form der Unfallversicherung immer teurer und völlig unnötig, da Risikoabsicherung und Sparverträge besser getrennt werden.

Grundsätzliches

Bei den Überlegungen für oder wider eine Unfallversicherung muss zwischen einer sinnvollen Verringerung des persönlichen Risikos – Invaliditätsabsicherung – und möglicher Luxusabsicherung sehr genau unterschieden werden. Stellen Sie bei Ihren Überlegungen fest, dass beim Tod eine finanzielle Lücke entsteht, sollten Sie diese mit dem Abschluss einer Risikolebensversicherung schließen. Fehlt Ihnen Geld bei längerer Krankheit, kommt hierfür der Abschluss einer Krankentagegeldversicherung bei einer privaten Krankenversicherung infrage. Denn diese Absicherungslücken bestehen nicht nur, wenn Sie einen Unfall haben, sondern grundsätzlich.
Häufig werden bei einer Unfallversicherung umfassende Pakete angeboten, die sinnvollen Schutz mit Luxus kombinieren. Lassen Sie sich nicht zum Abschluss verleiten. Suchen Sie sich einen Versicherer, der Ihnen genau den Schutz anbietet, den Sie versichern möchten, und achten Sie immer auf den Preis, denn Risikoabsicherung sollte so preiswert wie möglich sein.

Kapitalversicherung auf den Todes- und Erlebensfall

Für die meisten Menschen stellt eine Kapitallebensversicherung ein Stück finanzielle Sicherheit für das Alter dar. Die Kapitallebensversicherung ist – nach dem Sparbuch – die häufigste Form, Geld für das Alter anzusparen. Rund 80 Prozent aller Arbeitnehmerhaushalte in Deutschland, insgesamt 25 Millionen, besitzen eine oder mehrere Lebensversicherungen. In Deutschland bestehen über 87 Millionen Lebensversicherungen. Von einigen als sichere Sparform mit Absicherung der Angehörigen gepriesen, von anderen als »legaler Betrug« verteufelt, hat die Lebensversicherung immer noch Bestand und wird nach wie vor gern abgeschlossen. Die herkömmlichen Lebens- und Rentenversicherungen legen die Sparanteile der Versicherten in festverzinslichen Wertpapieren und Immobilien an und bis zu 30 Prozent des zur Verfügung stehenden Kapitals darf nach den Anlagegrundsätzen in Aktien angelegt werden. Erst in den letzten Jahren haben Versicherer diese Möglichkeit genutzt und versucht, die Renditen in der Lebensversicherung zu erhöhen.

Bei den Kritikern der Lebensversicherung gerät häufig in Vergessenheit, dass die Versicherungsgesellschaft ja eine Zusage erteilt, zu einem bestimmten Zeitpunkt eine bereits lange im Voraus festgelegte Kapital- oder Rentenleistung zu erbringen. Hinzu kommt, dass die Versicherer im Todesfall leisten und beitragsfreie Weiterversicherung bei Berufsunfähigkeit zusagen. Aus diesem Grund ist es kaum möglich, die Renditen von Lebensversicherungen mit denen von Anlagen auf Sparbüchern, in Sparbriefen oder festverzinslichen Wertpapieren zu vergleichen. Und dennoch, wenn man die Renditen aus den reinen Sparanteilen errechnet, schneiden die Versicherer mit ihren Renditen gut ab.

Bei langen Ansparzeiträumen betragen die Renditen einer Kapitallebensversicherung zwischen 5 und 7,5 Prozent. Als Faustregel gilt, dass nach 30 Jahren die Ablaufleistung doppelt so hoch wie die Versicherungssumme ist. Die durchschnittliche Versicherungssumme aller Lebensversicherungen in Deutschland beträgt 30 000 Euro. Als Beitrag zur Alterssicherung ist das ein Betrag, der die Einbußen des Nettoeinkommens bei Rentenbeginn deutlich verringert. Aber als Absicherung der Hinterbliebenen ist die Summe sehr gering.

Was bietet eine Lebensversicherung, was kann damit erreicht werden und welche Nachteile haben Lebensversicherungen?

Eine Lebensversicherung ist ein umfassendes Produkt, das sich aus verschiedenen Bausteinen zusammensetzt und sehr unterschiedlich gestaltet werden kann. Es lebt in der Vorstellung und ist daher auch besonders schwer zu erfassen.

Zur Verdeutlichung soll der Abschluss einer Lebensversicherung einmal mit dem Kauf eines Autos verglichen werden: Beim Kauf eines Autos wird genau überlegt, wie viel es kosten darf, wie viele Personen mitgenommen werden müssen – Limousine, Kombi oder Cabrio –, wie schnell es sein soll, welche Sicherheitsanforderungen und welche Sonderausstattung sinnvoll sind. Diese Erwägungen sind niemandem neu und beim Autokauf werden sie mit dem Partner, der Familie, den Freunden und den Kollegen ausführlich besprochen.

Mit derselben Gründlichkeit sollte der Abschluss einer Kapitallebensversicherung bedacht werden. All diese Überlegungen können auf eine Lebensversicherung übertragen werden:

→ Soll die Lebensversicherung hauptsächlich der Altersvorsorge dienen?

→ Soll die Lebensversicherung eine Absicherung für die Familie im Todesfall sein?

→ Soll ein Hypothekendarlehen damit abgesichert werden?
→ Wie flexibel soll der Vertrag sein?
→ Wie lang soll die Laufzeit sein?
→ Soll sich der Beitrag jedes Jahr entsprechend der Inflationsrate erhöhen?
→ Soll der Vertrag bei Berufsunfähigkeit beitragsfrei weitergeführt werden, um dann zum vereinbarten Endalter in der geplanten Höhe zur Verfügung zu stehen?
→ Wie hoch darf der monatliche Beitrag sein?
→ Welche zusätzlichen Absicherungen sollen eingeschlossen werden?

Bestandteile einer Lebensversicherung

Eine Kapitallebensversicherung verbindet die Vermögensbildung mit der Risikovorsorge. Das Versicherungsunternehmen garantiert

lebensversicherung

Begriffserklärung zur Lebensversicherung

Ablaufleistung	Versicherungssumme zuzüglich der Überschussanteile
Bezugsberechtigte Person	Person, der die Versicherungsleistungen bei Auszahlung zustehen
Beitragsfreistellung	Möglichkeit, den Vertrag ruhen zu lassen, das heißt, keine weiteren Beiträge zu zahlen
Erlebensfallsumme	Die im Erlebensfall fällige, garantierte Versicherungsleistung
Rückkaufswert	Der Wert, den ein Versicherungsnehmer erhalten würde, wenn er die Kapitallebensversicherung vor Ende der Laufzeit kündigt
Todesfallsumme	Nach Tod der versicherten Person sofort fällige Summe
Versicherte Person	Diejenige Person, für die der Versicherungsvertrag abgeschlossen wurde
Versicherungsdauer	Der Zeitraum zwischen Versicherungsbeginn und Ablauf der Versicherung
Versicherungsnehmer	Vertragspartner der Versicherungsgesellschaft
Versicherungssumme	In der Kapitallebensversicherung die Höhe der finanziellen Garantieleistung (Erlebensfall)
Zahlungsdauer	Die Beitragszahlung beginnt zum Versicherungsbeginn für die vereinbarte Dauer. Aus steuerlichen Gründen mindestens 5-jährige Beitragszahlungsdauer und 12-jährige Vertragslaufzeit.

modellrechnung

Unverbindliche Modellrechnung einer Lebensversicherung

für eine Frau, geboren am 1.1.1967

Versicherungsbeginn:	1.10.2002
Versicherungsdauer:	30 Jahre
Beitragszahlungsdauer:	30 Jahre
Eintrittsalter:	35 Jahre
Endalter:	65 Jahre
Versicherungssumme:	50 000 EUR
monatlicher Beitrag:	120 EUR
mögliche Gesamtablaufleistung (nicht garantiert)	100 000 EUR
Überschussverwendung:	Verzinsliche Ansammlung

Beigefügt ist weiterhin eine Aufstellung über:

- ✔ Garantierte Leistungen bei Tod
- ✔ Mögliche Leistungen bei Tod einschließlich der Überschussbeteiligung
- ✔ Garantierte Leistung bei Rückkauf des Vertrags
- ✔ Mögliche Gesamtleistung bei Rückkauf des Vertrags

die Auszahlung einer festgelegten Summe bei Tod und im Erlebensfall erhält der Versicherte die Versicherungssumme garantiert ausgezahlt.

Der Beitrag besteht aus

→ einem Sparanteil,
→ einem Risikoanteil,
→ einem Kostenanteil.

Der Sparanteil wird mit einem Rechnungszins von derzeit 3,25 Prozent verzinst.

Der Risikoanteil wird für die Absicherung im Todesfall entnommen. Dieser Betrag dient dazu, bei Eintritt des Todes – und dies bereits nach Zahlung eines einzigen Beitrags – die vereinbarte Todesfallleistung an die Hinterbliebenen auszuzahlen. Da das Risiko des Todes mit zunehmendem Lebensalter natürlich steigt, wird hierfür jedes Jahr ein geringfügig höherer Anteil aus dem gezahlten Beitrag entnommen.

Weiterhin hat der Versicherer Kosten für die Verwaltung des Vertrags. Aufgrund eines nur in der Versicherungswirtschaft bekannten Verfahrens, der so genannten Zillmerung, werden die Kosten für die gesamte Laufzeit des Vertrags nicht jährlich entnommen, sondern in den ersten Jahren.

Dies führt dazu, dass bei einer Kündigung in den ersten Jahren nach Vertragsbeginn weniger als die eingezahlten Beiträge ausgezahlt wird.

Abschluss einer Lebensversicherung

Zum Abschluss einer Lebensversicherung wird ein Versicherungsnehmer benannt, der zugleich auch die versicherte Person sein kann. Der Versicherungsnehmer gibt die Versicherungsdauer vor. Aufgrund des Geschlechts, des Eintrittsalters und der gewünschten Versicherungssumme oder des Beitrags wird dann errechnet, wie hoch die Versicherungssumme und die monatliche Prämie sind.

Viele Versicherer bieten – abweichend von der Versicherungssumme als Basis für den Erlebensfall – die Möglichkeit, die auszuzahlende Summe im Todesfall individuell zu gestalten. Mindestens 60 Prozent der Versicherungssumme müssen im Falle des Todes als garantierte Leistung ausgezahlt werden, damit das Finanzamt den Vertrag als steuerbegünstigt anerkennt.

In einer Beispielrechnung ermittelt die Versicherungsgesellschaft die voraussichtlichen Überschüsse für die Zukunft. Dies geschieht durch Hochrechnung der erwirtschafteten Überschüsse der letzten Jahre. Wenn Sie eine Lebensversicherung in einer Hochzinsphase abschließen und während der letzten Jahre vor Vertragsabschluss hervorragende Zinserträge erzielt werden konnten, wird die Hochrechnung sehr positiv ausfallen. Waren die letzten Jahre eher dürftig, wird auch die Hochrechnung für die Zukunft geringer ausfallen. Unabhängig von den Hochrechnungen können sich die Überschüsse während der Vertragslaufzeit auch ganz anders entwickeln.

Überschüsse in einer Lebensversicherung

Die Überschüsse werden erzielt durch die Kapitalanlagen der Sparanteile, Zins-, Dividenden- und Mieteinnahmen sowie Wertsteigerungen bei Aktien, Immobilien und Anleihen, die der Versicherer während der Vertragslaufzeit erwirtschaftet.
Aufgrund der gesetzlichen Regelungen zur Überschussbeteiligung werden 90 Prozent der erzielten Überschüsse von den Versicherungsunternehmen an die Versicherten ausgezahlt. Regelmäßig erhalten die Versicherten Informationen über die Gutschriften aus den Überschüssen zu ihrem Versicherungsvertrag. Damit erhalten sie einen Überblick, wie sich ihr Vertrag entwickelt. Diese Informationen haben wesentlich dazu beigetragen, die Lebensversicherung transparenter zu gestalten. Auf Anfrage errechnen die Versicherer auch, wie sich ein bestehender Vertrag mit den jetzigen Gegebenheiten zum Ablaufalter entwickeln wird. Dies sollte bei bestehenden Verträgen ab dem 50. Lebensjahr alle drei Jahre erfragt werden, um die finanzielle Situation im Alter genauer kalkulieren zu können.

Überschussbeteiligungsmodelle

Da die Überschüsse schon während der Laufzeit dem Versicherungsvertrag gutgeschrieben werden, bieten die Versicherungsgesellschaften verschiedene Gewinnbeteiligungssysteme an:

- Bonussystem
- Erlebensfallbonus
- Todesfallbonus
- Verzinsliche Ansammlung
- Gewinnverrechnung

Beim Bonussystem wird jedes Jahr ein Anteil zur Erhöhung der Leistungen im Todesfall zur Verfügung gestellt, aber auch dem Sparanteil wird ein Bonus gutgeschrieben, was zur Erhöhung der Leistung bei Vertragsablauf wichtig ist. Diese Erhöhungen werden garantiert.
Bei der Entscheidung für den Erlebensfallbonus wird ein größerer Anteil der Überschüsse für den Erlebensfall zurückgestellt, so dass sich die Todesfallleistung nicht so stark erhöht.
Beim Todesfallbonus ist es genau umgekehrt. Hier wird ein größerer Anteil der Überschüsse verwandt, um beim Eintritt des Todes den Hinterbliebenen eine möglichst hohe Summe auszahlen zu können.
Bei der verzinslichen Ansammlung werden die Überschüsse auf einem gesonderten Konto angesammelt, verzinst und dann bei Vertragsende, Rückkauf oder Tod mit der Versicherungsleistung ausgezahlt.
Bei der Gewinnverrechnung wird ein Teil der Überschüsse mit den zu zahlenden Beiträgen verrechnet, das heißt, der zu zahlende Beitrag wird geringer. Die Leistungen im Todes- und Erlebensfall erhöhen sich nur gering.
Weiterhin zahlen viele Versicherungen noch einen Schlussüberschuss. Dieser wird nur bei Vertragsablauf ausgezahlt. Damit erhöht sich dann nochmals die Erlebensfallleistung. Mit Wahl der Überschussbeteiligung wird der Ver-

trag entweder sicherheits- oder gewinnorientiert gestaltet.

Zusatzbausteine einer Lebensversicherung

Viele Versicherer bieten zusätzliche Bausteine an, um die Lebensversicherung individueller zu gestalten. Dies gelingt jedoch nur dann, wenn Sie als Versicherungsnehmer auch wissen, welche Möglichkeiten bestehen, und die entsprechenden Vor- und Nachteile kennen. Folgende Ergänzungen sind möglich:

- → Beitragsbefreiung bei Berufsunfähigkeit
- → Rentenzahlung bei Berufsunfähigkeit
- → Dread-Disease-Zusatzversicherung
- → Todesfall-Zusatzversicherung
- → Unfall-Zusatzversicherung
- → Pflegerenten-Zusatzversicherung
- → Hinterbliebenen-Zusatzversicherung

Eine Beitragsbefreiung bei Berufsunfähigkeit sollte immer mitversichert werden. Mit Abschluss dieser Zusatzversicherung entfällt beim Eintritt einer Berufsunfähigkeit die Beitragszahlung durch den Versicherungsnehmer und der Versicherer zahlt die Beiträge bis zum vereinbarten Endalter weiter. Damit ist abgesichert, dass der gewünschte Versicherungsschutz oder die gewünschte Absicherung im Alter erreicht wird. Für diesen zusätzlichen Baustein ist eine geringe monatliche Prämie zu bezahlen.

In eine Kapitallebensversicherung kann eine Berufsunfähigkeitsversicherung eingeschlossen werden. Dies ist ein gesonderter Baustein, für den ein zusätzlicher Beitrag erhoben wird. Die Höhe der zu versichernden Rente richtet sich nach der Versicherungssumme. Die Vertragsgestaltung ist nicht so flexibel wie in einer selbstständigen Police. Beim Eintritt einer Berufsunfähigkeit wird die vereinbarte Rente bis zum vereinbarten Endalter gezahlt.

Das Thema »Dread Disease« ist in den letzen Jahren immer mehr in Mode gekommen und viele Versicherer bieten eine solche Zusatzversicherung an, die eine Geldzahlung vorsieht, wenn der Versicherte an einer in den Bedingungen definierten Krankheit erkrankt. Hinsichtlich der Leistungen bei Eintritt eines Dread-Disease-Versicherungsfalls gibt es zwei Varianten:

→ Die vereinbarte Versicherungssumme, die Summe für den Todes- und Erlebensfall, wird ausgezahlt und die Versicherung endet. Die Versicherungssumme wird also ein einziges Mal gezahlt, entweder bei schwerer Krankheit, bei Tod oder bei Ablauf der Police im Alter.

→ Es wird eine zusätzliche Geldsumme für den Dread-Disease-Fall versichert. Im Fall einer schweren Krankheit wird diese Summe ausgezahlt und die Hauptversicherung beitragsfrei gestellt. Damit bleibt sowohl die Versicherungssumme für den Fall des Todes als auch die Auszahlung im Erlebensfall unverändert weiter bestehen. Hier wird zweimal eine Versicherungsleistung erbracht, einmal bei Eintritt einer schweren Krankheit und ein zweites Mal beim Todesfall oder im Alter, wenn der Versicherte sich von seiner schweren Krankheit wieder erholt hat und das Ablaufdatum der Versicherung erlebt.

Die erste Variante ist die am häufigsten angebotene, weil hierfür der erhobene Beitrag deutlich geringer ist. Wenn mit der Police jedoch Angehörige abgesichert werden sollen oder Kapital für das Alter angespart werden soll, entfallen diese Absicherungs- beziehungsweise Vorsorgeideen bei Eintritt einer schweren Krankheit. Es sei denn, das ausgezahlte Geld wird angelegt und nicht für die Genesung eingesetzt.

Die Tarife der meisten Versicherungsgesellschaften bieten mittlerweile die Möglichkeit, zur Absicherung der Familie eine höhere Ver-

sicherungssumme für den Todesfall zu versichern – ohne die Erhöhung der Erlebensfallleistung. Dies kann für einen festgelegten Zeitraum oder über die gesamte Laufzeit vereinbart werden. Ebenfalls ist es möglich – statt einer Einmalauszahlung beim Tod –, an eine oder mehrere im Vertrag benannte Personen über einen bestimmten Zeitraum monatliche Renten auszahlen zu lassen.
Die Unfall-Zusatzversicherung ist die beliebteste Zusatzversicherung überhaupt. Durch diese erhalten die Bezugsberechtigten bei Tod durch Unfall eine zusätzliche Versicherungsleistung. So erhöht sich bei einer kapitalbildenden Lebensversicherung die vertraglich vereinbarte Versicherungssumme für den Todesfall auf das Doppelte oder sogar auf das Dreifache der Versicherungssumme für den Erlebensfall.
Ein weiterer zusätzlicher Baustein kann die Mitversicherung einer Rente bei Pflegebedürftigkeit sein. Hier wird ein monatlicher Rentenbetrag versichert, der eine lebenslange Rentenzahlung garantiert. Voraussetzung ist, dass während der Vertragslaufzeit Pflegebedürftigkeit eintritt. Die Rente wird entsprechend dem Grad der Pflegebedürftigkeit bis zum Tod gezahlt, das heißt, die volle Pflegerente wird bei der 3. Pflegestufe gezahlt, bei der 1. und 2. Pflegestufe werden anteilige Renten gezahlt. Die Rente wird unabhängig davon erbracht, ob die Pflege zu Hause oder im Heim erfolgt. Bei Eintritt der Pflegebedürftigkeit werden die Hauptversicherung und alle Zusatzversicherungen beitragsfrei gestellt. Bei Ablauf der Versicherung wird die Versicherungssumme ebenso ausgezahlt wie beim Eintritt des Todes.
Die Kapitallebensversicherung stellt für viele Selbstständige, insbesondere für geschäftsführende Gesellschafter einer GmbH, häufig die Grundabsicherung für die Familie dar. Durch eine Pensionszusage haben Selbstständige die

Informieren Sie sich über Ergänzungen zur Lebensversicherung.

Möglichkeit, die Beiträge für die Absicherung aus der Firma zu leisten und damit die Steuerlast auf das Alter zu verschieben, in der Hoffnung, dass für die Leistungen aus der Versicherung dann günstigere Steuersätze zu zahlen sind als während der aktiven Berufstätigkeit.
In diesen Verträgen werden Witwen- und Waisenrenten mitversichert. Für die private Absicherung ist diese Vertragsgestaltung eher unüblich und mit getrennten Versicherungen übersichtlicher zu gestalten.

Dynamisierung einer Lebensversicherung

Da kapitalbildende Lebensversicherungen zur Altersvorsorge mit sehr langen Laufzeiten abgeschlossen werden, wird zum Schutz vor Inflation häufig eine Dynamik empfohlen.
Die Dynamisierung führt jährlich zu einer Erhöhung des Beitrags und zur Erhöhung der

beitrags-dynamisierung

Einschluss einer dynamischen Erhöhung um 5 % jährlich; anfänglicher Monatsbeitrag: 100 Euro

Monatsbeitrag	Erhöhung des Vorjahres-beitrags	Erhöhung des Anfangs-beitrags
im 2. Jahr	105,00 EUR	105,00 EUR
im 5. Jahr	127,60 EUR	125,00 EUR
im 10. Jahr	162,90 EUR	150,00 EUR
im 20. Jahr	265,30 EUR	200,00 EUR
im 30. Jahr	432,20 EUR	250,00 EUR

Leistungen für den Todes- und den Erlebensfall. Bei Einschluss von Zusatzversicherungen werden diese – je nach Vereinbarung im Vertrag – jährlich erhöht. Diese Erhöhungen erfordern keine erneute Gesundheitsprüfung. Es gibt verschiedene Dynamikformen, die unterschiedliche Auswirkungen auf Versiche rungssummen und Beiträge haben:

→ Der Beitrag erhöht sich jedes Jahr um den gleichen Prozentsatz wie der Höchstbeitrag in der gesetzlichen Rentenversicherung der Angestellten. Hier wird ein Mindestsatz zwischen 4 und 5 Prozent jährlich vereinbart. Dadurch werden jedes Jahr die Leistungen im Todesfall und die garantierten Leistungen zum Ablauf erhöht. Da der Beitrag für die Todesfallabsicherung aufgrund des steigenden Eintrittsalters und der sich vergrößernden Sterblichkeitswahrscheinlichkeit Jahr für Jahr steigt, wird von dem Mehrbetrag Jahr für Jahr anteilig mehr Geld für den Todesfallschutz entnommen. Die Sparrate, also der Anteil, der im Erlebensfall zur Verfügung steht, erhöht sich auch jedes Jahr, allerdings von Jahr zu Jahr geringer, da immer weniger vom Mehrbeitrag für das Sparen übrig bleibt. Zusätzlich werden jedes Jahr die für die Dynamisierung entstandenen Verwaltungskosten entnommen.

→ Möglich ist auch eine Erhöhung des Anfangsbeitrags jedes Jahr um einen festgelegten Prozentsatz. Diese Dynamikform wirkt sich geringer auf den Beitrag aus. Die Dynamisierung der Versicherungssummen verläuft auch deutlich langsamer als im ersten Modell.

→ Die Anfangsversicherungssummen werden jedes Jahr um einen festgelegten Prozentsatz erhöht, der entweder frei vereinbart werden kann oder sich an den Erhöhungen der Beiträge zur gesetzlichen Rentenversicherung orientiert. Bei diesem Modell steigt der Beitrag stärker, da durch die sich vergrößernde Sterbewahrscheinlichkeit die Erhöhung der Versicherungssumme im Todesfall jedes Jahr teurer wird. Die Todesfallsumme und die Erlebensfallsumme werden jedes Jahr prozentual gleich erhöht.

→ Die Versicherungssumme wird jedes Jahr um einen festgelegten Prozentsatz gegenüber dem Vorjahr erhöht. Todesfallschutz und Erlebensfallsumme ebenfalls.

Einer jährlichen Dynamik kann zweimal hintereinander widersprochen werden. Bei der dritten Erhöhung muss teilgenommen werden, wenn die Dynamik nicht grundsätzlich beendet werden soll. Wird auch der dritten Dynamisierung widersprochen, erlischt das Erhöhungsrecht. Sollte der Wunsch bestehen, dies zu einem späteren Zeitpunkt wieder in den Vertrag einzuschließen, ist eine erneute Gesundheitsprüfung notwendig.

Lebensversicherungen und Steuern

Immer wenn Geld angelegt, gespart oder Vorsorge getroffen wird, kommen auch steuerliche Betrachtungen hinzu. Die Kapitallebensversicherung bietet hier zurzeit mehrere Vorteile:

➔ Die Beiträge zur Kapitallebensversicherung können bis zu bestimmten Höchstbeträgen als Vorsorgeaufwendungen steuerlich abgesetzt werden. Die Höhen richten sich nach dem Einkommensteuergesetz § 10c.

➔ Die in der Ablaufleistung einer Lebensversicherung enthaltenen Kapitalerträge sind steuerfrei, wenn der Vertrag mindestens 12 Jahre bestanden hat und über 5 Jahre Beiträge eingezahlt wurden. Weiterhin darf die Leistung im Todesfall nicht weniger als 60 Prozent der Erlebensfallsumme betragen.

➔ Die Direktversicherung (siehe auch »Betriebliche Altersvorsorge«, Seite 36ff.) ist eine steuerbegünstigte Sonderform, da die Beiträge dem Bruttolohn entnommen werden und nur pauschal und nicht mit dem individuellen Spitzensteuersatz besteuert werden.

Grundsätzliches

Die Entscheidung, ob eine Lebensversicherung die richtige Form der Absicherung ist, können nur Sie selbst entscheiden. Wenn Sie Ihren Absicherungsbedarf für den Todesfall kennen oder errechnet haben, wie viel Geld Sie im Alter aus einer Versicherung erhalten möchten, und überlegt haben, ob und welche Zusatzversicherungen eingeschlossen werden sollen, können Sie mit den verschiedenen Bausteinen einer Kapitallebensversicherung den passenden Versicherungsschutz zusammenstellen. Nie fehlen sollte die Beitragsbefreiung bei Berufsunfähigkeit, denn hiermit bricht bei Berufsunfähigkeit nicht auch noch die Vorsorge für das Alter zusammen.
Wenn Sie alles geprüft haben und feststellen, eine Kapitallebensversicherung lässt sich nicht so gestalten, wie Sie es sich vorstellen, prüfen Sie andere Versicherungsformen.

Private Rentenversicherung

Die private Rentenversicherung nimmt als Altersvorsorge einen immer höheren Stellenwert ein. Sie stellt eine Sonderform der kapitalbildenden Lebensversicherung dar. Bei Erleben des vorgesehenen Rentenbeginns wird keine Kapitalzahlung fällig, sondern regelmäßig wiederkehrende, lebenslang garantierte, zumeist monatliche Rentenzahlungen. Beim Tod der versicherten Person wird keine garantierte Leistung erbracht.
Der Abschluss einer Rentenversicherung bietet die Möglichkeit, sich lebenslang einen monatlichen Betrag in einer beim Versicherungsabschluss bekannten Höhe zu sichern. Damit übernimmt der Versicherer das Risiko, dass das Geld für ein langes Leben nicht reicht. Rentenversicherungen können als aufgeschobene oder sofort beginnende lebenslange Altersrenten abgeschlossen werden.

Aufgeschobene Leibrente

Die aufgeschobene Leibrente wird mit einer laufenden oder einmaligen Beitragszahlung auf ein festgelegtes Endalter abgeschlossen. Ab diesem beginnt dann die regelmäßige, lebenslang garantierte, zumeist monatliche Rentenzahlung durch den Versicherer.
Bei aufgeschobenen Rentenversicherungen wird das zur späteren Rentenzahlung erforderliche Kapital durch Beitragszahlung während einer mehrjährigen Aufschubzeit angesammelt. In den meisten Fällen stimmt die Beitragszahlungsdauer mit der Aufschubzeit überein. Wie bei der Lebensversicherung wird beim Vertragsabschluss festgelegt, wann die Leistung vom Versicherer erbracht werden soll. Die Zeit zwischen dem Vertragsabschluss und dem Beginn der Rentenzahlung wird

rentenversicherung

Begriffserklärung zur Rentenversicherung

Aufschubzeit	Der Zeitraum zwischen Versicherungsbeginn und Beginn der Rentenzahlungen
Garantierte Rente	Garantierte Leistung des Versicherers zum vereinbarten Rentenbeginn
Kapitalabfindung	Statt einer Rentenzahlung kann zum Ende der Aufschubzeit die Auszahlung des Kapitals gewählt werden.
Aufgeschobene Leibrente	In der Zukunft beginnende Rentenversicherung mit lebenslang garantierten Rentenzahlungen
Sofort beginnende Leibrente	Rentenversicherung, bei der gegen Zahlung eines Einmalbeitrags eine sofort beginnende lebenslange Rentenzahlung aufgenommen wird
Rentenbeginnalter	Gibt an, ab wann die Rentenzahlung beginnt
Rentengarantiezeit	Stirbt die versicherte Person nach Rentenbeginn, aber während der Rentengarantiezeit, so erhalten die Hinterbliebenen die Rente bis zum Ende der Garantiezeit. Alternativ besteht die Möglichkeit, sich die Rente als Einmalbetrag auszahlen zu lassen.
Rückgewähr	Bei Tod vor Beginn der Rentenzahlungen werden die für die Altersrente entrichteten Beiträge und die bis dahin angefallenen Überschüsse in voller Höhe ausgezahlt.

Aufschubzeit genannt. Nach dem Ablauf der Aufschubzeit erhält die versicherte Person wiederkehrende, regelmäßige, lebenslange Zahlungen, die Altersrente. Zum Ende der Aufschubzeit besteht ein Wahlrecht auf Auszahlung einer Kapitalleistung anstatt der lebenslangen Rentenzahlungen, sofern der geschlossene Vertrag nichts anderes vorsieht. Statt einer lebenslangen Beitragszahlung kann auch mit einer einmaligen Einzahlung eine aufgeschobene Rentenversicherung abgeschlossen werden. Aus steuerlichen Gründen wird dann ein Depot beim Versicherer eingerichtet und aus diesem Depot werden über 5 Jahre gleich hohe Beträge in den Rentenversicherungsvertrag eingezahlt. Die Laufzeit des Gesamtvertrags muss mindestens 12 Jahre betragen, damit die Auszahlungen steuerbegünstigt erfolgen können.
Rentenversicherungen gegen Einmalbeiträge bieten sich an, wenn Kapital zur Verfügung steht und noch keine ausreichende Alterssi-

Aufgeschobene Rentenversicherung

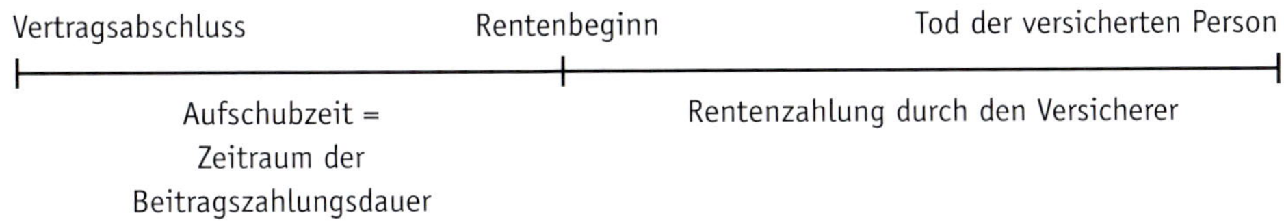

cherung besteht. Einmalbeiträge sind auch für Selbstständige, denen monatliche Zahlungen schwer fallen, interessant, um in guten Auftragszeiten mit größeren Beträgen die Altersvorsorge aufzubauen.

Kapitalwahlrecht

Am Ende der Aufschubzeit hat der Versicherungsnehmer ein Wahlrecht. Er entscheidet dann, ob er eine einmalige Kapitalabfindung einer lebenslangen Rente vorzieht. Die Höhe der Kapitalabfindung wird beim Vertragsabschluss als garantierte Leistung im Vertrag festgehalten. Bei Ausübung des Kapitalwahlrechts wird die garantierte Leistung zuzüglich der Überschussanteile ausgezahlt. Bei Ausübung des Kapitalwahlrechts wurde eine Rentenversicherung als Sparvertrag genutzt. Bei Rentenversicherungen ohne Todesfallleistung muss das Kapitalwahlrecht spätestens 5 Jahre vor Ende der Aufschubzeit ausgeübt werden, bei Rentenversicherungen mit Todesfallleistungen spätestens 3 Monate vor Ende der Aufschubzeit. Die Auszahlung des Kapitals erfolgt ab einer 12-jährigen Laufzeit und 5-jähriger Beitragszahlung steuerfrei.

Leistungen im Todesfall

Im Gegensatz zur Kapitallebensversicherung gibt es in der Rentenversicherung keine vereinbarte Todesfallsumme. Allerdings gibt es auch Auszahlungen beim Tod der versicherten Person. Der Todeszeitpunkt ist hier von besonderer Bedeutung:

- ➔ Stirbt die versicherte Person während der Aufschubzeit, werden eingezahlte Beiträge und die angesammelten Überschussanteile, abzüglich entstandener Kosten, an die Hinterbliebenen ausgezahlt. Damit ist die Höhe der Leistung je nach Laufzeit des Vertrags unterschiedlich.
- ➔ Stirbt die versicherte Person nach Eintritt der Rentenzahlung, bestehen verschiedene Möglichkeiten:
  - ➔ Vom Kapital, das zum Rentenbeginn zur Verfügung stand, werden die schon ausgezahlten Renten abgezogen und das Restkapital wird an die Hinterbliebenen ausgezahlt.
  - ➔ Die versicherte Person hat eine Rentengarantiezeit vereinbart. Stirbt die versicherte Person noch während der Rentengarantiezeit, werden die Renten bis zum Ende der Garantiezeit an die Hinterbliebenen ausgezahlt. Diese haben die Möglichkeit, sich die Rente als Einmalleistung auszahlen zu lassen.
- ➔ Stirbt die versicherte Person nach dem Ablauf der Rentengarantiezeit, werden keine Auszahlungen an die Hinterbliebenen mehr geleistet.

Allerdings gibt es auch Single-Tarife, die keine Leistungen im Todesfall vorsehen, weder während der Aufschubzeit noch während der Rentenbezugszeit.

Rentengarantiezeit

Durch Vereinbarung einer Rentengarantiezeit, die je nach Alter bei Rentenbeginn zwischen 5 und 20 Jahren betragen kann, wird gewährleistet, dass die Rente auch nach dem Tod bis zum Ende der Garantiezeit weitergezahlt wird. Wenn der Versicherte während der Garantiezeit stirbt, erhalten die Hinterbliebenen die Rente bis zum Ende der Garantiezeit ausgezahlt. Der Bezugsberechtigte kann statt der Weiterzahlung der Rente auch eine einmalige Auszahlung verlangen. Überlebt der Versicherte die vereinbarte Rentengarantiezeit, wird beim Tod keine Leistung mehr fällig.

Sofort beginnende Leibrente

Bei einer sofort beginnenden Leibrente erwirbt der Versicherungsnehmer durch Zahlung eines größeren Einmalbeitrags einen Anspruch auf sofort beginnende, regelmäßig wiederkehrende, lebenslang garantierte Rentenzahlungen. Hiermit besteht die Möglichkeit, auch noch im Alter, zum Beispiel bei Auszahlung einer Kapitallebensversicherung, einen größeren Betrag verrenten zu lassen. Damit wird das Risiko, das vorhandene Kapital schon zu Lebzeiten aufzubrauchen, vermieden.

Die private Rentenversicherung spielt bei der Altersvorsorge eine wichtige Rolle.

Zur Sicherung des eingezahlten Kapitals im Todesfall sollte entweder eine lange Rentengarantiezeit gewählt, die Rückzahlung nicht verbrauchter Beitragsanteile an die Hinterbliebenen vereinbart oder eine Witwen- oder Witwerrente in den Vertrag eingeschlossen werden.

Überschussbeteiligungen während der Aufschubzeit

Wie in der Lebensversicherung gilt auch in der Rentenversicherung, dass der Versicherer die Überschüsse zu 90 Prozent an die Versicherten auszahlen muss. Da das Geld immer für den Erlebensfall angesammelt wird, sind die Möglichkeiten nicht so vielfältig. Folgende Überschussbeteiligungen werden angeboten:

- → Laufende Überschussbeteiligung (Bonussystem)
- → Verzinsliche Ansammlung
- → Beitragsverrechnung

Beim Bonussystem werden die laufenden Überschüsse jährlich als Einmalbeitrag dem Versicherungsvertrag gutgeschrieben und zur Bildung einer zusätzlichen beitragsfreien Rente im Alter verwendet. Bei Tod, Kündigung vor Rentenbeginn oder bei Inanspruchnahme des Kapitalwahlrechts erhöht sich so der Auszahlungsbetrag und beim Erleben des Rentenbeginns erhöhen die Überschüsse die Rente. Bei der verzinslichen Ansammlung werden die jährlichen Überschussanteile auf einem Konto angesammelt und verzinst. Das Guthaben wird bei Tod oder Kündigung vor Rentenbeginn beziehungsweise bei Wahl der Kapitalzahlung ausgezahlt. Bei Rentenbeginn wird aus dem Guthaben eine zusätzliche

lebenslange Rente (Überschussrente) gebildet, für die die gleiche Mindestlaufzeit wie für die Hauptversicherung gilt.
Bei Verwendung der Überschüsse zur Beitragsverrechnung wird ein Überschussanteil dazu genutzt, die Beiträge zu senken. Ein darüber hinausgehender Überschussanteil wird angesammelt und bei Tod oder Kündigung vor Rentenbeginn ausgezahlt. Die Überschüsse sind dadurch geringer als bei den anderen Modellen.

Überschussbeteiligungen während der Rentenbezugszeit

Die Versicherer legen das zur Verfügung stehende Kapital bis zum vereinbarten Endalter entsprechend den Anlagegrundsätzen für Versicherungsgesellschaften an. Damit werden weitere Überschüsse erzielt:

- → Bonusrente
- → Jährlich steigende Rente
- → Bonusrente und jährlich steigender Rentenanteil

Bei der Bonusrente wird aus den jährlichen Überschüssen eine gleich bleibende zusätzliche, lebenslange Rente gebildet, für die die gleiche Laufzeit wie für die Hauptversicherung gilt. Bei einer Änderung der Überschusssätze wird auch die Bonusrente neu festgesetzt. Damit wird über die gesamte Rentenbezugszeit eine Rente in relativ gleich bleibender Höhe erreicht. Es findet kein Inflationsausgleich statt. Allerdings wird beim Rentenbeginn eine höhere Rente gezahlt als bei den anderen Überschussmodellen.
Bei der jährlich steigenden Rente werden die Überschüsse dazu verwandt, die Überschussrente, die zusätzlich zu der garantierten Rente gezahlt wird, jedes Jahr um einen festgelegten Prozentsatz zu erhöhen.
Bonusrente und jährlich steigender Rentenanteil: Bei diesem Modell wird als Basis die garantierte Rente gezahlt. Hinzu kommt die aus den während der Aufschubzeit angesammelten Überschüssen gebildete gleich bleibende Überschussrente, zu der auch noch eine Steigerungsrente kommt, die jedes Jahr um einen festgesetzten Prozentsatz die Vorjahresrente erhöht. Damit wird die Rentenzahlung dynamisch gestaltet und der jährliche Kaufkraftverlust teilweise ausgeglichen.

Zusatzbausteine

Die möglichen Ergänzungen einer Rentenversicherung sind nicht so vielfältig wie die der Lebensversicherung. Wesentliche Zusatzbausteine sind:

- → Beitragsbefreiung bei Berufsunfähigkeit
- → Berufsunfähigkeitsrenten-Zusatzversicherung
- → Todesfall-Zusatzversicherung
- → Hinterbliebenenrenten

Die Beitragsbefreiung bei Berufsunfähigkeit sollte immer eingeschlossen werden. Mit Abschluss dieser Zusatzversicherung entfällt beim Eintritt einer Berufsunfähigkeit die Beitragszahlung durch den Versicherungsnehmer. Die Beiträge bis zum vereinbarten Endalter werden vom Versicherer übernommen. Damit wird der gewünschte Versicherungsschutz oder die gewünschte Absicherung im Alter erreicht. Für diesen zusätzlichen Baustein ist eine geringe monatliche Prämie zu bezahlen.
In eine Rentenversicherung kann eine Berufsunfähigkeitsversicherung eingeschlossen werden, für die dann ein Extrabeitrag gezahlt wird. Die Höhe der zu versichernden Rente richtet sich nach der Höhe der Leibrentenversicherung. Die Möglichkeiten der Vertragsgestaltung sind recht unflexibel. Die Berufsunfähigkeitsversicherung kann nur dynamisiert werden, wenn auch die Rentenversicherung dynamisch gestaltet wird.

Die Rentenversicherung kann über die Hinterbliebenenrenten so gestaltet werden, dass nach dem Tod der versicherten Person Witwen-, Witwer- oder Waisenrenten gezahlt werden. Stirbt der Versicherungsnehmer während der Rentengarantiezeit, so tritt die Rentenzahlung an die Hinterbliebenen erst nach Ablauf der Rentengarantiezeit in Kraft. Die Hinterbliebenenrente an Ehepartner, Lebensgefährten oder Geschäftspartner ist auf 100 Prozent begrenzt. Waisenrenten können ebenfalls mitversichert werden, dürfen aber 20 Prozent der versicherten Altersrente nicht überschreiten.
Wird eine Hinterbliebenenrente versichert, erhöht sich die Kapitalauszahlung zum Ende der Aufschubzeit. Dieser Zusatzbaustein findet hauptsächlich in betrieblichen Versorgungen Anrwendung. Verstirbt die mitversicherte Person während der Aufschubzeit, erlischt der Versicherungsschutz und der dafür zu zahlende Beitrag entfällt. Verstirbt die mitversicherte Person während der Rentenbezugszeit, erlischt der Versicherungsschutz ohne Anspruch auf Leistung.

Dynamisierung

Eine Rentenversicherung kann dynamisch gestaltet werden. Entweder wird die Anfangsleistung oder der anfängliche Beitrag Jahr für Jahr um einen festgesetzten Prozentsatz erhöht oder die Dynamik bezieht sich auf die Leistung oder den Beitrag des Vorjahres und erhöht diesen. Bei der Dynamik einer Rentenversicherung spielt das Todesfallrisiko keine Rolle, da keine garantierte Leistung, sondern nur das vorhandene Kapital und die schon angesammelten Überschüsse ausgezahlt werden.

Flexible Altersgrenzen

Immer mehr Versicherer passen sich den verändernden Lebensplanungen ihrer Versicherten an. Da es schwer ist, beim Abschluss einer Rentenversicherung – wenn man selbst noch jung ist und das Alter noch in weiter Ferne liegt – den Rentenbeginn auf das 60., 63. oder 65. Lebensjahr festzulegen, bieten viele Versicherungsgesellschaften flexible Lösungen an. Es besteht die Möglichkeit, den Vertrag über die anfänglich geplante Vertragsdauer hinaus fortzuführen oder bis zu 5 Jahren früher zu beenden. Einige Versicherer bieten auch beide Möglichkeiten an.

Private Rentenversicherung und Steuern

Die Rentenversicherung ist unter steuerlichen Gesichtspunkten ausgesprochen günstig:
→ Die Beiträge zur Rentenversicherung können bis zu bestimmten Höchstbeträgen als Vorsorgeaufwendungen steuerlich abgesetzt werden. Die Höhen richten sich nach dem Einkommensteuergesetz § 10c.
→ Bei Ausübung des Kapitalwahlrechts sind die in der Ablaufleistung enthaltenen Kapitalerträge einer Rentenversicherung steuerfrei, wenn der Vertrag mindestens 12 Jahre bestanden hat und über 5 Jahre Beiträge eingezahlt wurden.
→ Bei Rentenversicherungen mit Einzahlungen in ein Beitragsdepot, aus dem dann 5 Jahre lang die Beiträge zur Versicherung entnommen werden, ist steuerlich folgendes zu beachten: Die Zinserträge im Beitragsdepot sind als Einkünfte aus Kapitalvermögen steuerpflichtig. Sofern der Sparerfreibetrag von 1 550 Euro bei Alleinstehenden und 3 100 Euro bei Verheirateten nicht überschritten wird, sind sie steuerfrei. Hat der Vertrag 12 Jahre bestanden, sind die in der Ablaufleistung enthaltenen Kapitalerträge, auch bei Ausübung des Kapitalwahlrechts, steuerfrei.
→ Rentenzahlungen sind mit ihrem Ertragsanteil steuerpflichtig. Dieser richtet sich nach dem Alter bei Rentenbeginn. Bei Beginn der Rente nach dem vollendeten 65. Lebensjahr

des Rentenberechtigten sind 27 Prozent der Rente, der Ertragsanteil, steuerpflichtig.

Grundsätzliches

Private Rentenversicherungen bieten eine sinnvolle Ergänzung zur gesetzlichen Altersversorgung, da sie lebenslange Rentenzahlungen garantieren. Damit ist man im Alter relativ unabhängig von den Kapitalmärkten, da sich nur die Überschussrenten verändern können, die garantierten Renten aber unverändert bleiben. Das bedeutet, dass man sich um sein monatliches Einkommen im Alter wenig Gedanken machen muss. Bei einer sehr hohen Lebenserwartung sollte der Rentenvertrag mit einer gleich bleibenden Rente aus den Überschüssen und einer jährlich ansteigenden Rente abgeschlossen werden, um sowohl höchstmögliche Auszahlung, als auch Inflationsschutz zu erhalten.
Auch unter steuerlichen Abwägungen ist die private Rentenversicherung vorteilhaft. Da nur die Ertragsanteile steuerlich relevant sind, können hohe monatliche Renteneinkünfte bezogen werden, ohne diese versteuern zu müssen.
Natürlich sollte auch die Rentenversicherung bei laufenden Beitragszahlungen immer mit dem Zusatz »Beitragsbefreiung bei Berufsunfähigkeit« abgeschlossen werden. Denn nur damit kann abgesichert werden, dass bei Eintritt einer Berufsunfähigkeit, nach einem Unfall oder einer schweren Erkrankung, ausreichend Geld im Alter vorhanden ist und nicht aus der Rente weiter für das Alter angespart werden muss.

Fondsgebundene Lebens- und Rentenversicherungen

Seit einigen Jahren prägen nicht mehr nur die herkömmliche Lebensversicherung und die bekannte Rentenversicherung das Bild der privaten Altersvorsorge. Mit der Tendenz zur Aktienanlage, weg von den herkömmlichen Sparformen hin zu Investmentfonds, haben auch die Versicherer versucht, mit renditestarken Produkten neue Kunden zu gewinnen. Seit 1970 gibt es in Deutschland fondsgebundene Lebensversicherungen. Dadurch ist es möglich, die Vorteile einer Lebensversicherung oder auch Rentenversicherung mit einer Investmentanlage zu verbinden.
In den herkömmlichen Lebens- und Rentenversicherungen wurden die Gelder vom Versicherer in festverzinsliche Wertpapiere, Immobilien und in Aktien (höchstens 30 Prozent) angelegt. Die Besonderheit der fondsgebundenen Versicherung liegt in der Kapitalbildung durch Anlage der Sparanteile in Aktien-, Renten- oder Immobilienfonds, also der Teile des Beitrags, die nicht zur Deckung der Kosten sowie des Todesfallrisikos benötigt werden. Diese können vom Versicherungsnehmer selbst ausgewählt werden oder er erhält bei Auswahl einer Anlagestrategie die Information, in welche Investmentfonds sein Geld investiert wird.
Mit dem Abschluss einer fondsgebundenen Versicherung geht das Kapitalanlagerisiko vom Versicherer auf den Versicherungsnehmer über. Es gibt keine garantierten Erlebensfallleistungen mehr. Damit ist die Höhe der Erlebensfallleistung im Wesentlichen von der Entwicklung des Anlagemarktes abhängig. Wie bei jeder Aktienanlage steht der Chance auf hohe Renditen das Rrisiko fallender Kurse gegenüber. Zum Ablauf werden die vorhandenen Anteile an den Investmentfonds verkauft und der Versicherungsnehmer erhält den Verkaufserlös als Kapitalleistung. Viele Versicherer bieten dem Kunden auch an, die Fondsanteile zu übernehmen, was besonders in schlechten Börsenzeiten den Vorteil hat, die Anteile zu einem späteren Zeitpunkt, wenn sich die Börsen erholt haben, zu verkaufen.

Bei gemanagten Fonds übernimmt ein Fondsmanager die Auswahl für Sie.

Aktien sind festverzinslichen Wertpapieren bei der langfristigen Rendite deutlich überlegen. Bei einem langfristigen Anlagehorizont stehen die normalen kurzfristigen Kursschwankungen von Einzelwerten oder Aktienmärkten der Rendite nicht im Wege. Der regelmäßige Einkauf von Fondsanteilen über monatliche Beiträge erhöht zusätzlich die Wirtschaftlichkeit einer Anlage in Wertpapieren. Bei hohen Kursen werden für das gleiche Geld weniger Anteile, bei niedrigen Kursen mehr Anteile erworben. Hierdurch verringert sich der Durchschnittspreis gegenüber dem Kauf einer gleich bleibenden Anzahl von Anteilen. Dies führt insgesamt zu einer besseren Wertentwicklung des eingesetzten Kapitals.
Beim Abschluss einer fondsgebundenen Versicherung kann sich der Versicherungsnehmer entscheiden, in wieweit er sich um die Fondsauswahl kümmern möchte. Folgende Möglichkeiten bestehen:

- → Gemanagte Fonds
- → Flexible Fondsauswahl
- → Fondspolice als Anlageinstrument

Bei gemanagten Fonds wird die Fondszusammenstellung nach Auswahl einer Risikokategorie vom Fondsmanagement übernommen. Der Versicherte hat die Möglichkeit, die Risikokategorie zu wechseln und damit das Risiko zu erhöhen oder vor Beginn des Rentenalters zu verringern.
Bei der flexiblen Fondsauswahl hat der Versicherte die Möglichkeit, sich selbst Fonds zusammenzustellen und den Beitrag entsprechend den Mindestvorgaben des Versicherers aufzuteilen. Er kann auch die Fonds wechseln oder sich immer noch für einen gemanagten Fonds entscheiden.
Die Fondspolice als Anlageinstrument ist für die Kunden bestimmt, die sich aus steuerlichen Gründen für eine fondsgebundene Lebensversicherung und nicht für die Direktanlage in Fonds entschieden haben. Sie erhalten hier die Möglichkeit, die Kapitalanlage selbst in die Hand zu nehmen und zwischen vielen Fonds zu wechseln.
Für die Versicherungsnehmer, die das Management der Gesellschaft überlassen möchten, bieten die Fondsgesellschaften unterschiedlich zusammengestellte Portfolios an:

- → Defensive Anlagestrategie
- → Ausgewogene Anlagestrategie
- → Auf Wachstum ausgerichtete Anlagestrategie
- → Auf intensives Wachstum ausgerichtete Anlagestrategie

Die defensive Anlagestrategie soll ein geringes Kursrisiko und kontinuierliche Wertentwicklung gewährleisten. Der Aktienanteil ist gering und beträgt um 30 Prozent, der größte Teil wird in Rentenfonds, also festverzinslichen Wertpapieren, investiert. Häufig sind auch ein offener Immobilienfonds und ein Geldmarkt-

fonds, der kurzlaufende festverzinsliche Wertpapiere enthält, im Depot enthalten.
Bei einer ausgewogenen Anlagestrategie ist das Verhältnis von Chancen, Risiken und Sicherheit ausgeglichen, so dass vorübergehende Kursschwankungen begrenzt sind. Portfolios mit dieser Strategie enthalten Aktien- und Rentenpapiere, wobei Rentenfonds mindestens 40 Prozent ausmachen sollten. Auch hier können offene Investmentfonds oder Geldmarktfonds zum Portfolio gehören, wobei diese beiden Fondskategorien dem Anteil »Sicherheit« zuzuordnen sind.
Eine auf Wachstum ausgerichtete Anlagestrategie wird durch eine Auswahl von Aktienfonds aufgebaut. Dieser Fonds investiert zu 100 Prozent in Aktien und wird nur in unsicheren Märkten kurzfristig in Rentenfonds investieren. Daraus ergeben sich große Chancen und ebenso große Risiken aufgrund von Kursschwankungen.
Die Strategie »Intensives Wachstum« ist eine Strategie der 100-prozentigen Aktienanlage, wobei versucht wird, durch Mitnahme vorhandener Chancen eine möglichst hohe Rendite zu erwirtschaften. Die hohen Risiken aufgund von Kursschwankungen werden bewusst in Kauf genommen.
Die Depots werden von Fachleuten gemanagt und entsprechend den Vorgaben werden Fonds gekauft und verkauft, um mit der gegebenen Anlagestrategie höchstmögliche Gewinne zu erzielen.
Einige fondsgebundene Versicherungen bieten die Möglichkeit, in Anlagedepots mit genau bezeichneten Fonds einer Anlagephilosophie zu folgen. Dies können beispielsweise folgende Anlagen sein:

- Deutsche Aktienfonds
- Europäische Aktienfonds
- Aktien- und Rentenfonds
- Internationale Rentenfonds
- Ökologische Fonds

Je nach Anbieter sind die Fonds, in die investiert wird, festgelegt oder es wird beschrieben, nach welchen Kriterien die Fondsauswahl erfolgt. Häufig werden auch Dachfonds gebildet, die Fondsanteile anderer Gesellschaften kaufen, oder es werden besondere Strategien, wie Market Timing Strategie, als Anlagemöglichkeiten angeboten.

Fondsgebundene Lebensversicherung

Fondsgebundene Lebensversicherungen unterscheiden sich insofern von den herkömmlichen Lebensversicherungen, als das Kapitalanlagerisiko vom Versicherer auf den Versicherungsnehmer übergeht. Die Besonderheiten im Vergleich zu konventionellen Versicherungen im Überblick:

- Todesfallschutz
- Verfügbarkeit des Kapitals
- Leistungsgarantien
- Renditeerwartung
- Ablaufleistung

Der Versicherungscharakter der fondsgebundenen Lebensversicherung besteht im Todesfallschutz. Allerdings wird die fondsgebundene Lebensversicherung weniger als Versicherung auf den Todes- und Erlebensfall genutzt als zur steuerlich begünstigten Kapitalanlage. Die Todesfallsumme muss immer so hoch sein wie 60 Prozent der über die Gesamtlaufzeit eingezahlten Beiträge, damit der Vertrag steuerlich anerkannt wird. Im Falle des Todes wird entweder die vereinbarte Versicherungssumme ausgezahlt oder, wenn das Fondsguthaben diesen Betrag übersteigt, das Fondsguthaben ausgezahlt.
Möchte ein Versicherungsnehmer vorzeitig über das Kapital verfügen, wird bei einer kapitalgebundenen Versicherung nicht der Rückkaufswert ausgezahlt, sondern der Wert der Fondsanteile zum Tageskurs ermittelt –

tipp

Wenn Sie verschiedene fondsgebundene Lebens- oder Rentenversicherungen miteinander vergleichen wollen, lassen Sie sich mehrere Modellrechnungen erstellen. Zum Vergleich müssen

- ✔ das Eintrittsalter,
- ✔ die Laufzeit,
- ✔ die Versicherungssumme bei Tod,
- ✔ die Zusatzversicherungen und
- ✔ der Beitrag

identisch sein.
Die geringsten Kosten hat der Versicherer, der bei 0 Prozent jährlicher Wertsteigerung das höchste Vertragsguthaben ausweist.

dieser Betrag wird dann ausgezahlt. Damit kann jeder Versicherte, der die Anzahl seiner Fondsanteile kennt, mithilfe der Tagespresse ermitteln, welchen Wert sein Vertrag zum jeweiligen Tag hat.

Fondsgebundene Lebensversicherungen kennen keine Erlebensfallgarantien, sondern nur eine Zusage bezüglich des Todesfalls. Im Erlebensfall werden die Tageskurse der Fondsanteile ermittelt und diese Summe wird an den Versicherten ausgezahlt. Die Auszahlungssumme kann bei schlecht verlaufenden Aktien- und Rentenmärkten deutlich unter den eingezahlten Beiträgen liegen, kann sogar kurz nach einem Börsencrash nur noch einen Bruchteil der eingezahlten Beiträge ausmachen. Theoretisch kann der Auszahlungsbetrag auch gegen null gehen.

In der Regel werden fondsgebundene Lebensversicherungen für einen langen Anlagezeitraum, mindestens jedoch 12 Jahre, abgeschlossen. Bei langen Laufzeiten ist mit hoher Wahrscheinlichkeit damit zu rechnen, dass trotz der Kursschwankungen der Fonds eine deutlich höhere Rendite erzielt wird als bei konventionellen Lebensversicherungen. Im Einzelfall kann und wird dies anders sein. Ausgeprägte Marktschwankungen und große Markteinbrüche belasten – wenn sie am Beginn eines Vertrags gegen laufende Beitragszahlungen stattfinden – einen langfristigen Vertrag kaum, während ein Crash zum Ende der Vertragslaufzeit, auch wenn diese hervorragend war, einen deutlichen Verlust bedeutet. Daher sollten Verträge zur Alterssicherung immer lange vor Ablauf in sicherere Fondsanlagen getauscht werden.

Die Ablaufleistung einer fondsgebundenen Lebensversicherung wird durch Verkauf der Fondsanteile zum Tageskurs festgestellt und der erzielte Verkaufserlös wird an den Versicherten überwiesen. Alternativ dazu hat der Versicherte die Möglichkeit, sich die Fondsanteile in ein Depot stellen zu lassen, um so auf eine Kurserholung zu warten und erst dann die Anteile zu verkaufen oder am positiven Verlauf der Anteile weiter zu partizipieren.

Fondsgebundene Rentenversicherung

So wie in der fondsgebundenen Lebensversicherung wird der Sparanteil der eingezahlten Beiträge zum Kauf von Fondsanteilen verwendet. Hier bestehen die gleichen Auswahlmöglichkeiten hinsichtlich einzelner Fonds, gemanagter Portfolios oder feststehender Anlagestrategien.

Die fondsgebundene Rentenversicherung unterscheidet sich in der Aufschubzeit, der Zeit zwischen Vertragsabschluss und vereinbartem Rentenbeginn, nur dadurch von der fondsgebundenen Lebensversicherung, dass keine der Höhe nach garantierte Todesfall-

summe vereinbart wird, sondern im Todesfall der aus dem Verkauf der Fondsanteile erzielte Erlös an die Hinterbliebenen gezahlt wird. Das Kapitalanlagerisiko liegt beim Versicherten. Dieser entscheidet, wie sein Geld angelegt wird, welche Fonds gekauft werden, ob diese Fonds wieder verkauft werden und andere Fondsanteile erworben werden sollen oder ob die Police vom Management des Versicherers geführt werden soll.
Zum Rentenbeginn wird das Fondsvermögen aufgelöst und das dann vorhandene Geld in den Deckungsstock des Versicherers überführt – so wird aus dem zur Verfügung stehenden Kapital eine sofort beginnende Rentenversicherung. Ab diesem Zeitpunkt liegt das Kapitalanlagerisiko nicht mehr bei Ihnen, sondern bei der Versicherungsgesellschaft. Viele Versicherer garantieren schon beim Vertragsabschluss der Fondspolice für 10 000 Euro eine monatliche Rente mit festgelegtem Rentenfaktor, zu der dann die während der Rentenlaufzeit erzielten Überschüsse des Versicherers in Form einer Überschussrente hinzukommen.
Die fondsgebundene Rentenversicherung kennt keine zum Vertragsabschluss garantierte Rentenhöhe, sondern die Rentenhöhe wird erst bei Ablauf der Aufschubzeit, also am Ende des Sparvertrags, aufgrund der dann zur Verfügung stehenden Kapitalsumme errechnet.
Wie bei Rentenversicherungen üblich: mit einer in der Höhe garantierten Rente und einer Überschussrente, die der Höhe nach nicht garantiert werden kann. Auch bei fondsgebundenen Rentenversicherungen ist ein flexibler Rentenbeginn möglich.

Zusatzbausteine

Auch in fondsgebundene Versicherungen können zusätzliche Absicherungen aufgenommen werden:

- → Beitragsbefreiung bei Berufsunfähigkeit
- → Rentenzahlung bei Berufsunfähigkeit
- → Dread-Disease-Zusatzversicherung
- → Todesfall-Zusatzversicherung
- → Unfall-Zusatzversicherung

Sinnvoll ist auch hier die Mitversicherung einer Beitragsbefreiung bei Berufsunfähigkeit. Alle weiteren Zusätze hängen vom persönlichen Bedarf ab.

Dynamisierung

Wie bei der herkömmlichen Lebens- und Rentenversicherung gibt es verschiedene Formen der Dynamik, die unterschiedliche Auswirkungen auf Leistung und Beitrag haben. Bei der Dynamisierung der fondsgebundenen Lebensversicherung muss auch der Todesfallschutz dynamisiert werden; hier erhöhen sich die dafür benötigten Beiträge mit steigendem Lebensalter.

Kosten

Die Kosten einer fondsgebundenen Versicherung sind ebenso wenig genau zu bemessen wie bei herkömmlichen Versicherungen.
Die Transparenz gilt für die Kapitalanlagen. Allerdings ist hier ein Vergleich der einzelnen Anbieter einfacher, da alle Anbieter »unverbindliche Modellrechnungen zur Entwicklung des Vertragsguthabens« erstellen. All diese Modellrechnungen müssen ein Vertragsguthaben bei einer jährlichen Wertentwicklung von 0 Prozent ausweisen.

Fondsgebundene Versicherungen und Steuern

Fondsgebundene Versicherungen gelten gemäß § 10 EStG nicht als steuerbegünstigt. Somit sind die Beiträge nicht als Vorsorgeaufwendungen absetzbar. Bei einer 12-jährigen Laufzeit mit 5-jähriger Beitragszahlungsdauer sind jedoch die Auszahlungen steuerfrei.

Leibrenten aus einer fondsgebundenen Rentenversicherung mit aufgeschobener Rentenzahlung unterliegen als sonstige Einkünfte nur mit dem Ertragsanteil (§ 22 EStG) der Einkommensteuer. Beiträge, die im Todesfall vor Beginn der Rentenzahlung zurückgezahlt werden, sind stets einkommensteuerfrei.

Grundsätzliches

Beim Abschluss einer fondsgebundenen Versicherung muss Klarheit darüber bestehen, dass keine Garantieleistungen im Erlebensfall vom Versicherer zugesagt werden, sondern die Leistung nur von der Fondsauswahl und der Fondsentwicklung während der Laufzeit abhängt. Fondsgebundene Versicherungen als Grundlage einer Altersvorsorge eignen sich daher vor allem für risikofreudige Anleger, für Menschen die bereits Vermögen haben oder erben werden – oder wenn in jungen Jahren eine Direktversicherung abgeschlossen wird.
Wenn die fondsgebundene Versicherung einen Teil der Alterssicherung bildet – und nicht nur zur steuerlich interessanten Kapitalanlage genutzt wird –, sollte, sofern der Versicherer dies anbietet, eine Kapitalablaufmanagement-Option gewählt werden. Dann wird das Portfolio ab einem vereinbarten Alter in sicherere Anlagen umgeschichtet, damit nicht kurz vor Ablauf fallende Börsenkurse das erwirtschaftete Kapital gefährden.

Risikolebens- und Risikorentenversicherungen

Eine Risikolebensversicherung ist eine Versicherung auf den Todesfall, der Erlebensfall findet keine Beachtung. Die vereinbarte Versicherungssumme wird bei Tod fällig. Die Leistung kann als einmalige Summe oder als eine zeitlich begrenzte Rente ausgezahlt werden. Tritt der Tod nicht während der Versicherungsdauer ein, endet der Vertrag. Der Beitrag enthält einen

- → Risikoanteil und einen
- → Kostenanteil.

Es wird kein Geld angespart, daher ist eine Risikolebensversicherung bei gleicher Versicherungssumme deutlich preiswerter als eine Kapitallebensversicherung.

Überschussanteile

Die Versicherer erheben für die Risikolebensversicherung eine Prämie, die durch die aktuellen Sterbetafeln mithilfe einer versicherungsmathematischen Berechnung bestimmt wird. Für statistisch mögliche Abweichungen werden die Beiträge großzügig kalkuliert. Die nicht zur Risikodeckung verwendeten Beitragsanteile werden entsprechend den Kapitalanlagegrundsätzen für Versicherungsunternehmen angelegt. Diese Überschüsse werden direkt an die Versicherten weitergegeben. Hier sind folgende Überschussbeteiligungen möglich:

- → Beitragsreduzierung
- → Leistungserhöhung

sterbetafeln

Eine Sterbetafel enthält die durchschnittliche Sterbenswahrscheinlichkeit, aus der sich weitere statistische Größen wie die Lebenserwartung ableiten lassen. Da die Lebenserwartungen von Männern und Frauen unterschiedlich sind, gibt es verschiedene Sterbetafeln.

Der Versicherer erhebt für die Übernahme des Versicherungsrisikos einen Bruttobeitrag. Dieser Beitrag ist für das Risiko zu zahlen. Aufgrund der Überschussanteile reduziert er sich auf den Netto- oder Effektivbeitrag, den der Versicherungsnehmer dann tatsächlich zu zahlen hat. Verändern sich die erzielten Überschüsse, kann der Versicherer den Beitrag höchstens bis zum Bruttobeitrag vom Versicherten erheben.
Bei der Leistungserhöhung werden die erzielten Überschüsse dazu verwendet, die Leistung im Todesfall entsprechend den erwirtschafteten Überschüssen zu erhöhen. Die Versicherer informieren die Versicherten jedes Jahr über die dem Vertrag zugeflossenen Überschüsse und die sich daraus ergebende aktuelle Versicherungssumme.

Zusatzbausteine in der Risikoversicherung

Eine Risikoversicherung auf den Todesfall kann durch Zusatzbausteine den individuellen Bedürfnissen angepasst werden. Dabei handelt es sich um:

→ Beitragsbefreiung bei Berufsunfähigkeit
→ Rentenzahlung bei Berufsunfähigkeit
→ Dread-Disease-Zusatzversicherung

Die Beitragsbefreiung bei Berufsunfähigkeit sichert die Beitragszahlung durch den Versicherer, wenn die versicherte Person durch Krankheit, Unfall oder Kräfteverschleiß den Beruf nicht mehr ausüben kann. Dieser Zusatzbaustein ermöglicht es, die gewünschte Absicherung auch im Falle einer Berufsunfähigkeit aufrechtzuerhalten.
Eine besondere Stellung nimmt der Einschluss einer Berufs- oder Erwerbsunfähigkeitsversicherung in die Risikolebensversicherung ein. Nicht alle Versicherungsgesellschaften bieten für die Absicherung der Berufsunfähigkeit selbstständige Verträge an, sondern binden diese an Kapitallebens- oder Risikolebensversicherungen. Da die Kapitallebensversicherung mit einer zusätzlichen Berufsunfähigkeitsrente häufig zu Beiträgen führt, die zu hoch sind oder das gewünschte Versorgungsziel nicht ermöglichen, bietet sich die Risikolebensversicherung zur Absicherung der Familie oder der Kinder mit dem Einschluss einer Berufsunfähigkeitsversicherung zur eigenen Absicherung an. Hier ist eine regelmäßige Dynamisierung aufgrund des preiswerteren Todesfallschutzes eher möglich. Ansonsten bietet die Berufsunfähigkeits-Zusatzversicherung dieselben Möglichkeiten wie die selbstständige Absicherung des Berufsunfähigkeitsrisikos.
Auch die Anbieter von Risikolebensversicherungen haben den Trend zu Dread-Disease-Absicherungen erkannt und bieten die Möglichkeit, im Falle einer schweren Erkrankung eine Kapitalzahlung zu versichern.
Die Leistung für den Krankheitsfall wird fällig, wenn innerhalb der Versicherungsdauer eine der versicherten Krankheiten eintritt oder eine der versicherten Operationen durchgeführt wird und der Versicherte einen im Vertrag festgelegten Zeitraum überlebt, beispielsweise 30 Tage. Andernfalls wird sofort die Todesfallleistung ausgezahlt. Mit Auszahlung der Leistung für den Krankheitsfall endet die Dread-Disease-Zusatzversicherung. Der Beitrag reduziert sich um den Anteil für die Zusatzversicherung. Der Versicherungsschutz für den Todesfall bleibt weiterhin bestehen und wird nicht geschmälert.

Dynamisierung des Vertrags

Bei der Dynamisierung einer Risikolebensversicherung kann entweder die Versicherungssumme oder der Beitrag dynamisch erhöht werden. Als Grundlage der Dynamisierung gelten die anfängliche Versicherungssumme, der anfängliche Beitrag oder die

Summen des Vorjahres. Ebenfalls können die Zusatzversicherungen entsprechend dynamisiert werden.

Variationen der Risikoversicherung

Um die Risikoabsicherung verschiedenen Bedürfnissen anzupassen, haben sich folgende Absicherungsformen durchgesetzt:

→ Über die gesamte Laufzeit konstante Versicherungssumme
→ Während der Laufzeit linear fallende Versicherungssumme
→ Während der Laufzeit annuitätisch fallende Versicherungssumme
→ Anfänglich konstante, später fallende Versicherungssumme
→ Monatliche Rentenleistungen

Am häufigsten ist die über die gesamte Laufzeit konstante Versicherungssumme. Hier wird entsprechend der persönlichen Vorsorgeplanung eine bestimmte Versicherungssumme ermittelt und über den notwendigen Zeitraum versichert.
Die linear fallende Versicherungssumme kann eingesetzt werden, wenn ein entsprechendes Vermögen aufgebaut wird oder regelmäßig wiederkehrende Verpflichtungen im Laufe der Zeit entfallen, so dass die Absicherung immer dem ursprünglich gesetzten Vorsorgeziel entspricht.
Eine Risikolebensversicherung eignet sich hervorragend zur Absicherung einer Hypothek. Im Todesfall erhält die Bank dann die Summe vom Versicherer und die Immobilie bleibt für die Angehörigen erhalten und ist dann bestenfalls komplett bezahlt. Mithilfe der annuitätisch fallenden Versicherungssumme kann man den Versicherungsschutz den Darlehensbedingungen anpassen.
Die anfänglich konstante, später fallende Versicherungssumme wird eingesetzt, wenn der Versicherungsschutz bei Versicherungsbeginn besonders hoch sein soll und genau feststeht, ab wann eine geringere Versicherungssumme ausreichend ist.
Die Risikorentenversicherung bietet sich an, um im Todesfall für eine oder mehrere Personen über einen festgelegten Zeitraum monatliche Geldbeträge zur Verfügung zu stellen. Die Begünstigten haben die Möglichkeit, anstelle der Rentenzahlung eine Kapitalabfindung zu wählen. Bei Tod des Rentenempfängers wird eine Summe ausgezahlt.

Risikoversicherung auf verbundene Leben

Die Risikoversicherung wird hierbei auf zwei oder mehrere Personen abgeschlossen und bei Tod der ersten Person wird die Versicherungssumme ausgezahlt und der Vertrag erlischt. Angeboten wird dieser Versicherungsschutz häufig zur gegenseitigen Absicherung von Ehe- oder Lebenspartnern, aber auch bei Geschäftspartnern. Geschäftspartnerschaften dient diese Summe häufig zur Kreditrückzahlung oder zur Absicherung der entstehenden Kosten einer Umstrukturierung bei Tod des Partners.

Grundsätzliches

Eine Risikolebens- oder Risikorentenversicherung ist bestens dazu geeignet, um im Todesfall den Personen, die von einem finanziell abhängig sind, ein finanzielles Fundament zur Verfügung zu stellen. Bei jeder Absicherungsstrategie sollten Sie bedenken, dass die zur Verfügung stehende Summe nur eine Lücke schließen kann. Wenn die Todesfallsumme benötigt wird, um Angehörigen das notwendige Kapital zur Existenzsicherung bereitzustellen – besonders wenn keine gesetzlichen Rentenansprüche oder Ansprüche aus einer betrieblichen Altersvorsorge bestehen –, kann diese Summe nicht gleichzeitig auch einen Ratenkredit tilgen oder das

Hypothekendarlehen des Hauses ablösen. Das heißt, bei großen finanziellen Verpflichtungen müssen auch hohe Versicherungssummen zur Auszahlung kommen.

VERMÖGENSWIRKSAME LEISTUNGEN

Das Vermögensbildungsgesetz bietet rund zwei Dritteln aller Arbeitnehmer die Gelegenheit, sich staatliche Förderungen und, wenn sie Glück haben, auch vermögenswirksame Leistungen von ihren Arbeitgebern zu sichern. Die Arbeitgeber zahlen entweder zusätzlich zum Gehalt oder als Teil des Arbeitslohns einen bestimmten monatlichen Betrag. Dieses Geld wird direkt vom Arbeitgeber in eine nach dem Vermögensbildungsgesetz begünstigte Anlageform überwiesen. Vermögenswirksame Leistungen sind Geldleistungen, die der Arbeitgeber für den Arbeitnehmer anlegt. Durch die Tarifverträge, ist geregelt, ob und wie hoch die vermögenswirksamen Leistungen sind, die der Arbeitgeber zahlt.

Zahlt der Arbeitgeber keine vermögenswirksamen Leistungen, so kann der Arbeitnehmer dennoch einen Teil seines Bruttoverdienstes durch den Arbeitgeber vermögenswirksam anlegen lassen. Wichtig ist, dass die Zahlungen über den Arbeitgeber laufen und auf eine der im Vermögensbeteiligungsgesetz genannten Sparformen eingezahlt werden:

- Investmentfonds mit einem Mindestaktienanteil von 60 Prozent
- Mitarbeiterbeteiligungen am Produktivkapital des Arbeitgebers
- Bausparverträge
- Sparverträge
- Kapitallebensversicherungen

einkommens-grenzen

Einkommensgrenzen für die staatliche Sparzulage

Familienstand		Bruttojahres-verdienst
Alleinstehend	ohne Kind	20 961 EUR
	1 Kind	26 372 EUR
	2 Kinder	28 913 EUR
Verheiratet – 1 Arbeitnehmer	ohne Kind	40 927 EUR
	1 Kind	46 007 EUR
	2 Kinder	51 087 EUR
Verheiratet – 2 Arbeitnehmer	ohne Kind	41 949 EUR
	1 Kind	47 030 EUR
	2 Kinder	52 030 EUR

Arbeitnehmersparzulage

Zusätzlich zu den vermögenswirksamen Leistungen des Arbeitgebers stehen dem Arbeitnehmer Sparzulagen als Geldleistungen des Staates zu, sofern das jährlich zu versteuernde Einkommen 17 900 Euro bei Ledigen und 35 800 Euro bei Verheirateten nicht übersteigt. Ehepaare können – wenn beide Arbeitnehmer sind – die staatlichen Zulagen sogar zweimal nutzen. Unter Berücksichtigung steuerlicher Freibeträge entsprechen diese Grenzen einem Jahresbruttoeinkommen von rund 21 000 Euro für Alleinstehende ohne Kinder, 41 000 Euro für verheiratete Alleinverdiener ohne Kinder und rund 52 500 Euro für verheiratete Alleinverdiener mit zwei Kindern. Wie hoch der jährliche Bruttoverdienst höchstens sein darf, um in

den Genuss der staatlichen Förderung zu kommen, hängt außer vom Familienstand und der Zahl der Kinder von den individuellen Werbungskosten und weiteren Sonderausgaben ab, die das Bruttoeinkommen deutlich erhöhen können.
Die Sparzulage ist in der jährlichen Einkommensteuererklärung geltend zu machen.

Staatliche Förderung

Seit dem 1.1.1999 werden folgende Sparformen gefördert:
→ Ansparen in einen Investmentfonds mit einem Aktienanteil von mindestens 60 Prozent oder Beteiligungssparen mit Aktien des Arbeitgebers. Bis zu einem Sparbetrag von 408 Euro wird eine staatliche Sparzulage von 20 Prozent in den alten Bundesländern und 25 Prozent in den neuen Bundesländern gezahlt, 82 beziehungsweise 102 Euro.
→ Beim Bausparen wird bis zu einem Höchstbetrag von 480 Euro im Jahr eine staatliche Sparzulage von 10 Prozent, maximal 48 Euro im Jahr, gezahlt.

Um die vom Staat jährlich gezahlte Arbeitnehmersparzulage behalten zu können, darf erst nach einer 7-jährigen Sperrfrist über die vermögenswirksamen Leistungen verfügt werden. Die Sperrfrist gilt für alle angelegten vermögenswirksamen Leistungen, sie beginnt jeweils am 1. Januar des Kalenderjahres, in dem der Vertrag abgeschlossen wurde.

Wohnungsbauprämien

Zusätzlich zur Arbeitnehmersparzulage können Arbeitnehmer noch eine 10-prozentige Wohnungsbauprämie erhalten. Die Einkommensgrenzen betragen für Alleinstehende 25 600 und für Verheiratete 51 200 Euro zu versteuerndes Jahreseinkommen. Der geförderte Höchstbetrag im Wohnungsbauprämiengesetz beträgt 512 Euro für Alleinstehende und 1 024 Euro für Ehepaare. Damit ergeben sich jedes Jahr Zulagen von 51,20 beziehungsweise 102,40 Euro.
Arbeitnehmer, deren Einkommen über den Einkommensgrenzen des Vermögensbildungsgesetzes liegen, erhalten nur die Wohnungsbauprämie, während Arbeitnehmer mit Einkommen bis zu den Grenzen des Vermögensbildungsgesetzes sowohl die Sparzulage für ihre vermögenswirksamen Leistungen als auch die Wohnungsbauprämie erhalten.
In dieser Kombination ist bei niedrigem Einkommen der Höchstbetrag staatlich geförderter Vermögensbildung größer als bei höheren Einkommen.

Vermögenswirksames Sparen

Die staatlichen Zuschüsse für das vermögenswirksame Sparen erleichtern es Menschen mit geringerem Einkommen, regelmäßig Geld anzusparen. Mit diesen Beträgen lässt sich langfristig ein kleines Vermögen aufbauen. Das Prinzip des vermögenswirksamen Sparens ist einfach. Zunächst vereinbart der Anleger einen Sparplan über monatliches Investment- oder Bausparen. Die vermögenswirksamen Leistungen in der vereinbarten Höhe fließen dann monatlich – mit oder ohne Beteiligung des Arbeitnehmers – in den vereinbarten Sparvertrag.
Vor Ablauf der Sperrfrist darf über das Guthaben nicht verfügt werden. Die Ansparzeit beträgt 6 Jahre und ab dem 7. Jahr kann über das Geld verfügt werden. Wenn das Ziel des vermögenswirksamen Sparens die Altersvorsorge ist, sollte das Geld aus den Verträgen umgeschichtet werden, um mehr daraus zu machen, oder in einem Investmentfondsver-

trag stehen bleiben, um an den Entwicklungen der Aktienmärkte weiter teilzuhaben.

Bausparen

Um eine Immobilie zu erwerben oder zu bauen, wird ein Vertrag über eine Bausparsumme abgeschlossen. In diesem Bausparvertrag muss, je nach Gesellschaft, 40, 50 oder 60 Prozent der Summe angespart werden. Die Bausparkasse gewährt dann ein Darlehen über den Restbetrag. Die Bausparkassen haben festgelegt, dass Bauspardarlehen als Kredite eines Zwecksparsystems ausschließlich zu so genannten »wohnwirtschaftlichen Zwecken« verwendet werden dürfen. Wird das Guthaben innerhalb der Bindungsfrist von 7 Jahren zu anderen als wohnwirtschaftlichen Zwecken verwendet, fordert der Staat die Arbeitnehmersparzulagen und die Wohnungsbauprämien zurück.
Nach Ablauf der 7 Jahre Bindungsfrist darf das Guthaben – ohne Kreditmittel – nach eigenen Wünschen verwendet werden.
Beim Abschluss eines Bausparvertrags über vermögenswirksame Leistungen und die Inanspruchnahme der Wohnungsbauprämie sollten Sie sich genau überlegen, ob dieser Vertrag überhaupt zum Bauen ausreicht.
Wenn Sie den Vertrag zum Bauen nutzen wollen, ist es wichtig, wie die Kreditbedingungen sind: Wie hoch ist der Darlehenszins und wie sind die Rückzahlungskonditionen? Ist Ihnen ein geringer Hypothekenzins wichtig, müssen Sie während der Ansparphase eine niedrigere Verzinsung in Kauf nehmen.
Möchten Sie jedoch gar nicht bauen, sondern den Bausparvertrag wegen der staatlichen Zuschüsse nutzen, dann sollten Sie genau zwischen den verschiedenen Bausparkassen vergleichen und den Vertrag mit der höchsten Guthabenverzinsung abschließen.
Wichtig ist in jedem Fall, die Bausparsumme so zu berechnen, dass nach der Ansparzeit entweder ein Bauspardarlehen gewährt wird oder die angesparte Summe zur Auszahlung kommt. Wenn Sie alleinstehend sind und die höchstmöglichen Beträge einzahlen, die maximale staatliche Arbeitnehmerförderung plus die Wohnungsbauprämie erhalten, beträgt das Guthaben nach 7 Jahren bei 4 Prozent Zinsen zum Ablauf 8 040 Euro.

Ein Bausparvertrag hilft, dem Traum vom eigenen Haus im Grünen wahr werden zu lassen.

Investmentsparen

Investmentfonds sammeln Geld vieler Anleger ein und kaufen dafür Aktien.
Entsprechend der Höhe der Einzahlungen in einen Fonds erhalten die Anleger Anteilscheine, deren Preise nach den börsentäglich ermittelten Kursen der in den Fonds enthaltenen Wertpapiere berechnet wird.
Ein wichtiges Argument für Investmentfonds ist die Risikostreuung. Wenn bei einem international anlegenden Aktienfonds die Aktien eines Unternehmens sinken oder ein Land in eine schlechtere wirtschaftliche Situation gerät, dann ist der Fonds nur in Höhe des

Wählen Sie einen Fonds aus, der in einen breiten Markt investiert.

Anteils davon betroffen, der in diesen Markt investiert ist.
Wenn Sie die vermögenswirksamen Leistungen nutzen, um in einem Investmentfonds Geld anzusparen, muss dieser Fonds einen Aktienanteil von mindestens 60 Prozent haben. Empfehlenswert ist, Fonds auszuwählen, die in einen breiten Markt investieren, beispielsweise in europäische oder internationale Aktien, da sich durch die Breite der Anlage das Risiko vermindert. Auf gar keinen Fall sollten Sie einen Fonds auswählen, der nur in eine Branche, wie Technologie oder Finanzwerte investiert, da diese großen Schwankungen unterworfen sind.
Vergleichen Sie immer die Kosten von Fonds, sowohl den Ausgabeaufschlag beim Kauf als auch die Kosten, die Ihnen Jahr für Jahr in Rechnung gestellt werden (Depotgebühren, Managementgebühren, Depotbankgebühren). Sollte bei Ablauf des Fonds die Börsensituation gerade schwierig sein oder ein Crash stattgefunden haben und die Anteilswerte im Keller sein – warten Sie! Sie machen Verluste, wenn Sie die Anteile vorschnell verkaufen.

Beteiligungen am Produktivkapital

Vermögenswirksame Leistungen des Arbeitgebers können tarifvertraglich auch daran gebunden werden, dass die Mitarbeiter Belegschaftsaktien kaufen. Die Mitarbeiter kaufen die Aktien direkt vom Arbeitgeber und zahlen daher weniger als an der Börse. Sie werden Miteigentümer des Unternehmens – in geringen Promillesätzen –, haben ein Recht auf Dividendenzahlungen und nehmen an den Wertsteigerungen der Aktien teil. Über den Aktienerwerb sind sie an den unternehmerischen Risiken beteiligt.
Bei einem Umsatzeinbruch oder wenn Ziele des Unternehmens nicht erreicht werden, sinken auch die Aktienkurse. Da nur Aktien dieser einen Firma gehalten werden, besteht keine Risikostreuung.
Eine andere Form der vermögenswirksamen Leistungen ist das Mitarbeiterdarlehen. Hierbei geben die Mitarbeiter entsprechend ihren Sparbeiträgen, den staatlichen Zuschüssen und den vermögenswirksamen Leistungen dem Arbeitgeber ein Darlehen. Dies wird verzinst und über eine Bankbürgschaft durch den Arbeitgeber abgesichert, so dass eine Bank die Rückzahlung im Konkursfall übernimmt. Der Mitarbeiter nimmt nicht an der Wertsteigerung der Firma teil und erhält kein Mitsprache- und Informationsrecht. Die Sicherheit des eingezahlten Geldes ist als hoch einzustufen.
Eine dritte Form, vermögenswirksame Leistungen zugunsten des Arbeitgebers einzuset-

zen, bietet die stille Beteiligung. Der Arbeitnehmer spart den von ihm gewünschten Betrag an, erhält die staatlichen Zulagen und vermögenswirksame Leistungen des Arbeitgebers. Dafür erhält der Arbeitnehmer eine stille Beteiligung, die je nach Höhe des jährlichen Gewinns verzinst wird. Verluste werden nicht an die Mitarbeiter weitergegeben.
Die Mitarbeiter haben ein Informations- und Kontrollrecht; Mitspracherechte und Beteiligung an der Wertsteigerung des Unternehmens sehen stille Beteiligungen allerdings nicht vor.

Sparverträge

Für besonders sicherheitsorientierte Menschen bieten die Banken nach wie vor Sparverträge an, in denen vermögenswirksame Leistungen angespart werden. Auch hier gilt eine 6-jährige Ansparzeit und eine 1-jährige Ruhezeit, bevor über das Kapital verfügt werden kann. Die Sparverträge orientieren sich an den Markt üblichen Zinsen und bieten einen Zinsbonus, wenn regelmäßig und ohne Unterbrechungen gespart wird.
Da das Sparen in herkömmlichen Sparverträgen nicht durch staatliche Zulagen unterstützt wird, sollte stattdessen lieber ein gut verzinster Bausparvertrag abgeschlossen werden.

Kapitallebensversicherung

Auch der Abschluss einer Kapitallebensversicherung im Rahmen des Vermögensbildungsgesetzes ist möglich, nicht jedoch eine private Rentenversicherung. Der Vertrag darf keine Zusatzleistungen bei Unfall oder Berufsunfähigkeit enthalten.
Hier gilt aus steuerlichen Gründen eine 12-jährige Vertragslaufzeit, allerdings kann eine verkürzte Beitragszahlungsdauer von 6 Jahren vereinbart werden. Ebenso wie für Sparverträge wird für Kapitallebensversicherungen kein staatlicher Zuschuss gezahlt.

Grundsätzliches

In manchen Lebenssituationen fällt es schwer, monatliche Beträge zur Seite zu legen. Trotzdem sollten Sie jede Chance nutzen, wenn zu Ihren Ansparbeträgen auch noch staatliche Zuschüsse und vermögenswirksame Leistungen des Arbeitgebers gezahlt werden, auch wenn sie noch so gering ausfallen.
Stellen Sie sich einmal vor, Sie fangen mit 30 Jahren an, im Rahmen des Vermögensbildungsgesetzes monatlich 22 Euro in einen Investmentfonds einzuzahlen. Sie erhalten jedes Jahr die staatliche Förderung und Ihr Arbeitgeber beteiligt sich auch mit 12 Euro monatlich. Der Fonds erbringt eine jährliche Wertsteigerung von durchschnittlich 8 Prozent – dann beträgt Ihr Guthaben zum 65. Lebensjahr rund 67 000 Euro und Sie selbst haben dafür nur 9 240 Euro aufgewendet.
Also prüfen Sie, ob Ihr Arbeitgeber vermögenswirksame Leistungen zahlt und ob Sie eine Arbeitnehmersparzulage erhalten.

RIESTER-RENTE

Seit geraumer Zeit wird darüber diskutiert, ob die gesetzlichen Renten sicher seien. Die Erfüllung des Generationenvertrags wird bei der abnehmenden Zahl von Beitragszahlern und erheblich mehr alten Menschen, die einen Rentenanspruch erworben haben, immer schwieriger. Auch die Bundesregierung hat erkannt, dass zur langfristigen Alterssicherung Kapital gebildet werden muss, aus dem dann Renten gezahlt werden. Mit dem »Gesetz zur Reform der gesetzlichen Rentenversicherung und zur Förderung eines kapitalgedeckten Altersvorsorgevermögens« ist ein Umdenken erfolgt. Ab sofort besteht die Möglichkeit, mit staatlichen Zulagen und Steuererleichterungen Geld für das Alter anzusparen.

Damit ist eine neue Säule der Altersvorsorge geschaffen worden. Diese Säule soll die Versorgungslücken schließen, die durch die Kürzungen der gesetzlichen Rente entstehen. Gemeint ist die Senkung der Höchstrente von 70 auf 67 oder sogar – wie Kritiker ausgerechnet haben – auf 64 Prozent des letzten Nettogehalts.
Das Altersvermögensgesetz sieht vor, dass ungefähr 25 Millionen Sozialversicherungspflichtige ab 2002 mit einem System aus Grundzulagen, Kinderzulagen und Sonderausgaben staatlich gefördert werden. Der Grundgedanke des Gesetzes ist einfach: Wer zusätzlich etwas für seine Altersvorsorge tut, wird vom Staat gefördert. Das ist begrüßenswert. Ansparen für das Alter, das heißt Schaffung eines Guthabens, aus dem die Renten gezahlt werden, ist ein erster Schritt in die richtige Richtung. Ob er ausreichend ist, wird von vielen angezweifelt. Da beinahe jeder davon betroffen ist, ist es schwierig nachzuvollziehen, warum das Gesetz so unverstädlich gestaltet worden ist.
Es gibt eine Fülle von Möglichkeiten, mit gesetzlichen Zulagen Geld für das Alter anzusparen: private oder betriebliche Altersvorsorge sowie viele weitere Ansparformen. Die Produkte, die eigens geschaffen wurden, um den Auflagen des Gesetzes gerecht zu werden, sind zwar »zertifiziert«, diese Zertifizierung stellt allerdings keine Prüfung im Sinne des kritischen Verbraucherschutzes dar. Wer die Vorteile nutzen möchten, steht einem Dickicht unterschiedlicher Sparformen gegenüber.

Wer erhält die Zulagen?

Die Förderung erhalten alle Personen, die Pflichtmitglied der gesetzlichen Rentenversicherung sind:
→ Alle Arbeitnehmer
→ Bezieher von Lohnersatzleistungen (Arbeitslosengeld, Arbeitslosenhilfe)
→ Nicht erwerbstätige Eltern während der Kindererziehungszeiten
→ Geringfügig Beschäftigte, die auf die Sozialversicherungsfreiheit verzichtet haben
→ Pflichtversicherte Selbstständige
→ Wehr- und Zivildienstleistende
→ Pflichtversicherte in der Altenversicherung der Landwirte sowie deren Ehegatten
→ Mitglieder der Künstlersozialversicherung

Da die Versorgungssysteme des öffentlichen Dienstes vor ähnlichen Problemen stehen wie die gesetzliche Rentenversicherung, ist das Versorgungsreformgesetz 2001 verabschiedet worden. Dies senkt bei den Beamten das Versorgungsniveau von 75 Prozent auf 71,75 Prozent ab und der Anstieg der Pensionen wird verlangsamt. Die hierdurch entstehenden Lücken in der Alterssicherung können Beamte durch eine private kapitalgedeckte Altersvorsorge mit staatlicher Förderung verringern. Dies gilt ebenfalls für die Arbeiter und Angestellten im öffentlichen Dienst. Das bisherige Gesamtversorgungsmodell zur Alterssicherung (VBL) ist durch ein Betriebsrentenmodell ersetzt worden. Auch hier sinkt das Niveau der Zusatzversorgung des Bundes und der Länder. Durch die Nutzung der staatlichen Zulagen kann diese Lücke geschlossen werden.
Nicht gefördert werden:
→ Selbstständige, die nicht rentenversicherungspflichtig sind
→ Geringfügig Beschäftigte, deren Sozialversicherung vom Arbeitgeber gezahlt wird
→ Personen, die in einer berufsständischen Versorgungseinrichtung pflichtversichert sind

Die staatlichen Zulagen

Die Förderung der privaten oder betrieblichen Altersvorsorge hat am 1. Januar 2002 begonnen. Grundlage für den Erhalt der staatlichen Förderung ist ein eigener Sparvor-

gang, der sich nach der Höhe des sozialversicherungspflichtigen Einkommens richtet. 2002 bekommt derjenige eine Förderung, der 1 Prozent des sozialversicherungspflichtigen Einkommens spart. Ab 2004 müssen 2 Prozent, ab 2006 dann 3 Prozent und ab dem Jahr 2008 sogar 4 Prozent des sozialversicherungspflichtigen Einkommens für die zusätzliche Eigenvorsorge aufgewendet werden, um den höchsten Fördersatz zu erhalten.
Grundlage ist das sozialversicherungspflichtige Einkommen des Vorjahres. Es wird eine Grundzulage und für jedes Kind mit Anspruch auf Kindergeld eine Kinderzulage gezahlt.
Bei Verheirateten erhalten beide je eine Grundzulage, auch wenn ein Ehepartner nicht berufstätig ist oder nicht zum geförderten Personenkreis gehört. Dafür müssen beide einen eigenen Vertrag abschließen. Sie können sich auch für unterschiedliche Sparformen entscheiden.
Die Berechnungsgrundlage sieht vor, dass vom sozialversicherungspflichtigen Bruttoeinkommen der geförderte Prozentsatz in einen Sparvertrag gezahlt werden muss. In diesem Betrag sind bereits die staatlichen Zuschüsse enthalten, also die Grundzulage und gegebenenfalls die Kinderzulage.

grundzulage

Zeitraum	Maximale jährliche Grundzulage
2002 bis 2003	38 EUR
2004 bis 2005	76 EUR
2006 bis 2007	114 EUR
ab 2008	154 EUR

kinderzulage

Zeitraum	Maximale jährliche Kinderzulage
2002 bis 2003	46 EUR
2004 bis 2005	92 EUR
2006 bis 2007	138 EUR
ab 2008	185 EUR

Auch sozialversicherungspflichtige Ehepartner können die staatliche Förderung erhalten. Voraussetzung hierfür ist der Abschluss eines Vertrags zur Altersvorsorge auf den eigenen Namen. Wenn der sozialversicherungspflichtige Partner seine Eigenbeiträge zahlt, erhält der andere ebenfalls die Zulage von maximal 154 Euro jährlich, ohne einen eigenen Beitrag zu leisten.
Jeder, der sozialversicherungspflichtig ist, kann eine Zulage beantragen. In den ersten 3 Jahren nach der Geburt eines Kindes, während der Kindererziehungszeit, muss zumindest ein kleiner Mindestbeitrag geleistet werden, um die volle Förderung während dieser Zeit zu erhalten.
Bei kleinen Einkommen ist die Förderung besonders interessant, da durch die Grundzulagen und Kinderzulagen ein hoher Sparbetrag erreicht wird. So kann auch mit einer geringen Eigenleistung eine beachtliche zusätzliche Altersvorsorge aufgebaut werden.
Grundsätzlich muss jeder mit einem eigenen Einkommen auch eigene Sparbeiträge leisten, um die staatlichen Zulagen zu erhalten. Der Eigenbeitrag wird grundsätzlich aus 4 Prozent des sozialversicherungspflichtigen Einkom-

mindesteigenbeitrag

Eine alleinstehende Mutter mit drei Kindern verdient im Jahr 18500 Euro. Ihre Eigenvorsorge für einen Altersvorsorgevertrag beträgt 740 Euro. Sie erhält eine Grundzulage von 154 Euro und dreimal 185 Euro Kinderzulage, also eine Zulage von insgesamt 709 Euro.

Eigenvorsorge	**Eigenanteil**	**staatliche**
=	+	**Förderung**
740 EUR	31 EUR	709 EUR

Da der Mindesteigenbetrag unterschritten wird, muss sie diesen erhöhen. Damit sieht die Beitragsaufteilung wie folgt aus:

769 EUR	**60 EUR**	709 EUR

mens abzüglich der Zulage errechnet. Ist die Zulage höher als der eigene Aufwand, muss ein bestimmter Mindesteigenbeitrag geleistet werden, um die volle Förderung zu erhalten. Vom Jahr 2002 bis zum Jahr 2004 müssen Alleinstehende ohne Kinder jährlich mindestens 45 Euro aus eigenen Mitteln aufwenden, um die volle Zulage zu erhalten. Mit einem Kind müssen mindestens 38 Euro und mit zwei oder mehr Kindern mindestens 30 Euro jährlich angespart werden.
Ab dem Jahr 2005 steigen diese Mindesteigenbeiträge auf 90 Euro für Alleinstehende. Der Eigenbeitrag mit einem Kind steigt auf 75 Euro und mit zwei oder mehr Kindern auf 60 Euro jährlich an.

Grundsätze der Förderung

Das Ziel dieser zusätzlichen Altersvorsorge mit staatlichen Zulagen soll eine dauerhaft ergänzende Alterssicherung sein. Deshalb unterliegen die Anlageformen bestimmten Kriterien. Alle Anlageformen müssen:

- → lebenslange Leistungen garantieren, etwa in Form einer Leibrente oder eines Auszahlplans, der auch über das 85. Lebensjahr hinaus Zahlungen leistet;
- → gewährleisten, dass die Leistungen erst mit Beginn einer Altersrente, aber nicht vor dem 60. Lebensjahr ausgezahlt werden;
- → zu Beginn der Auszahlung mindestens die eingezahlten Beiträge zusichern;
- → vor Abtretung und Pfändung sowie vor Anrechnung bei der Arbeitslosen- und Sozialhilfe geschützt sein.

Nur Anlageformen, die diese Voraussetzungen erfüllen, werden vom Bundesaufsichtsamt für das Versicherungswesen zertifiziert, also als förderwürdig anerkannt. Die staatlichen Zulagen werden für die private Vorsorge und für die betriebliche Altersvorsorge gewährt. Diese müssen nicht zertifiziert sein, da das Gesetz zur Verbesserung der betrieblichen Altersvorsorge bereits Standards zum Schutz der Versicherten eingeführt hat, die als ausreichend angesehen werden.

Die private Altersvorsorge mit dem Altersvermögensgesetz

Ziel des Gesetzes ist die Förderung eines kapitalgedeckten Altersvorsorgevermögens, das heißt: Geld ansparen, Zinsen erwirtschaften oder Dividendengewinne und Kurssteigerungen erzielen. Daher muss während der Ansparzeit, mindestens bis zum 60. Lebensjahr oder zum Rentenbeginn, das Geld angesammelt werden – in einem Banksparplan, einer privaten Rentenversicherung oder in Investmentfonds – und erst danach darf eine Auszahlung in Form einer lebenslang garantierten, gleich bleibenden oder steigenden monatlichen Rente erfolgen. Die Auszahlungen müssen auch über das 85. Lebensjahr hinaus geleistet werden. Die Versicherungsgesellschaften, Banken und Kapitalanlagegesellschaften haben im Wesentlichen folgende Produkte entwickelt:

- Klassische private Rentenversicherung
- Fondsgebundene Rentenversicherung
- Klassische Rentenversicherung plus Geldanlage in Investmentfonds
- Fondsparplan mit Verrentung des Kapitals zum 65. Lebensjahr
- Fondsparplan mit anschließendem Auszahlplan bis zum 85. Lebensjahr und dann einsetzender privater Rentenversicherung

Die klassische Rentenversicherung unterscheidet sich nicht wesentlich vom bekannten Produkt. Jeden Monat werden die errechneten Beiträge eingezahlt und der Versicherer garantiert bei Vertragsabschluss ab dem 60. Lebensjahr, mit einem Ablaufplan bis zum 65. Lebensjahr, eine garantierte Rente. Diese kann ab Rentenzahlung in nahezu gleich bleibender Höhe erfolgen oder jedes Jahr ansteigen und damit einen Inflationsausgleich gewährleisten. Die Renten setzen sich aus garantierten Leistungen und Leistungen in Form einer Rente aus den vom Versicherer erzielten Überschüssen zusammen. Zur Sicherung des Vermögens für die Hinterbliebenen sollte entweder eine lange Garantiezeit von möglichst 20 Jahren oder eine Witwen-/Witwerversorgung in den Vertrag eingeschlossen werden.

Bei der fondsgebundenen Rentenversicherung hat der Versicherte die Möglichkeit, sich zwischen verschiedenen Investmentfonds oder gemanagten Portfolios zu entscheiden. Das Kapitalanlagerisiko liegt beim Versicherten. Zum Beginn der Rentenzahlung wird das angesparte Geld in den Deckungsstock des Versicherungsunternehmens übernommen und dem Versicherten wird eine garantierte Rente zugesagt, die um die erzielten Überschüsse erhöht wird. Ab Rentenbeginn liegt

Informieren Sie sich gründlich über die Möglichkeiten der Riester-Rente!

das Kapitalanlagerisiko beim Versicherer. Auch hier sollte wie bei der klassischen Rentenversicherung eine lange Rentengarantiezeit oder eine Witwen-/Witwerversorgung in dem Vertrag vereinbart werden.
Einige Banken bieten Möglichkeiten an, die sich sowohl aus der klassischen Rentenversicherung als auch aus einer Anlage in verschiedene Investmentfonds – nach freier Wahl – zusammensetzen. Dem Anleger wird vom Versicherungsunternehmen eine garantierte Rente und darüber hinaus eine Überschussrente zugesagt. Hierfür wird der eine Teil des Anlagebetrags verwendet. Für den anderen Sparanteil hat der Anleger die Wahl zwischen verschiedenen Investmentfonds. Es werden Monat für Monat Anteile gekauft. Zum Rentenbeginn werden die Investmentanteile zum jeweiligen Tageskurs aufgelöst und der Verkaufserlös wird in eine sofort beginnende Rentenversicherung eingezahlt. Je nach Erfolg der Investmentanlage ergibt sich daraus eine höhere oder niedrigere sofort beginnende Leibrente mit monatlich garantierten Rentenzahlungen und einer Überschussrente. Der Sparer erhält damit im Alter Geld aus zwei verschiedenen Rentenversicherungen ausgezahlt.
Einige Kapitalanlagegesellschaften haben für das Ansparen mit der Riester-Förderung Dachfonds geschaffen, die aus der Fondspalette der jeweiligen Kapitalanlagegesellschaft Fondsanteile kaufen. Mit einer Aufteilung des verfügbaren Kapitals auf verschiedene Aktien- und Rentenfonds, die dann weiter unterteilt werden auf verschiedene Regionen und Währungen, werden bestimmte Eintrittsalter zusammengefasst, um entsprechend der Laufzeit bis zum Rentenalter das Risiko so zu verteilen, dass eine interessante Rendite bei vertretbarem Risiko erreicht wird. Hier ein beispielhafter Überblick über die Konzepte der Fondsgesellschaften:

→ **Junge Anleger unter 25**: Fonds mit 100 Prozent Aktien. Aufgrund des langen Anlagehorizonts können die Möglichkeiten der Aktienanlage genutzt und auch risikoreichere Fondsanlagen getätigt werden. Hier werden die sich weltweit bietenden Chancen der Aktienmärkte, auch kleinerer, risikoreicherer Märkte, genutzt. Bei Laufzeiten von 35 bis 50 Jahren bestehen sehr gut Chancen für hohe Renditen.

→ **Anleger ab 25/30 bis 35/45**: Die Aktienquote beträgt zwischen 80 und 100 Prozent. Der Rest wird in Rentenfonds investiert, aber auch hier in festverzinsliche Wertpapiere mit einem größeren Risikopotenzial. Da auch bei den Fonds mit Laufzeiten von 30 bis 40 Jahren noch ein ausreichend langer Anlagehorizont zur Verfügung steht, werden die sich bietenden Chancen der weltweiten Aktien- und Rentenmärkte genutzt.

→ **Anleger ab dem 35./45. Lebensjahr**: Die Aktienquote liegt je nach Anbieter niedriger – zwischen 50 und 60 Prozent. Es handelt sich um eine ausgewogene Mischung. Die Laufzeit in diesen Fonds variiert zwischen 15 und 30 Jahren, was ausreichend ist, um auch bei schwankenden Kursen gute Renditen zu erwirtschaften.
Mit den Chancen der Rentenmärkte und der Sicherheit, die festverzinsliche Wertpapiere bieten, wird ein Fonds mit ausgewogener Investmentstruktur die sich bietenden Möglichkeiten wahrnehmen.

→ **Anleger ab dem 50. Lebensjahr**: Der Schwerpunkt liegt auf Rentenfonds. Es handelt sich um eine sehr sicherheitsorientierte Anlage, der je nach Fondsanbieter noch vereinzelte Aktien beigemischt werden. Hier beträgt die Laufzeit zwischen 10 und 15 Jahren – immer noch genug, um von den Kapitalmärkten zu profitieren. Der Kapitalsicherung wird jedoch eine besondere Bedeutung beigemessen.

Aufgrund des Ablaufmanagements der Dachfonds oder gemanagten Portfolios müssen die Anleger den Fonds nicht wechseln, sondern zum Rentenalter hin werden die Risiken der Fonds reduziert.
Andere Fondsgesellschaften haben sich für ein Konzept entschieden, das die Gelder möglichst lange in einem Aktienfonds anspart. Während kritischer Börsenzeiten wird in Rentenfonds investiert und das schon im Aktienfonds angesparte Vermögen kann ebenfalls in Rentenfonds umgeschichtet werden. Zum Ablauf wird das Kapital von den Anlageexperten auf jeden Fall in Rentenfonds umgeschichtet. Die Entscheidung zur Umschichtung geschieht entsprechend der verbleibenden Vertragslaufzeit.
Bei Rentenbeginn wird ein geringer Teil des angesparten Kapitals entnommen und in den Kapitalstock einer Versicherungsgesellschaft eingezahlt, die eine Rentenzahlung ab dem 85. Lebensjahr bis zum Lebensende garantiert. Hier wird eine garantierte Rentenhöhe zugesagt, die sich um eine der Höhe nach nicht garantierte Rente, die Überschussrente, erhöht. Das im Fonds verbliebene Geld wird sicherheitsorientiert angelegt und der Fonds weiter gemanagt. Ein Entnahmeplan regelt die Auszahlung eines monatlichen Betrags, der bis zum 85. Lebensjahr berechnet ist. Dann ist das angesparte Kapital verbraucht und die Rentenversicherung übernimmt die weitere Rentenzahlung. Angestrebt wird die Auszahlung eines gleich bleibenden monatlichen Betrags.
Das Kapitalanlagerisiko verbleibt bis zum 85. Lebensjahr beim Anleger. Die Fondsgesellschaft garantiert kein über das eingezahlte Kapital hinausgehendes Guthaben. Bei langen Laufzeiten und einer Sicherung gegen Kursverluste darf der Anleger mit einer guten Rendite rechnen. Aber die Kapitalmärkte sind ständig in Bewegung und Kurseinbrüche nicht immer vorhersehbar. Erst mit dem 85. Lebensjahr, wenn eine Rentenversicherung die Auszahlung übernimmt, wird eine garantierte Rentenleistung erbracht.

Ältere Anleger sollten auf eine sicherheitsorientierte Anlage achten und in Rentenfonds investieren.

Auszahlungen

Grundsätzlich werden Anlagen gefördert, die im Alter durch lebenslange Zahlungen die staatliche Rente ergänzen. Auszahlungen schon während der Ansparzeit sind dabei nicht vorgesehen.
Einige Fondsgesellschaften sehen die Möglichkeit einer einmaligen Entnahme zum Rentenbeginn vor. Es dürfen höchstens 20 Prozent des Kapitals entnommen werden. Das nach der Entnahme zur Verfügung stehende Kapital muss mindestens den einge-

monatliche Auszahlung, zuzüglich der Zahlung in die Rentenversicherung zur Sicherung der Renten ab dem 85. Lebensjahr, gewährleistet werden kann.
Während der Ansparzeit, also bis zum Rentenbeginn, gibt es nur einen einzigen Grund, aus dem Ansparvertrag Kapital zu entnehmen: Der Bau oder Kauf einer Wohnung oder eines Hauses, um selbst darin zu wohnen. Ohne Verlust der Förderung kann ein Betrag von 50 000 Euro aus dem angesparten Kapital entnommen werden, unter der Voraussetzung, dass die entnommene Summe in monatlichen Raten bis zur Vollendung des 65. Lebensjahres wieder in den Vertrag zurückgeführt wird. Gelingt das nicht, müssen die Zulagen und die eventuellen Steuererstattungen zurückgezahlt werden.

Auszahlungen im Todesfall

Die Regelungen für den Todesfall sind in den Riester-Produkten nicht einheitlich geklärt. Grundsätzlich gilt jedoch, dass angespartes Kapital beim Tod vererbt werden kann.
Bei Ehegatten wird auf Wunsch das Vermögen auf einen eigenen zertifizierten Sparvertrag übertragen. Diese Übertragung ist, sowohl bezüglich der gezahlten Zulagen als auch vielleicht im Rahmen des Sonderausgabenabzugs erfolgten Steuerrückerstattungen, unschädlich.
Bei der Übertragung eines Auszahlplans durch eine Fondsgesellschaft an den hinterbliebenen Ehepartner zahlt die Fondsgesellschaft für den Zeitraum, für den der Verstorbene Auszahlungen erhalten hätte, monatliche Beträge aus. Die daran anschließende Rentenversicherung, die ab dem 85. Lebensjahr eingetreten wäre, zahlt keine Rente an die Hinterbliebenen.
Bei Rentenversicherungen ist es wichtig, ob eine Rentengarantiezeit oder eine Hinterbliebenenrente vereinbart worden ist. Tritt der Tod während der vereinbarten Rentengarantiezeit ein, erfolgt die Auszahlung, ohne dass Zulagen oder auf den Vertrag entfallene Steuererstattungen zurückgezahlt werden müssen. Ebenso verhält es sich, wenn eine Witwen- oder Witwerrente aus dem Vertrag gezahlt wird.
Bei Auszahlung des vorhandenen Kapitals, ob in der Aufschubzeit oder in der Rentenbezugszeit, müssen die erhaltenen Zulagen und auch Steuerrückerstattungen im Rahmen des Sonderausgabenabzugs zurückgezahlt werden. Die Höhe des Rückzahlungsbetrags wird von der Zulagenstelle, die bei der Bundesversicherungsanstalt für Angestellte eingerichtet worden ist, ermittelt. Der Kapitalzuwachs ist zu versteuern.
Wird das in einem Riester-Vertrag angesammelte Kapital an Kinder oder Lebensgefährten vererbt, müssen diese immer die gezahlten Zulagen und auch die durch den Vertrag erfolgten Steuererstattungen zurückzahlen.

Die betriebliche Altersvorsorge mit dem Altersvermögensgesetz

Im Rahmen der Verabschiedung des Altersvermögensgesetzes ist auch die betriebliche Altersversorgung neu geregelt worden. In Zukunft ist es möglich, auch für die betriebliche Altersvorsorge Zulagen und Steuerermäßigung durch Sonderausgabenabzug zu erhalten. Damit gelten sowohl für die betriebliche als auch für die private Altersvorsorge die gleichen Voraussetzungen.
Im Rahmen der betrieblichen Altersvorsorge hat der Gesetzgeber auf eine Zertifizierung der Produkte verzichtet, ergänzend wurde die Pflicht zur lebenslangen Rentenzahlung aufgenommen.
Folgende Durchführungswege der betrieblichen Altersvorsorge mit der Riester-Förderung sind möglich:

→ Direktversicherung
→ Pensionsfonds
→ Pensionskasse

Die Direktversicherung mit Riester-Förderung

Bei der Direktversicherung sagt der Arbeitgeber seinem Arbeitnehmer eine Versorgungsleistung zu und schließt einen Vertrag bei einem Versicherungsunternehmen ab. Die Beiträge werden direkt vom Arbeitgeber an eine Versicherungsgesellschaft gezahlt und der Arbeitnehmer erhält daraus Leistungen im Versicherungsfall. Bisher wurden meistens Kapital- oder fondsgebundene Lebensversicherungen abgeschlossen. Der Arbeitnehmer hat die Möglichkeit, den Vertrag durch Entgeltumwandlung selbst zu finanzieren.
Mit der Inanspruchnahme der Riester-Förderung müssen die Produkte eine lebenslange Altersrentenleistung zusagen. Dies können Rentenversicherungen, fondsgebundene Rentenversicherungen oder auch Kapitallebensversicherungen mit einer Verrentungsgarantie sein.
Das Besondere der Direktversicherung nach Riester ist, dass die Beiträge nicht pauschal versteuert werden. Stattdessen werden die staatlichen Zulagen gezahlt und der Sonderausgabenabzug im Rahmen der Einkommensteuer ist möglich. Die monatlichen Auszahlungen sind im Alter zu versteuern.
Gut Verdienende sollten genau prüfen, ob die bisherige Form der Direktversicherung, mit Pauschalversteuerung des zu zahlenden Beitrags und Sozialabgabenfreiheit, wenn die Beiträge aus Sonderzahlungen entnommen wurden – die allerdings ab dem Jahr 2009 entfällt – oder die neue Form unter Inanspruchnahme der Riester-Förderung günstiger ist.
Neu ist, dass jeder Arbeitnehmer das Recht hat, Sonderzahlungen, wie Urlaubs- oder Weihnachtsgeld, in Beiträge zu einer Direktversicherung umzuwandeln, und der Arbeitgeber zur Durchführung verpflichtet ist!

Die Pensionskasse

Bei der Pensionskasse handelt es sich um eine selbstständige Versorgungseinrichtung, die von einem oder mehreren Unternehmen gemeinsam getragen wird. Die Beiträge zahlt der Arbeitgeber ein. Die Beschäftigten können sich mit eigenen Beiträgen daran beteiligen. Es wird Kapital aufgebaut, um die zugesagten Leistungen finanzieren zu können. Die vom Arbeitnehmer aufgebrachten Beträge unterstützt der Staat auf drei unterschiedliche Arten:
→ Wenn die Beiträge der Arbeitnehmer aus versteuertem und sozialversicherungspflichtigem Einkommen gezahlt werden, kann die Riester-Förderung in Anspruch genommen werden.
→ Steuerfrei sind Beiträge bis zu 4 Prozent der Beitragsbemessungsgrenze der Rentenversicherung.
→ Für Beiträge, die darüber hinausgehen, ist eine Pauschalversteuerung – diese beträgt 20 Prozent – bis zu einem Betrag von 1 752 Euro möglich. In Ausnahmefällen sogar bis zu 2 148 Euro.

Bei der Pensionskasse darf das zur Verfügung stehende Kapital nur bis zu einem Anteil von 35 Prozent in Aktien angelegt werden. Die Werterhaltung und die Verrentung des Kapitals sind die wichtigsten Auflagen der Bundesanstalt für Finanzdienstleistungsaufsicht. Auch hier sind die Rentenzahlungen, sofern die staatlichen Zulagen in Anspruch genommen werden, im Alter steuerpflichtig.

Der Pensionsfonds

Mit der Rentenreform wurde auch die in anderen Ländern erfolgreiche Form des Pen-

sionsfonds als betriebliche Altersvorsorge zugelassen. Ein Pensionsfonds ist frei in der Auswahl seiner Geldanlagen und kann dadurch die sich bietenden Chancen der Kapitalmärkte nutzen.
Die Beiträge werden vom Arbeitgeber gezahlt. Die Beschäftigten haben die Möglichkeit, sich mit eigenen Beiträgen im Rahmen der Entgeltumwandlung zu beteiligen. Bis zu 2 160 Euro können jährlich aus dem Gehalt umgewandelt und steuerfrei in einen Pensionsfonds eingezahlt werden.
Bis zum Jahr 2008 müssen Arbeitnehmer wie Arbeitgeber außerdem keine Sozialversicherungsbeiträge für diesen Betrag abführen. Auch ein Pensionsfonds zahlt lebenslange Altersrenten.
Wegen des höheren Anlagerisikos unterstehen Pensionsfonds der Aufsicht und Anlageregulierung durch die Bundesanstalt für Finanzdienstleistungsaufsicht. Zusätzlich muss der Arbeitgeber durch Mitgliedschaft im Pensionssicherungsverein die Anlagegelder gegen Insolvenz absichern.
Der Pensionsfonds muss die Versorgungsberechtigten schriftlich darüber informieren, ob und wie er ethische, soziale und ökologische Belange bei der Verwendung der eingezahlten Beiträge berücksichtigt.
Auch die Renten aus Pensionsfonds sind im Alter zu versteuern.

Riester-Rente und Steuern

Beiträge für die zusätzliche Altersvorsorge können auch bei der Steuer als Sonderausgaben geltend gemacht werden. Unabhängig von der Höhe des Einkommens können folgende Altersvorsorgeaufwendungen (Eigenbeiträge + Zulage) abgezogen werden:
Ab 2008 können im Rahmen der Eigenvorsorge bis zu 2 100 Euro jährlich bei der Einkommensteuererklärung geltend gemacht werden. Dieser Betrag gilt auch, wenn es mehr als 4 Prozent des sozialversicherungspflichtigen Einkommens sind. Das Finanzamt prüft, ob die Steuerersparnis höher ist als die Zulage. Die Differenz wird dann gegebenenfalls bei der Steuer erstattet.
In der Zeit des Ansparens müssen weder für die Sparbeträge noch für die Zinsen und Erträge Steuern gezahlt werden. Daraus ergibt sich ein weiterer Vorteil, der die Gewinne erhöht. Im Alter sind die aus Ansparverträgen mit Riester-Zertifikat gezahlten Renten allerdings in voller Höhe zu versteuern. Hier gilt nicht die vorteilhafte Besteuerung des Ertragsanteils wie bei den privaten Rentenversicherungen!
Allerdings haben die meisten Menschen im Alter eine geringere Steuerbelastung als während ihres Berufslebens – sehr viele Rentner mit geringeren Renten sind nicht steuerpflichtig. Bei Unterschreiten des Steuereingangssatzes müssen keine Steuern gezahlt werden, ansonsten richtet sich die Höhe der zu zahlenden Steuern nach dem persönlichen Gesamteinkommen.

sonderausgaben

Zeitraum	Maximaler jährlicher Sonderausgabenabzug
2002 bis 2003	525 EUR
2004 bis 2005	1 050 EUR
2006 bis 2007	1 575 EUR
ab 2008	2 100 EUR

1000 & 1 Frage

Wer erhält die Riester-Förderung?

Alle Personen, die Pflichtmitglied in der gesetzlichen Rentenversicherung sind, und alle Beamten.

Was ist der Vorteil der neuen Riester-Rente?

Die eingezahlten Gelder werden nicht – wie in der gesetzlichen Rentenversicherung – gleich wieder ausgegeben, um laufende Renten zu zahlen, sondern für jeden Sparer wird ein Konto eingerichtet, dem Zinsen, Kurssteigerungen und Dividenden gutgeschrieben werden und von dem im Alter eine monatliche Rente gezahlt wird.

Muss ich einen Riester-Vertrag abschließen?

Nein, der Abschluss ist freiwillig.

Wer sollte einen Riester-Vertrag abschließen?

Je weniger jemand verdient und je mehr Kinder er hat, umso lukrativer ist der Abschluss eines Riester-Vertrags, da die staatlichen Zulagen dann einen Großteil des Sparbetrags ausmachen. Wenn Sie gut verdienen, lassen Sie sich genau berechnen, ob vielleicht eine Direktversicherung mit Zulagen und Pauschalbesteuerung oder Ansparen nach dem Altersvermögensgesetz für Sie nicht größere Vorteile bringt.

Soll ich meinen bestehenden Sparvertrag umstellen?

Wenn es Ihnen schon jetzt schwer fällt, jeden Monat den Betrag aufzubringen, sollten Sie die staatlichen Zulagen nutzen. Je nachdem, in welcher Form Sie jetzt sparen, kann es sinnvoll sein, den bestehenden Vertrag auszusetzen, also nicht mehr weiter anzusparen, und stattdessen einen neuen Vertrag abzuschließen.

Wie viel Geld muss mein nicht berufstätiger Ehepartner sparen?

Wenn Sie steuerlich zusammenveranlagt werden und Ihr nicht rentenversicherungspflichtiger Ehepartner einen eigenen Ansparvertrag nach dem Altersvermögensgesetz abschließt, erhält er die volle Zulage, wenn Sie den Mindesteigenbetrag ansparen. Der Partner muss keinen eigenen Sparbeitrag leisten.

Welche Sparform ist die richtige für mich?

Wer für seine Altersvorsorge Geld ansparen will, muss die für alle Sparformen geltenden Grundsätze beachten. Private Rentenversicherungen, Fondssparpläne und Banksparpläne haben jeweils Vor- und Nachteile. Wägen Sie sorgfältig ab und treffen Sie Ihre Entscheidung entsprechend:

1. den persönlichen Umständen
2. dem Alter
3. den Familienverhältnissen
4. dem vorhandenen Vermögen und den bestehenden Absicherungen
5. den Ansprüchen aus der gesetzlichen Rentenversicherung und der Höhe der Betriebsrente
6. der Dauer

Chancen nutzen – Risiken meiden

Die Lücken im sozialen Netz sind mit Versicherungen geschlossen worden und eine private Rentenversicherung als Direktversicherung über den Arbeitgeber verringert die Einkommenslücke im Alter. Weiteres Geld wird sicher angelegt und Chancen der Aktienmärkte werden genutzt. Aber was passt besser zur persönlichen Risikobereitschaft: Aufbau eines Wertpapierdepots oder eine breite Streuung in verschiedene Investmentfonds? Natürlich sollen hohe Gewinne erzielt werden, weil sich dann Wünsche schneller erfüllen lassen – doch damit verbundene Risiken möglichst gemieden werden. Die richtige Anlagestrategie macht's möglich.

Bernd Katzenstein, Sprecher des Deutschen Instituts für Altersvorsorge (DIA), Köln

Schätzen die Erwerbstätigen ihre Rentenhöhe richtig ein?

Nein, durchaus nicht. Wir haben festgestellt, dass ein Großteil der Betroffenen viel zu optimistisch ist. In zwei repräsentativen Befragungen des DIA wurde ermittelt, dass die Hälfte der Bevölkerung ihre Rentenansprüche, teilweise sogar um bis zu 50 Prozent, überschätzt. Egal ob Männer oder Frauen.

Wie kann ein Versicherter seine Rentenhöhe erfahren?

Bisher auf Anfrage bei der BfA oder der zuständigen Landesversicherungsanstalt. Dann erfährt der Versicherungspflichtige aber nur die bisher erworbenen Ansprüche. In Zukunft soll jeder Beitragspflichtige eine so genannte Renteninformation bekommen, und zwar nicht nur den aktuell erworbenen Anspruch, sondern auch die vermutliche zukünftige Rentenhöhe. Das wäre dann schon realistischer. Aber eine Illusion bleibt: Die meisten sind sich über den schädlichen langfristigen Effekt – die schleichende Inflation – nicht im Klaren.

Trägt die staatliche Förderung dazu bei, dic Diskrepanz zwischen dem letzten Nettoeinkommen und der Rente zu schließen?

Die bisherige Sparförderung, zum Beispiel vermögenswirksame Leistungen, ist meist ein längerfristiges Konsumsparen, denn der große Teil dieser Konten wird aufgelöst. Die neue Riester-Förderung hilft besonders Menschen, die wenig verdienen und mehrere Kinder haben. Und dies ist ja auch genau die Zielgruppe, deren Altersversorgung besonders im Argen liegt. Insofern also: ja.

Regen staatliche Förderprogramme Arbeitnehmer zum Sparen an?

Bei Niedrigverdienern will ich es hoffen, darüber hinaus sind es häufig Mitnahmeeffekte. Will sagen, die Leute hätten sowieso gespart. Das beweist auch eine Untersuchung von uns. Danach ist eine mögliche staatliche Förderung nur für 10 Prozent ein Sparmotiv.

Glauben Sie, dass alle Mitglieder der gesetzlichen Rentenversicherung die Möglichkeiten der neuen Riester-Rente nutzen werden?

So sieht es leider nicht aus. Die Bürger sind misstrauisch und verstehen die Produkte nicht. Ich glaube aber schon, dass sich das in den nächsten Jahren noch bessern wird. 60 bis 70 Prozent in einigen Jahren halte ich für erreichbar.

Welche Sparer profitieren von der Riester-Rente am meisten?

Niedrigverdiener mit mehreren Kindern – da kann die Förderung bis zu 80 Prozent der Sparsumme betragen.

Können Sparer mit niedrigem Einkommen es sich überhaupt leisten, den Höchstbetrag anzusparen, der bis 2008 auf 4 Prozent des sozialversicherungspflichtigen Einkommens ansteigen wird?
Das kann man objektiv nicht beantworten, denn das hängt vom Sparwillen, der individuellen Sparkultur und dem Problembewusstsein ab. Die ältere Generation hat noch gelernt, mit wenig auszukommen und entsprechend viel zu sparen, die Jüngeren haben das leider verlernt. Angesichts der drohenden Rentenlücken wäre es gut, sie lernten es schnell.

Glauben Sie, dass die Riester-Zulagen und die Möglichkeit, Pensionsfonds einzurichten, die betriebliche Altersvorsorge in Deutschland stärken wird?
Entschieden ja, die betriebliche Altersvorsorge wird eine Renaissance erleben – da sind sich fast alle Experten einig.

Die Sparquote ist in Deutschland nach wie vor sehr hoch. Welche Motivation haben die Sparer?
Rücklagen für schlechte Zeiten aus Vorsicht zu bilden ist ein wichtiges Motiv. Und Sparen für die Altersvorsorge.

Wie hat sich die Sparquote in den letzten Jahre verändert und warum?
Sie ist rückläufig, hat sich aber in jüngster Zeit stabilisiert. Hoffentlich ist das ein Trend. Die Sparquote müsste sogar steigen, denn den Deutschen fehlt volkswirtschaftlich gesehen viel Kapital für eine gedeihliche Zukunft. Besonders auch, weil immer weniger Kinder unseren Wohlstand sichern helfen.

Welchen Stellenwert hat das Eigenheim in der Altersvorsorge der Deutschen?
Einen sehr hohen – viele wollen ein Eigenheim, um später miet- und schuldenfrei zu wohnen.

Welche Anlageform ist die wichtigste Grundlage der Altersvorsorge?
Volkswirtschaftlich gesehen, neben den Ansprüchen an die gesetzliche Rente, die Lebensversicherung und die Immobilie. Schaut man auf eine einzelne Person, lässt sich die Frage nicht beantworten, weil zu viele individuelle Faktoren wie Alter, Lebensziele, Anlageerfahrung und Risikopräferenz ins Kalkül zu ziehen sind.

Wird die Altersvorsorge geplant oder handelt es sich eher um zufällig aneinandergereihte Spar- und Anlageverträge?
Glaubt man den Kundenberatern, handelt es sich meist um ein zufällig angehäuftes Sammelsurium an Vermögenswerten. Das wird in einer Großzahl der Fälle auch wohl so sein. Doch die Zahl der strategisch Denkenden und Handelnden steigt, wenn auch noch nicht stark genug.

Was empfehlen Sie zum Aufbau einer Altersvorsorge?
Frühzeitig anfangen, diszipliniert den Vermögensaufbau betreiben. Dann übernimmt einen Großteil der Last der Zinseszinseffekt.

GENÜGT DIE GRUNDABSICHERUNG?

Sie haben Ihre persönlichen Risiken erkannt und wissen jetzt, wie groß Ihr Vermögen ist und wie viel Geld Sie monatlich sparen können. Auch das Sparziel, also wie viel Kapital Sie zum Alter ansammeln müssen, haben Sie bereits ermittelt. Jetzt überlegen Sie, wie viel Geld Sie für Unvorhergesehenes zur Verfügung haben möchten, wie Sie mittel- bis langfristig Geld ansparen können und welche Risiken Sie dabei eingehen. Natürlich sollen auch die bereits bestehenden Geldanlagen überprüft und an Ihre persönliche Strategie angepasst werden.

Aber wie ist es möglich, Chancen zu nutzen und die Risken zu meiden? Grundsätzlich hängen Chancen und Risiken voneinander ab. Chancen erhöhen heißt gleichzeitig auch ein größere Risiken eingehen – und umgekehrt, wenn Sie alle Risiken ausschließen, haben Sie nur noch wenig Chancen. Daher lohnt es sich, die einzelnen Angebote genau zu prüfen, wie groß Chancen und Risiken sind und ob das Risiko für Sie infrage kommt. Ihre Anlageziele und die Zeit, die zur Verfügung steht, spielen dabei eine große Rolle.

tipps

- ✔ Je eher Sie Ihre Altersversorgung benötigen, desto konservativer (sicherer) sollten Sie die Vermögensanlage gestalten.
- ✔ Je mehr Zeit bis zum Ruhestand zur Verfügung steht, desto renditebewusster sollten Sie investieren.

Anlageziele und Anlagehorizont

Ihre persönlichen Anlageziele haben Sie definiert und den Anlagezeitraum festlegt. Vielleicht nicht ganz so genau, wenn Sie noch jung sind und gar nicht übersehen können, ob Sie bis 60 oder bis 65 arbeiten werden.

Aber eines wissen Sie schon heute: Sie möchten jetzt beginnen, Ihr Geld systematisch anzulegen, um immer Geld zur Verfügung zu haben, wenn sich in Ihrem Leben etwas verändert. Auch für die großen Ziele soll genügend Geld da sein und im Alter möchten Sie weiterhin gut leben können. All diese Vorgaben müssen sich in Ihrer Geldanlage widerspiegeln. Also unterziehen Sie die bestehenden Geldanlagen zunächst einmal einer genauen Prüfung!

Jede Geldanlage wird auf drei Kriterien geprüft: Sicherheit, Liquidität und Rentabilität. Als viertes kann die Wertbeständigkeit betrachtet werden.

Diese Zielkriterien schließen sich jedoch teilweise aus, so dass für jede Geldanlage eine Gewichtung vorgenommen werden muss. Natürlich sollen in jedem Bereich gute Ergebnisse erzielt werden: Hohe Zinssätze, attraktive Gewinnausschüttungen, Kapitalzuwächse bei hoher Sicherheit und jederzeitiger Verfügbarkeit des Kapitals ergäben zusammengenommen eine ideale Vermögensanlage.

Was bedeutet Sicherheit im Hinblick auf eine Kapitalanlage? Sicherheit hängt immer von den eingegangenen Risiken ab. Hierzu zählen die Verlässlichkeit des Schuldners beim Kauf festverzinslicher Wertpapiere, Kursrisiken, Währungsrisiken bei Investitionen in Fremdwährungen und politische Risiken bei Investitionen im Ausland.

Größere Sicherheit kann durch eine ausgewogene Aufteilung des Vermögens (Diversifizierung) erreicht werden. Gemeint ist, in unter-

schiedliche Wertpapierformen zu investieren und diese wieder in verschiedene Branchen, Länder und Währungen zu unterteilen.
Das zweite Kriterium ist Liquidität, also wie schnell eine Anlage wieder in Bankguthaben oder Bargeld umgewandelt werden kann. Bei Spareinlagen steht das Geld mehr oder weniger jederzeit zur Verfügung. Bei Wertpapieren, die an der Börse gehandelt werden, ist dies ebenfalls kurzfristig möglich, gegebenenfalls mit Verlust. Das heißt, die jederzeitige Verfügbarkeit geht dann zulasten von Rentabilität und Sicherheit.
Die Rentabilität eines Wertpapiers ergibt sich aus dem Ertrag. Hierzu gehören Zinseinkünfte, Dividendenzahlungen und Wertsteigerungen durch Kursveränderungen. Die Erträge von Geldanlagen können je nach Art der Vermögensanlage regelmäßig sein, ausgeschüttet, wieder angelegt oder angesammelt und zu einem vorher bestimmten Zeitpunkt ausgezahlt werden. Sie können gleich bleiben oder schwanken. Um die Rentabilität unterschiedlicher Wertpapiere zu vergleichen, wird die Rendite ermittelt, eine Kennzahl, die Art und Risiko einer Geldanlage unberücksichtigt lässt (siehe Seite 129ff.).
Bei jeder Geldanlage sollten Sie die Rendite nach Steuern berechnet, da Kapitaleinkünfte einkommensteuerpflichtig sind. Dennoch sollten Sie nicht, um Steuern zu sparen, leichtfertig das Risiko Ihrer Anlage erhöhen. Der Wahn, Steuern sparen zu wollen, hat schon manchen zu einer falschen Entscheidung verführt.
Rentabilität, Sicherheit und Liquidität sind nicht ohne Kompromisse miteinander vereinbar, wie das »magische Dreieck« auf anschauliche Weise verdeutlich:

→ Die wesentlichen Punkte sind Sicherheit und Liquidität. Eine Geldanlage, die diese Kriterien in einem günstigen Verhältnis aufweist, wird nur mäßig rentabel sein.

Das magische Dreieck der Vermögensanlage

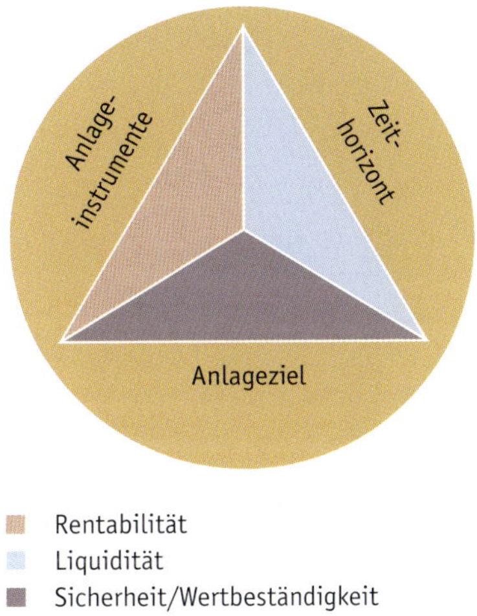

→ Ein Spannungsverhältnis besteht zwischen Sicherheit und Rentabilität. Je höher die Sicherheit einer Anlage, desto geringer die Rendite. Je höher die Rentabilität einer Geldanlage, desto größer das Risiko.

→ Ebenso besteht zwischen Liquidität und Rentabilität ein Konflikt. Anlagen, die sich kurzfristig auflösen lassen, sind oft wenig rentabel.

Wenn Sie das magische Dreieck verinnerlicht haben, wird es Ihnen leichter fallen, für Ihre Anlageziele Schwerpunkte zu setzen.
Ein Beispiel: Sie erhalten heute 100 000 Euro aus einer Lebensversicherung und möchten mit diesem Betrag in 10 Monaten ein fälliges Hypothekendarlehen tilgen. Dann haben für Sie Sicherheit und Liquidität, nämlich dass genau zu diesem Termin der Betrag zur Verfügung steht, Vorrang.

Die Rendite ist für eine Anlagedauer von nur 10 Monaten nicht entscheidend. Sie sollten also eine Anlageform wählen, die diese Kriterien erfüllt. Das kann in diesem Fall eine Spareinlage sein, die einen Zinssatz höher als die Inflationsrate bietet, vielleicht eine Festgeldanlage oder ein festverzinsliches Wertpapier, das in genau 10 Monaten fällig wird.
Bei jeder Anlage sollten auch die Kosten beachtet werden. Spareinlagen sind kostenfrei, Festgeldanlagen in der Regel ebenfalls. Beim Kauf von festverzinslichen Wertpapieren werden Kaufspesen und Depotgebühren für die Dauer der Laufzeit fällig. Auch ein Geldmarktfonds in Euro kostet zusätzlich Geld. Obwohl hier kein Ausgabeaufschlag anfällt, werden Verwaltungskosten, Depotbankgebühren und Managementgebühren innerhalb des Fonds berechnet.

historischer exkurs

Die Anfänge der Anleihen gehen bis ins Altertum zurück. Bereits die Sumerer hielten um 2500 v.Chr. auf Tontafeln Regeln und Ereignisse in Verwaltung und Wirtschaft fest.
Es sind vor kurzem Tontafeln gefunden worden, die unseren heutigen Anleihen entsprechen. Die An-gaben waren schon damals so wie heute: der zur Verfügung gestellte Betrag, Fälligkeit, Zinsen und Termine der Zinszahlungen.
Im Mittelalter wurden zur Finanzierung von Kriegen und Kreuzzügen Schuldverschreibungen ausgegeben.

VERZINSLICHE WERTPAPIERE

Wertpapiere sind Zahlungsverpflichtungen in Form einer Urkunde über ein Vermögensrecht. Diese Papiere werden mit unterschiedlichen Begriffen bezeichnet:
→ Wertpapiere
→ Anleihen
→ Rentenpapiere
→ Obligationen
→ Bonds

Allen gemeinsam ist, dass Sie beim Kauf einer Anleihe dem Schuldner, der auch Emittent genannt wird, Geld leihen. Im festverzinslichen Wertpapier wird ein Gläubigerrecht verbrieft. Damit erwerben Sie einen Anspruch auf Zinsen und die Rückzahlung des Geldes nach der vereinbarten Laufzeit. Eine Anleihe ist im Grunde nichts anderes als ein an der Börse gehandelter Kredit.
Die Rückzahlung öffentlicher Anleihen garantiert der Staat, gedeckt durch das Steueraufkommen. Kann ein Staat seinen finanziellen Verpflichtungen nicht mehr nachkommen, besteht keine Möglichkeit, das Geld einzutreiben! Ist der Emittent einer Anleihe eine Aktiengesellschaft, dann genießen die Anleihen gewisse Vorzugsrechte: Beim Konkurs werden Anleihen als Erste aus den Vermögenswerten bedient.
Anleihen mit einem festen Zinssatz und der Chance auf Kurssteigerungen sind eine attraktive Anlageform und bieten verschiedene Möglichkeiten:
→ Konservative Anleger kaufen Papiere mit sehr guter Bonität. Hierzu zählen Papiere, für die wirtschaftlich und politisch stabile Staaten die Garantie übernehmen: Schatzbriefe, Bundesanleihen, Anleihen anderer europäischer Staaten oder der USA. Ziel ist, langfris-

tig Zinsen zu erhalten, diese wieder zu investieren und damit Kapital aufzubauen. Deshalb ist die angemessene Verzinsung über einen langen Zeitraum wichtig und es wird bis zum Ende der Laufzeit auf die Rückzahlung des Kapitals gewartet, da dann unabhängig vom Börsenkurs der Nennwert ausgezahlt wird.

→ Spekulative Anleger sind an Kursgewinnen interessiert. Sie hoffen auf sinkende Zinsen oder Währungsveränderungen, parken das Geld in Kurzläufern und sind jederzeit bereit, ein interessant erscheinendes Investment zu tätigen. Marktschwankungen sind für sie günstig, denn daraus ergaben sich Chancen auf neue Gewinne.

Die hohe Sicherheit festverzinslicher Wertpapiere, die durch eine gute Bonitätsauswahl von jedem Anleger erreicht werden kann, garantiert laufende Zinsen und die fristgerechte Rückzahlung des investierten Kapitals. Durch die Zahlung der Zinsen erhält der Anleger einen regelmäßigen Ertrag während der gesamten Laufzeit. Der Verkauf einer börsennotierten Anleihe ist innerhalb kurzer Zeit zum Kurswert möglich, so dass der Anleger über sein Kapital verfügen kann.

Geldmarkt – Kapitalmarkt

Geldmarkt- und Kapitalmarktpapiere unterscheiden sich einzig und allein durch die Laufzeit. Geldmarktpapiere weisen eine Laufzeit von maximal 1 Jahr auf, alle Papiere mit längeren Laufzeiten werden als Kapitalmarktpapiere bezeichnet. Hier wird zwischen mittelfristigen Papieren mit einer Laufzeit bis zu 8 Jahren und langfristigen Papieren mit 8 bis 30 Jahren Laufzeit unterschieden.
Bei den Geldmarktpapieren handelt es sich um Termingeld und Papiere mit kurzen Laufzeiten, zu denen beispielsweise auch Finanzierungsschätze, Bundesanleihen und Bundesschatzanweisungen gehören. Geldmarktkonten sind also Cashkonten – Konten, über die sofort oder kurzfristig verfügt werden kann.
Das Termingeld, auch Call Money genannt, sowie Tagesgeld sind geldmarktähnliche Anlageformen. Die meisten Banken bieten Termingelder in mehreren Währungen an, zwischen denen auch kurzfristig gewechselt werden kann. Hierbei ist die Laufzeit der Anlage festgelegt, die zwischen 1 Tag und 1 Jahr betragen kann.
Tages- oder Festgeldkonten sind Konten, auf denen Gelder zu einem Zinssatz, der etwas über den Zinsen einer Spareinlage liegt, für einen genau festgelegten Zeitraum geparkt werden können. Tages- oder Festgeldkonten sollten Sie nutzen, wenn Sie zu einem festgelegten Zeitpunkt eine bestimmte Geldmenge benötigen und Ihnen das Geld vorher zur Verfügung steht oder wenn Ihnen Geld zugeflossen ist und Sie sich noch nicht genau entschieden haben, in welcher Form es langfristig angelegt werden soll.
Finanzierungsschätze des Bundes sind geeignet, um Gelder für 1 oder 2 Jahre, zu parken. Sie können nicht vorzeitig zurückgegeben oder verkauft werden. Bundesanleihen werden mit unterschiedlichen Laufzeiten emittiert und die Papiere mit kurzen Laufzeiten sind hervorra-

festverzinsliche wertpapiere

Festverzinsliche Wertpapiere bieten

- ✔ größtmögliche Sicherheit
- ✔ hohen Ertrag
- ✔ kurzfristige Verfügbarkeit

gend für Geldmarktkonten geeignet. Ebenso Bundesschatzanweisungen mit Laufzeiten bis zu 2 Jahren. Beide Papiere können nach der Börseneinführung täglich gehandelt werden.

Kontensparen

Das gute alte Sparbuch, jetzt Spareinlage genannt, ist die einfachste Form, Geld anzulegen. Noch immer sind große Vermögenswerte auf diese unrentable Art angelegt. Häufig bringen die Zinsen nicht einmal einen Inflationsausgleich, das heißt, das Geld verliert jedes Jahr an Wert. Bei jedem Bankinstitut erhältlich, häufig nicht mehr als Sparbuch, sondern in Form von Kontoauszügen, mit einer Geldkarte zur jederzeitigen Verfügbarkeit ausgestattet. Allerdings können innerhalb eines Monats nur Beträge bis höchstens 2 000 Euro abgehoben werden. Ein höherer Betrag muss 3 Monate vorher angemeldet beziehungsweise das Konto 3 Monate vorher gekündigt werden. Banken zahlen dafür gerade einmal 1,25 bis 2 Prozent Zinsen. Die Zinsen einer Spareinlage sind variabel, sie können jederzeit im üblichen Rahmen einseitig von der Bank durch Aushang in den Geschäftsräumen verändert werden.
Wenn schon eine Spareinlage, dann bei einer der Banken, die deutlich höhere Zinsen als die Geschäftsbanken zahlen und diese günstigen Konditionen bereits ab dem ersten angelegten Euro bei jederzeitiger Verfügbarkeit anbieten. Wichtig ist, dass die Bank Mitglied im deutschen Einlagensicherungsfonds ist!
Es gibt auch Angebote, die für bestimmte Laufzeiten Zinsen fest zusagen, so dass Sie wissen, wenn Sie Geld für einen festen Zeitraum anlegen, wie sich Ihr Geld vermehrt. Wenn Sie mehr Geld benötigen, müssen Sie die 3-monatige Kündigungsfrist einhalten und bekommen dann entsprechend der vorher festgelegten Staffel Zinsen gutgeschrieben.
Trotz aller Unattraktivität als Anlage ist eine Geldreserve auf einer gut verzinsten Spareinlage oder auch einem Tagesgeldkonto für den Notfall durchaus sinnvoll. Die Zinsen sollten immer über der aktuellen Inflationsrate liegen, damit das Geld nicht an Wert verliert. Auf diese Art aber möglichst nicht mehr als 1 bis höchstens 2 Monatseinkommen angelegen!

Sparpläne

Die von Sparkassen und Banken angebotenen Sparpläne sehen regelmäßige Einzahlungen über einen vorher festgelegten Zeitraum vor. Dafür wird ein fester Zins vereinbart, der auch bei Veränderungen der Marktzinsen gleich bleibt, oder der Grundzinssatz liegt 1 bis 2 Prozent über den Marktzinsen und beim Einhalten der vereinbarten Spardauer erhält der Sparer einen Bonus. Über das Geld kann nicht verfügt werden und bei Kündigung entfällt der Bonus. Sparpläne können schon mit geringen monatlichen Einzahlungen vereinbart werden.

Sparbriefe

Sparbriefe werden von Sparkassen oder Banken ab 500 Euro angeboten. Der Wert des Sparbriefes ist fest. Er hat eine feste Laufzeit von 5, 10 oder 15 Jahren und bietet über die gesamte Laufzeit einen festen Zinssatz. Drei Formen der Zinszahlungen sind dabei zu unterscheiden:

- → Jährliche Zinszahlung
- → Zinsansammlung: Hierbei werden die Zinsen über die gesamte Laufzeit angesammelt und bei Fälligkeit zusammen mit dem Anlagebetrag ausgezahlt.
- → Abgezinster Sparbrief: Die Zinsen werden im Voraus berechnet und von dem anzulegenden Betrag abgezogen. Bei Fälligkeit wird dann der gesamte Betrag ausgezahlt.

Sparbriefe sind interessant, wenn das Geld fest und sicher angelegt werden soll, das Zinsniveau sehr hoch ist und mit fallenden Zinsen zu

rechnen ist. Dann können Sie sich diesen hohen Zinssatz für eine festgeschriebene Zeit sichern. In Niedrigzinsphasen lohnen sich Sparbriefe nur über kurze Zeiträume. Wer längere Laufzeiten wählt, hat bei steigenden Zinsen das Nachsehen.
Bei einem Sparbrief stellen Sie der Bank oder der Sparkasse für einen festgelegten Zeitraum Geld zur Verfügung. Diese verpflichtet sich zur Zinszahlung und Rückzahlung zum vereinbarten Termin. Banken und Sparkassen sind über den Einlagensicherungsfonds abgesichert.
Der Einlagensicherungsfonds des Bundesverbandes deutscher Banken dient dem Schutz der Anleger und sichert Sicht-, Termin- und Spareinlagen und auf den Namen lautende Sparbriefe bei Insolvenz der Bank bis zu 1,5 Millionen Euro je Anleger ab. Vorsicht, Inhaberschuldverschreibungen und Inhabereinlagenzertifikate sind nicht geschützt!

Anleihen bestehen grundsätzlich aus Mantel und Zinskupon.

Die Anleihe

Die Konditionen sind in den jeweiligen Emissionsbedingungen aufgeführt:
→ Laufzeit
→ Tilgung
→ Verzinsung
→ Währung
→ Emissionskurs
→ Kündigungsmöglichkeiten

Jedes Wertpapier ist durch eine 6-stellige Nummer, die Wertpapierkennnummer (WKN) eindeutig gekennzeichnet. Weiterhin hat es noch einen ausführlichen Namen und häufig auch eine Kurzbezeichnung. Es gibt Auskunft über den Emittenten, also den Schuldner, dem das Geld zur Verfügung gestellt wird. Festgelegt ist der Zinssatz, der als Kupon bezeichnet wird. Dieser wird, meist jährlich, am festgelegten Zinstermin gezahlt. Ebenso ist der Emissionstag angegeben, also der Tag, an dem das festverzinsliche Wertpapier eingeführt wurde und an dem die Zinslaufzeit begann. Außerdem sind Währung sowie Börsenplatz angegeben.
Am häufigsten sind Inhaberpapiere. Das Eigentum wechselt nach dem Motto »Geld gegen Papiere«, der Eigentümer wird nicht namentlich erwähnt. Dies erleichtert den Handel, der heute allerdings nur noch per Buchung auf Konten vorgenommen wird.
Bei einem Namenspapier erfolgt die Übertragung durch eine schriftliche Abtretungserklärung. Der neue Eigentümer kann durch Vorlage der Urkunde beim Emittenten die Ausfertigung einer neuen, auf seinen Namen lautenden Urkunde beantragen. Grundsätzlich besteht jede Anleihe aus zwei Teilen:
→ Die eigentliche Urkunde ist der Mantel. Dieser dokumentiert den Anspruch auf den Nennwert am Ende der Laufzeit.

→ Der Bogen oder Zinskupon, der den Anspruch auf die Zinsen zu den Zinsterminen festlegt. Dieser Zinsschein ist ein weiteres eigenes Wertpapier.

Früher wurden Anleihen nicht wie heute von Banken im virtuellen Depot verwaltet, sondern die Anteile wurden als effektive Stücke ausgegeben. Viele Sparer ließen ihre Wertpapiere nicht von der Bank verwalten. Sie legten ihre Wertpapiere in einen Safe und zum Zinstermin wurde der entsprechende Abschnitt des Zinskupons ausgeschnitten und am Bankschalter bar eingelöst.

Emittenten von Wertpapieren

Als Emittent wird der Schuldner eines Wertpapiers bezeichnet. Durch das Auflegen einer Anleihe haben Unternehmen, Banken und die öffentliche Hand die Möglichkeit, sich Kapital zur Finanzierung großer Vorhaben zu besorgen. Entweder können diese Summen nicht von einem einzigen Kapitalgeber aufgebracht werden oder es ist nicht gewünscht, da Kapitalgeber auch Einfluss nehmen. Durch das Auflegen einer Anleihe kann der benötigte Kredit auf viele Investoren verteilt werden. Immer häufiger nutzen große Unternehmen wie DaimlerChrysler, Nokia oder Vodafone Anleihen als Finanzierungsinstrument. Die Anleihen haben, je nachdem, von wem sie aufgelegt werden, unterschiedliche Namen:
→ Öffentliche Hand: Bundesanleihen, Bundesschatzanweisungen, Geldmarktpapiere, Länderanleihen, Kommunalanleihen
→ Banken: Bankschuldverschreibungen, Kassenobligationen, Pfandbriefe
→ Unternehmen: Unternehmensanleihen, Industrieobligationen

Die Emittenten haben die Möglichkeit, die Anleihe entsprechend ihrem Geldbedarf zu gestalten. So können zur gleichen Zeit Wertpapiere mit unterschiedlichen Laufzeiten, unterschiedlichen Zinsen und verschiedenen Kündigungsrechten von demselben Emittenten ausgegeben werden.
Unternehmen legen Anleihen in der Regel nicht selbst auf, sondern nutzen die Kenntnisse von Banken und Kreditinstituten. Diese Platzierung wird als Fremdemission bezeichnet. Beispielsweise hat die BHF-Bank Emissionen für Nokia oder die Bayerische Hypo-Vereinsbank Anleihen für DaimlerChrysler aufgelegt. Selbstemissionen werden nur von Hypothekenbanken, Pfandbriefanstalten oder öffentlich-rechtlichen Kreditinstituten und einigen Großbanken begeben.
Es gibt Daueremittenten wie die Bundesvermögensverwaltung, Pfandbriefanstalten und Kreditinstitute zur fortwährenden Mittelbeschaffung oder Einmalemissionen, bei denen der Zweck der Emission aus den Anleihebedingungen hervorgehen muss.
Jede Anleihe muss staatlich genehmigt werden. Mit einer einzigen Ausnahme: die Anleihen von Bund und Ländern. Auch die Bundesbank muss vor der Emission gefragt werden. Zum einen dient dies dem Anlegerschutz, da die Bedingungen geprüft werden, zum anderen soll eine Überlastung des Kapitalmarktes vermieden werden.

Bundeswertpapiere

Bundesschatzbriefe sind allgemein bekannt. Sie stellen eine Sonderform dar und lassen sich zwischen Sparbriefen und Wertpapieren einordnen. Herausgeber ist nicht eine Bank oder Sparkasse wie bei einem Sparbrief, sondern die Bundesrepublik Deutschland, die im Rahmen ihrer Kreditaufnahme Bundesschatzbriefe als Daueremissionen auflegt. Bundeswertpapiere sind ein fester Bestandteil der Finanzierung des Bundeshaushaltes geworden. Es sind keine Wertpapiere, sondern lediglich

»Schuldbuchforderungen«, die Schuldner werden registriert.
Wenn Sie Bundesschatzbriefe erwerben, stellen Sie der Bundesrepublik Deutschland Geld über eine feste Laufzeit von 6 oder 7 Jahren zur Verfügung. Beim Kauf direkt über die Bundeswertpapierverwaltung wird Ihr Name und die Summe in das Bundesschuldenregister eingetragen. Wenn die Bank an Ihrer Stelle kauft, wird der Betrag auf den Namen der Bank eingetragen.
Bundesschatzbriefe werden mit einem festen Zins ausgegeben, der sich jedes Jahr erhöht. Zinsschwankungen sind ausgeschlossen. Dies schließt allerdings auch Kursgewinne und Kursverluste aus, da Bundesschatzbriefe nicht an der Börse gehandelt werden. Bei Bundesschatzbriefen Typ A werden die Zinsen jährlich nachträglich gezahlt, erstmals 1 Jahr nach Zinsbeginn. Beim Typ B werden die Zinsen mit Zinseszinsen bei Ablauf zusammen mit dem Nennwert ausgezahlt. Trotz einer vereinbarten Laufzeit von 6 oder 7 Jahren ist die Anlage nur für 1 Jahr unkündbar. Danach können Wertpapiere mit einem Nennwert von höchstens 5 000 Euro monatlich vorzeitig zurückgeben werden, es erfolgt kein Zinsabschlag.
Bundesschatzbriefe können ab einem Mindestbetrag von 50 Euro erworben werden.
Finanzierungsschätze sind ein weiteres Bundeswertpapier. Es handelt sich hierbei um abgezinste Wertpapiere mit 1- oder 2-jähriger Laufzeit. Das bedeutet, der Erwerber zahlt beim Kauf einen geringeren Betrag, als den Nennwert des Wertpapiers. Die Zinsen für die Zeit vom Tag des Erwerbs bis zum Fälligkeitstag werden bereits im Voraus vom Nennwert abgezogen und bei Fälligkeit wird dann der Nennwert ausgezahlt. Die jährlichen Abschlagsprozentsätze werden als Verkaufszinssätze bezeichnet. Sie werden von Zeit zu Zeit an die Marktzinsen angeglichen.
Finanzierungsschätze können, außer von Kreditinstituten, von jedermann erworben werden. Die Mindestanlagesumme beträgt 500 Euro, der Höchstanlagebetrag je Person und Geschäftstag beträgt 250 000 Euro.
Weitere Bundeswertpapiere sind die börsengehandelten Bundesobligationen, Bundesanleihen und Bundesschatzanweisungen, die mit unterschiedlichen Laufzeiten und Ausstattungen für unterschiedliche Anlagezeiträume gute Möglichkeiten bieten.
Alle Wertpapiere können jederzeit bei der Bundeswertpapierverwaltung in Bad Homburg gebührenfrei erworben und auch gebührenfrei verwaltet werden.
Mittlerweile können Bundeswertpapiere auch per Dauerauftrag gekauft werden. Im Internet steht ein Renditerechner zur Verfügung, der die Renditen bei vorzeitiger Rückgabe auf den Tag genau berechnet. Dabei kann festgestellt werden, ob es sich lohnt, bei steigenden Zinsen vorhandene Bundesschatzbriefe zu verkaufen und gegen eine Neuemission zu tauschen.

tipps

- ✔ Wenn Sie Geld über einen längerfristigen Zeitraum fest anlegen wollen, prüfen Sie unbedingt die Konditionen der Bundeswertpapiere. Häufig sind diese besser verzinst und bieten die Möglichkeit, schon nach einem Jahr wieder über das Geld zu verfügen.
- ✔ Bundeswertpapiere sollten Sie direkt von der Bundeswertpapierverwaltung beziehen und dort verwalten lassen. Damit sparen Sie die Depotgebühren!

Pfandbriefe

Pfandbriefe sind festverzinsliche Wertpapiere mit einer festen Laufzeit und vorab bekannten Rückzahlungsbedingungen, die von privaten oder öffentlichen Hypothekenbanken aufgelegt werden.
Der Zinssatz eines Pfandbriefs richtet sich nach den Marktbedingungen. Der Effektivzins wird wie bei allen Anleihen durch Nominalzins und Ausgabekurs bestimmt. Die Zinszahlung erfolgt halbjährlich oder jährlich. Der Ausgabekurs ist bei Pfandbriefen in der Regel unter pari, das bedeutet, der Verkaufspreis liegt bei Emission unter dem Nennwert.
Die Rückzahlung erfolgt immer zum Nennwert. Pfandbriefe sind häufig mit einer befristeten Unkündbarkeitsklausel ausgestattet. Die Rückzahlung am Ende der Laufzeit oder nach Kündigung durch den Emittenten kann entweder auf einmal oder in Raten erfolgen.
Die Sicherheit von Pfandbriefen wird unter anderem mit Grundpfandrechten garantiert. Da die Gelder von den Kreditinstituten zur Vergabe von Hypothekendarlehen verwendet werden, dienen die Grundpfandrechte ebenfalls als Sicherheit für die ausgegebenen Pfandbriefe.
Im Falle der Zahlungsunfähigkeit des Kreditinstituts werden die Forderungen der Pfandbriefgläubiger aus den Grundpfandrechten beglichen. Damit auch die Zinsforderungen der Pfandbriefgläubiger gesichert sind, ist von den Kreditinstituten zu gewährleisten, dass den jeweiligen Pfandbriefen Hypotheken mit gleichem Zinssatz gegenüberstehen.
Die zur Besicherung dienenden Hypotheken müssen gesetzlichen Mindestanforderungen genügen. Neben der Besicherung gibt es weitere gesetzliche Regelungen zum Schutz der Gläubiger.
Pfandbriefe sind aufgrund der gesetzlichen Anforderungen sichere Papiere, die Anlegern eine Alternative zu Bundesanleihen oder erstklassigen Industrie- und Bankobligationen bieten.

Wissenswertes beim Kauf einer Anleihe

Wertpapiere und Anleihen kaufen Sie per Orderauftrag bei Ihrer Bank. Alle Börsengeschäfte werden bis spätestens 2 Arbeitstage nach Auftrag erfüllt. Dann wird der Kaufpreis von Ihrem Konto abgebucht und die Wertpapiere werden Ihrem Depot gutgeschrieben. Den Kauf einer Anleihe bezeichnet man auch als Zeichnen. Jede Anleihe ist in einer Broschüre umfassend beschrieben.
Der Ersterwerber einer Anleihe zahlt den Nettoverkaufspreis oder Emissionskurs (provisionsfrei), da die Bank die Provision vom Emittenten erhält. Bei den bereits im Handel befindlichen Wertpapieren verlangt die Bank für den Kauf einen bestimmten Prozentsatz vom Nennwert als Spesen.
Wird die Anleihe durch eine Bank oder ein Bankenkonsortium platziert, erfolgt meistens auch eine Börseneinführung. Durch den Börsenhandel werden die Kurse für den Anleger überschaubar.
Wenn Sie keine Neuemission erwerben, sondern ein gehandeltes Wertpapier zeichnen, werden Sie dies meistens nicht zum Zinstermin erwerben. Das hat zur Folge, dass Sie an den Verkäufer die bis zum Kauftag aufgelaufenen Zinsen zahlen müssen, da Sie mit dem Erwerb der Anleihe die Zinsen für den gesamten Zeitraum erhalten werden.
Nach dem Kauf werden die Papiere von Ihrer Bank in einem Depot verwaltet. Die Bank übernimmt dann die Einziehung der Zinsen und überwacht den Rückfluss des Kapitals bei Fälligkeit. Für die Depotführung wird eine

Depotgebühr erhoben, die aus einer Grundgebühr und einem Prozentsatz vom Depotwert bestehen kann. Wenn Sie Bankschuldverschreibungen Ihrer kontoführenden Bank gekauft haben, sollten Sie unbedingt eine kostenlose Depotführung aushandeln!
Die Kosten beim Kauf von Anleihen betragen durchschnittlich

- Bankprovision: 0,5 Prozent vom Kurs/Nennwert
- Maklergebühr: 0,075 Prozent vom Nennwert
- Depotgebühr: 0,15 Prozent vom Nennwert

Agio und Disagio

Die Bezeichnungen Agio und Disagio kennen Sie sicherlich bei Rückzahlung von Krediten. Wenn Sie ein festverzinsliches Wertpapier erwerben, geben Sie einem Emittenten einen Kredit. Die eigentliche Anleihe ist in viele Teilbeträge mit einem bestimmten Anteilswert, dem Nominalwert, unterteilt –, beispielsweise in Teilbeträge in Höhe von 100, 500 oder 1000 Euro. Vom Emittenten wird ein Ausgabepreis, der Emissionskurs, festgelegt, der in Prozent vom Nominalwert (Nennwert) angegeben wird.
Beträgt der Nominalwert einer Anleihe 1000 Euro und der Emissionskurs 99,82 Prozent, so müssten Sie, wenn Sie das Wertpapier direkt vom Emittenten kaufen, 998,20 Euro dafür bezahlen, also 1,80 Euro weniger als der Nominalwert.
Diese Differenz bezeichnet man als Disagio. Würde der Emissionskurs bei 101 Prozent liegen, müssten Sie 1 010 Euro für das Wertpapier bezahlen. Das Agio beträgt 10 Euro. Kaufen Sie das Wertpapier genau zum Nominalbetrag, also für 1 000 Euro, so wird die Anleihe pari ausgegeben.

Kauf einer Anleihe

Nominalwert 1000 EUR	Nächste Fälligkeit 02.01.2003
Kurswert 100 %	Kupon 5,0000
Letzte Fälligkeit 02.01.2002	Zinszahlung am 02.01.2003 = 50 EUR

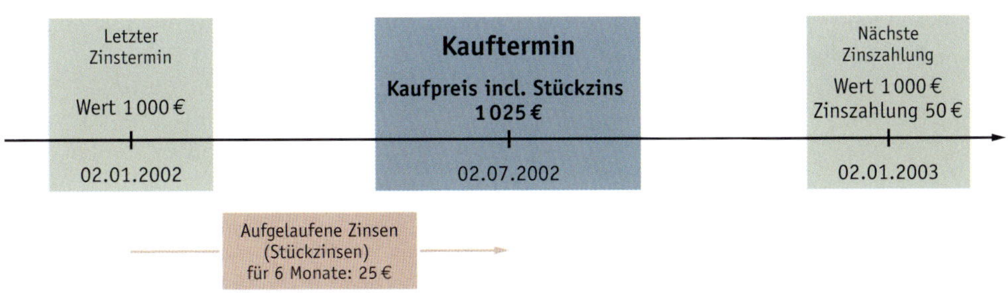

Nominalverzinsung

Bei Anleihen wird ein Zinssatz festgelegt, der sich auf den Nominalwert der Anleihe bezieht, der Nominalzinssatz. Dem Anleger wird ein bestimmter Zinssatz auf den Nominalwert der Anleihe gezahlt, unabhängig davon, ob das Wertpapier pari, mit Agio oder Disagio emittiert wurde.

Wenn ein Wertpapier pari emittiert und erworben wird, der Nominalwert 100 Euro beträgt und der Nominalzinssatz 5 Prozent, erhält der Anleger nach einem Jahr auf den eingezahlten Betrag 5 Euro Zinsen. Damit entspricht die effektive Verzinsung dem Nominalzins, nämlich 5 Prozent. Wurde das Wertpapier aber mit einem Disagio von 2 Prozent oder zu einem Emissionskurs von 98 Prozent, also für 98 Euro, ausgegeben, erhält der Käufer die 5 Prozent Zinsen auf den Nominalwert von 100 Euro und somit 5 Euro Zinsen. Da der Kapitaleinsatz aber geringer war, erhöht sich die effektive Verzinsung. Diese beträgt 5,1 Prozent. Umgekehrt beträgt der Effektivzins bei einem Agio von 2 Euro, also einem Kaufpreis von 102 Euro pro Anteil, nur noch 4,9 Prozent.

Bei einem Kauf unter dem Nominalbetrag, also mit Disagio, erhöht sich die Rendite des Wertpapiers, bei einem Kauf über dem Nominalbetrag, also mit Agio, vermindert sich die Rendite eines Wertpapiers.

Es gibt Anleihen mit einem festen Nominalzinssatz, bei denen zu festgelegten Terminen Zinsen zu einem vorab bestimmten Zinssatz gezahlt werden. Dies sind festverzinsliche Wertpapiere. Und es gibt Wertpapiere mit variablen Zinssätzen, die so genannten »Floating Rate Notes«.

Festzinsanleihen, auch Straight Bonds genannt, haben eine gleichbleibend feste Verzinsung (Nominalzins) für die gesamte Laufzeit. Der Zins wird in Deutschland jährlich, in anderen Ländern wie in den USA zumeist halbjährlich, nachträglich gezahlt. Die den Anleihen beigefügten Zinsscheine (Kupons) verbriefen den Zinsanspruch.

»Floating Rate Notes«, kurz Floater genannt, gewähren keinen festen, sondern einen variablen Zinssatz. Nach 3, 6 oder 12 Monaten zahlt der Emittent der Anleihe die Zinsen und gibt gleichzeitig den Zinssatz für die neue Periode bekannt. Dieser Zinssatz heißt Referenzzinssatz und orientiert sich an Geldmarktsätzen wie London Interbank Offered Rate (LIBOR) oder Frankfurt Bank Offered Rate (FIBOR). Der Anleihezins steigt oder fällt mit dem Referenzzinssatz der entsprechenden Geldmärkte.

Die Geldmarktsätze LIBOR und FIBOR sind die Zinssätze, zu denen Banken in London oder Frankfurt bereit sind, Gelder bei anderen Banken kurzfristig anzulegen.

Die Nominalverzinsung eines Floaters wird zwar der Zinsentwicklung am Interbankenmarkt angepasst, entspricht diesem jedoch nicht genau, sondern der Emittent zahlt dem Anleger einen Zins, der um einen festen prozentualen Aufschlag beziehungsweise Abschlag (Spread) über oder unter den genannten Sätzen liegen kann. Die Höhe dieses Spread richtet sich nach der Bonität des Schuldners und der Verfassung des Marktes.

Es gibt zahlreiche Sonderformen von Floating Rates, da die Gestaltungsmöglichkeiten für variabel verzinsliche Anleihen vielfältig sind. Man unterscheidet Floating-Rate-Anleihen mit einer Mindestverzinsung (Floors) und einer Maximalverzinsung (Caps).

Floor-Floater garantieren dem Anleger einen Mindestzinssatz für den Fall, dass der Referenzzinssatz zuzüglich dem Spread unter den Mindestzinssatz sinkt; dem Anleger werden Zinszahlungen in Höhe des Mindestzinssatzes garantiert.

Cap-Floater setzen eine Höchstgrenze für die Verzinsung fest. Für den Anleger heißt dies, dass er auch dann nur die Höchstverzinsung

erhält, wenn der Referenzzinssatz zuzüglich Spread diese überschreitet.
Eine Besonderheit stellen Null-Kupon-Anleihen dar. Diese auch als Zero Bonds bezeichneten Anleihen sind nicht mit einem Zinskupon ausgestattet. Anstatt regelmäßiger Zinszahlungen bildet die Differenz zwischen Emissionskurs und Rückzahlungskurs den Zinsertrag bis zur Fälligkeit. Der Anleger erhält demnach eine einzige Zahlung, die Tilgung bei Fälligkeit oder den Verkaufserlös bei vorzeitigem Verkauf. In der Regel werden Zero Bonds mit einem hohen Disagio emittiert und pari zurückgezahlt, also zu einem Kurs von 100 Prozent. Je nach Laufzeit, Schuldnerbonität und Kapitalmarktzinsniveau liegt der Emissionskurs mehr oder weniger deutlich unter dem Rückzahlungskurs.
Bei einer 10-jährigen Null-Kupon-Anleihe eines deutschen Schuldners mit erstklassiger Bonität lag der Ausgabekurs im August 2001 bei etwa 60 Prozent des Nominalwertes. Der Rücknahmekurs beträgt 100 Prozent. Für einen zu 600 Euro gekauften Zero Bond erhält der Schuldner in 10 Jahren am Fälligkeitstag 1 000 Euro. Diese Anleihe kann verkauft werden und der Kurs nähert sich im Laufe der Zeit dem Rückzahlungskurs an. Dies aber nur, solange keine Zweifel daran aufkommen, dass der Schuldner seiner Verpflichtung zur Rückzahlung nachkommen kann. Wird die Anleihe bis zum Schluss gehalten, beträgt die jährliche Effektivverzinsung 5,24 Prozent.

Laufzeit und Tilgung

Die Laufzeit von Anleihen wird eingeteilt in kurzfristig, darunter werden Laufzeiten zwischen 3 Monaten und 2 Jahren verstanden (Geldmarktpapiere), mittelfristig bis zu 8 Jahren und langfristig bis zu 30 Jahren. Für Anleger ist besonders die Restlaufzeit von Bedeutung, der Zeitraum zwischen dem Kauf und dem Fälligkeitsdatum der Anleihe.

Die Rückzahlung oder Tilgung einer Anleihe wird im Emissionspapier festgelegt. Folgende Modalitäten sind möglich:

→ Rückzahlung des Gesamtbetrags der Anleihe am Ende der Laufzeit zum Fälligkeitsdatum. Diese Form ist die endfällige Tilgung.

→ Bei der Tilgung mit Tilgungsplan werden regelmäßige Tilgungszahlungen vorgenommen. Es wird in den Emissionsbedingungen genau festgelegt, zu welchem Zeitpunkt welche Beträge zurückgezahlt werden. Bei der Annuitätentilgung wird jeweils ein gleich hoher Betrag gezahlt, der sich aus Rückzahlungsbetrag und Zinsen zusammensetzt. Bei der Ratentilgung bleibt der Tilgungssatz konstant, der Zinsbetrag nimmt kontinuierlich ab.

→ Auch eine Tilgung ohne Tilgungsplan ist möglich, kommt jedoch selten vor.

Durch die unterschiedlichen Tilgungsmöglichkeiten ist der Zusammenhang zwischen Anleihe und Kredit deutlich zu erkennen.

Kurs einer Anleihe

Anleihen werden an der Börse gehandelt. Damit haben Anleger die Möglichkeit, jederzeit Anteile zu kaufen und zu verkaufen.
Auch Anleihen sind von der Stimmung an den Börsen und damit vom Wirtschaftsklima eines Landes abhängig. Ist es gut, die Kaufkraft groß und sind die Zinsen hoch, steigen die Zinsen für verzinsliche Wertpapiere an und bei steigenden Zinsen werden Neuemissionen mit höheren Zinsen aufgelegt. Verschlechtern sich die Wirtschaftsprognosen, sinken die Zinsen. Bei nachlassendem Wachstum steigt das Interesse an Anleihen, da Anleger Sicherheit suchen und sich aus den Aktienmärkten zurückziehen, so dass wegen der größeren Nachfrage die Kurse steigen.
Wie der Kurs einer Anleihe vom Zinsniveau abhängt, ist in folgendem Beispiel ersichtlich: Sie kaufen eine Anleihe mit einem Nominal-

wert von 100 Euro und einem Nominalzins von 5 Prozent. Die Umlaufrendite (durchschnittliche Rendite aller Wertpapiere zum Tageskurs), eine Kennzahl, die von der Deutschen Bundesbank ermittelt wird, liegt bei 5 Prozent. Bei einem Schuldner mit guter Bonität wird der Kurswert dieser Anleihe bei 100 Euro liegen. Verändert sich während der Laufzeit das durchschnittliche Zinsniveau von 5 auf 4 Prozent, sind alle neu emittierten Anleihen mit einem niedrigeren Nominalzins ausgestattet. Sie bekommen für Ihre Anleihe weiterhin 5 Prozent Zinsen ausgezahlt. Je länger die Laufzeit Ihres Wertpapiers ist, desto höher ist der Kurswert, den Sie beim Verkauf an der Börse erzielen können, da alle Anleger daran interessiert sind, ein Wertpapier mit möglichst hohen Zinsen zu zeichnen. Beim Verkauf liegt der Kurs Ihrer Anlage über 100 Prozent. Sie erzielen eine zusätzliche Rendite. Steigt jedoch der Kapitalmarktzins während der Laufzeit, fällt der Kurswert Ihrer Anleihe,

Die Laufzeit von Anleihen reicht von 3 Monaten bis zu 30 Jahren.

da jetzt alle Anleger höhere Zinsen erhalten wollen.
Während der Laufzeit einer Anlage wird sich der Kurswert dem aktuellen Marktwert anpassen. Für den Anleger ergibt sich bei einer Laufzeit von beispielsweise 10 Jahren immer wieder die Möglichkeit, die Anleihe über dem Nennwert zu verkaufen und damit Gewinn zu erzielen. Zum Ende der Laufzeit nähert sich der Kurswert dem Rückzahlungskurs (Nennwert) an. Liegt der Kurswert über dem Nennwert, wird er fallen, liegt er unter dem Nennwert, wird er steigen. Daher empfiehlt sich eine breite Streuung von Wertpapieren mit unterschiedlich langen Laufzeiten.

Sicherheit einer Anleihe

Bei Anleihen, besonders den festverzinslichen, wird häufig unterschätzt, wie wichtig die Zahlungsfähigkeit des Schuldners ist. Denn nur wenn dieser in der Lage ist, bei Fälligkeit zu zahlen, ist das Investment rentabel. Da es für Anleger schwierig ist, das Bonitätsrisiko eines Unternehmens oder eines Staates einzuschätzen, führen verschiedene Unternehmen Bonitätsprüfungen durch. Die renommiertesten Rating-Agenturen sind Standard & Poor´s und Moody´s. Das begehrteste Rating ist das Tripple A, bei S & P als AAA und bei Moody´s mit Aaa bezeichnet.
Die Wertung der Rating-Agenturen reicht von sicheren Wertpapieren ohne Ausfallrisiko bis zu Wertpapieren, die hoch spekulativ sind, den so genannten Junk Bonds. AAA-Anleihen werden mit einem sehr geringen oder gar keinem Kursabschlag (Disagio) gehandelt, teilweise sogar mit einem Kursaufschlag (Agio). Je schlechter das Rating, desto größer das Ausfallrisiko. Daher werden Anleihen bei Verschlechterung des Ratings immer mit einem Kursabschlag gehandelt. Je besser das Rating eines Landes oder Unternehmens ist, umso dichter liegen die Zinsen am Marktzins, da die

Bonitätsbewertung

	S & P	Moody's	sehr sicher
Beste Qualität	AAA	Aaa	
Anleihen mit geringstem Ausfallrisiko	AA+	Aa1	
Ausfallrisiko nimmt von AAA bis AA– zu,	AA	Aa2	
bleibt aber gering	AA–	Aa3	
Gute Qualität	A+	A1	
Überwiegend gute Kennzahlen, Befürchtung von	A	A2	
negativer Entwicklung aufgrund externer Einflüsse	A-	A3	
Mittlere Qualität	BBB+	Baa1	
Unternehmensentwicklung	BBB	Baa2	
negativ beeinflusst	BBB-	Baa3	
Mäßige Qualität	BB+	Ba1	
Mäßige Deckung der Zins- und	BB	Ba2	
Tilgungszahlungen (spekulativ)	BB-	Ba3	
Geringe Qualität	B+	B1	
Zins- und Tilgungszahlungen langfristig unsicher	B	B2	
(sehr spekulativ)	B-	B3	
Geringe Qualität (Junk Bonds)	CCC	Caa	
Direkte Gefahr des Ausfalls der Zins- und	CC	Caa	
Tilgungszahlungen (hoch spekulativ)	C	C	hoch spekulativ

Anleihen fast ohne Risiko sind. Je schlechter das Rating, umso höher müssen die Zinsen sein und der Kursabschlag, damit Anleger bereit sind, diesem Unternehmen oder Land noch einen Kredit einzuräumen – also eine entsprechende Anleihe zu zeichnen.

Für Sie als Anleger heißt das: Bekommen Sie ein Angebot zur Zeichnung einer Anleihe, bei der der Nominalzins deutlich über den Zinssätzen für die aktuellen Bundeswertpapiere liegt und vielleicht auch noch ein deutlicher Kursabschlag (Disagio) gewährt wird, können Sie davon ausgehen, dass es sich um ein festverzinsliches Wertpapier mit großen Risiken handelt. Es besteht nicht nur das Risiko, die vereinbarten Zinsen nicht zu erhalten, sondern auch, dass der Emittent vielleicht nicht in der Lage sein wird, den Nennwert am Ablauftag einzulösen.

Sonderformen

Außer der großen Anzahl der Anleihen, die sich in den Ausstattungsmerkmalen erheblich voneinander unterscheiden, gibt es weitere Sonderformen:

→ Genussscheine
→ Wandelanleihen
→ Aktienanleihen
→ Optionsanleihen

Genussscheine

Genussscheine nehmen eine Sonderstellung zwischen Aktien und Anleihen ein: Je nach Art der Gestaltung ist ein Genussschein eher eine Anleihe oder eine Aktie. Dem Anleger wird ein Teil des Geschäftsrisikos übertragen. Die Höhe der Zinszahlungen kann von den erzielten Gewinnen eines Unternehmens abhängen. Teilweise werden Genussscheininhaber sogar an den entstandenen Verlusten eines Unternehmens beteiligt, indem die Rückzahlungsbeträge herabgesetzt werden. Für das höhere Risiko erhalten die Inhaber eines Genussscheines in umsatzstarken Zeiten auch deutlich höhere Ausschüttungen. Obwohl Genussscheine Vermögensrechte verbriefen und es sich um Gläubigerpapiere handelt, werden die Bedingungen häufig so gestaltet, dass im Konkursfall andere Gläubiger vorgezogen werden.

Wandelanleihen

Die Wandelanleihe ist ein verzinsliches Wertpapier, das von Aktiengesellschaften ausgegeben wird. Wandelanleihen räumen dem Anleger das Recht ein, diese zu einem festgelegten Zeitpunkt oder innerhalb eines Zeitraums in einem bestimmten Verhältnis in Aktien der emittierenden Gesellschaft zu tauschen. Beim Kauf einer Wandelanleihe starten Sie als Kreditgeber und enden vielleicht als Aktionär. Bei einer Wandelanleihe ist der Anleger berechtigt, seine Forderung gegenüber dem Emittenten zu einem vorgegebenen Bezugsverhältnis in Aktien des jeweiligen Unternehmens umzuwandeln. Steigt der Aktienkurs eines Unternehmens stark an, besteht für den Inhaber der Wandelanleihe die Möglichkeit, diese in Aktien zu wandeln. Bei einer schlechten Entwicklung des Aktienkurses sollte auf den Tausch in Aktien verzichtet werden. Aufgrund der zusätzlichen Chance, welche die Wandlungsmöglichkeit mit sich bringt, werden Wandelanleihen niedriger verzinst als normale Anleihen.

Aktienanleihen

Bei einer Aktienanleihe besteht ebenfalls die Möglichkeit eines Umtausches in Aktien. Der wesentliche Unterschied ist, dass nicht der Anleger, sondern der Emittent bestimmt, ob ein Tausch vorgenommen wird. Der Tauschkurs der Aktien wird zu Beginn der Laufzeit festgelegt genauso wie der Zeitpunkt, an dem die Entscheidung fällt, ob das Wertpapier zum Nennwert zurückgezahlt oder eine festgelegte Anzahl Aktien an den Gläubiger der Anleihe ausgegeben wird. In der Regel erhalten Sie bei der Ausgabe der Aktien einen geringeren Gegenwert, als wenn die Anleihe bar zurückgezahlt würde. Dieses Risiko wird mit vergleichsweise hohen Zinsen entschädigt.

Optionsanleihen

Optionsanleihen funktionieren ähnlich wie Wandelanleihen. Auch sie verfügen über ein Bezugsrecht von Aktien, jedoch nicht alternativ, sondern zusätzlich zur Anleihe. Sie bestehen daher aus zwei Teilen, der normalen Anleihe, die mit einem geringen Zinssatz ausgestattet ist, und aus einem Optionsschein, der zum Erwerb von Aktien des jeweiligen Unternehmens zu einem vorher festgelegten Kurs berechtigt. Beide Teile können unabhängig voneinander an der Börse gehandelt werden. Wenn sich der Kurs der Aktie positiv entwickelt, kann der Optionsschein an der Börse verkauft werden. Dann ergibt sich zusätzlich zu den Zinszahlungen ein Kursgewinn. Entwickelt sich der Kurs negativ, lässt man das Optionsrecht verfallen. Dann hat man für die Optionsanleihe im Vergleich zu einer normalen Anleihe eine geringere Verzinsung erhalten. Für Optionsanleihen gibt es daher drei verschiedene Börsennotierungen:

- → cum – Kurs für die Anleihe mit Optionsschein
- → ex – Kurs für die Anleihe ohne Optionsschein
- → der Optionsschein allein ohne zusätzliche Bezeichnung

Beim Verkauf des Optionsscheins bleibt die Anleihe beim Inhaber und dieser erhält weiter die anfallenden Zinsen sowie am Fälligkeitstermin den Nominalwert.

beispiel aktienanleihe

WKN	617761
Börse	BER
Emittent	BHF-BANK AG
Kurzbezeichnung	BHF-BANK IS.00/02 NOA3
Langbezeichnung	BHF-BANK AG IHS V.00(02)M.TILG.NOA3
Kupon	17,000
Depotwährung	EUR
Abrechnungswährung	EUR
Notierung	%
Emissionstag	18.10.2000
Emissionskurs	99,60
Emissionswährung	EUR
Fälligkeit	18.04.2002
Stückelung	2.000,00
Underlying WKN	870737
Underlying Name	NOKIA CORP.EO-06
Underlying Stk. Nom.	51,00
Underlying Währung	EUR
Allgemeine Bemerkungen	Rückzahlung: (a) 100 % in bar; oder (b) nach Wahl der Anleiheschuldnerin Lieferung von 51 Aktien der Nokia Corp. (WKN 870737) je Teilschuldverschreibung. Die Anleiheschuldnerin wird die Tilgung in Aktien wählen, wenn der Referenzkurs am Referenztag den Basispreis unterschreitet. Referenzkurs: der untertägige XETRA-Auktionskurs der Aktie. Referenztag: 11.04.2002. Basispreis: EUR 39,22. Bekanntgabe der Tilgung: 18.04.2002

Rendite

Als Rendite bezeichnet man den Gesamterfolg einer Anlage. Sie ergibt sich aus:

- → Kaufkurs
- → Nominalzins
- → Verkaufskurs
- → Zeit

Wenn Sie bei der Berechnung genau sein wollen, müssen Sie noch die entstandenen Kosten, wie Kaufspesen, Depotgebühren und Verkaufsspesen, berücksichtigen.

Renditeberechnung

Natürlich können Sie sich von der Bank eine Renditeberechnung erstellen lassen oder im

Internet auf den Seiten der Direktbanken die Rendite selbst berechnen. Für diejenigen, die es versuchen möchten, hier die Formel (ohne Berücksichtigung der Kosten):

$$R = \frac{\left(Z_n + \frac{(K_V - K_K)}{T}\right) \times 100}{K_K}$$

Wobei
R = Rendite
K_V = Verkaufskurs
K_K = Kaufkurs
Z_N = Nominalzins
T = Zeit (Jahre)

Ein Wertpapier wurde zu einem Kaufkurs von 99,60 Euro gekauft und zu einem Verkaufskurs von 102,70 Euro verkauft. Der Nominalzins beträgt 5 Prozent und das Wertpapier wurde 3 Jahre gehalten.

Dann ergibt sich folgende Rechnung:

$$R = \frac{\left(5 + \frac{(102{,}70 - 99{,}60)}{3}\right) \times 100}{99{,}60}$$

Die Rendite beträgt 6,06 Prozent.

High-Yield-Bonds

High-Yield-Bonds sind Anleihen mit Spitzenertrag, die eine außerordentlich hohe Verzinsung bei überdurchschnittlichem Risiko aufweisen. High-Yield-Bonds werden von Unternehmen ausgegeben, die aufgrund hoher Verschuldung keine weiteren Bankdarlehen mehr erhalten und keine »normalen« Anleihen mehr auflegen können.
High-Yield-Bonds werden häufig auch als Junk Bonds oder »Ramsch-Anleihen« bezeichnet. Um überhaupt Gläubiger zu finden, wird ein hohes Disagio eingeräumt und die Anleihen sind mit hohen Kuponzinsen ausgestattet.
Das erhöhte Risiko einer solchen Anleihe ist durch ein vergleichsweise schlechtes Rating zu erkennen. Jede Anleihe, die schlechter als BBB von Standard and Poor´s oder Baa von Moody's bewertet wird, muss als High-Yield-Bond gelten. Die Laufzeit beträgt in der Regel 10 Jahre und die Ansprüche der Gläubiger sind nicht besichert. High-Yield-Bonds sind hoch spekulativ. Garantierte Zinszahlung, Nennwert und Rückzahlungstermin spiegeln eine Sicherheit vor, die es nicht gibt. Wie bereits im magischen Dreieck dargestellt, schließen sich Sicherheit und hohe Rentabilität aus. Derartige Obligationen eignen sich ebenso wie hoch spekulative Aktien nur zur Depotbeimischung über einen Betrag, den Sie als Verlust verkraften können.

Risiko

Anleihen zeichnen sich durch eine hohe Sicherheit aus. Bei Emittenten mit guter Bonität stehen die Zinszahlungen fest und die Rückzahlung ist garantiert. Allerdings kann es auch bei erstklassigen Emittenten während langer Laufzeiten zu einer Herabstufung des Ratings kommen. Dies wird immer mit einem Kursrückgang an der Börse quittiert. Wird das Wertpapier gehalten, entsteht kein Verlust. Die Zinszahlungen erfolgen weiter wie bisher und am Ende der Laufzeit wird der Nominalwert des Wertpapiers ausgezahlt.
Aber es kann auch anders kommen: Ein Emittent kann seinen Zahlungsverpflichtungen nicht mehr nachkommen. Dann wird der Kurswert des Wertpapiers an der Börse drastisch fallen, durch die entfallenden Zinszahlungen erleiden die Anleger Verluste. Geht der Emittent in Konkurs, kann es sogar zum Totalverlust des eingesetzten Kapitals kommen.

Bei Schuldnern mit guter Bonität geschieht dies allerdings nicht von heute auf morgen, sondern entwickelt sich ganz langsam. Meistens besteht noch ausreichend Zeit, um das Papier an der Börse – mit Verlust – zu veräußern. Lediglich bei Junk Bonds geht alles ganz schnell. Daher sind diese Papiere immer mit äußerster Vorsicht dem Depot beizumischen, und wenn, dann nur für einen Bruchteil des vorhandenen Kapitals, den Teil, der als Spielgeld zur Verfügung steht – nach dem Motto: Wer gewinnen will, kann auch verlieren! Jede Medaille hat zwei Seiten: Lautet die eine Seite Gewinn, so bedeutet die andere Verlust!
Allerdings besteht auch ein Wiederanlagerisiko, nämlich bei Wiederanlage der Zinsen oder des Kapitals eine geringere Rendite hinnehmen zu müssen. Dies geschieht dann, wenn die Zinsen gesunken sind. Die Ausschüttung kann nur zu einem geringeren Zinssatz investiert werden. Als Ausgleich hat in diesem Fall das Wertpapier, aus dem die Zinsen geflossen sind, einen höheren Kurswert. Bei steigenden Zinsen wird das ausgeschüttete Kapital zu einem höheren Zins investiert, das vorhandene Wertpapier hat jedoch einen geringeren Kurswert.

Länderrisiken

Das Länderrisiko besteht in einer wirtschaftlichen oder politischen Instabilität. So können Geldzahlungen, auf die der Anleger einen Anspruch hat, aufgrund von Devisen- oder Transferbeschränkungen ausbleiben. Bei Wertpapieren in Fremdwährungen kann es passieren, dass die Ausschüttungen in einer Währung erfolgen, die nicht mehr konvertierbar ist.
Vom Länderrisiko spricht man, wenn ein ausländischer Schuldner trotz eigener Zahlungsfähigkeit aufgrund fehlender Transferfähigkeit oder auch -bereitschaft seines Landes Zins- und Tilgungsleistungen nicht fristgerecht oder schlimmstenfalls überhaupt nicht mehr erfüllen kann.

tipps

Zwei Grundsätze, die für alle Investments gelten

- ✔ »No fun without risk.«
- ✔ Unmöglich: »Wasch mir den Pelz, aber mach mich nicht nass.«

Große Bedeutung beim Kauf einer Staatsanleihe haben daher Länder-Ratings, mit denen die wirtschaftliche Situation und die Zahlungsfähigkeit von Ländern bewertet werden. Informieren Sie sich also genau!

Währungsrisiken

Beim Kauf von Anleihen in fremden Währungen liegt das Risiko in Kursschwankungen. Sinkt der Wert der ausländischen Währung im Vergleich zum Euro, verliert das Wertpapier für einen deutschen Anleger an Wert. Dies jedoch nur, wenn die Ausschüttungen in Euro umgetauscht werden. Werden die Ausschüttungen weiter in der Fremdwährung angelegt, wird der Währungsverlust also nicht realisiert, bleibt der Nominalwert der Ausschüttung bestehen.
Bleibt das Geld in der Fremdwährung auf einem verzinsten Währungskonto so lange liegen, bis die Fremdwährung zum Euro wieder gestiegen ist, kann die Anlage ohne Verlust oder sogar mit einem Gewinn abgeschlossen werden.
Das Währungsrisiko sollte immer durch höhere Zinsen als bei einer Anleihe in Euro mit gleichem Rating belohnt werden. Denn die schönste Verzinsung und ein ansehnlicher Rückzahlungsgewinn nützen wenig, wenn der gesamte Ertrag durch Abwertung einer Währung wieder aufgefressen wird.

AKTIEN

Viele Unternehmen haben sich in den letzten Jahren in eine Aktiengesellschaft gewandelt und mithilfe der Banken Unternehmensanteile in Form von Aktien zum Handel eingeführt.
Als Aktionär sind Sie Miteigentümer des Unternehmens und nehmen am Gewinn und Verlust des Unternehmens teil. Sie haben ein Stimmrecht auf der Hauptversammlung, zu der einmal jährlich eingeladen wird. Einladung, Tagesordnung und gegebenenfalls geplante Satzungsänderungen müssen mindestens einen Monat vor Beginn der Hauptversammlung allen Aktionären bekannt gemacht werden. Da bei den meisten Aktien der Inhaber nicht namentlich bekannt ist, werden die Unterlagen den Banken zur Verfügung gestellt, die diese dann an die Aktionäre der betreffenden Gesellschaft weiterleiten.
Wenn Sie nicht selbst an der Hauptversammlung teilnehmen möchten, können Sie Ihr Stimmrecht übertragen: auf Ihre Depotbank, eine Schutzvereinigung für Kleinaktionäre oder eine andere Gruppierung, die Ihre Interessen vertritt.
Die Hauptversammlung ist für Aktiengesellschaften der wichtigste Tag. Hier muss der Vorstand über das vergangene Geschäftsjahr berichten, den Gewinn und Verlust erläutern und seine Strategie für das kommende Geschäftsjahr vorstellen. Der Vorstand und der Aufsichtsrat bitten für das vergangene Geschäftsjahr um Entlastung. Hier wird über Kapitalerhöhungen abgestimmt, für geplante Übernahmen anderer Unternehmen das Einverständnis eingeholt oder es werden Entscheidungen getroffen, wie Übernahmeversuche von Dritten abgewendet werden können. Für den Aktionär ist die Hauptversammlung das wichtigste Organ. Hier eröffnet sich die Möglichkeit, Kritik, Wünsche und Anregungen vorzubringen. Das verbriefte Recht auf Mitsprache heißt allerdings nicht, dass Privatanleger, die in der Regel nur minimale Anteile des Gesamtkapitals halten, mit ihrer Stimme die Entscheidungsvorlagen, die zwischen dem Vorstand und den Großaktionären in der Regel lange diskutiert wurden, zu Fall bringen können.
Auf der Hauptversammlung wird auch die Dividende bekannt gegeben, die jährliche Ausschüttung eines Gewinnanteils, und erläutert, wie die einbehaltenen Gewinne zum Vorteil der AG eingesetzt werden.
Aber auch wenn Ihre Stimme auf einer Hauptversammlung kein Gehör findet, sollten Sie doch einmal teilnehmen, da eine derartige Versammlung immer ein aufschlussreiches Erlebnis ist. Häufig kommt es zu heftigen Auseinandersetzungen, von kritischen Aktionären inszeniert, die mit den Entscheidungen des Vorstands nicht einverstanden sind und diesem vorwerfen, eine unvorteilhafte Ge-

so sparen die deutschen

3,63 Billionen Euro betrug das Geldvermögen der Deutschen Ende 2000

✔ Spar-, Sicht-, Termineinlagen und Bargeld	1235
✔ Geldeinlagen bei Versicherungen	867
✔ Investmentfonds	418
✔ Festverzinsliche Wertpapiere	367
✔ Sonstiges	341

Angaben in Mrd. Euro — Quelle: Deutsche Bundesbank, Stand Ende 2000

schäftslage bewusst herbeigeführt zu haben. Kapitalgesellschaften haften nur mit ihrem Vermögen. Für Sie als Aktionär heißt dies, dass Sie bei großen Verlusten Kapital verlieren können, wenn der Kurswert Ihrer Aktien sinkt oder das Unternehmen in Konkurs geht, und Sie einen Totalverlust hinnehmen müssen. Darüber hinaus haften Sie nicht.

Die Ausstattung von Aktien

Wenn Sie irgendwann einmal Börsennachrichten gesehen oder gelesen haben, sind Sie vielleicht über die Begriffe »Vorzüge« und »Stämme« gestolpert. Beim Lesen der Aktienkurse haben Sie festgestellt, dass die mit ST. (Stämme) gekennzeichneten Aktien einen höheren Kurswert hatten als die mit VZ. (Vorzüge) bezeichneten.

Die am meisten verbreiteten Aktien sind Stammaktien, kurz Stämme genannt. Diese Aktien sind Inhaberaktien, eine namentliche Eintragung im Aktienbuch der Gesellschaft erfolgt nicht. Sie sind mit einem Stimmrecht ausgestattet und der Inhaber wird zur Hauptversammlung eingeladen, um sein Stimmrecht auszuüben. Laut Aktienrecht haben alle Aktionäre die gleichen Rechte, unabhängig davon, ob sie Großinvestoren oder Kleinaktionäre sind – jede Aktie steht für 1 Stimmrecht.

Der Handel mit Inhaber- oder Stammaktien ist unproblematisch, da die Übertragung formlos vorgenommen wird. Die Aktien werden nach dem Kauf an den neuen Inhaber übergeben, heutzutage in dessen Depot eingebucht.

Vorzugsaktien sind nicht mit einem Stimmrecht ausgestattet. Der Aktionär kann zwar an der Hauptversammlung teilnehmen, darf aber nicht mit abstimmen. Vorzugsaktien sind preiswerter als Stammaktien. Für das fehlende Stimmrecht wird dem Aktionär eine höhere Dividende in Aussicht gestellt. Damit erscheint es dann ja doch wieder interessant, Vorzugsaktien zu erwerben. Allerdings werden deutlich weniger Vorzugsaktien als Stammaktien ausgegeben und damit ist auch der Handel weniger lebhaft, so dass es nicht immer ganz einfach ist, Vorzugsaktien wieder zu verkaufen.

Dir Frankfurter Wertpapierbörse ist eine von den acht deutschen Parkettbörsen.

Eine weitere Aktienform sind Namensaktien. Hierbei werden die Eigentümer im Aktienbuch der Gesellschaft eingetragen. Damit ist ein Wechsel an unbekannte Aktionäre nicht möglich. Weiterhin kann eine Gesellschaft Namensaktien ausgeben und sich dafür nicht den gesamten Nennwert, sondern beispielweise nur 50 Prozent bezahlen lassen. Dies wird dann mit einem Zusatz auf den Namensaktien kenntlich gemacht. Die Rechte entsprechen denen der Inhaber- und Stammaktien.

Eine verschärfte Form der Namensaktien sind vinkulierte Namensaktien. Hier wird der Eigentümer ins Aktienbuch der Gesellschaft eingetragen und die Aktie ist nur mit Zustimmung der Gesellschaft verkäuflich. Durch die Zustimmungspflicht soll eine feindliche Übernahme einer Aktiengesellschaft verhindert werden. Vinkulierte Namensaktien sind bei einigen Versicherungsgesellschaften vorhanden.

Nennwert

Der Nennwert einer Aktie, auch als Nominalwert bezeichnet, gibt an, welchen Anteil am Stammkapital die einzelne Aktie hat. Bei Nennwertaktien ist auf der Aktie ein Nennwert aufgedruckt, mindestens 1 Euro. Seit 1998 gibt es in Deutschland auch Stückaktien, auf denen kein Nennwert aufgedruckt ist; dennoch repräsentiert jede Aktie einen festgelegten gleich hohen Teilbetrag des Grundkapitals der Aktiengesellschaft.
Der aufgedruckte Nennwert sagt aber nichts über den Preis aus, der für die Aktie gezahlt werden muss. Dieser wird an der Börse durch Angebot und Nachfrage gebildet.

Die Dividende

Als Aktionär sind Sie Miteigentümer an einer Aktiengesellschaft. Erwirtschaftet diese Gewinne, möchten Sie daran auch partizipieren, denn aus diesem Grund haben Sie diese Aktien ja gekauft.
Die AG teilt den Gewinn auf. Ein Teil des Gewinns bleibt im Unternehmen, er wird gespart oder für Investitionen eingesetzt, dies wird als Gewinnthesaurierung bezeichnet. Der andere Teil, die Dividende, wird unter den Aktionären aufgeteilt. Da über die Zahlung der Dividende auf der Hauptversammlung abgestimmt wird, werden die Dividendenzahlungen einen Tag nach der Hauptversammlung veranlasst. Jeder Aktionär erhält je Aktie denselben Gewinnanteil ausbezahlt.

Die Kapitalerhöhung

Aktiengesellschaften haben über die Ausgabe neuer Aktien die Möglichkeit, sich an der Börse neues Kapital zu beschaffen. Sie besorgen sich Eigenkapital, da Aktionäre Miteigentümer der AG werden. Wenn ein Unternehmen eine Kapitalerhöhung bekannt gibt, wird spekuliert, was die AG mit dem Geld plant – die Übernahme eines Konkurrenten, ein großes, lukratives Investitionsvorhaben oder ob mit dem Geld lediglich Fremdkapital (Kredite) zurückgezahlt werden soll.
Im Rahmen einer Kapitalerhöhung platziert die Aktiengesellschaft neue Aktien an der Börse, die sowohl den Altaktionären als auch potenziellen Neuaktionären zum Kauf angeboten werden. Kapitalerhöhungen müssen von der Hauptversammlung genehmigt werden. Um sich das benötigte Eigenkapital zu beschaffen, werden die neuen Aktien zu einem Aktienkurs eingeführt (Emissionskurs), der unter dem aktuellen Kurswert der alten Aktien liegt. Da die bisherigen Aktien bei der Ausgabe an Wert verlieren, erhalten die Altaktionäre entweder ein Bezugsrecht für neue Aktien als Ausgleich für den Kursverlust oder der Kursverlust wird über eine erhöhte Dividendenzahlung ausgeglichen. Die Inhaber der neuen Aktien haben die gleichen Rechte wie die Altaktionäre.
Damit dies verständlicher wird, ein weiterer Hinweis: Aktiengesellschaften verdienen am Aktienhandel nur dann, wenn sie selbst Aktien verkaufen. Daher kaufen viele Aktiengesellschaften bei sinkenden Kursen eigene Aktien zurück und verkaufen diese wieder, wenn die Kurse gestiegen sind. Die andere Möglichkeit, am eigenen Börsenwert zu partizipieren, ist die Neuemission von Aktien, da diese zum aktuellen Kurswert mit einem Abschlag am Markt verkauft werden können. Am täglichen Börsenhandel verdienen nur die Verkäufer von Aktien, nicht das Unternehmen, dessen Aktien gehandelt werden.

Bezugsrechte

Um bei einer geplanten Kapitalerhöhung das benötigte Eigenkapital von Aktionären zu erhalten, werden neue Aktien zu einem niedrigeren Emissionskurs als dem gegenwärtigen Aktienkurs ausgegeben. Damit sinken die Aktien der Altaktionäre im Wert.

Da die Altaktionäre der Kapitalerhöhung zustimmen müssen, erhalten sie zum Ausgleich Bezugsrechte an den neuen Aktien. Jeder Altaktionär erhält pro Aktie ein Bezugsrecht. Um nun tatsächlich neue Aktien erwerben zu können, ist das Bezugsverhältnis wichtig. Dieses entspricht immer dem Verhältnis der alten Aktien zu den neuen Aktien. Wenn ein Unternehmen bereits 1 Million Aktien ausgegeben hat und jetzt 200 000 neue Aktien herausgeben möchte, beträgt das Bezugsverhältnis 5 zu 1. Das heißt, wer im Besitz von 5 Bezugsrechten ist, kann 1 Aktie zum niedrigeren Emissionskurs erwerben. Was geschieht aber, wenn jemand nur 4 Bezugsrechte hat? Dann kann er sich das eine fehlende Bezugsrecht an der Börse besorgen. Bezugsrechte werden ebenso wie Aktien gehandelt. Der Wert eines Bezugsrechts entspricht dem Wertverlust, den eine Aktie bei einer Neuemission erfährt.

Neuemissionen

In den letzten Jahren sind viele Unternehmen an die Börse gegangen. Wesentlicher Grund war sicherlich die sich verändernde Aktienkultur in Deutschland: Immer mehr Menschen kaufen Aktien, wodurch es für Unternehmen einfach geworden ist, über eine Börseneinführung Eigenkapital zur Realisierung des Unternehmenswachstums zu erhalten.
Für den Börsengang, auch Going Public genannt, sucht sich das Unternehmen eine Konsortialbank, die den Börsengang begleitet. Wichtigster Faktor für einen erfolgreichen Börsengang ist der Emissionspreis. Die Bank muss gemeinsam mit der Aktiengesellschaft den Wert des Unternehmens festlegen. Dieser besteht zum einen aus den tatsächlich vorhandenen Sachwerten und zum anderen aus dem Zukunftspotenzial des Unternehmens. Ist der Wert berechnet, wird dieser durch die Anzahl der zu emittierenden Aktien dividiert. Dies ist dann der Emissionskurs der Aktie. Ist sich das Unternehmen oder die Bank nicht sicher, ob zu diesem Preis alle Aktien platziert werden können, bedient sich die Bank des Bookbuilding-Verfahrens. Hierbei wird der Preis für eine neue Aktie inner-

bezugsrecht

Kursberechnung für ein Bezugsrecht

Emissionskurs	200 EUR		
Aktienkurs	220 EUR	Bezugsverhältnis	5 : 1

Berechnung des durchschnittlichen Aktienkurses nach der Kapitalerhöhung:
[(5 x 200) + (1 x 200)] : 6 = 216,66 EUR

Wenn Sie 5 Bezugsrechte besitzen, können Sie 1 Aktie zu 200 EUR kaufen, die danach mit 216,66 EUR gehandelt wird. Der Gewinn aus den 5 Bezugsrechten beträgt somit 16,66 EUR, so dass sich pro Bezugsrecht ein Wert von 3,34 EUR ergibt. Dieser Wert ist genauso hoch wie der Wertverlust pro Aktie für den Altaktionär. Damit ist der Wertverlust wieder ausgeglichen.

halb einer Preisspanne angegeben, beispielsweise 15 bis 20 Euro. Die künftigen Aktionäre müssen bei der Zeichnung dann angeben, zu welchem Preis sie innerhalb dieser Preisspanne sie wie viele Aktien kaufen. Nach Eingang aller Zeichnungsaufträge legen das Unternehmen und die Konsortialbank dann den tatsächlichen Emissionskurs so fest, dass alle Aktien der Emission auch verkauft werden können.

Das Zeichnen von Aktien

Das Kaufen, Ordern oder Zeichnen einer Aktie erfolgt über eine Bank, bei der der Käufer ein Depot eröffnet hat. Hier werden die Käufe und Verkäufe sowie der Bestand an Wertpapieren verbucht. Vor dem Kauf muss auf einem Abrechnungskonto der für den Kauf der Aktie benötigte Betrag zur Verfügung gestellt werden.

Das Zeichnen von Aktien oder von Wertpapieren ist nicht mit dem Kauf gleichzusetzen, sondern ist eine Verpflichtung des Zeichners, eine bestimmte Anzahl einer Aktie zu einem bestimmten Preis zu kaufen.

Bei einer Neuemission werden Aktien innerhalb einer festgelegten Zeichnungsfrist zum Kauf angeboten und danach erfolgt die Zuteilung. Lag das Kaufgebot unter dem Emissionspreis, bekommt der Zeichner keine Aktien zugeteilt.

Kann die Bank die Zeichnung einer Aktie nicht wie gewünscht erfüllen, wird der Auftrag nicht ausgeführt.

Kosten beim Aktienhandel

Wie alle Geschäfte kosten auch Aktiengeschäfte Geld. Egal, ob Sie eine Aktie kaufen oder verkaufen wollen, Ihre Bank stellt Ihnen dafür Gebühren in Rechnung. Der Kauf oder Verkauf einer Aktie kostet zwischen 0,4 und 1,5 Prozent des Kurswertes zuzüglich Spesen. Weiterhin erhält der Börsenmakler eine Courtage zwischen 0,04 und 0,08 Prozent. Die Mindestgebühren je Wertpapierauftrag sind sehr unterschiedlich und sollten unbedingt bei Depoteröffnung verglichen werden, ebenso die Depotgebühren, da auch hier erhebliche Unterschiede bestehen.

Angaben zur Order

Aktien sind wie Bonds und auch Investmentfonds mit einer sechsstelligen Wertpapierkennnummer, der WKN oder WPKN, gekennzeichnet. Diese Nummer sollte bei einem Auftrag zum Kauf eines Wertpapiers immer angegeben werden, um Verwechslungen zu vermeiden.

Das Zeichnen oder Ordern einer Aktie ist teilweise von einer Mindestordergröße, beispielsweise 100 Stück, abhängig. Wenn Sie mehr zeichnen wollen, ist der Nominalsprung zu beachten, der besagt, in welchen Schritten die Order wachsen kann, beispielsweise in 10er-Schritten (also 110, 120, 130 ...) oder in 50er-Schritten (also 150, 200, 250 ...).

Wer eine Aktie kaufen oder verkaufen möchte, kann Limits setzen, die den Auftrag für den Händler näher bestimmen:

→ **Billigst:** Die Orderaufgabe mit dem Zusatz »billigst« ist die Standardorder. Sie besagt, dass der Kauf zu dem Kurs erfolgt, der nach Ordererteilung und Weiterleitung an die Börse gehandelt wird. Der Kauf wird in der Regel am gleichen Tag ausgeführt, kann bei einer Kurssteigerung allerdings teuer werden.

→ **Bestens:** »Bestens« ist die Verkaufsorder, wenn die Aktie am Tag der Auftragserteilung verkauft werden soll. Ist der Kurs an diesem Tag stark gefallen, wird die Aktie zu einem günstigen Preis verkauft.

→ **Ultimo:** Dieser Zusatz ist wichtig, wenn es um ein Papier geht, das nicht häufig gehandelt wird. Damit bleibt die Order bis zum Monatsende gültig.

→ **Tagesgültig:** Die Standardorder bleibt am Tag der Auftragserteilung gültig. Konnte der Auftrag an diesem Tag nicht ausgeführt werden, muss die Order neu erteilt werden.
→ **Limit:** Dieser Zusatz für eine Kauforder besagt, dass der Kauf zu einem Kurs unterhalb des gesetzten Limits erfolgen soll, dass also die Höhe des Kaufpreises nach oben begrenzt ist. Bei einem Verkauf wird das Limit nach unten gesetzt, damit nur dann verkauft werden darf, wenn der Kurs mit dem Limit identisch oder höher ist.
→ **Stop-Loss-Order:** Eine Stop-Loss-Order ist eine Absicherung gegen Kursrückgänge. Hierbei gibt man der Bank den Auftrag, eine Aktie bei einem Kursrückgang unter einen festgesetzten Wert, das Limit, zum nächsten festgestellten Wert zu verkaufen. In der Regel gilt ein Stop-Loss-Limit bis Ultimo, kann aber auch täglich oder bis zum Jahresende gesetzt werden.
→ **Stop-Buy-Order:** Eine Stop-Buy-Order kommt zur Ausführung, wenn ein bestimmter Kurs erreicht oder überschritten wird. Der Kauf wird immer billigst ausgeführt. Eine Stop-Buy-Order gilt bis Ultimo und muss gegebenenfalls erneuert werden.
Für den Einsteiger an der Börse ist es nicht ganz einfach, sich mit den Begriffen vertraut zu machen, dennoch ist es unerlässlich, Limits beim Kauf oder Verkauf zu setzen.

Die Börse

Die Börse ist der Marktplatz für diejenigen, die ihr Geld in Wertpapieren anlegen oder diese verkaufen wollen. Die Börse übernimmt eine Vermittlerrolle zwischen Käufern und Verkäufern. Gehandelt werden Wertpapiere, Devisen und an einigen Börsen auch Rohstoffe und vieles mehr.
Die Börse ist immer weniger ein Ort, an dem sich Verkäufer und Käufer gegenüberstehen. Dies ist nur noch in den wenigen Präsenzbörsen der Fall, wo Kurs- und Börsenmakler im Auftrag ihrer Kunden miteinander Geschäfte machen. Das Parkett wird allmählich vom elektronischen Handel abgelöst. Hierbei wird die Kursfeststellung nicht mehr von einem Kursmakler vorgenommen, sondern elektronisch von einem XETRA-System genannten Computersystem.

Parkettbörsen verlieren gegenüber Computerbörsen an Bedeutung.

Der deutsche Börsenhandel teilt sich in verschiedene Segmente auf:
→ Amtlicher Handel
→ Geregelter Markt
→ Freiverkehr
→ Neuer Markt
→ Smax

Der amtliche Handel ist das Kernstück des deutschen Aktienhandels, in dem die im Dax, dem deutschen Aktienindex, gelisteten großen Aktiengesellschaften gehandelt werden, aber auch die Aktien vieler kleinerer und mittelständischer Gesellschaften. Der amtliche Handel ist durch das Börsengesetz geregelt. Hier werden die höchsten Umsätze erzielt.

börsenindizes

Wichtige Börsenindizes sind

Index	Merkmale
Dax	30 deutsche Aktien, die nach Börsenwert und Umsatz zu den 35 größten Aktiengesellschaft zählen (Standardwerte)
Dax 100	Enthält die 100 wichtigsten deutschen Aktienwerte, Standardwerte und mittelgroße Aktiengesellschaften.
CDax	Umfasst alle im amtlichen Handel notierten Aktiengesellschaften. Auf dieser Basis werden 19 verschiedene Branchenindizes berechnet.
MDax	70 mittelgroße Unternehmen, enthält die Werte 31 bis 100 des Dax 100
SDax	Deutscher Index für Nebenwerte
Nemax-All-Share	Alle Aktien des Neuen Marktes. Hieraus werden 10 Branchenindizes berechnet.
Nemax 50	Die 50 umsatzstärksten Aktien des Neuen Marktes
Dow Jones	Ältester und wichtigster Aktienindex der Welt und weltweiter Leitindex; er enthält die 30 wichtigsten US-Unternehmen. (Blue-Chips-Index)
S&P 500	Enthält die 500 wichtigsten börsennotieren Unternehmen der USA, sowohl Blue Chips als auch mittelgroße und kleinere Unternehmen.
Nasdaq-100-Index	Wichtigster Index der amerikanischen Computerbörse Nasdaq. Er umfasst 100 Werte vor allem aus den Bereichen Hightech und Internet.
Nikkei-Index	Wichtigster japanischer Index. Er umfasst die 225 wichtigsten japanischen Werte.
Euro Stoxx 50	Zusammenfassung der 50 größten Unternehmen Europas. Viele Industriewerte, aber auch einige Hochtechnologiewerte.
MSCI-World	Index des Investmenthauses Morgan Stanley. Zusammenfassung von Unternehmen aller Branchen und Regionen.

Der Freiverkehr lehnt sich in seinen Regeln an den amtlichen Markt an, ist jedoch nicht börsengesetzlich geregelt.
Der geregelte Markt ist für mittelgroße Unternehmen interessant, da die Zulassungen zum Handel hier weniger hoch sind. Der Neue Markt wurde 1997 gegründet. Hier werden viel versprechende junge Unternehmen, wie Internetfirmen, Biotechnologie-Unternehmen oder Softwarehäuser gehandelt. Die Aufnah-

me ist an die Erfüllung strenger Kriterien gebunden.
Der Smax ist ein neues Segment der Frankfurter Börse für Nebenwerte (kleinere Aktiengesellschaften), dessen wichtigster Index der SDax ist. Auch hier ist die Aufnahme an die Erfüllung strenger Kriterien gebunden.
Die weltweit größte Börse ist die New York Stock Exchange, auch als Wall Street bekannt, gefolgt von der japanischen Börse in Tokio. Die wichtigsten europäischen Börsen liegen in Frankfurt und London. In Deutschland gibt es noch acht Regionalbörsen, die jeweils eine eigene Ausrichtung haben, beispielsweise werden in Berlin unter anderem Aktien aus Osteuropa gehandelt.
Neben den Kursen werden an den Börsen auch Indizes berechnet. Ein Index fasst die Wertentwicklung einer bestimmten Anzahl von Wertpapieren zu einem Durchschnittskurs zusammen. Damit können Sie sich einen Überblick über den aktuellen Markttrend verschaffen, ohne einzelne Kurse auswerten zu müssen. Zudem dient ein Index als Richtwert, an dem der eigene Börsenerfolg oder der eines Investmentfonds gemessen werden kann.
Zu den wichtigsten Indizes gehört der Dow-Jones-Industrial-Average-Index, kurz Dow Jones genannt, der ebenfalls in den USA beheimatete Standard&Poor´s-Index S&P 500 und für die deutsche Börse der Dax, der die wichtigsten 30 deutschen Standardwerte (Blue Chips) umfasst.

Geld anlegen mit Aktien

Wenn Sie anfangen möchten, an der Börse zu handeln, sollten Sie sich Zeit nehmen und genau überlegen, wie Ihr Depot aussehen soll: wie viele Aktien im Durchschnitt im Depot sein sollen, ob Sie langfristig ein Depot aufbauen oder über schnelle Käufe und Verkäufe Gewinne erzielen möchten.

tipp

»Es ist häufig lukrativer, einen Tag im Monat über Geld nachzudenken, als monatelang dafür zu arbeiten.« *Oscar Wilde*

Das Risiko einer Aktienanlage ist auch mit den besten Tipps und heißesten Strategien nicht auszuschließen. Der einzige Schutz vor Verlusten ist eine lange Anlagedauer und eine Diversifizierung der Risiken. Kursrückschläge sollten, wenn Sie die Aktie als langfristig erfolgreich einstufen, zum Nachkaufen genutzt werden, bei steigenden Kursen sollten Sie Aktien verkaufen und Kursgewinne mitnehmen. Es ist sinnvoll, den Umfang der Aktienanlage im Verhältnis zu allen anderen Geldanlagen festzulegen, um nicht bei einer Börse mit steigenden Kursen in Euphorie zu verfallen und alles verfügbare Geld in Aktien zu investieren. Jeder Börseneuphorie folgt die Marktbereinigung in Form eines Einbruchs (Crash), bei dem viel Geld verloren werden kann!
Die wichtigste Regel ist: Niemals Aktien auf Kredit kaufen!
Die Risikostreuung in einem Aktiendepot ist mit verschiedenen Methoden zu erreichen. Die Grundregeln sind einfach:

→ Das Depot enthält Aktien unterschiedlicher Branchen.

→ Mindestens 5 bis 8 Aktien unterschiedlicher Branchen.

→ Ein Depot, das auch Nebenwerte enthält, sollte auf jeden Fall 8 bis 10 unterschiedliche Titel aufweisen.

→ Spekulativeren Aktien sollten Aktien, die hohe Dividenden abwerfen, im gleichen Verhältnis gegenüberstehen.

→ Der Aktienmix enthält Titel aus engeren und breiteren Märkten.
→ Im Depot werden 12, höchstens 15 verschiedene Aktien gehalten.

Um die Kosten bei Käufen und Verkäufen nicht über 1 Prozent des Kaufpreises durch Mindestordergebühren zu treiben, sollten Sie, jeden Aktienkauf mit mindestens 1 000 Euro tätigen. Empfehlenswerter sind Beträge von 2 000 bis 3 000 Euro. Daraus ergibt sich dann auch die Mindestdepotgröße. Für 5 verschiedene Aktienpakete benötigen Sie mindestens 5 000 Euro, besser 10 000 Euro. Ein ideales Aktiendepot sollte längerfristig einen Mindestdepotwert von 50 000 Euro haben, da erst dann die Chancen zu den Kosten in einem ausgewogenen Verhältnis stehen.
Ansonsten sind mit der Anlage in Investmentfonds, deren Strategie von einem erfahrenen Fondsmanager umgesetzt wird, durch die größere Streuung bessere Ergebnisse bei geringeren Kosten zu erwarten.

Kriterien bei der Wertpapierauswahl

Für die Entscheidungen, wie das Depot aufgebaut sein sollte, ist eine Einteilung der Aktien in folgende Kategorien hilfreich:
→ **Standardwerte:** So genannte Blue Chips sind große, hochkapitalisierte Unternehmen mit guter bis erstklassiger Bonität und hohem Umsatzvolumen. Sie werden häufig gehandelt und die Kurse bewegen sich in einer engen Wechselbeziehung zum jeweiligen Index. Sie unterliegen nur geringen kurzfristigen Schwankungen. Blue Chips sollten die Basiswerte eines Depots bilden.
→ **Renditestarke Werte:** Große, stetige Unternehmen, die keine große Kursdynamik aufweisen und deren Geschäftsbereiche sich aufgrund einer bereits hohen Marktsättigung nicht allzu sehr ausweiten. Die Kursbewegungen sind vergleichsweise träge, die Dividendenausschüttungen hoch.
Es handelt sich hier um Basiswerte. Achtung: Einige dieser Konzerne sind in den letzten Jahren mit Umstrukturierungen in völlig andere Geschäftsfelder gegangen.
→ **Nebenwerte:** Small Caps sind mittelgroße, flexible Unternehmen, deren Kurse sich auch gegen den Markt entwickeln. Sie erreichen größere Kurssteigerungen, da die Unternehmen dynamischer agieren können. Dies erhöht allerdings auch die Kursschwankungen und die Kursausschläge.
Nebenwerte können die Rendite eines Depots erhöhen, vergrößern allerdings auch die Schwankungen.
→ **Spezialwerte:** Werte kleinerer, in Marktnischen tätiger Unternehmen mit hoch spezialisierten Produkten oder Dienstleistungen. Diese Volatilität ist hoch, die wenigen am Markt gehandelten Aktien unterliegen starken Nachfrageschwankungen und größere Börsenaufträge verursachen heftige Kursausschläge.
Diese Werte müssen genau beobachtet werden; ebenso ist wichtig, über das Unternehmen Bescheid zu wissen.
→ **Wachstumswerte:** Kleine, sehr flexible Unternehmen, die erfolgreich agieren und deren Produkte oder Dienstleistungen ein großes Marktpotenzial haben. Häufig sind sie in ihrem eng begrenzten Tätigkeitsbereich markt- oder technologieführend. Die Kurse entwickeln sich oft überdurchschnittlich, reagieren allerdings sensibel auf unerwartete Unternehmensnachrichten.
Diese Werte versprechen hohe Gewinnchancen bei hohem Risiko, etwas für börsenerfahrene Anleger oder Spekulanten.
→ **Zyklische Werte:** Große und mittelgroße Unternehmen, deren Umsätze stark konjunkturabhängig sind. Exportstarke Unternehmen wiesen bislang geringere Kursschwankungen

auf. Da sich die Konjunkturzyklen der großen Wirtschaftsnationen immer mehr annähern, ist auch hier Vorsicht geboten.
Ein Kauf ist dann sinnvoll, wenn sich das Ende eines Konjunkturtiefs abzeichnet. Für Börsianer ohne Erfahrungen allerdings nicht empfehlenswert.

→ **Turn-around-Werte:** Werte von Unternehmen, die nach einer langen Verlustphase wieder auf dem Weg in die Gewinnzone sind. Allerdings besteht während einer angestrebten Sanierung immer auch ein Konkursrisiko, die Aktien sind hoch spekulativ. Auch Übernahmepotenziale bieten sich in solchen Phasen für Mitbewerber.
Kaufempfehlung ist das Abzeichnen einer Gewinnschwelle, da nach einem längeren Kurstief ein hohes Potenzial besteht. Ein Investment für erfahrene, risikofreudige Börsianer.

Die Basis eines Depots sollte mit Blue Chips und ausgesuchten Nebenwerten geschaffen werden. Sinnvoll ist, die ersten Kauf- und Verkaufserfahrungen an deutschen Börsen zu sammeln, da die Gebühren und Transaktionskosten überschaubar bleiben. Viele in- und ausländische Wertpapiere können hier gehandelt werden. An der Frankfurter Börse stehen etwa 1 400 Aktien zur Auswahl. Für einen Privatanleger ist sie ausreichend.

Anlagepolitik

Für Sie als Einzelanleger ist eine genau festgeschriebene Anlagepolitik nicht notwendig, da Sie allein die Entscheidungen treffen, Gewinne freudig zur Kenntnis nehmen und die Verluste – zumindest in der Anfangszeit – als Lehrgeld verbuchen. Dennoch ist es sinnvoll, einige Eckpunkte zu bestimmen, an denen Sie sich orientieren. Ihre Idee ist ja, als Anleger und nicht als Spekulant an der Börse zu handeln. Legen Sie vorher fest:

Beobachten Sie den Kursverlauf Ihrer Aktien kontinuierlich.

→ wie hoch der Prozentsatz einer einzelnen Gesellschaft an Ihrem Aktiendepot sein darf
→ bei wie viel Prozent Kursverlust Sie sich von einer Aktie trennen und den Verlust realisieren
→ bei wie viel Prozent Gewinn Sie verkaufen und so den Gewinn realisieren
→ wie hoch der Prozentsatz an Dax-Werten, MDax-Werten und Titeln vom Neuen Markt sein soll (je nach Gewichtung richten Sie Ihr Depot konservativer oder spekulativer aus)
→ wie hoch der Prozentsatz einer einzelnen Branche am Gesamtdepot sein darf

Beobachten Sie Ihr Depot fortlaufend und gestehen Sie sich auch ein, wenn Sie unsicher sind. Verkaufen Sie lieber einmal zu viel als zu wenig! Laufen Sie nicht jedem heißen Tipp hinterher und kaufen Sie nicht jede Aktie, die ein selbst ernannter Börsenguru gerade empfiehlt. Wie Sie ja wissen, bestimmen Angebot und Nachfrage den Kurs und viele Kurse werden durch Kaufempfehlungen nach oben getrieben. In Fachkreisen wird dies auch als Market-Making bezeichnet.

Depotaufbau

Das Geheimnis des Börsenerfolgs lautet: Billig kaufen und teuer verkaufen. Das ist jedoch nicht so einfach, wie es auf den ersten Blick erscheinen mag, da Kaufentscheidungen auf Informationen beruhen, die für eine positive Entwicklung des Unternehmens sprechen. Diese kann eintreten, muss aber nicht. Andere Marktteilnehmer werten dieselbe Information als negativ, sie werden in diesem Moment verkaufen. Der Kurs kommt somit durch die Marktmeinung zustande.

Ein langfristig gutes Ergebnis wird weniger durch häufiges Kaufen und Verkaufen (Traden) und den Versuch, den Markt zu schlagen, also durch Kursschwankungen erreicht, sondern durch eine vernünftige Anlageentscheidung, die einmal gefällt und beibehalten wird. Langfristig ist es wichtiger, überhaupt am Markt investiert zu sein, als zum niedrigsten Kursniveau gekauft zu haben. Es gilt immer noch, bei steigenden Kursen zu verkaufen und bei fallenden Kursen zu kaufen.

Wählen Sie aus den Blue Chips Werte aus, die Ihnen interessant erscheinen. Tragen Sie dann alle Informationen, die Sie bekommen können, zusammen und beschäftigen Sie sich eingehend mit diesen Unternehmen. Versuchen Sie herauszufinden, wo das Zukunftspotenzial liegt, und schauen Sie sich dann die Kurse an. Beim Einstieg sollte der Aktienkurs deutlich unter dem Höchstwert liegen. Beobachten Sie den Kurs, und wenn Ihre Aktie diesen Einstiegswert aufweist und alle Informationen für einen Kauf sprechen, greifen Sie zu. Investieren Sie nie sofort den Gesamtbetrag, sondern beginnen Sie mit der Hälfte und beobachten Sie den Kurs weiter. So haben Sie die Möglichkeit, bei einem erneuten Kursrückgang nachzukaufen.

Machen Sie sich klar, dass Sie bei Aktien nur von Gewinnen und der zukünftigen Entwicklung profitieren können. Wenn Sie also mit Aktien Geld verdienen wollen, lohnt es sich, auf die richtigen Trends zu setzen.

INVESTMENTFONDS

In einen Investmentfonds fließen Gelder vieler Anleger und Sparer und damit werden je nach Anlagespektrum des Fonds Aktien, festverzinsliche Wertpapiere und auch Immobilien gekauft. Durch die vielen Anleger verfügen Fonds über große Vermögen, die von Fachleuten, den Fondsmanagern, investiert werden. Die Anleger halten an jeder Aktie und jedem Wertpapier einen Anteil und sind damit an vielen verschiedenen Wertpapieren oder Immobilien beteiligt. Eine solche Vermögensstreuung ist mit dem eigenen Vermögen oder mit monatlichen Sparbeträgen nicht zu erreichen.

Die Fondsmanager werden von Analysten unterstützt, die sich auf verschiedene Branchen oder Länder spezialisiert haben. Beispielsweise gibt es Teams, die sich mit der Autoindustrie beschäftigen. Einige davon sind für die Autoindustrie in Deutschland, andere für die Autoindustrie in Frankreich, wieder andere für die Autoindustrie in Japan zuständig. Bei ganz großenTeams sind einzelne Analysten für jeweils einen Konzern zuständig. Ihre Ergebnisse werden mit denen anderer Analysten zusammengeführt, die sich mit der wirtschaftlichen Entwicklung einzelner Länder beschäftigen. Mit diesem vielfältigen Wissen treffen die Fondsmanager ihre Anlageentscheidungen.

Struktur eines Investmentfonds

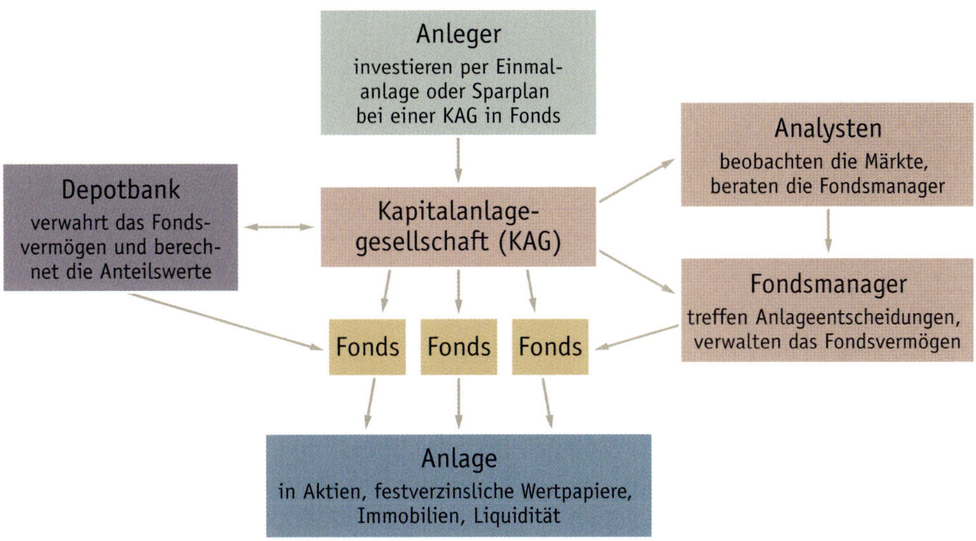

Da die Entwicklung einer jeden Aktie, einer jeden Anleihe und Immobilie unterschiedlich verläuft, setzt sich die Entwicklung eines Fonds aus den Kursverläufen vieler Wertpapiere zusammen. Einige davon haben sich besonders positiv entwickelt und konnten ihren Wert erheblich steigern, andere weniger und wieder andere haben einen Verlust zu verzeichnen. Selbst Firmeninsolvenzen oder der Ausfall von Rückzahlungen bei festverzinslichen Wertpapieren werden in der Vielzahl der vorhandenen Werte ausgeglichen. Dieses Know-how können Sie beim Kauf von Investmentanteilen nutzen.

So funktioniert ein Investmentfonds

Investmentfonds bieten als standardisierte Kapitalanlageform eine breit gefächerte Vermögensanlage an allen attraktiven Märkten im In- und Ausland. Dies gilt sowohl für Renten- als auch für Aktienmärkte. Mit einer breiten Kapitalstreuung kann eine genaue Risikoeinstufung der persönlichen Geldanlage vorgenommen werden.
Deutsche Investmentfonds unterliegen ebenso wie Banken und Versicherungen der staatlichen Aufsicht durch das Bundesamt für Finanzdienstleistungsaufsicht in Bonn. Alle ausländischen Fondsgesellschaften, die ihre Fonds in Deutschland vertreiben, müssen diese registrieren, die Zulassung zum Vertrieb genehmigen lassen und regelmäßig von Wirtschaftprüfern bestätigte Unterlagen zur Überprüfung vorlegen. Die Veröffentlichungen müssen in deutscher Sprache erscheinen.

Die Fondsgesellschaften

Investmentfonds werden von Kapitalanlagegesellschaften (KAG) als Sondervermögen aufgelegt. In Deutschland sind diese zumeist

Tochtergesellschaften von Banken oder Versicherungen, in England und den USA handelt es sich in erster Linie um unabhängige Gesellschaften. Allen gemeinsam ist, dass sie sich ausschließlich auf die Vermögensverwaltung in Investmentfonds konzentrieren. Die Fondsgesellschaften legen eine Vielzahl verschiedener Fonds mit unterschiedlichen Anlageschwerpunkten auf. Die einzelnen Sondervermögen sind vom Vermögen der KAG streng getrennt.
Die Kapitalanlagegesellschaft ist auch für den Vertrieb der Fonds zuständig und erstellt die Verkaufsprospekte, mit denen Sie sich über Anlageschwerpunkte, Chancen und Risiken umfassend informieren können.

Die Depotbank

Die anzulegenden Beträge werden vom Anleger auf ein Zahlstellenkonto der Anlagegesellschaft überwiesen. Bei allen in Deutschland zugelassenen Investmentfonds muss das Konto bei einer deutschen Bank oder der deutschen Niederlassung einer Bank als Zahlstelle geführt werden. Diese Bank ist verpflichtet, die eingehenden Gelder unverzüglich und direkt auf die Depotbank und die einzelnen Sondervermögen zu überweisen.
Die Banken, die als Zahlstellen fungieren, werden vom Bundesaufsichtsamt überprüft, so dass für die Zahlungsabwicklung Sicherheit garantiert werden kann.
Die Fondsvermögen selbst werden von einer Depotbank verwahrt. Diese übt im Sinne der Anleger eine Treuhandfunktion aus und muss daher rechtlich und personell von der Fondsgesellschaft getrennt sein.
Die Aufgaben der Depotbank:

- Verwahrung des Fondsvermögens
- Treuhänderfunktion
- Annahme und Ausgabe von Anteilscheinen
- Auszahlung der Fondsausschüttungen
- Überwachung der Zahlungen
- Berechnung und Belastung der laufenden Gebühren (Managementgebühr, Verwaltungsgebühr und Depotbankgebühr)
- Einhaltung der Investmentgesetze und Anlagerichtlinien
- Berechnung der täglichen Fondsanteilspreise

Durch die Verwaltung des Fondsvermögens als Sondervermögen ist selbst im Konkursfall der KAG das Vermögen sicher, da Sondervermögen nicht in die Konkursmasse eingehen.

Die Fonds

Alle Kapitalanlagegesellschaften verwalten eine Vielzahl verschiedener Fonds, die in Aktien, festverzinslichen Wertpapieren und Immobilien investieren. Diese gelten jeweils als Sondervermögen und unterscheiden sich durch das Anlagespektrum, wie internationale Aktien, deutsche Aktien, Technologiewerte und vieles mehr. Die Anlagebedingungen sind für jeden einzelnen Fonds genau festgelegt und unterliegen den gesetzlichen Anlagerichtlinien. Diese sorgen dafür, dass jeder Fonds eine Mindest-Risikostreuung aufweist und keine unüberschaubaren Risiken eingeht.
Für Wertpapierfonds bestehen im Wesentlichen folgende Anlagemöglichkeiten:

- Wertpapiere von Unternehmen, sofern sie an einem amtlich notierten oder an einem organisierten Markt des In- oder Auslandes gehandelt werden
- Wertpapiere in- und ausländischer Unternehmen, sofern sie innerhalb eines Jahres an einer Börse oder an einem organisierten Markt eingeführt werden sollen
- Verzinsliche Wertpapiere des In- und Auslands, die von öffentlichen Emittenten (Bund, Länder) sowie von Unternehmen der Privatwirtschaft ausgegeben werden, sofern sie an einer Börse notiert oder an einem organisierten Markt gehandelt werden

→ Neuemissionen von verzinslichen Wertpapieren in- und ausländischer Emittenten, wenn sie innerhalb eines Jahres an der Börse notiert oder an einem organisierten Markt eingeführt werden sollen
→ Anteile anderer Investmentfonds bis zu 5 Prozent des Sondervermögens
→ Schuldscheindarlehen, verbriefte Rechte und sonstige Wertpapiere, die nicht an einer Börse notiert sind, dürfen bis zu 10 Prozent des Fondvermögens ausmachen; ebenso derivative Finanzinstrumente (Wertpapier-Optionsgeschäfte, Finanzterminkontrakte, Wertpapierindex-Optionsrechte, Devisenterminkontrakte und entsprechende Optionsrechte, Swaps)
→ Erwerb von Anteilen in- und ausländischer Geldmarktfonds
→ Die Liquiditätsreserve eines Fonds darf bis zu 49 Prozent in Bankguthaben, Anteilen an Geldmarktfonds und kurzfristigen Geldmarktpapieren gehalten werden.
→ Für alle Wertpapiere gilt, dass grundsätzlich für bis zu 5 Prozent des Fondsvermögens Papiere eines einzelnen Unternehmens erworben werden dürfen. Diese Grenze kann sich bis auf 10 Prozent erhöhen, sofern dies in den Vertragsbedingungen des Fonds angegeben ist. Der gesamte Bestand an Wertpapieren, die über 5 Prozent des Sondervermögens ausmachen, darf nicht höher als 40 Prozent sein. Bei der Berechnung werden bestimmte Wertpapiere von Emittenten mit besonderer Bonität nur mit der Hälfte ihres Wertes angesetzt. Lediglich Aktienindexfonds dürfen die Grenzen überschreiten, sofern dies in den Vertragsbedingungen vorgesehen ist.

Darüber hinaus dürfen sich Fonds weitere Konditionen selbst auferlegen. Dies könnte ein Aktienanteil von 60 Prozent und ein Anteil von Rentenpapieren von 40 Prozent sein oder die Bestimmung, immer zu 95 Prozent entsprechend den Anlagebedingungen investiert zu sein, also maximal 5 Prozent in Bankguthaben vorrätig zu halten. Ebenso ist es möglich, nur Aktien mit AAA-Rating oder nur Junk Bonds zu erwerben.

Fondsmanager

Fondsmanager verwalten Sondervermögen und haben die Aufgabe, das Geld der Anleger entsprechend den Anlagegrundsätzen des Fonds gewinnbringend zu investieren. Von ihren Kauf- oder Verkaufsentscheidungen hängt ab, ob der Fonds Gewinn oder Verlust macht. Ein Fondsmanager braucht das Händchen für die richtigen Titel und für das richtige Timing. Der Fondsmanager wird bei seiner Entscheidung von einem Analystenteam unterstützt, das den Kontakt zu den einzelnen Unternehmen hält, Hintergrundwissen über einzelne Branchen erarbeitet und alle Informationen zusammenführt.
Dennoch wird Erfolg und Misserfolg eines Fonds immer dem Manager zugeschrieben. Für die Fondsgesellschaften ist es daher wichtig, Manager einzustellen, die über besonderes Geschick verfügen, einen Fonds so erfolgreich zu managen, dass er in seiner Kategorie zur Spitzengruppe gehört. Denn dies führt zu erhöhter Aufmerksamkeit in den Medien und dadurch zu größerem Zuspruch der Anleger.

Der Fondsanteil

Investmentanteilscheine sind Wertpapiere, die bei Kreditinstituten und Fondsgesellschaften erworben werden können. Für die Anlagesumme werden Fondsanteile gutgeschrieben. Der Anleger erhält Anteilscheine, die aus einem Mantel, der eigentlichen Urkunde, und dem Bogen, der die Ertragsscheine und einen Erneuerungsschein enthält, bestehen. Gegen Vorlage des entsprechenden Ertragsscheins wird die jährliche Ausschüttung ausgezahlt. Ist der Bogen zu Ende, erhält der Anleger unter Vorla-

ge des Erneuerungsscheins einen neuen Bogen ausgehändigt. Bei thesaurierenden Fonds werden die Ausschüttungen nicht ausgezahlt, sondern wieder angelegt, so dass diese Fonds nur einen Mantel ausgeben. Die meisten Fonds legen heutzutage keine effektiven Stücke mehr auf, sondern die Fondsanteile werden einem Depot gutgeschrieben und dort verwaltet.
Mit dem Fondsanteil erwerben Sie einen Anteil am Vermögen des Investmentfonds. Der Wert eines Anteils errechnet sich, indem die Verbindlichkeiten des Fonds vom Fondsvermögen abgezogen werden und das so ermittelte Fondsvermögen durch die Anzahl der ausgegebenen Fondsanteile dividiert wird. Das Ergebnis ist der Nettoinventarwert, der Preis eines Anteils. Der Wert eines Anteils ändert sich täglich, da sich täglich die Kurse der im Fonds vorhandenen Wertpapiere verändern. Steigen die im Fonds vorhandenen Aktien im Wert, so steigt auch der Wert der Fondsanteile. Verlieren die Aktien oder festverzinslichen Wertpapiere an Wert, verlieren die Fondsanteile ebenfalls an Wert. Fondsanteile werden nicht an der Börse gehandelt,

Deutsche Investmentfonds folgen dem Open-End-Prinzip.

so dass die Kursschwankungen nicht auf Angebot und Nachfrage zurückzuführen sind, sondern die im Fondsvermögen gehaltenen Aktien und Anleihen werden an den Börsen gehandelt und verändern ihren Kurswert. Aufgabe der Depotbank ist, täglich die Anteilpreise neu zu berechnen.
Bei Fonds schwanken nicht nur die Preise der Fondsanteile, sondern auch das Fondsvermögen, da jeden Tag Anleger in den Fonds neu investieren und andere Anleger Anteile verkaufen, was einer Rückgabe an den Fonds entspricht. Auch diese Veränderungen gehen in die Berechnungen der Fondsanteile ein.
Da die Kursschwankungen bei Immobilienfonds deutlich geringer sind und auch nicht jeden Tag neue Immobilien ge- oder verkauft werden, berechnet die Depotbank die Anteile von Immobilienfonds dreimal monatlich.
Die Höhe eines Anteilpreises sagt nichts darüber aus, ob ein Fonds teuer oder günstig ist. Für die Anlageentscheidung ist der Preis unerheblich. Denn bei Auflegung wird entschieden, ob der Fonds in kleinen oder größeren Anteilen verkauft werden soll. Das können zu Beginn 50, 100 oder 1 000 Euro sein und später auch deutlich mehr.
Alle in Deutschland aufgelegten Investmentfonds folgen dem Open-end-Prinzip. Die Zahl der umlaufenden Anteile ist nicht begrenzt. Jederzeit können neue Anteilscheine ausgegeben und Anteilscheine an die Investmentgesellschaft zurückgegeben werden. Das bedeutet, dass die Höhe des Fondsvermögens unbegrenzt ist.

Erträge eines Investmentfonds

Der Fondsmanagers hat die Aufgabe, das Fondsvermögen zu steigern. Dies geschieht hauptsächlich durch Kurssteigerungen, indem Aktien und festverzinsliche Wertpapier gekauft werden, deren Wert sich erhöht. Dadurch erhöht sich dann ebenfalls der Anteilwert eines Fonds und beim Verkauf erhält der Anleger mehr Geld, als er beim Kauf dafür gezahlt hat.

Außerdem vereinnahmen Investmentfonds auf die im Fonds vorhandenen Aktien Dividenden und auf im Fonds gehaltene Anleihen Kuponzinsen. Diese fließen in den jeweiligen Fonds und können dort belassen (thesauriert) oder ausgezahlt werden. Entsprechend den Anlagegrundsätzen werden ausschüttende und thesaurierende Fonds unterschieden.

Ausgeschüttet wird in der Regel einmal im Jahr. Für viele Anleger hört sich das besonders interessant an, da sie dann eine Barausschüttung erhalten. Im Fonds selbst kommt es bei einer Ausschüttung zu einer Verringerung des Fondsvermögens. Daher fällt der Anteilpreis am Tag nach der Ausschüttung entsprechend. Fondsanlegern wird allerdings angeboten, den ausgeschütteten Betrag wieder anzulegen. Bei Verwahrung der Depotanteile bei der Bank fällt dann für den zu reinvestierenden Betrag wieder ein Ausgabeaufschlag an. Dieser ist allerdings geringer als der normale Ausgabeaufschlag. Bei Verwahrung der Anteile bei der Investmentgesellschaft wird kein erneuter Ausgabeaufschlag verlangt.

Bei einem thesaurierenden Fonds werden für die erhaltenen Dividenden und Zinserträge Fondsanteile gutgeschrieben. Sie erhalten eine Abrechnung, die den Ausschüttungsbetrag und die Anzahl der dafür gutgeschriebenen Anteile ausweist.

Ob ein Fonds thesauriert oder ausschüttet, sagt nichts über seinen Erfolg aus.

Wie die Wertentwicklung berechnet wird

Die Wertentwicklung oder »Performance« von Investmentfonds ist eine wichtige Größe bei der Auswahl von Fonds. Diese beruht aber immer auf Vergangenheitswerten. Was sagen diese Werte für die Zukunft aus? Wenn ein Fondsmanager oder ein Anlageteam über verschiedene Zeiträume mit einem Fonds deutlich besser abgeschnitten hat als Fonds mit gleicher Anlageausrichtung im gleichen Zeitraum, so wird man diesem Fondsmanager mehr zutrauen als einem weniger erfolgreichen. Wichtig ist, dass immer die Erfolge von Fonds mit gleicher Anlagestrategie und Anlageausrichtung miteinander verglichen werden. Natürlich bedeuten Erfolge in der Vergangenheit keine Garantie für die Zukunft. Weiterhin sollte darauf geachtet werden, nur Wertentwicklungen, die nach derselben Methode errechnet wurden, miteinander zu vergleichen.

Der Bundesverband Deutscher Investment-Gesellschaften e.V. hat eine Methode entwickelt, die die Managementleistungen eines Investmentfonds für eine einmalige Anlage eines bestimmten Betrags bestimmt. Maßgebend sind die Anteilwerte der Fonds zum Beginn und zum Ende des Berechnungszeitraums sowie die Gesamtausschüttungen einschließlich der Körperschaftsteuerguthaben. Die individuelle Steuerbelastung eines jeden Anlegers geht in die Berechnung nicht ein. Die während des Berechnungszeitraums erfolgten Ausschüttungen werden stets als wieder angelegt betrachtet. Die Kosten der Anlage bleiben bei der Wertermittlung unberücksichtigt.

Die Wertentwicklung kann somit anhand folgender Daten berechnet werden:

- → Anteilwert am Anfang der Berechnungsperiode
- → Anteilwert am Ende der Berechnungsperiode
- → Ausschüttungsbeträge
- → Anteilwerte am Tag der Ausschüttung

Doch ist beim Vergleich der Wertentwicklungen Vorsicht angebracht! Vergleichen Sie die Ergebnisse längerer Zeiträume, um eine Anla-

wertentwicklung

Wertentwicklung eines Fondsanteils

Datum		**Anteilwert**	**Ausschüttungsbetrag**
31.12.2001	Beginn des Berechnungszeitraums	100,00 EUR	
15.06.2001	Tag der Ausschüttung	125,00 EUR	5,00 EUR
31.12.2001	Ende der Berechnungsperiode	130,00 EUR	

Wiederanlage 5,00 / 125,00 = 0,04 Anteile

Anteilsbestand am 15.06.2000 = 1,04 Anteile

Wert des Anteils am 31.12 2000
130,00 EUR x 1,04 Anteile = 135,20 EUR

Wertentwicklung am Ende der Berechnungsperiode (31.12.2000)
135,20 - 100,00 = 35,2 Prozent

Dieses Ergebnis spiegelt die reine Managementleistung wider, nicht jedoch den tatsächlichen Anlageerfolg des Anlegers, da dessen Erwerbskosten nicht berücksichtigt sind.

Quelle: Bundesverband Deutscher Investment-Gesellschaften e.V.

geentscheidung anhand der Performance treffen zu können. Werden Sie hellhörig, wenn

→ das Ergebnis nur für einen sehr kurzen Zeitraum angegeben ist. Bei länger existierenden Fonds sollten Sie sich auch die Performance für die vorhergehenden Zeiträume nennen lassen.

→ das Ergebnis in einer Fremdwährung angegeben ist. Bitten Sie um die Wertentwicklung auf Euro-Basis, da diese ganz anders aussehen kann.

→ die Wertentwicklung ausschließlich für sehr lange Zeiträume angegeben ist. Vielleicht ist in der Zwischenzeit ein anderer Manager für den Fonds verantwortlich oder die Anlagerichtlinien sind verändert worden.

Weitere Vergleichsmöglichkeiten bieten die Indizes. Jeder Fonds orientiert sich an einer Benchmark. Dies kann beispielsweise der Dax sein. Erreicht ein Fonds den Index in Bezug auf die Wertsteigerung im Vergleichszeitraum, ist dies ein gutes Ergebnis. Ein Index ist ein synthetisches Anlageinstrument ohne Kosten. Der Fondsmanager hat aber tatsächlich Aktien gekauft und verkauft und im Fonds sind Kosten entstanden, die in einem Index nicht vorgesehen sind. Ist also das Ergebnis des Fonds identisch mit dem Index, hat der Fonds den Index eigentlich um etwa 2 Prozent geschlagen. Schlägt ein Fonds seinen Vergleichsindex, gehört er ganz sicher zur Spitzengruppe!

Fonds und ihre Vermögenswerte

In Deutschland sind etwa 5 000 Fonds zum Vertrieb zugelassen und die Tendenz ist steigend. Aber Fonds ist nicht gleich Fonds. Die Risiken sind unterschiedlich und hängen den Vermögenswerten ab, in die der Fonds investiert, von der Anlagevielfalt, der Währung und von den Ländern, in denen angelegt wird.
Um Investmentfonds für den privaten Vermögensaufbau und zur Altersvorsorge zu nutzen, sollte man sich mit verschiedenen Fondsarten und den jeweiligen Risiken vertraut machen.
Die erste Aufteilung der Fonds geschieht nach Vermögenswerten:
→ **Effektenfonds**: reine Aktienfonds, reine Rentenfonds, Mischfonds, Spezialitätenfonds
→ **Immobilienfonds**: offene Immobilienfonds mit wechselnden Immobilien

Die vorgenannten Fondstypen werden als thesaurierende und ausschüttende Fonds aufgelegt; Effektenfonds lassen sich noch weiter unterteilen.

Rentenfonds

Rentenfonds unterscheiden sich wie folgt:
→ Geldmarktnahe Fonds, die bis zu 49 Prozent des Fondsvermögens in Geldmarktpapieren, wie Einlagen-Zertifikate, von Kreditinstituten sowie unverzinsliche Schatzanweisungen, Schwatzwechsel und vergleichbare Wertpapiere der OECD-Staaten, anlegen dürfen
→ Kurzläufer-Rentenfonds, die sich in ihrer Anlagepolitik auf Rentenpapiere mit kurzer Laufzeit konzentrieren, also eine Anlageform mit relativ geringen Kursrisiken
→ Rentenfonds, die in verzinslichen Wertpapieren in- und ausländischer Aussteller anlegen, beispielsweise in deutschen oder ausländischen Staatsanleihen, Kommunalobligationen, Anleihen von Post und Bahn
→ Rentenfonds, die insbesondere in Wertpapiere bestimmter Länder oder Währungen anlegen
→ Rentenfonds mit begrenzter Laufzeit, die den Verkauf der Anteile nach einer bestimmten Frist einstellen und deren Vermögen nach einer festgelegten Laufzeit wieder ausgezahlt wird

Aktienfonds

Aktienfonds lassen sich in folgende Gruppen gliedern:
→ Aktienfonds, die in Aktien inländischer und/oder ausländischer Unternehmen anlegen
→ Spezialitätenfonds, die insbesondere in Wertpapieren bestimmter Branchen (Branchenfonds), beispielsweise Technologiewerte, Rohstoffwerte, Aktien von Banken und Versicherungen, in Wertpapieren eines bestimmten Landes (Länderfonds – Schweiz, Großbritannien, USA), in Wertpapieren mehrerer Länder (Regionenfonds – Europa, Nordamerika, Skandinavien, Asien) oder in Wertpapieren von Ländern, in denen sich die wirtschaftlichen Rahmenbedingungen neu entwickeln (Emerging Market Fonds), anlegen
→ Aktienindexfonds, die einen anerkannten Aktienindex nachbilden
→ Aktienfonds mit begrenzter Laufzeit, die den Verkauf der Anteile nach einer bestimmten Frist einstellen und deren Vermögen nach einer festgelegten Laufzeit an die Anteilsinhaber wieder ausgezahlt wird

Gemischte Fonds

→ Gemischte Fonds, die sowohl in Aktien als auch in Wertpapieren in- oder ausländischer Aussteller anlegen
→ Gemischte Wertpapier- und Grundstückssondervermögen dürfen Wertpapiere, Schuldscheindarlehen, Grundstücke, Erbbaurechte

sowie Beteiligungen an Grundstücksgesellschaften erwerben.

→ Eine spezielle Gruppe der gemischten Fonds stellen die Alterssicherungsfonds dar, auch AS-Fonds genannt, deren besonderes Ziel die Altersvorsorge ist und die für bestimmte Altersgruppen Aktien, Wertpapiere und Anteile an offenen Immobilienfonds in einem besonderen Verhältnis und einer besonderen Auswahl in einem Fonds miteinander verbinden. Die Erträge von AS-Fonds dürfen nicht ausgeschüttet, sondern müssen thesauriert werden.

Immobilienfonds

Bei den hier genannten Immobilienfonds handelt es sich um offene Immobilienfonds, nicht zu verwechseln mit den geschlossenen Immobilienfonds, die Beteiligungen sind, aber keine Fonds mit jederzeit zu kaufenden und zu verkaufenden Anteilen.

Die offenen Immobilienfonds investieren überwiegend in gewerblich genutzte Immobilien an wirtschaftlich interessanten Standorten, wie beispielsweise in den Regionen Rhein/Main, Rhein/Ruhr oder in den Großräumen Hamburg, Berlin, Stuttgart und München. Es gibt nur wenige Fonds, die bereits europaweit in Immobilien investieren.

Die Anleger haben die Möglichkeit, sich mit Einmalbeiträgen oder Sparbeiträgen an verschiedenen, zu einem Fonds zusammengefassten Immobilien zu beteiligen.

Geldmarktfonds

Geldmarktfonds sind eine Sonderform der kurzlaufenden Rentenfonds und als kurzfristige Geldanlagemöglichkeit gedacht. Geldmarktfonds werden sowohl in Euro als auch in anderen Währungen angeboten.

Geldmarkt-Sondervermögen dürfen nur aus Geldmarkttiteln und Bankguthaben bestehen. Unter Geldmarkttiteln werden Wertpapiere und Schuldscheindarlehen mit Restlaufzeiten von höchstens 12 Monaten oder marktgerechter Anpassung der Verzinsung alle 12 Monate verstanden.

Dachfonds

Dachfonds oder Umbrella-Fonds sind eine zurzeit sehr beliebte Form der Anlage. Dachfonds bestehen ausschließlich aus Anteilen an anderen Fonds, also Geldmarktfonds, Wertpapierfonds, Beteiligungssondervermögen, Immobilienfonds, gemischten Fonds und Altersvorsorgefonds.

Die Manager eines Dachfonds kaufen die Anteile der interessantesten Fonds und versprechen deutlich bessere Renditen als bei Investition in einen einzelnen Fonds. Durch die Maximierung des Managements soll das kumulierte Wissen zugunsten der Anleger genutzt werden.

Wissenswertes beim Kauf von Investmentfonds

Investmentfonds sind eine Finanzdienstleistung, die jedem Anleger die Möglichkeit bietet, sich an den internationalen Bond- und Aktienmärkten zu beteiligen. Diese Leistung ist nicht kostenlos.

Kosten beim Kauf

Beim Kauf von Investmentfondsanteilen zahlen Sie die Kosten für die Errichtung Ihres Depotkontos und die Anlage des Erstbetrags, ferner werden die entstandenen Vertriebskosten mit dem Ausgabeaufschlag vergütet. Dieser fällt bei jeder einzelnen Zahlung an und richtet sich nach der Fondsart. Es ist eine einmalige Gebühr, die beim Kauf entrichtet werden muss. Je aufwändiger die Fondsstrategie ist, umso höher ist der Ausgabeaufschlag. Die Höhe des Aufgabeaufschlags ist im Verkaufsprospekt aufgeführt. Die durchschnittlichen Ausgabeaufschläge betragen:

- Aktienfonds 3 bis 6,25 Prozent
- Rentenfonds 2 bis 5 Prozent
- Geldmarktfonds 0,5 bis 2,5 Prozent
- Offene Immobilienfonds 5 bis 5,5 Prozent

Die Fondsgesellschaft zieht den Ausgabeaufschlag vom überwiesenen Anlagebetrag ab und investiert den Nettoinventarwert (Rücknahmepreis) in den Fonds.

Diese vorab entnommen Kosten müssen durch Wertsteigerungen erst einmal verdient werden. Das ist ein wesentlicher Grund dafür, weshalb es sich bei einer Fondsanlage um eine längerfristige Geldanlage handeln sollte.

Wenn Sie Anteile eines Fonds gegen Anteile eines anderen Fonds bei derselben Fondsgesellschaft tauschen wollen, spricht man von switchen. Auch hier entstehen Kosten, da die Anteile am bisherigen Fonds zurückgenommen werden und Anteile am neuen Fonds ausgegeben werden müssen. Die Switchgebühren betragen zwischen 1 und 2 Prozent der Anlagesumme.

Neben Fonds mit Ausgabeaufschlägen gibt es auch Fonds ohne Ausgabeaufschlag – so genannte »Trading-« oder »No-load-Fonds«. Von den Fondsgesellschaften werden diese auch als Typ 0, AF, net sowie als B-Shares bezeichnet. Im ersten Moment mag diese Variante günstiger erscheinen. Dies ist jedoch nicht der Fall, da sich Fonds die Kosten für Einrichtung eines Depotkontos und den Vertrieb auf andere Weise bezahlen lassen: Die Fondsgesellschaften rechnen diese Kosten über eine um 0,75 und 2 Prozent erhöhte Verwaltungsgebühr ab. Bei einer kurzen Anlagedauer kann ein No-load-Fonds daher günstiger sein. Je länger der Fonds gehalten wird, umso höher steigen die Kosten, da die erhöhten Verwaltungsgebühren jährlich erhoben werden.

Achten Sie auf die Höhe des Ausgabeaufschlags und der Verwaltungsgebühr.

Kosten im Fonds

Die Gebühren im Fonds werden dem Sondervermögen insgesamt in Rechnung gestellt und direkt dem Fondsvermögen belastet. Sie sind in der Performance bereits enthalten.

Die wichtigste Gebühr eines Fonds ist die Verwaltungs- oder Managementgebühr. Hiermit werden alle internen Verwaltungskosten und die Kosten für das Management dem Fonds belastet. Je nach Fondsart werden 0,2 bis 1,5 Prozent pro Jahr verlangt. Hierzu zählen auch Transaktionskosten für den Kauf und Verkauf von Wertpapieren, die Kosten für die Wirtschaftsprüfer zur Erstellung des Jahresberichtes, die Kosten für die Kursveröffentlichungen und für die Erstellung der Prospekte und Berichte.

Bei neu gegründeten Fonds werden alle Gründungskosten bilanziert und in den ersten fünf Jahren dem Fondsvermögen belastet. Damit liegen die Kosten in neu gegründeten Fonds

besonders hoch; das sollte in die Überlegungen einbezogen werden.
Selbstverständlich erhält auch die Depotbank ihre Leistung vergütet. Sie verwaltet das Fondsvermögen treuhänderisch, kontrolliert die Wertpapierkäufe und -verkäufe, gibt die Anteilscheine aus und nimmt diese beim Verkauf zurück. Die hierfür fälligen Gebühren betragen jährlich 0,01 bis 0,5 Prozent des durchschnittlichen Fondsvermögens. Sie werden ebenfalls direkt dem Fondsvermögen entnommen.

Verwaltung der Fondsanteile

Beim Kauf unmittelbar bei der Fondsgesellschaft fallen für Sie als Anleger neben dem Ausgabeaufschlag keine weiteren Kosten an. Bei Fondsgesellschaften besteht die Möglichkeit, die Fondsanteile im Investmentdepot verwalten zu lassen. Dies geschieht bei den ausländischen Fondsgesellschaften immer kostenfrei, einige der deutschen Fondsgesellschaften haben begonnen, dem Anleger für die Verwahrung seiner Anteile eine Depotgebühr in Rechnung zu stellen. Hierbei wird in der Regel ein Prozentsatz vom Depotwert erhoben, das ist ein Mindestbetrag für kleine und ein Höchstbetrag für große Fondsvolumen. Damit hält man die Kosten für Großanleger in vertretbaren Grenzen. Wiederum andere Fondsgesellschaften erheben einen einheitlichen Betrag. Insgesamt liegen diese Depotgebühren um 10 Euro im Jahr.
Lassen Sie Ihre Fondsanteile direkt bei der Fondsgesellschaft verwalten, kommen Sie in den Genuss günstiger Switchgebühren; außerdem erhalten Sie bei Wiederanlage der Ausschüttungen einen Rabatt.
Banken bieten in der Regel nur die Fonds der bankeigenen Tochtergesellschaften an. Wenige Banken stellen auch im Fondsbereich ein breites Spektrum zur Verfügung. Obwohl Banken für den Vertrieb aus den Ausgabeaufschlägen bezahlt werden, erheben sie häufig noch zusätzliche Kaufspesen. Weiterhin erheben sie für die Depotverwaltung eine Depotgebühr prozentual vom Anlagewert.
Direktbanken bieten Fonds häufig mit niedrigem Ausgabeaufschlag an, aber auch hier entstehen Depotgebühren, Switchgebühren sowie Gebühren für die Wiederanlage.
Im Vergleich ist die Verwaltung von Fondsanteilen direkt bei den Fondsgesellschaften die kostengünstigere Variante.

Rückgabe von Fondsanteilen

Die Rückgabe von Fondsanteilen ist jederzeit unmittelbar bei der Fondsgesellschaft oder der depotführenden Bank möglich. Die Fondsgesellschaft ist verpflichtet, diese zum jeweils geltenden Rücknahmepreis, der dem Nettoinventarwert eines Anteils entspricht, zurückzunehmen.
Rücknahmegebühren gibt es bei deutschen Fonds nicht. Lediglich einige ausländische Gesellschaften sehen für No-load-Fonds oder B-Shares bei Verkauf in den ersten 4 bis 6 Jahren eine gestaffelte Rücknahmegebühr vor.

Einmalanlage oder Sparplan

In Investmentfonds können jederzeit größere und kleinere Einmalbeträge eingezahlt werden. Die Mindesteinlagesummen werden von der Fondsgesellschaft festgesetzt. Nach oben gibt es keine Begrenzung. Allerdings sollten Sie nicht alles Geld in einen Fonds einzahlen, sondern eine Streuung vornehmen und damit das Risiko verteilen. So können unterschiedliche Risikogruppen gebildet und verschiedene Anlagemärkte abgedeckt und in Fonds mit unterschiedlichen Anlagestrategien investiert werden.
Bei einer Einmalanlage wird vom Überweisungsbetrag der Ausgabeaufschlag abgezogen und für den Nettoinventarbetrag werden dem Depotkonto Fondsanteile gutgeschrieben. Ge-

kauft wird immer zum Tageskurs. Ist der Kurs hoch, erhalten Sie wenig Anteile, ist der Kurs niedrig, umso mehr. Außerdem bieten viele Fondsgesellschaften Sparpläne an: Mit einem gleich bleibenden regelmäßigen Sparbetrag erwerben Sie Fondsanteile. Die Einzahlungen können monatlich, vierteljährlich oder halbjährlich erfolgen. Die Sparraten liegen je nach Fonds zwischen 50 und 250 Euro.
Der große Vorteil bei einem Fondssparplan besteht darin, dass keine Verpflichtungen eingegangen werden und jederzeit die Zahlungen ausgesetzt werden können, oder die Höhe der Sparrate verändert werden kann. Auch können Sie sich jederzeit für das Ansparen in einem anderen Fonds entscheiden.
Ein Sparplan bietet hohe Flexibilität ohne zusätzliche Kosten. Mit einem langfristigen Ansparplan, vor allem in einem Aktienfonds, erzielen Sie Wertsteigerungen, die in anderen Sparformen so nicht zu erzielen wären.

Cost-Average Effekt

Bei einem langfristigen Sparplan erleben Sie verschiedene Wirtschaftszyklen, die sich in den unterschiedlichen Wertpapierkursen niederschlagen. Die Abweichungen sind in Aktienkursen sehr viel größer als in den Kursen von festverzinslichen Wertpapieren und machen sich in den offenen Immobilienfonds mit nur sehr geringen Kursausschlägen bemerkbar.
Da sich der Anteilskurs verändert, erhalten Sie zu jedem Kauftermin eine unterschiedlich große Anzahl von Fondsanteilen gutgeschrieben. Bei höheren Kursen erhalten Sie weniger Anteile, bei niedrigen Kursen mehr. Da Sie regelmäßig investieren, verhalten Sie sich antizyklisch, das heißt, Sie kaufen nicht wie viele Anleger nur bei positiven Wirtschaftsdaten, sondern Sie nutzen die Zeiten schlechterer Kurse, um mehr Anteile zu erwerben. Damit verhalten Sie sich wie ein Börsenprofi, was langfristig eine sehr positive Wirkung auf Ihr Depot hat und »Cost-Average-Effekt« genannt wird.
Durch regelmäßiges Ansparen wird auf eine vorsichtige Art und Weise ein Vermögen aus Aktien und festverzinslichen Wertpapieren aufgebaut, da das Nutzen von Hochs und Tiefs zu einer Optimierung führt.
Besonders positiv macht sich der Cost-Average-Effekt bei einem Ansparplan in einem Aktienfonds bemerkbar.

Entnahme aus einem Investmentfonds

Bei einer auf ein Ziel oder einen Zeitpunkt ausgerichteten Anlage überlegen Sie natürlich bereits zu Beginn, ob das Ziel in der zur Verfügung stehenden Zeit überhaupt zu erreichen ist. Wenn Sie Geld 5 Jahre investieren wollen und wissen, dass Sie es termingerecht benötigen, um eine Hypothek abzulösen, sollte der Betrag nicht in einen Aktienfonds investiert werden, da durch Kursschwankungen und Veränderungen an den Märkten die erwartete Performance zum Ablaufdatum nicht sicher ist.
Wenn Sie allerdings Geld für das Alter anlegen oder für einen Zeitraum von 10 bis 20 Jahren, nutzen Sie Chancen auf gute Kursentwicklung des Aktienmarktes. Benötigen Sie das Geld auf einmal, sollten Sie 3 bis 5 Jahre vorher anfangen, den Fonds zu beobachten, und das Geld nach und nach in einen Fonds mit geringerem Risiko, einen Geldmarktfonds oder kurzlaufenden Rentenfonds, umschichten, damit Sie die erzielten Gewinne nicht unnötig aufs Spiel setzen.
Für das Rentenalter bieten Investmentgesellschaften Entnahmepläne an. Dies kann eine sinnvolle Ergänzung Ihrer Altersrente darstellen. Das vorhandene Kapital sollte dann, je nach persönlichem Risikopotenzial, in Immobilienfonds, Rentenfonds und Aktienfonds angelegt werden, und zwar, wenn es von der

Anlagehöhe her möglich ist, in alle drei Fondsarten. Dann sollten regelmäßige Auszahlungen mit den Fondsgesellschaften vereinbart werden. Je nach Altersplanung sollten diese entweder Kapitalverzehr zu einem bestimmten Zeitpunkt vorsehen oder den Kapitalerhalt anstreben. Entsprechend dieser Entscheidung wird dann die Höhe der monatlichen Entnahme berechnet.
Bei mäßigen monatlichen Entnahmen dürfte sich sogar ein Kapitalzuwachs ergeben. Dies geschieht dann, wenn die Zuwachsraten des Fonds über den Entnahmen liegen. Hierbei spielen allerdings die Einstiegszeitpunkte eine wichtige Rolle.

Geld anlegen mit Investmentfonds

Aufgrund der vielen verschiedenen Investmentfonds gibt es unterschiedliche Strategien, die mit der Geldanlage in Investmentfonds umgesetzt werden können. Dazu ist es notwendig, sich Chancen und Risiken einer jeden Fondsgruppe genauer anzusehen.
Die Anlagepyramide der Investmentfonds zeigt anschaulich, welche Fonds die Grundlage darstellen und wie die durchschnittliche Rendite dieser Fonds ist. Nach oben steigt die Verzinsung an, es geht über den offenen Immobilienfonds, der in Sachwerte investiert, zu den Rentenfonds, die in variabel und festverzinsliche Anleihen investieren, zu den europäischen und internationalen Aktienfonds, die durchschnittlich eine Rendite von 8 bis 12 Prozent erzielen, zu weiter spezialisierten Aktienfonds, die in kleineren Märkten agieren. Mit zunehmender Spezialisierung steigt die durchschnittliche Rendite. Im gleichen Maß steigt auch das Risiko.
Daher ist es wichtig, sich diese Pyramide bei jeder Anlageentscheidung vor Augen zu führen. Der Schwerpunkt einer Pyramide liegt eindeutig im unteren Bereich. Dies ist das Fundament, damit die Pyramide nicht ins Schwanken gerät. Wenn Sie mit Branchen- und Schwellenländern anfangen, Ihre Altersvorsorge aufzubauen, stellen Sie schon beim ersten Blick fest, dass Sie die Pyramide auf den Kopf stellen.
Wenn Sie die Chancen und die damit verbundenen Risiken einzelner Investmentfonds betrachten, wird es viel einfacher, die richtigen Fonds für ein eigenes Portfolio zusammenzustellen.

Sehr sichere Geldanlage

Die Basis einer jeden Geldanlage bildet ein Investmentfonds, der aus Geldmarkttiteln und Bankguthaben besteht. Ebenfalls sind in einem Geldmarktfonds Wertpapiere und Schuldverschreibungen mit Restlaufzeiten von höchstens 12 Monaten enthalten. Wie Sie bereits wissen, nähert sich der Kurs einer Anleihe, je näher der Fälligkeitstermin rückt, immer mehr dem Nennwert an, so dass mit kurzen Restlaufzeiten die Renditen auch nur sehr gering ausfallen.
In einem Geldmarktfonds sollten Gelder geparkt werden, um sie nach und nach in andere Fonds einzuzahlen und um eine Reserve mit hoher Liquidität zu halten. Die durchschnittlichen Renditen liegen zwischen 2 und 4 Prozent. Daher bieten sich in Zeiten niedriger Zinsen statt Geldmarktfonds auch gut verzinste Spareinlagen oder Festgelder an.
Geldmarktfonds haben nur einen geringen Ausgabeaufschlag, so dass sich auch eine kurzfristige Anlage lohnen kann. In diese Anlagekategorie gehören, wenn nicht nur Fonds gekauft werden sollen, auch Spareinlagen, Festgelder und festverzinsliche Wertpapiere. Ein Geldmarktfonds auf internationale Währungen, in dem auch hoch spekulative Anleihen mit kurzer Laufzeit gekauft werden, gehört nicht dazu. Dieser ist wie ein internationaler Rentenfonds einzustufen.

Die Anlagepyramide

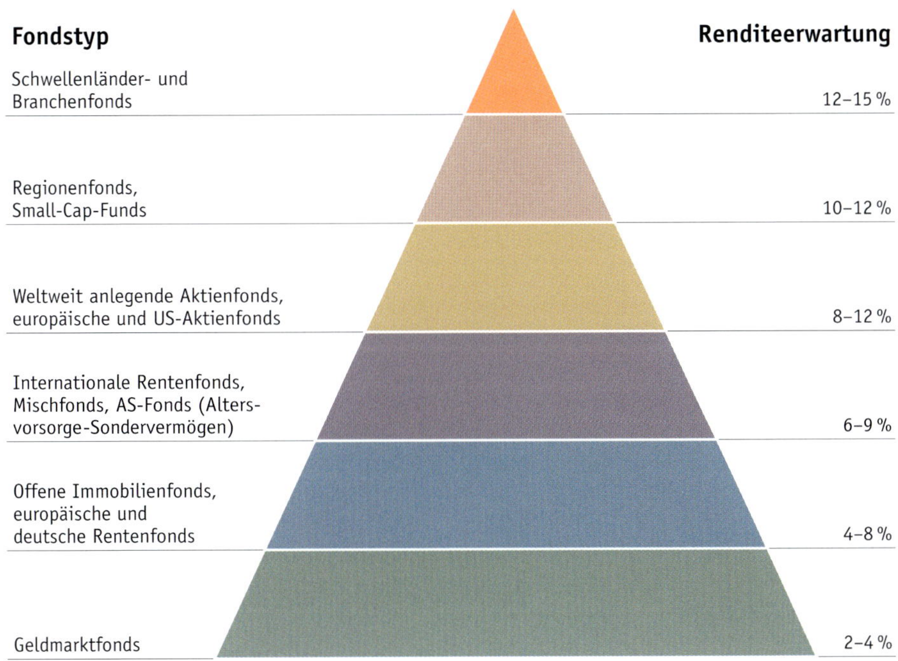

Ist der spekulative Aspekt besonders ausgeprägt, werden auch Junk Bonds oder ähnlich spekulative Geschäfte getätigt, dann entspricht der Fonds in der Risikoeinstufung einem internationalen Aktienfonds.

Sichere Geldanlage

Offene Immobilienfonds gehören als Sachwertfonds zu den schwankungsarmen Investments, die Renditen der in Deutschland investierenden Fonds liegen bei 4 bis 6 Prozent. Sie erhöhen sich bei den Fonds, die europaweit oder international investieren. Hier kann die Rendite bis zu 8 Prozent betragen.
Aufgrund des hohen Ausgabeaufschlags von durchschnittlich 5 Prozent und einer ebenso hohen Durchschnittsrendite ist ein offener Immobilienfonds nur für Laufzeiten über 5 Jahre sinnvoll. Da offene Immobilienfonds wenig volatil sind, eignen sie sich auch für Auszahlpläne. Hier ist eine mehr oder weniger genaue Berechnung der monatlichen Auszahlungen für die Zukunft möglich.
In die zweite Stufe, die eine sichere Geldanlage in der Pyramide darstellt, gehören neben den offenen Immobilienfonds internationale, europäische und deutsche Rentenfonds. Diese erzielen eine Rendite von 4 bis 8 Prozent. Rentenfonds investieren sowohl in festverzinsliche als auch in variable Wertpapiere mit

unterschiedlicher Laufzeit und unterschiedlichen Währungen und kaufen Anleihen unterschiedlicher Bonität.
Bei einem Rentenfonds als Stabilitätsfaktor Ihrer Anlage sollten Sie einen breit gestreuten, internationalen Rentenfonds kaufen, der Anleihen, die auf Euro lauten, kauft und nur Schuldner mit bester bis guter Bonität berücksichtigt.
Damit steht Ihnen der größtmögliche Anleihenmarkt zur Verfügung. Der Manager eines solchen Fonds denkt in Euro, das heißt, er versucht, das bestmögliche Ergebnis für Sie als einen in Euro investierenden Anleger zu erreichen. Anlageziel ist, eine gute, möglichst gleich bleibende Performance über viele Jahre zu erzielen.
Wenn Sie weitere Anteile in der Kategorie der sicheren Geldanlagen kaufen wollen, wählen Sie einen Rentenfonds mit einem anderen Anlagehorizont aus, beispielsweise einen europäischen oder deutschen Rentenfonds.
Mit Rentenfonds auf Fremdwährungen oder mit einem Fonds, der den Schwerpunkt in einem anderen Land setzt (Rentenländerfonds), erhöht sich die Schwankungsbreite eines Fonds für Sie als Euro-investierender Anleger. Währungsschwankungen erhöhen die Renditen, da der Fondsmanager diese ausnutzen kann, erhöhen jedoch gleichzeitig das Risiko. Diese Fonds sind in der nächsthöheren Stufe angesiedelt, die Geldanlagen mit geringem bis mittlerem Risiko umfasst.
Als Anleger haben Sie die Möglichkeit, die Renditechancen mit spezialisierten Rentenfonds zu erhöhen, indem Sie Rentenfonds kaufen, die in Schwellenländern investieren und Anleihen mit einem geringeren Rating oder Anleihen auf fremde Währungen kleinerer Länder erwerben.
Je ausgefallener ein Fonds investiert, umso höher klettern Sie in der Anlagepyramide nach oben. Ganz oben steht dann der High-Yield-Bonds-Fonds oder der Emerging-Market-Bond-Fonds.
Ein Rentenfonds ist also nicht immer ein sicheres, risikoarmes Investment, sondern die Art von Wertpapieren und das eingegangene Risiko des Fonds sind für die Einstufung von entscheidender Bedeutung.
Weitere Sonderformen sind Rentenfonds für bestimmte Laufzeiten. Hier wird ein Fonds für einen bestimmten Ablauftermin konzipiert. Je kürzer die Fondslaufzeit ist, umso schwieriger ist es, die durchschnittlichen Renditen festverzinslicher Wertpapiere mit einem Fonds zu schlagen, da die Kosten im Fonds die Rendite drücken.
Bei ganz langen Laufzeiten ist dies sicherlich möglich, allerdings wurden derartige Fonds bisher nur mit Laufzeiten bis zu 10 Jahren aufgelegt. Damit ist der Fondsmanager festgelegt, Anleihen mit bestimmten Laufzeiten zu kaufen. Die Vielfalt der möglichen Anleihen verringert sich dadurch. Die Ergebnisse in der Vergangenheit sprechen nicht für diese Anlageform, da ein Anleger, der weiß, was er möchte, mit Bundesanleihen zu demselben Ergebnis kommen wird, und das bei geringeren Kosten.

Geringes bis mittleres Risiko

Diese Kategorie teilen sich die Fonds, die sowohl in festverzinsliche Wertpapiere als auch in Aktien und Immobilien investieren dürfen und die speziell für die Altersvorsorge konzipiert worden sind. Die Aufgabe des Managers eines Mischfonds ist, immer angemessen am Markt investiert zu sein und Risiken für die Anleger zu minimieren, aber auch Chancen zu nutzen. Dass dies im Wettbewerb um neue Kunden und um ein gutes Ranking manchmal doch zu kurz kommt, hat der drastische Kurseinbruch im September 2001 gezeigt. Bei der Entscheidung für Mischfonds sollten Sie nur Fonds auswählen, bei denen eine prozentuale

Risikoaufteilung im Fondsreglement festgeschrieben ist. So kann verhindert werden, dass das Management in guten Börsenzeiten den Aktienanteil immer weiter erhöht und damit das Risiko vergrößert.
Bei den AS-Fonds handelt es sich um Mischfonds, die den Kunden einer speziellen Altersgruppe zum Rentenalter eine lukrative Geldanlage mit vertretbarem Risiko anbieten. Menschen, die in Gelddingen nicht zum Risiko neigen, können dadurch zur Geldanlage oder zum Ansparen in Investmentfonds gewonnen werden.
Die Durchschnittsrenditen der Mischfonds bewegen sich zwischen 6 und 9 Prozent.

Mittleres Risiko

Die ursprüngliche Idee der Aktienanlage war, eine weltweite Streuung von Investments zu erreichen, um das Risiko von Marktschwankungen, Währungsschwankungen und Unternehmensschwankungen zu reduzieren.
Diese Idee greifen die internationalen Aktienfonds auf und halten in allen Ländern, Branchen und Währungen nach gewinnversprechenden Aktien Ausschau. Die Auswahlkriterien werden durch den Anlagestil bestimmt. Die meisten heute in Deutschland angebotenen Fonds sind Aktienfonds. Ihr wichtigstes Standbein beim langfristigen Aufbau eines Investmentfonds-Portfolios ist die Anlage in einem breit gestreuten internationalen Aktienfonds, der in Blue Chips investiert. Dieser Fonds hat die Möglichkeit, die sich weltweit bietenden Chancen mitzunehmen und somit langfristig eine durchschnittliche Rendite zwischen 8 und 12 Prozent zu erzielen. Das macht einen längeren Anlagehorizont von mindestens 10 Jahren notwendig, da kurzfristige Schwankungen auch zu schlechten Ergebnissen führen können.
Der breit gestreute internationale Aktienfonds, für Euro-Anleger immer in Euro investierend, stellt eine Daueranlage im strukturierten Investmentdepot dar. Und da Diversifikation (Streuung) das Geheimnis jeder Geldanlage ist, gehören in ein größeres Depot auch mehrere internationale Investmentfonds – wenn Sie möchten, können Sie dabei auch aber verschiedene Anlagestile berücksichtigen. Auch international agierende Fonds in US-Dollar gehören in ein größeres Depot, da sich durch den Dollar weitere Chancen bieten – auch größere Risiken.
Die USA sind der größte Aktienmarkt der Welt. 52 Prozent aller Aktiengesellschaften sind in den USA ansässig und somit gehört ein USA-Fonds unbedingt in Ihr Depot. Selbstverständlich werden die Aktien in US-Dollar gehandelt, aber es gibt hervorragende US-amerikanische Aktienfonds von deutschen Fondsgesellschaften, die in Euro angeboten werden und die versuchen, sich gegen Währungsschwankungen zuungunsten des Euro abzusichern. Bei einem größeren Depot ist eine Anlage in US-Dollar aber durchaus zu vertreten.
Europa ist der zweitgrößte Aktienmarkt. Da hier mit der Euro-Einführung das Währungsrisiko fast nicht mehr vorhanden ist, ist dieser Markt noch erfolgversprechender geworden. Gerade europäische Anleger sollten sich diese Chancen nicht entgehen lassen. Die vielen Börseneinführungen der letzten Jahre haben den Aktienmarkt erheblich vergrößert, obwohl noch immer ein großer Nachholbedarf im Vergleich zu den USA besteht.

Mittelhohes bis hohes Risiko

Die meisten Aktienmärkte haben eine relativ geringe Marktkapitalisierung. Deutschland, die Schweiz, Japan, Irland und Großbritannien haben Anteile zwischen 3 und 5 Prozent. Damit handelt es sich um kleinere volatilere Märkte. Hinzu kommt bei Japan oder Asien das Wechselkursrisiko und dass uns diese

Länder nicht so vertraut und daher schwer einzuschätzen sind.
Der Anteil des deutschen Aktienmarktes am Weltmarkt beträgt 5 Prozent. Da es sich um den Heimatmarkt handelt, liegt die Einstufung zwischen dem mittleren und dem mittelhohen bis hohem Risiko. Je kleiner der Aktienmarkt oder die Auswahl der zur Verfügung stehenden Aktien, umso volatiler und anfälliger ist der Fonds. Den größeren Chancen stehen größere Risiken gegenüber.
Small Caps stellen aufgrund der geringen Firmengröße eine besondere Chance dar. Hier ist es möglich, Innovationen schneller in höhere Umsatz- und Gewinnzahlen umzusetzen, und auch eine Produktionsausweitung ist schneller als in einem Blue-Chip-Unternehmen möglich. Damit sind Small Caps allerdings auch anfälliger, die Aktien reagieren schneller auf Marktveränderungen. Die größere Volatilität wird jedoch langfristig mit höheren Renditen belohnt. In diesem Anlagesegment betragen die Durchschnittsrenditen zwischen 10 und 13 Prozent.
Bei einem großen Vermögen sollte die Marktkapitalisierung der einzelnen Länder in Ihrer Anlagestrategie Berücksichtigung finden. Für die Altersvorsorge durch Investmentfonds spielt dies eine untergeordnete Rolle. Hier geht es eher darum, die Anlagepyramide nicht auf den Kopf zu stellen, wenn engere Märkte boomen und Ihre Hemmschwelle außer Kraft setzen.

Sehr hohes Risiko

Mit der Zusammenfassung von Unternehmen in Branchenfonds sind in den letzten Jahren hervorragende Renditen erwirtschaftet worden, die größtenteils beim Zusammenbruch der Märkte im September 2001 wieder vernichtet wurden. Ganze Branchen wurden damals als überbewertet erkannt, was zu einem drastischen Kursrückgang geführt hat.
Die Entwicklung geht weiter und Erholung ist in Sicht. Ob die Höchststände vom September 2001 in kürzerer Zeit wieder erreicht werden können, scheint allerdings sehr fragwürdig.
Ebenso verhält es sich mit Investments in kleinen, sich entwickelnden Märkten wie Thailand, Malaysia, Lateinamerika und Osteuropa. Alle diese Märkte haben Chancen, die sich mit einem Fonds in einem vertretbaren Anteil zum Gesamtdepot nutzen lassen, aber auch hohe Risiken, da diese Märkte nur eingeschränkt auf dem Weltmarkt agieren. Branchen- und Schwellenländerfonds eignen sich dafür, das schnelle Auf und Ab der Märkte zu nutzen. Hier ist Spielgeld einzusetzen.

Große Unternehmen – kleine Unternehmen

In der Anlagepolitik wird entschieden, ob Gelder nur in große Unternehmenswerte, also weltweit bekannte Firmen wie Microsoft, DaimlerChrysler, Hewlett-Packard, DuPont, General Motors, Coca-Cola, Walt Disney, die so genannten Blue Chips, oder ob die Gelder in Aktiengesellschaften mit einer geringeren Börsenkapitalisierung, so genannte Small Caps, investiert werden sollen. Hierbei handelt es sich um Firmen, bei denen der Wert aller ausgegebenen Aktien nicht mehr als 2 Milliarden Euro beträgt. Kleinere Firmen können Chancen ganz anders nutzen, sind flexibler und bedienen häufig Nischen, die für große Unternehmen nicht ausreichend Gewinn versprechend sind. Eine innovative Strategie umzusetzen kann einem kleinen Unternehmen schneller gelingen als einem großen. Damit sind auch große Umsatzerhöhungen eher an der Tagesordnung. Wer in Small Caps investiert, erwartet höhere Renditen, muss aber auch höhere Schwankungen in Kauf nehmen. Langfristig eine interessante Strategie.

Es gibt Fonds, die in Unternehmen aller Größen investieren. Viele Small-Cap-Fonds investieren gezielt in Firmen, die in diese Kategorie passen, halten jedoch die Aktien, wenn die Größe von 2 Milliarden Euro erreicht ist, um das angehäufte Potenzial dieser Titel weiter nutzen zu können.

Der Anlagestil

Ein weiteres Entscheidungskriterium kann der Anlagestil sein, in dem ein Fonds gemanagt wird. Dies ist sozusagen die Philosophie eines Fonds: Top-down- oder Bottom-up-Analyseansatz und Value- oder Growth-Investmentstil.

Beim Top-down-Ansatz orientiert sich das Management an boomenden Ländern oder Regionen, von denen nach Analyse der wirtschaftlichen Fundamentaldaten davon auszugehen ist, dass hier die höchsten Wertsteigerungen in den nächsten Jahren zu erzielen sind. Erst danach werden die aussichtsreichsten Aktien herausgefiltert. Dieser Analyseansatz wird auch bei Branchenfonds verwendet. In diesem Fall werden zuerst die Branchen herausgearbeitet, die die höchsten Wachstumsraten versprechen, und dann die erfolgversprechendsten Aktien dieser Branche.

Die Bottom-up-Strategie sucht direkt nach den erfolgversprechendsten Aktien. Hierbei wird keine Länder- oder Branchenauswahl getroffen. Man bezeichnet diesen Ansatz auch als Stock-Picking.

Die Aktienauswahl kann einem wertorientierten (Value) oder einem wachstumsorientierten (Growth) Ansatz folgen. Wertorientierte Fondsmanager investieren ausschließlich in Unternehmen, die unter dem Substanzwert gehandelt werden, oder in Übernahmekandidaten in einer sich neu strukturierenden Branche. Die Priorität bei der Auswahl liegt beim Preis der Aktie im Vergleich zum Gewinn. Ein Value-Portfolio besteht daher immer aus unterbewerteten Aktien. Fonds, die nach dem Value-Ansatz gemanagt werden, verhalten sich häufig konträr zum Markt.

Im Gegensatz dazu setzt der Fondsmanager eines Growth-Fonds nicht auf die reinen Ertragszahlen, sondern auf ein konstantes und überdurchschnittliches Wachstum. Schwerpunkt der Entscheidung ist hier die Prognose einer starken zukünftigen Entwicklung.

Die Vergleiche der Vergangenheit zeigen sehr deutlich, dass entweder Fonds mit einem Value-Ansatz oder Fonds mit einem Growth-Ansatz vorne liegen. Nehmen Sie also entweder beide Fonds ins Depot oder einen Fonds, der beide Anlagestile mischt.

Last but not least: Investmentfonds sind im Rahmen der Altersvorsorge ein ideales Investment, da bereits bei geringen Anlagebeträgen breit gestreut werden kann. Die ersten vier Stufen der Anlagepyramide gehören in unterschiedlichen Größenordnungen in jedes Depot. Die beiden Stufen zur Spitze benötigen deutlich längere Anlagezeiten und die Bereitschaft, Verluste hinzunehmen. Höhere Beträge sollten in verschiedene Fonds der gleichen Anlagekategorie investiert werden. Beachten Sie, dass alle Performance-Vergleiche, alle Auszeichnungen eines Fonds, sich immer auf die Vergangenheit beziehen. Hinterher ist man immer klüger.

Es gibt keinen Tipp, wie Sie als Privatanleger besser sein können als renommierte, erfahrene Fondsmanager, die sich den ganzen Tag – mit einem großen Analystenteam im Rücken – mit nichts anderem als dem Kauf und Verkauf von Aktien beschäftigen. Es gibt nur eins: eine genaue Analyse Ihres Zieles und der Zeit, die Ihnen dafür zur Verfügung steht. Dann gilt es, das Fundament abzusichern und in breit gestreuten Renten- und Aktienfonds zu investieren. Nutzen Sie Ihre Chancen und halten Sie die Risiken so gering wie möglich.

DIE EIGENEN VIER WÄNDE

Für viele sind die eigenen vier Wände noch immer die beste Altersvorsorge. Viele Menschen wissen früh in ihrem Leben, dass sie sich irgendwann ein Haus – freistehend, als Doppelhaushälfte, Reihenhaus, eine Villa mit großem Garten – oder eine Eigentumswohnung kaufen werden. Darüber, wo dieses Haus oder die Wohnung stehen soll, gibt es verschiedene Ideen. Viele träumen von einem Haus im Grünen mit einem großen Garten, für andere dürfen Haus und Garten etwas kleiner sein, müssen aber in der Stadt liegen. Auch diejenigen, die eine Eigentumswohnung bevorzugen, wissen genau, ob es eine Wohnung mitten in der Stadt, vielleicht in einem denkmalgeschützten kleineren Haus, oder eine große Altbauimmobilie oder die Wohnung am Stadtrand sein soll.

Grundlagen des Immobilienkaufs

Auf jeden Fall ist das Umfeld entscheidend und hier müssen Sie sich beim Bauen oder Kaufen die zukünftige Entwicklung vorstellen. Denn die Lage einer Immobilie ist für die Wertentwicklung entscheidend. Auch wenn Sie die Wertsteigerung noch nicht interessiert, sollten Sie herausfinden, was am Standort Ihrer Immobilie geplant ist: Soll dort das neue Heizkraftwerk der Region entstehen oder gegenüber eine große Schule, soll ein Neubauviertel mit größeren und höheren Mietwohnhäusern gebaut werden oder ist geplant, dort einen neuen Tierpark anzulegen? Auch Verkehrsanbindung und Infrastruktur sind entscheidend: Wie schnell sind Sie in der Innenstadt oder in der nächstgrößeren Stadt? Wie weit ist es zum Einkaufen, wo liegen Kindergarten, Grundschule und weiterführende Schulen? Kann man dorthin zu Fuß gehen, gibt es Busse, Straßenbahnen oder S-Bahnen – benötigt man ein Auto?
Überlegen Sie lieber einmal mehr, ob Sie in 30, 40, 50 oder auch 60 Jahren auch noch gern dort wohnen wollen. Notieren Sie alle Wünsche, überlegen Sie, was Ihnen an den Häusern und Wohnungen von Freunden besonders gut oder auch gar nicht gefällt. Bei allen Besichtigungen schreiben Sie auf, was Ihnen positiv und negativ aufgefallen ist – und wenn Sie meinen, Ihre Wunschimmobilie oder Ihr Wunschgrundstück gefunden zu haben, gleichen Sie dies mit Ihren Notizen ab, damit Sie nichts vergessen, das Ihnen wichtig erscheint – Sie kaufen eine Immobilie, für die Sie in den nächsten Jahren einen erheblichen Teil Ihres monatlichen Einkommens einsetzen werden.

Die Lage

Die Lage einer Immobilie ist entscheidend für die Wertentwicklung. Für die eigenen vier Wände spielt die mögliche Wertentwicklung nur eine untergeordnete Rolle. Berücksichtigen Sie beim Kauf dennoch, dass sich Veränderungen im Laufe des Lebens ergeben können, die den Verkauf notwendig machen, und dann ist es entscheidend, zu einem guten Preis verkaufen zu können. Daher sollten Sie immer das beste Grundstück erwerben oder das schlechteste Haus in der besten Gegend kaufen, da das Umfeld eine entscheidende Rolle bei der Preisentwicklung spielt. Bei einem späteren Verkauf ist der Grundstückswert wichtig, da dieser sich weiterentwickelt, das Gebäude jedoch an Wert verliert, je älter es ist. Außerdem kann ein Haus abgerissen und neu gebaut werden.

Der Zustand

Beim Kauf einer Immobilie sollte der Preis dem Zustand entsprechen. Ein Haus kann immer nur dem Augenschein nach beurteilt werden. Gerade bei einem älteren Gebäude sollte ein Fachmann hinzugezogen werden, um nicht sichtbare Mängel herauszufinden. Besonders geprüft werden sollten das Dach und der Dachstuhl, die elektrische Anlage, die Heizung, das Leitungssystem, die Fenster und der Keller. Vorhandene Mängel müssen nicht dazu führen, das Haus oder die Wohnung nicht zu kaufen. Einerseits können bestehende Mängel genutzt werden, um den Kaufpreis zu drücken, andererseits muss genau geprüft werden, welche Investitionen vor dem Einzug vorgenommen werden müssen und ob diese den finanziellen Rahmen nicht übersteigen. Beim Kauf einer Eigentumswohnung sollte auch bei Mängeln am Gemeinschaftseigentum – also nicht in der Wohnung – geprüft werden, ob diese Mängel bereits Thema einer Eigentümerversammlung waren, deren Beseitigung geplant ist, wie hoch die Instandhaltungsrücklage ist und wie hoch Ihr Anteil an den Kosten der Instandsetzung sein wird.

Der Preis

Der Preis einer Immobilie richtet sich nach der Lage, dem Zustand und der Nachfrage, also der Situation auf dem Immobilienmarkt. Dieser wiederum hängt vom allgemeinen Wirtschaftsklima ab.
Müssen viele ihr Haus oder ihre Wohnung verkaufen, sinken die Preise; möchten viele eine Immobilie erwerben, steigen sie. Ausnahmen bilden hier nur sehr wenige, ganz besonders ausgesuchte Gegenden – direkt an einem See, mit einem besonders schönen Ausblick oder in sehr begehrten Lagen der Großstädte –, sie werden von Schwankungen weniger berührt.
Informationen über den Preis eines Grundstücks und die Klassifizierung findet man in Immobilienführern, die für die großen Städte und deren Einzugsgebiete herausgegeben werden, oder über den Preisspiegel der Makler-Verbände: Ring Deutscher Makler (RDM) und Verband Deutscher Makler (VDM). Außerdem geben Städte und Gemeinden Auskünfte über Durchschnittspreise.
Die vom Makler oder Verkäufer angegebenen Preise sind ein Angebot. Dieses sollten Sie prüfen und mithilfe von Fachleuten und zusätzlichen Informationen entscheiden, ob das Objekt den geforderten Preis wert ist. Der Preis ist fast immer zu verhandeln. Wenn Sie sich entschieden haben, unterbreiten Sie dem Verkäufer oder dem beauftragten Makler ein schriftliches Angebot. Hierzu müssen Makler und Besitzer Stellung beziehen und auf dieser Grundlage kann weiterverhandelt werden.

Die Lage einer Immobilie ist für die Wertentwicklung entscheidend.

Eigentumswohnungen

Eigentumswohnungen sind die preisgünstigste Form des Wohnungseigentums und in fast jeder Lage, Größe und Ausstattung zu bekommen. Hierbei erhält man einen Miteigentumsanteil an dem gesamten Gebäude und Grundstück entsprechend der Wohnung und einem

checkliste

Darauf sollten Sie beim Kauf einer Immobilie achten

Beim Kauf oder Bau eines Hauses

- ✔ Überprüfen Sie noch einmal Ihre Wunschliste, die Sie bei den ersten Standortüberlegungen aufgestellt haben. Stimmen Verkehrsanbindung, Infrastruktur und Einkaufsmöglichkeiten mit Ihren Vorstellungen überein?
- ✔ Besichtigen Sie die neue Wohngegend häufiger: an unterschiedlichen Wochentagen und zu unterschiedlichen Tageszeiten, auch nachts! Nur so können Sie sich einen Eindruck von den Geräuschen und dem Lärmpegel machen und beispielsweise feststellen, ob diese Straße ein Schleichweg bei einem Stau auf der Autobahn ist.
- ✔ Sprechen sie mit Ihren zukünftigen Nachbarn, aber auch den Inhabern von Geschäften über die Wohngegend. Fragen Sie nach öffentlichen Planungen.
- ✔ Sehen Sie sich die neuen Nachbarn genau an.
- ✔ Informieren Sie sich über die Nutzungsmöglichkeiten des Grundstücks und die Vorgaben für dieses Wohngebiet.
- ✔ Wohnen eher Familien mit Kindern in diesem Gebiet oder ältere Paare?

Beim Kauf einer Eigentumswohnung

- ✔ Gibt es Gemeinschaftsräume und wie und von wem dürfen diese benutzt werden?
- ✔ Dürfen Tiere gehalten werden?
- ✔ Bestehen Sondervereinbarungen?
- ✔ Wer sind die Wohnungsnachbarn?
- ✔ Lassen Sie sich die Protokolle der Eigentümerversammlungen der letzten drei Jahre geben und studieren diese aufmerksam.
- ✔ Wohnen die Eigentümer selbst in ihren Wohnungen oder wurden die Wohnungen als Kapitalanlage gekauft?
- ✔ Gibt es jemanden, dem mehr als eine Wohnung gehört? Bei einem Anteil von 50 Prozent eines Einzigen und mehr nur mit größter Vorsicht kaufen!
- ✔ Welche Himmelsausrichtung hat die Wohnung?
- ✔ Gehört ein Keller zur Wohnung?
- ✔ Hat die Wohnung einen Kfz-Stellplatz oder eine Garage?
- ✔ Wie hellhörig ist die Wohnung? Haben sich schon einmal Nachbarn im Haus über Lärm beschwert?
- ✔ Ist die Wohnung hell oder dunkel? Welche Zimmer haben wann und wie lange Sonne?
- ✔ Welche baulichen Veränderungen sind möglich?
- ✔ Wie sieht die Teilungserklärung aus? Wie hoch ist der Miteigentumsanteil?
- ✔ Wie hoch sind die Nebenkosten?
- ✔ Wie hoch sind die Instandhaltungsrücklagen?
- ✔ Sind Sondernutzungsrechte vereinbart?

Kellerraum, teilweise gehört auch eine Garage, ein Tiefgaragenplatz oder ein Stellplatz dazu. Benutzungen des Gartens werden manchmal als Sondernutzungsrechte mit veräußert. Innerhalb seiner Wohnung darf jeder tun und lassen, was er möchte, über die Nutzung des Gemeinschaftseigentums und dessen Pflege und Instandhaltung bestimmt die Eigentümergemeinschaft. Der Eigentümerversammlung kommt eine große Bedeutung zu, da diese über alle Entscheidungen in Bezug auf das Gemeinschaftseigentum abstimmt. Sind die Eigentümer nicht interessiert, weil sie ihre Wohnungen vermietet haben und die Mieten nur unzureichend die Kosten decken, wird man als dort wohnender Miteigentümer das Nachsehen haben. Allerdings kann auch das Ansinnen von Miteigentümern, das Haus zu einem Schloss umzugestalten, eine kostspielige Angelegenheit werden.
Wichtig bei der Entscheidung für eine Eigentumswohnung ist, dass nicht einer Partei 50 Prozent der Immobilie oder mehr gehören, da diese dann die Mehrheit in der Eigentümergemeinschaft und damit das Sagen hat. Spekulanten wenden diesen Trick häufig an und lassen die Immobilie aufwändig sanieren – unter Beteiligung aller an den Kosten – und veräußern ihre Wohnungen danach zu hohen Preisen. Besonders in den Innenstädten nutzen raffinierte Spekulanten dies aus, indem sie die Räumlichkeiten der ersten und zweiten Etage behalten und andere Wohnungen verkaufen. Dann werden aufwändige Renovierungsarbeiten durchgesetzt, die gemeinsam bezahlt werden müssen. Nach Fertigstellung erreicht der Spekulant – in der Regel durch Entschädigungszahlungen oder Schaffung von neuem Wohnraum – die Umwandlung von Wohnraum in Gewerberaum und kann so ehemalige Wohnungen als Büros oder Arztpraxen im luxuriösen Ambiente zu Gewerbepreisen veräußern oder vermieten.

Doppelhaushälften und Reihenhäuser

Neben der Lage und dem Zustand des Hauses sind auch die Nachbarn von Bedeutung. Besonders bei Doppelhaushälften sollte die Chemie auf jeden Fall stimmen. Die Wertentwicklungen sind bei dieser Eigentumsform immer geringer als bei einem freistehenden Haus. Umso mehr entscheidet die Lage über die Wiederverkäuflichkeit.

Freistehende Einfamilienhäuser

Beim Bau des eigenen Hauses sind der Fantasie und Kreativität in der Ausgestaltung keine Grenzen gesetzt. Bei dem Wiederverkauf eines Hauses zählen jedoch hauptsächlich die Lage, die Ausrichtung des Hauses auf dem Grundstück, die Verkehrsanbindung und die Infrastruktur. Die Ausstattung, und sei sie noch so teuer und aufwändig, wird bei einem späteren Verkauf nicht bezahlt. Einfamilienhäuser mit mittelgroßen Grundstücken in guten bis sehr guten Lagen weisen hervorragende Wertentwicklungen auf und lassen sich, mit der Einschränkung, die für alle Immobilien gilt – nämlich Zeit – immer wieder verkaufen.

Neu oder gebraucht

Ob Sie eine Eigentumswohnung in einem neu erbauten Haus oder eine Altbauwohnung erwerben, hängt sicherlich einmal von der Lage ab, in der Sie wohnen möchten. Andererseits hat jede Immobilie ihre ganz eigenen Vor- und Nachteile, die gegeneinander abzuwägen sind.
Beim Kauf einer Eigentumswohnung ist die Prüfung des Gemeinschaftseigentums von wesentlicher Bedeutung, da die Kosten von Ihnen mitgetragen werden müssen.
Ebenso verhält es sich mit einem Haus. Häufig ist es in den Städten kaum noch möglich, einen Bauplatz zu erwerben. Möchten Sie in-

nerhalb einer Stadt wohnen, bleibt meist nur der Kauf eines bereits bestehenden Hauses. Überlegen Sie genau, in welcher Lage Sie kaufen möchten, und zeigen Sie Beharrlichkeit beim Suchen. Leider sind die Preise für diese begehrten Immobilien kaum verhandelbar. Berücksichtigen Sie beim Kauf, welche Instandsetzungen am Haus erforderlich sind, damit der Traum vom Haus nicht zum Albtraum wird.
Wenn Sie sich für ein Haus interessieren, sollten Sie sich auch über Versteigerungen informieren. Die Termine von Zwangsversteigerungen stehen in der Tageszeitung oder sind bei den Amtsgerichten zu erfragen. Vor der Abgabe eines Gebotes sollten Sie unbedingt das Haus oder die Wohnung besichtigen und natürlich einen Architekten oder Sachverständigen hinzuziehen. Weitere Angaben finden sich in den Akten. Hier ist ein Wertgutachten mit Baubeschreibung, Verkehrswertschätzung und Mängelhinweisen enthalten. Im Durchschnitt können Wohnungen und Häuser zu 70 Prozent des Verkehrswertes ersteigert werden.
Auf der grünen Wiese ist das Angebot an Grundstücken oder von Bauträgern erstellten Häusern groß. Hier findet man seltener eine Bestandsimmobilie. Beim Kauf vom Bauträger bekommen Sie Ihr fertiges Haus mit den von Ihnen gewünschten Veränderungen zum Festpreis. Wichtig ist, dass Sie die Verträge von einem Notar Ihrer Wahl prüfen lassen, da Sie hier mit einem professionellen Unternehmen einen Kaufvertrag unterzeichnen.

Der Kaufvertrag

Weil Grundstücke einzigartig sind und weil man nicht jeden Tag ein Grundstück kauft oder verkauft, gelten hierfür besondere Regeln. Jeder Kaufabschluss ist notariell zu beglaubigen. Der Käufer hat das Recht, den Notar auszuwählen. Sinnvoll ist es, einen Notar in einer großen Kanzlei, die auf Immobilien spezialisiert ist, mit der Durchführung zu beauftragen. Der Kaufvertragsentwurf sollte vom Notar genau geprüft werden. Lassen Sie alle Absprachen in den Kaufvertrag aufnehmen, da diese nur dann auch mit rechtlichen Mitteln durchsetzbar sind. Der Notar garantiert für die korrekte Durchführung des Eigentümerwechsels. Er führt den Schriftverkehr mit allen Ämtern. Fragen Sie den Notar alles, was Ihnen wichtig erscheint, und unterschreiben Sie erst, wenn Sie alles verstanden haben. Denn Nichtwissen kann teuer werden.

Die Finanzierung

Verkäufer von Immobilien, besonders die Berater von Bauträgergesellschaften, versichern Ihnen eindringlich, dass sich jeder eine Immobilie leisten kann. Mit vielen Tricks versucht man, Sie zum Kauf zu bewegen. Angefangen von Hochrechnungen auf der Grundlage, dass ein Partner, der momentan nicht berufstätig ist, wieder einsteigen und ein hohes Gehalt verdienen wird, das die monatliche Last des Hypothekendarlehens erträglich werden lässt, bis hin zur kompletten Tilgungsaussetzung und der Absicherung mit spekulativen Investmentfonds wird alles angeboten.
Beliebt sind auch Eigenleistungen als Eigenkapitalersatz. Dazu müssen die Käufer oder Bauherren selbst Leistungen erbringen, die als Kapital bei der Finanzierung bewertet werden. Wenn Sie ein goldenes Handwerkerhändchen haben sowie eine Familie und Freunde, die Sie hierbei unterstützen, ist das sicherlich eine gute Idee. Wenn Sie jedoch schon Schwierigkeiten haben, ein Zimmer zu tapezieren, sollten Sie sich auf keinen Fall auf einen derartigen Vorschlag einlassen.
Versuchen Sie auch bitte nicht, Ihren Traum den finanziellen Realitäten anzupassen. Wenn Sie ein Stadtmensch sind, immer in der Stadt gelebt haben und sich dort richtig wohl

fühlen, Ihnen aber dennoch der Garten rund ums Haus fehlt, sollten Sie die Entscheidung, in ein weit entferntes Neubaugebiet zu ziehen, genau überlegen. Schnell fällt Ihnen dort die Decke auf den Kopf und die Freunde, die Sie sonst fast täglich gesehen haben, fahren auch nicht ohne weiteres 20 oder mehr Kilometer jedes Wochenende, um Sie zu besuchen.
Auf keinen Fall sollten Sie eine Finanzierung eingehen nach dem Motto:
→ Wir haben ja unser Haus – wir müssen nicht jedes Jahr eine Urlaubsreise machen.
→ Statt mit Freunden essen zu gehen, kommen diese jetzt zu uns und wir kochen etwas.
→ Wir waren schon so oft im Theater, im Kino und im Konzert, da wird es die nächsten Jahre sicher auch ohne gehen.
→ Wenn erst einmal das Haus steht, werden wir vieles selber machen, wieder stricken, die Garderobe selber nähen und das Auto selber reparieren.

Wenn das Leben keinen Spaß mehr macht, weil nur noch gespart werden muss, werden auch die Beziehung und die Familie und natürlich auch die Immobilie keinen Spaß mehr machen – und leider existiert häufig am Ende nur noch ein Scherbenhaufen. Das ist eine Immobilie nicht wert!

Was ich mir leisten kann

Die Fragen, die zu klären sind lauten:
→ Wie viel Geld habe ich angespart?
→ Wie viel Geld fehlt?
→ Wie viel Geld kann ich jeden Monat aufbringen?

Wenn die Absicherungen ausreichend sind, jeden Monat ein erheblicher Betrag Ihres Einkommens übrig bleibt und bereits Kapital zur Verfügung steht, können Sie über den Kauf oder Bau einer Immobilie nachdenken. Auch einen Teil der jetzigen Miete können Sie in Zukunft für die Entschuldung der Immobilie aufwenden.
Den anderen Teil benötigen Sie für den Unterhalt des Hauses oder das Wohngeld einer Eigentumswohnung. Als Faustregel gilt: 30 Prozent Eigenkapital sollte vorhanden sein. Ob eine Finanzierung überhaupt möglich ist, können Sie überschlägig mit folgender Formel ermitteln:

$$\frac{\text{max. jährl. Kreditrate} \times 100}{\text{Hypothekenzinssatz} + 1} = \text{max. Kreditbetrag}$$

Wie finanziere ich am besten?

Das Schwierigste beim Immobilienerwerb ist, die passende Finanzierung zu finden. Hier gibt es grundsätzlich drei Möglichkeiten:
→ Hypothekendarlehen bei einer Bank
→ Bauspardarlehen
→ Hypothekendarlehen mit Tilgungsaussetzung und Ansparen des Darlehensbetrages über eine Lebensversicherung

Grundsätzlich gilt, dass die selbst genutzte Immobilie natürlich so schnell wie möglich entschuldet werden sollte. Vernachlässigen Sie dabei aber nie die Risikoabsicherung und das Ansparen einer Rücklage. Dazu gehört eine Risikolebensversicherung, die mindestens das aufgenommene Darlehen in voller Höhe ablöst, und eine ausreichende Berufsunfähigkeitsversicherung, um auch beim Ausscheiden aus dem Beruf wegen Krankheit die monatlichen Raten zahlen zu können.

Das Hypothekendarlehen

Beim Hypothekendarlehen einer Bank bekommen Sie einen festen Zinssatz mit einer von vornherein begrenzten Laufzeit. In Zeiten hoher Zinsen finanzieren Sie möglichst kurz- bis mittelfristig (2 bis 5 Jahre), in der Hoffnung, dass die Zinsen fallen. Bei niedrigen Zinsen wählen Sie eine langfristige Zins-

festschreibung (10, 15, 20 Jahre), um möglichst lange günstig finanzieren zu können. Vereinfacht sieht ein Hypothekendarlehen wie folgt aus:
Sie erhalten zum Beispiel ein Hypothekendarlehen von 100 000 Euro zu 6 Prozent Zinsen. Die monatliche Rate beträgt 550 Euro. Sie zahlen also im 1. Jahr 6 000 Euro Zinsen und tilgen 600 Euro. Im 2. Jahr haben Sie dann noch 99 400 Euro Schulden. Da Sie nach wie vor jeden Monat 550 Euro an die Bank zahlen, die Zinsen für den Restbetrag aber nur noch 497 Euro betragen, tilgen Sie in diesem Jahr 636 Euro ...
Bis Sie auf diese Weise ein Hypothekendarlehen an die Bank zurückgeführt haben, vergehen etwa 30 Jahre.
Häufig bieten Banken ein Disagio, also einen Abschlag an, um den Zinssatz zu senken. Wird also zum Beispiel ein Kreditvertrag über 100 000 Euro zu 4,5 Prozent Zinsen und einer Auszahlung von 95 Prozent vereinbart, zahlt die Bank nicht 100 000 Euro, sondern nur 95 000 Euro aus. Es fehlen 5 000 Euro, die jedoch an die Bank zurückgezahlt und auch verzinst werden müssen, da der Kreditbetrag ja 100 000 Euro beträgt. Häufig ist bei einem solchen Kredit mit einem Disagio auch nach 5-jähriger Tilgungsdauer die Restschuld noch höher als der tatsächlich ausgezahlte Betrag.

Das Bauspardarlehen

Um ein Bauspardarlehen zu erhalten, müssen Sie bei einer Bausparkasse bereits Geld in einem Bausparvertrag angespart haben, um dann einen Kredit zu erhalten. Je nach Bausparvertrag bekommen Sie einen Kredit in Höhe von 50 oder 60 Prozent der Bausparsumme, dementsprechend müssen 50 oder 40 Prozent bereits angespart worden sein. Beim Abschluss eines Bausparvertrags ist in den Bedingungen vereinbart, wie hoch pro 1 000 Euro Bauspar-

finanzierungsbedarf

Eigentumswohnung

	Kaufpreis
+	Grunderwerbsteuer (2 Prozent)
+	Notarkosten (1,5 – 2 Prozent)
+	Maklercourtage (3 – 7 Prozent)
+	Renovierungskosten
+	Umzugskosten, Einrichtung
+	Sonstiges
=	**Gesamtkosten**
-	Eigenkapital
=	**Kreditbedarf**

Bau eines Hauses

	Kaufpreis
+	Grunderwerbsteuer (2 Prozent)
+	Notarkosten (1,5 – 2 Prozent)
+	Maklercourtage (3 – 7 Prozent)
+	Erschließungskosten
+	Herstellungskosten des Hauses
+	Architektenhonorar
+	Umzugskosten, Einrichtung
+	Sonstiges
=	**Gesamtkosten**
-	Eigenkapital
=	**Kreditbedarf**

summe bei Inanspruchnahme des Bauspardarlehens der monatliche Rückzahlungsbetrag sein wird. Dieser ist immer deutlich höher als bei einem Hypothekendarlehen, daher ist eine Finanzierung mit Bausparverträgen in der Summe aller Zahlungen günstiger. Die hohe monatliche Belastung ist allerdings für viele Bauherren nicht zu verkraften.
Es ist auch möglich, den Betrag in einen Bausparvertrag als einmalige Summe einzuzahlen und über ein Vorausdarlehen mit der Finanzierung zu beginnen. Wenn der Bausparvertrag fällig wird, bei Soforteinzahlungen nach 1 oder 2 Jahren, erhalten Sie dann das günstigere Bauspardarlehen.

Das Hypothekendarlehen mit Tilgungsaussetzung

Bei einem Hypothekendarlehen mit Tilgungsaussetzung bleibt der Kreditbetrag während der gesamten Laufzeit gleich. An die Bank oder Versicherungsgesellschaft werden lediglich die Hypothekenzinsen gezahlt. Über eine Lebensversicherung wird parallel der Darlehensbetrag angespart. Bei dieser Finanzierungsform gibt es allerdings einige Unwägbarkeiten. Zum Beispiel können sich die Hypothekenzinsen verändern. Steigen diese, steigt zwar auch die Verzinsung der Versicherung, aber die Auszahlungssumme ist nicht garantiert. Hat die Versicherung hohe Kosten oder das vorhandene Geld nicht sorgfältig angelegt, kann es passieren, dass der Auszahlungsbetrag nicht dem Darlehensbetrag entspricht und sogar noch Geld nachgeschossen werden muss. Wird das Geld in einer Investmentpolice angelegt, stehen die Chancen, die gewünschte Summe zu erreichen, deutlich besser, aber ein Crash kann auch hier das gewünschte Ergebnis zunichte machen. Diese Art der Finanzierung ist für das eigene Haus nicht geeignet.

Staatliche Förderung

Die Förderung des Wohnungsbaus ist seit vielen Jahren Anliegen des Staates. Die individuelle Förderung ist immer wieder verändert worden, aber noch gibt der Staat Geld dazu. Erkundigen Sie sich also, welche Voraussetzungen Sie erfüllen müssen.

hypothekendarlehen

Für ein Hypothekendarlehen von 100 000 Euro (bei 100 Prozent Auszahlung) müssen Sie folgende Monatsraten (in EUR) bezahlen

Laufzeit	Zinssatz			
	5%	6%	7%	8%
10 Jahre	1 065	1 105	1 154	1 205
15 Jahre	788	840	894	949
20 Jahre	657	713	771	831
25 Jahre	582	614	703	767
30 Jahre	535	597	661	729

Ansparen mit staatlicher Förderung

Bausparen wird im Rahmen der vermögenswirksamen Leistungen und der Arbeitnehmersparzulage gefördert. Diese Förderung erhalten alle Arbeitnehmer, deren zu versteuerndes Jahreseinkommen bei Alleinstehenden unter 17 900 Euro und bei Verheirateten unter 35 800 Euro liegt. Der Staat gibt jedes Jahr 10 Prozent dazu, maximal 48 Euro je Sparer. Noch einmal 10 Prozent, höchstens 51,20 Euro, zahlt der Staat, wenn jemand darüber hinaus noch 512 Euro in einem Bausparvertrag anspart. Diese Förderung erhalten diejenigen, deren zu versteuerndes Einkommen als Alleinstehende unter 25 600 Euro und als Verheiratete unter 51 200 Euro liegt.

Der Bausparvertrag

Ein Bausparvertrag wird über einen bestimmten Betrag, die Bausparsumme, abgeschlossen. Die Bausparsumme setzt sich aus dem anzusparenden Guthaben und der Höhe des Darlehens zusammen. Je nach Tarif müssen 50 Prozent angespart werden, um 50 Prozent als Darlehen zu erhalten, andere Verträge sehen 40 Prozent Guthaben und 60 Prozent Darlehen vor.
Die Verzinsung der eingezahlten Sparraten beträgt zwischen 2 und 6 Prozent. Je niedriger der Ansparzins ist, desto niedriger ist auch später der Darlehenszinssatz. Daher muss genau überlegt werden, ob mit einem Bausparvertrag Geld angespart oder eine Immobilie finanziert werden soll. Entsprechend hoch muss die Bausparsumme vereinbart werden. Weiterhin ist bereits beim Abschluss der monatliche Zins- und Tilgungssatz und damit die monatliche Rate bei Inanspruchnahme des Bauspardarlehens bekannt. Dadurch ergibt sich auch die Rückzahlungsdauer. Dies sind feste Größen, die nicht an Ihre persönliche Lage angepasst werden können.

tipp

Bei jeder der vorgestellten Finanzierungsform sollten Sie sich auch um Kreditmittel der öffentlichen Hand bemühen, beispielsweise der Kreditanstalt für Wiederaufbau (KfW), da diese sehr günstige Zinsen oder Kredite mit tilgungsfreien Zeiten bietet. Familien mit Kindern haben häufig Anspruch auf besonders günstige Kreditmittel oder spezielle Förderprogramme. Hier gibt es auch Modernisierungskredite oder Sondermittel zur Durchführung von ökologischen Maßnahmen.

Ein Bausparvertrag durchläuft vier Vertragsabschnitte:
- Vertragsabschluss
- Ansparphase
- Zuteilung
- Zuteilungs- und Tilgungsphase

Die Zuteilung eines Bausparvertrages setzt voraus, dass der Sparer den erforderlichen Prozentsatz der Bausparsumme eingezahlt hat. Jetzt kann der Bausparer das Darlehen beantragen. Auch wenn ein Bausparvertrag besteht, findet bei Darlehensgewährung eine Prüfung der Kreditwürdigkeit statt. Hierbei wird geprüft, wie viel vom monatlichen Nettoeinkommen übrig bleibt. Als Pauschalsatz für die Lebensführung werden monatlich für Nahrung, Kleidung und Wohnnebenkosten für einen 1-Personen-Haushalt 620 Euro, für einen Haushalt mit 2 Erwachsenen 780 Euro und für jedes Kind zusätzlich 160 Euro veranschlagt. Weiterhin wird der Beleihungswert der Immobilie festgestellt und die Gesamtfinanzierung geprüft, bevor der

Darlehensbetrag zur Auszahlung kommt. Insgesamt sind Bausparverträge ein sehr unflexibles Finanzierungsinstrument. Um die vermögenswirksamen Leistungen und die Wohnungsbauprämie zu nutzen, genügen schon Bausparverträge über kleine Summen, die für Reparaturen oder Instandsetzungen ausreichen, für die Finanzierung einer Immobilie aber zu niedrig sind.

Eigenheimzulage

Beim Erwerb einer selbst genutzten Immobilie unterstützt der Staat die Bauherren mit einer Eigenheimzulage und Baukindergeld. Die Höhe der Eigenheimzulage ist abhängig von der Investitionssumme und dem Baujahr der Immobilie. Der Staat bezuschusst Wohneigentum wie folgt:

→ Bei Neubauten beträgt die Eigenheimzulage 8 Jahre lang 5 Prozent der Investitionssumme, maximal 2 556 Euro jährlich.

→ Bei Altbauten beträgt die Eigenheimzulage 8 Jahre lang 2,5 Prozent der Investitionssumme, höchstens 1 278 Euro jährlich.

→ Das Baukindergeld wird gezahlt, solange das Kind zum Haushalt gehört. Höchstens 8 Jahre werden 767 Euro jährlich je Kind gezahlt.

Um die Eigenheimzulage und das Baukindergeld zu erhalten, dürfen die Einkünfte im Jahr des Einzugs und im vorausgehenden Jahr insgesamt folgende Beträge nicht überschritten haben:

→ 163 614 Euro bei Verheirateten

→ 81 807 Euro bei Alleinstehenden

→ Je Kind erhöhen sich diese Grenzen um 30 678 Euro für die beiden Jahre.

Die Förderung muss bis zum Ende des zweiten Jahres nach dem Einzug beim Finanzamt beantragt werden und wird dann einen Monat nach Bewilligung ausgezahlt. In den Folgejahren wird jeweils zum 15. März ausgezahlt. Weitere Förderungen gibt es bei Niedrigenergiehäusern oder bestimmten ökologisch sinnvollen Investitionen.

Beim Abschluss eines Hypothekendarlehens sollte darüber verhandelt werden, ob die Eigenheimzulage jeweils als Sondertilgung eingezahlt und somit die Darlehenssumme gesenkt werden kann. Ist dies nicht möglich, sollte der Betrag zinsbringend angelegt werden, um bei Ablauf der Zinsbindung die Darlehenssumme reduzieren zu können.

Für eine Familie mit 2 Kindern beträgt die Eigenheimzulage beim Kauf eines Neubaus insgesamt 32 720 Euro.

Ein Haus als Altersvorsorge

Die eigenen vier Wände bieten Sicherheit im Alter. Hier kann man mietfrei wohnen und muss keine Mieterhöhungen befürchten, die das monatliche Budget übersteigen. Allerdings müssen auch im Alter das Wohngeld gezahlt, die entstehenden Kosten beglichen und Instandhaltungsrücklagen gebildet werden. Daher ist es wichtig, nicht alles nur in die Immobilie zu investieren, sondern parallel dazu Geld in verschiedenen Anlageformen anzusparen.

Manchmal wird das Haus mit Garten aber auch zu groß. Oder die Wohngegend hat sich verändert, Geschäfte, die vormals zu Fuß zu erreichen waren, sind nicht mehr dort ansässig und die Versorgung wird im Alter schwierig. Auch eine Eigentumswohnung kann eventuell den Bedürfnissen im Alter nicht mehr genügen. Dann besteht die Möglichkeit, zu verkaufen und mit dem Geld etwas Angemessenes zu erwerben, eine Mietwohnung zu beziehen oder sich in ein Seniorenstift einzukaufen.

Die Veräußerung des Hauses oder der Wohnung gegen Zahlung einer Leibrente ist ebenfalls möglich. Dies kann auch mit den eigenen Kindern vereinbart werden. Schließt man mit einem Fremden einen Vertrag über eine lebens-

lange Rentenzahlung, ist auf die langfristige Bonität des Erwerbers besonders zu achten und die Leibrente muss im Grundbuch als Reallast eingetragen werden. Das ist wichtig, damit später eingetragene Grundschulden und Hypotheken bei einer Zwangsversteigerung nachrangig behandelt werden. Sinnvoller ist, das Haus zu verkaufen und den Verkaufserlös teilweise in eine private Rentenversicherung mit sofort beginnender Rente anzulegen, da dann mit Sicherheit jeden Monat regelmäßig und lebenslang ein Betrag auf dem Konto eingeht.
Auch Verschenken oder Vererben einer Immobilie lohnt sich. Sowohl Eigenheime als auch Wohnungen können steuergünstig verschenkt werden, ohne dass der Eigentümer auf die Selbstnutzung oder die Mieteinnahme verzichten muss. Der Eigentümer hat die Möglichkeit, die Immobilie zu überschreiben und sich ein lebenslanges Mietwohnrecht einräumen zu lassen. Bei einem Mietobjekt wird ein Nießbrauchrecht eingeräumt, so dass der Alteigentümer weiterhin die Miete für die Wohnungen vereinnahmt. Wohnrechte und Nießbrauch werden dinglich gesichert und im Grundbuch eingetragen.
Eine Immobilie kann auf die Erben überschrieben werden und im Gegenzug zahlen diese dann lebenslang eine monatliche Summe als Rente oder dauernde Last. Im Schenkungsvertrag werden die Einzelheiten festgelegt. Auch dieses Recht wird im Grundbuch eingetragen.

Die Immobilie als Kapitalanlage

Die Immobilie als Kapitalanlage hat eigene Gesetzmäßigkeiten. Es geht nicht darum, dass die Wohnung dem Geschmack des Vermieters entspricht, sondern um die Frage, ob die Wohnung langfristig mit Gewinn zu vermieten ist. Eine Immobilie als Kapitalanlage ist ein Renditeobjekt. Sie soll mehr einbringen, als sie kostet, und das eingesetzte Kapital soll mindestens so viel Gewinn bringen wie ein festverzinsliches Wertpapier.
Allerdings ist dies mit Mieteinnahmen nur in wenigen Fällen zu erreichen, der Staat hilft mit Steuervorteilen nach.

Der Kauf einer Immobilie zur Vermietung

Jede Immobilie, die durch Schnitt und Umgebung attraktiv ist und in der Innenstadt liegt, ist zur Fremdvermietung geeignet. Wichtig ist, dass der Preis für die Wohnung oder das Haus günstig ist und die Ausstattung dem Zeitgeschmack entspricht. Sinnvollerweise sollten Sie Wohnungen in prosperierenden Gegenden kaufen, wo ausreichend Nachfrage besteht. Als Anlage lohnen sich Zwei- bis Drei-Zimmer-Wohnungen, die sowohl für gut verdienende Singles als auch für Ehepaare geeignet sind. Größere Wohnungen sind als Renditeobjekte nicht geeignet, da adäquate Mieten kaum zu erzielen sind. Menschen, die sich eine hohe Miete leisten können, sind eher am Kauf einer eigenen Immobilie interessiert. Aber auch ganz kleine Appartements sind selten eine gute Investition. Niemand mag längere Zeit auf sehr kleinem Raum leben, daher ist es für viele nur eine Übergangslösung, in die nicht investiert wird. Außerdem birgt jeder Mieterwechsel das Risiko, erst einmal renovieren zu müssen. Das geht zwar zulasten des Vormieters, muss häufig jedoch erst eingeklagt werden. Allerdings hat ein häufiger Mieterwechsel auch Vorteile, bei steigenden Mieten kann die marktübliche Miete verlangt werden.
Natürlich muss eine Mietwohnung verwaltet werden; selbst bei einer Vergabe an eine professionelle Hausverwaltung bleiben viele Entscheidungen, die Sie selbst treffen müssen. Häufig werden auch Immobilien als Bauträgermodelle angeboten. Diese werden bereits komplett

finanziert, eine Hausverwaltung ist vorhanden und die Verkäufer versprechen, dass Sie sich um nichts kümmern müssen. Meistens ist dies richtig. Häufig werden dafür aber Verkaufspreise verlangt, die den ortsüblichen Rahmen deutlich übersteigen. Dies mindert die Rendite langfristig, auch wenn die Steuerersparnis der ersten Jahre versöhnlich stimmt. Einige dieser Bauträgerobjekte sind in den letzten Jahren dadurch bekannt geworden, dass die Objekte billig erstellt wurden und schon nach kurzer Zeit erhebliche Baumängel auftraten.

Verluste als Geheimnis der Rendite

Mit dem Erwerb einer Immobilie, die über einen Kredit finanziert wird, entstehen Verluste, die zu Steuerminderungen führen. In Zukunft wird es Steuersparmodelle, bei denen Anleger mehr als 100 Prozent Verlust steuerlich geltend machen können, nicht mehr geben.

Beim Kauf einer zu vermietenden Immobilie gilt es – im Gegensatz zur selbst genutzten Immobilie –, so viel Fremdkapital wie möglich einzusetzen. Sie können die Hypothekenzinsen steuerlich geltend machen und mit den Mieteinnahmen verrechnen. Die Obergrenze dieser Finanzierung ist durch die zu zahlenden Zinsen gegeben. Diese sollen nicht höher sein als der Nettoertrag. Idealerweise deckt die Nettomiete Zinsen und Tilgung. Dies ist allerdings bei Neubauwohnungen kaum zu erreichen. Wenn die Zinsen 150 Prozent der Mieteinnahmen betragen, ist entweder die Finanzierung oder das Objekt faul. Bei Altbauten sollten die Mieteinnahmen die Zinskosten decken.

Sie können mithilfe einer Immobilie Steuern sparen, weil Sie auf die Summe aller Einkünfte Einkommensteuer zahlen müssen. Haben Sie positive und negative Einkünfte, werden die positiven mit den negativen Einkünften des gleichen Kalenderjahres ausgeglichen. Das nennt man Verlustausgleich. Dadurch ergibt sich ein geringeres zu versteuerndes Einkommen. Vermieten Sie eine Immobilie, erzielen Sie Mieteinnahmen. Diese sind grundsätzlich steuerpflichtig. Da aber auch Kosten zur Erzielung dieser Einkünfte entstehen, die so genannten Werbungskosten, dürfen diese gegenübergestellt werden. Werbungskosten sind Schuldzinsen, laufende Kosten und Abschreibungen. Sind sie höher als die Mieteinnahmen, ergeben sich Verluste aus Vermietung, so genannte »negative Einkünfte«.

Das Finanzamt geht bei der Steuerberechnung davon aus, dass eine Immobilie nach 50 Jahren keinen Wert mehr hat. Deshalb darf das Wohnungseigentum über diesen Zeitraum abgeschrieben werden. Die Abschreibung ist Teil der Werbungskosten. Eine gut ausgewählte Immobilie wird aber im Wert steigen. Der Investor strebt also eine Wertsteigerung an und macht gleichzeitig einen steuerlichen Verlust.

Allerdings können nicht alle Einkunftsarten steuerlich gegengerechnet werden. Ein steuerlicher Verlust aus Vermietung und Verpachtung darf nach der geltenden Steuergesetzgebung nur bis zu einem Betrag von 51 130 Euro in voller Höhe und darüber hinaus nur zu 50 Prozent steuerlich geltend gemacht werden. Weitere Verluste können auf die kommenden Jahre vorgetragen werden.

Daher lohnen sich Immobilien als Kapitalanlage für diejenigen, die abzüglich der negativen Einkünfte aus Vermietung und Verpachtung, also der Mieteinnahmen abzüglich aller Kosten für die Immobilie, als Alleinstehende immer noch ein Einkommen von etwa 65 000 Euro und als zusammenveranlagtes Ehepaar von 130 000 Euro haben. Denn dann wird der Verlust zur Hälfte vom Finanzamt mitgetragen. Je geringer Ihr Steuersatz ist, desto geringer ist die Ersparnis bei negativen Einkünften. Die Risiken einer vermieteten Immobilie sind, dass der Mieter seine Miete nicht mehr zahlt, schlechte Bauqualität und sich daraus ergebende hohe Instandhaltungskosten sowie Wertverlust beim Verkauf durch zu hohe Einstiegspreise und ein zu kurzer Zeitraum zwischen Erwerb und Verkauf. Ob sich eine Immobilie rentiert hat, ist erst beim Verkauf zu ermitteln. Mit einer vermieteten Immobilie kann durchaus ein drittes Standbein der Altersversorgung geschaffen werden.

SACHWERTANLAGEN

Sachwertanlagen sind Geldanlagen in Sachwerte wie Immobilien, Schiffe, Windkraftanlagen und Flugzeuge.
Alle Sachwertanlagen sind als geschlossene Fonds konzipiert, damit steht von Beginn an fest, wie viele Anleger sich beteiligen können beziehungsweise wie viel Geld für das Engagement von Anlegern aufgebracht werden muss. Allen Anlagen gemeinsam ist, dass der Anleger eine unternehmerische Beteiligung eingeht. Er nimmt an den Verlusten teil und partizipiert an den Gewinnen. Die Verluste können steuerlich geltend gemacht und innerhalb bestimmter Grenzen mit positiven Einkünften verrechnet werden. Positive Einkünfte sind ebenfalls steuerpflichtig. Somit gehört zu jeder Beteiligung auch die langfristig passende steuerliche Situation. Zwar nehmen die steuerlichen Abschreibungsmöglichkeiten eher ab und Fonds müssen sich immer über Qualität und Vermarktung der Beteiligung rechnen, dennoch werden beim Kauf von Beteiligungen besonders steuerliche Vorteile gesehen.

Geschlossene Immobilienfonds

Mit den Geldern der Anleger wird in einem geschlossenen Immobilienfonds häufig ein einziges Objekt erworben, ein Bürogebäude, ein Einkaufszentrum oder ein Gewerbepark. Es gibt keine Risikostreuung. Bei einem geschlossenen Immobilienfonds, in dem die Anteilseigner die Eigentümer sind, werden in der Anfangszeit hohe Verluste gemacht, die als Werbungskosten gelten. Je höher der Anteil der Fremdfinanzierung ist, umso höher sind die Verlustzuweisungen. Daher eignen sich geschlossene Fonds für Anleger mit einem Bruttoeinkommen von 65 000 Euro und darüber. Momentan sind die Verlustzuweisungen ins Fadenkreuz der öffentlichen Meinung gerückt. Es gilt einige Fallen zu vermeiden. Wichtig ist, dass die Verlustzuweisung beim Spitzensteuersatz 18,6 Prozent des Beteiligungskapitals nicht überschreitet und die Rendite nach Steuern nicht mindestens doppelt so hoch ist wie vor Steuern. Wird einer dieser Punkte erfüllt, dürfen Anleger die Verluste nicht mehr von anderen Einkünften abziehen. Daher sollten bei geschlossenen Fonds langfristige Prognoserechnungen erstellt werden und das Fremdkapital auf eine steuerunschädliche Höhe begrenzt sein.
Das Objekt wird so lange gehalten, bis es durch sinkende Mieterträge oder steigende Reparaturkosten unrentabel wird. Die Gesellschafter können dann die Auflösung der Gesellschaft verlangen und das Objekt verkaufen. Von dem Verkaufserlös muss das Fremdkapital getilgt werden und der verbleibende Überschuss wird entsprechend den gezeichneten Anteilen aufgeteilt. Es kann aber passieren, dass das Objekt ohne Überschuss oder mit einer Unterdeckung veräußert wird.
Weiterhin muss der Anleger prüfen, wie hoch der Preis pro Quadratmeter Nutzfläche sein wird. Es sind teilweise geschlossene Fonds aufgelegt worden, die über 7 500 Euro veranschlagt haben. Jeder Anleger sollte wissen, dass es unwahrscheinlich ist, ein solches Objekt jemals mit Gewinn zu veräußern. Es gibt nur einen sehr eingeschränkten Markt für An-

teile an geschlossenen Immobilienfonds. Da die Verlustzuweisungen am Anfang erfolgen, ist es nach mehreren Jahren nur dann lukrativ, sich zu beteiligen, wenn der Fonds auch ohne steuerliche Vergünstigungen erfolgreich ist. Ein Verkauf der Anteile eines wegen schlechten Managements, mangelnder Bauqualität oder überzogener Baukosten in die Presse geratenen Fonds dürfte kaum gelingen.

Schiffsbeteiligungen

Hier ist zu unterscheiden zwischen Containerschiffen und Öltankern. Besonders bei den Öltankern besteht zurzeit großer Bedarf. Die weltweite Tankerflotte ist überaltert und kann die in immer mehr Ländern geforderten Doppelhüllen nicht vorweisen. Bei einer Schiffsbeteiligung kauft der Anleger Anteile eines Schiffes und ist an der Vercharterung beteiligt, bis dieses nach 8 bis 14 Jahren verkauft wird. Die Charterverträge werden über festgelegte Zeiträume zwischen 4 und 8 Jahren, häufig mit einer Verlängerungsoption, abgeschlossen.
Die wichtigsten Voraussetzungen für eine erfolgreiche Beteiligung sind die Marktgängigkeit des Schiffes, die durchgehende Vercharterung und die Charterrate. Die Risken bestehen darin, dass die kalkulierten Chartereinnahmen nicht erreicht werden und dass der Reeder in Zahlungsschwierigkeiten gerät. Die verspätete Ablieferung des Schiffes, Nichteinhaltung der budgetierten Schiffskosten, Währungs- und Zinsrisiken, Nichterreichung des geplanten Veräußerungserlöses sind weitere Risiken. Ein zusätzliches Risiko für Anleger besteht darin, ob das unternehmerisches Engagement in Form einer Schiffsbeteiligung steuerlich anerkannt wird.
Auch Schiffsfonds sollten nur diejenigen Anleger zeichnen, die langfristig über das eingesetzte Kapital nicht verfügen müssen, die mit Sicherheit während der gesamten Laufzeit des Engagements nach Abzug der negativen Einkünfte noch immer den Spitzensteuersatz zahlen und die mit einem Misserfolg weiterhin gut leben können.
Schiffsbeteiligungen werden von einigen Anbietern seit Jahren erfolgreich betrieben. Diejenigen, die große Flotten betreiben, haben jedoch auch Fonds aufgelegt, die sich nicht so gut entwickelt haben. Jeder Anleger sollte sich bei seiner Investitionsentscheidung danach erkundigen und sein Engagement auch davon abhängig machen, wie Anbieter mit schlechten Verläufen umgehen.
Der Markt für Schiffsfonds ist schwieriger geworden, da besonders der Chartermarkt für Containerschiffe geschwächt ist.

Windkraft- oder Solarenergiefonds

»Nachhaltigkeit«, eine Wirtschaftsweise, in der Ressourcen so eingesetzt werden, dass die natürlichen Lebensgrundlagen für die nachfolgenden Generationen erhalten bleiben, liegt der Investition in Windkraft- oder Solarenergiefonds zugrunde.
Derartige Fonds finden ihre Anleger bei ökologisch Interessierten, die ihr Geld nicht irgendwo investieren wollen. Gerade Windkraft- und Solarenergiefonds fehlt allerdings noch viel von der Professionalität, mit der die großen Schiffs- oder Immobilienfondsinitiatoren aufwarten können. Für Anleger bergen sie ein großes Risiko, da auch alternative Fonds Risiken unterworfen sind.
Diese Fonds rechnen ebenso wie alle anderen Fondskonzepte – mit Ausnahme der ausländischen Immobilienfonds – mit Verlustzuweisungen, steuerlichen Abschreibungsmöglichkeiten und regelmäßigen Ausschüttungen. Daher gelten die gleichen Grundsätze: Beteiligungen an geschlossenen Fonds sind für Anleger, die nach Verlustzuweisung im-

mer noch einen Spitzensteuersatz haben, geeignet.
Ein geschlossener Fonds – auch mit ökologischem Hintergrund – ist keine Geldanlage, sondern eine unternehmerische Beteiligung.

Medienfonds

Nichts begeistert mehr für eine Anlage als das Stichwort »Steuern sparen«. Daher werden immer neue Möglichkeiten geschaffen, um das Geld von Privatleuten zu bekommen, die mit einer unternehmerischen Beteiligung das Risiko untereinander aufteilen.
So wurden Medienfonds gegründet, um dem Filmmarkt Geld zur Verfügung zu stellen. Auch hier gibt es erfolgreiche und weniger erfolgreich Fonds, an denen sich interessante Anleger beteiligen können. Chancen und Risiken sind genauso verteilt wie bei allen anderen Beteiligungen auch. Einen wesentlichen Anteil am Erfolg hat der Initiator.

Augen auf!

Gerade im Bereich der geschlossenen Fonds tummeln sich immer mehr Anbieter, die mit abenteuerlichen Versprechungen versuchen, Geldanleger zu finden. Je höher die prognostizierten Gewinne, desto größer sind die Risiken, die Sie eingehen! Es gibt renommierte Fondsanbieter, die über langjährige Erfahrung verfügen und denen man sein Geld anvertrauen kann. Lassen Sie sich beraten, hören Sie sich um und verfallen Sie nicht dem Irrglauben, weil Ihre Bank Ihnen die Beteiligung anbietet, sei der Anbieter erfolgreich und das Risiko gering. Steuern sparen kann nur, wer Steuern zahlt. Bei einem durchschnittlichen Einkommen und einer durchschnittlichen Steuerbelastung erhalten Sie nur geringe steuerliche Vorteile und verlorenes Geld gibt Ihnen Ihr Finanzamt nicht zurück.

interview

Andreas Knörzer, Direktor und Leiter Sustainable Investment, Bank Sarasin & Cie, Basel.

Was verstehen Sie unter einem »ethisch« oder »ökologisch« motivierten Investment?

Ein ökologisch motiviertes Investment zeichnet sich durch seine klare Fokussierung auf Umweltaspekte aus. Entweder indem die vom Unternehmen produzierten Güter und Dienstleistungen einen klaren Umweltnutzen aufzeigen (zum Beispiel Windturbinen, Wasseraufbereitung, Bio-Nahrungsmittel) oder aber indem das Unternehmen sich durch die überdurchschnittlich gute Umsetzung von Umweltstandards in der Produktion auszeichnet. Ethische Investments haben als Kernmerkmal, dass bestimmten ethischen Anforderungen der Anleger nicht entsprechende Aktivitäten von vornherein ausgeschlossen werden. Allerdings finden sich heute nur noch ganz wenige Finanzprodukte, die sich so klar abgrenzen lassen. Die meisten kombinieren diverse Anlagekriterien und immer mehr integrieren auch soziale Aspekte im Sinne der umfassenden Nachhaltigkeit.

Gibt es international anerkannte Auswahlkriterien für grüne Anlagen?
Im Bereich der Umweltanalyse haben sich bei den etablierteren Anbietern gewisse Standards durchgesetzt. Der Markt beurteilt heute bereits die Qualität, mit der diese umgesetzt werden. Sozial bestehen größere Unterschiede. Allerdings erwarten wir hier ein recht rasches Angleichen der Ansätze. Der Markterfolg wird zukünftig weniger über Research als vielmehr über die Qualität der Analysen, die Transparenz, die erzielte Performance und vor allem die Distribution der Produkte entschieden werden.

Gibt es überhaupt eine genügend große Anzahl von Aktiengesellschaften im ökologischen Bereich, um ein Depot ausreichend diversifizieren zu können?
Das Angebot ist insofern beschränkt, als es keine genügende Diversifikation in Bezug auf Branchen zulässt. Die klassischeren Ökothemen wie Energie, Wasser und Bio-Food eignen sich also eher als Beimischung. Die Definition über die Nachhaltigkeit ermöglicht allerdings ein Anlegen mit absolut genügender Diversifikation und attraktivem Rendite/Risiko-Profil.

Wie unterscheiden sich die Renditen ökologischer Aktienfonds von anderen, nicht ökologischen Produkten?
Dass vernünftig aufgelegte und verwaltete nachhaltige Produkte sich weniger rentieren als traditionelle, gehört der Vergangenheit an. Was man aber berücksichtigen muss, ist, dass die eher klassischen Ökoinvestments allenfalls einen anderen Zyklus durchlaufen, aber über einen mittleren Zeitraum hinweg ebenfalls mithalten können. Wir stellen fest, dass heute mit großer Professionalität gearbeitet wird. Generell kann man sagen, dass es gute und weniger erfolgreiche Manager von Nachhaltigkeits- oder Ökofonds gibt – genauso wie bei den traditionellen Produkten. Wir untersuchen diese Zusammenhänge regelmäßig und können festhalten, dass unser Ansatz sich positiv auf die Performance auswirkt.

Ihre persönliche Empfehlung für ethisch motivierte Anleger?
Fragen Sie bei Ihrer Bank nach. Lassen Sie sich nicht durch fadenscheinige Begründungen abwimmeln. Achten Sie auf Transparenz bei den Produkten Ihrer Wahl und machen Sie einen Anfang. Die damit gesammelten Erfahrungen werden Sie hoffentlich bestärken, weitere Schritte zu gehen.

Sehen Sie das ethisch-ökologisch motivierte Investment als Modetrend oder als eine langfristige Bewegung?
Es ist kein Modetrend, sondern ein Anlagestil, der, gerade auch unterstützt durch gute Renditen, weiter zunehmen wird. Letztlich auch, weil immer mehr Unternehmen einsehen, dass die Berücksichtigung nachhaltiger Kriterien auch Voraussetzung für ihren Erfolg sein wird.

Der persönliche Weg

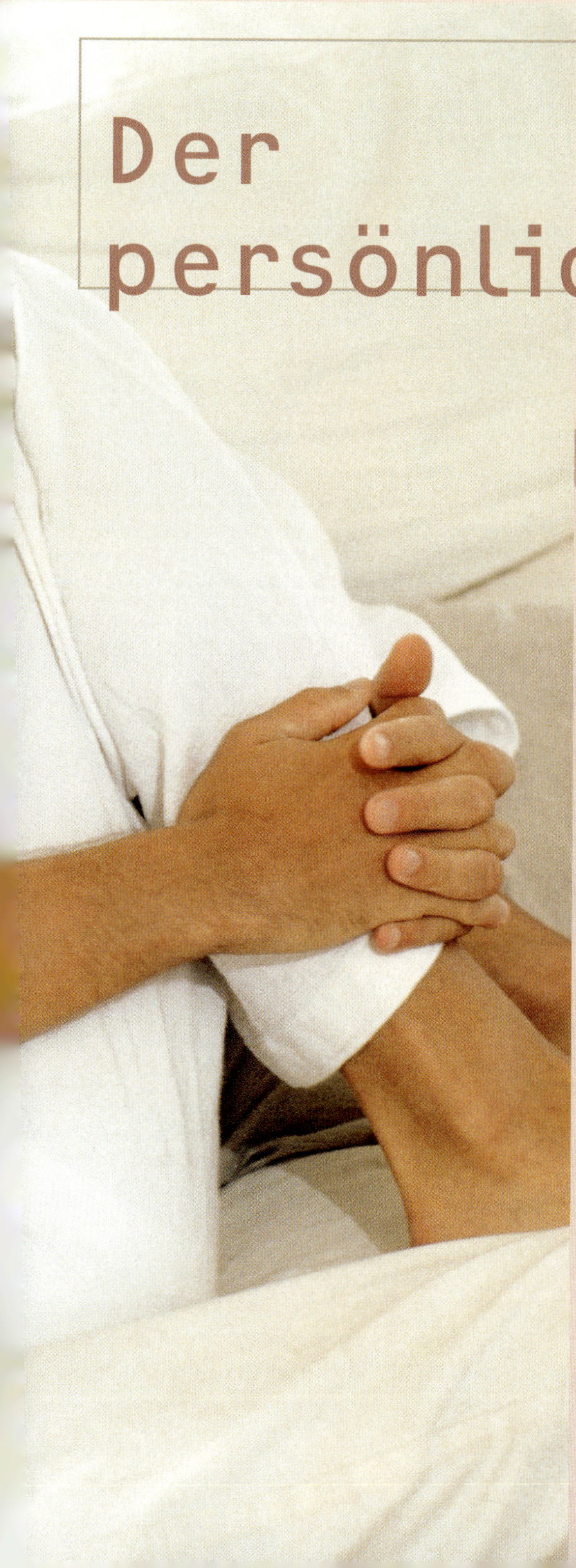

Mit dem erworbenen Wissen können Sie Ihre individuelle Strategie entwickeln. Natürlich hängt die Art Ihrer Strategie vom Lebensalter, von der zu erwartenden gesetzlichen Rente, von Ihren Erwartungen und Ansprüchen, von der Risikobereitschaft und der familiären Konstellation ab. Die optimale Vorsorgestrategie muss all dies berücksichtigen. Auch ist es wichtig, Ihre Strategie regelmäßig zu überprüfen und Veränderungen anzupassen, da sich in jedem Lebensalter andere Schwerpunkte der Absicherung ergeben. Auch neue familiäre Situationen benötigen den darauf abgestimmten Versicherungsschutz, und je kürzer die Zeit bis zum Rentenalter, umso sicherer sollten Sie Ihr Geld anlegen.

STRATEGIEN FÜR EINE SICHERE ZUKUNFT

Das soziale Netz wird immer durchlässiger! Die Veränderungen in der sozialen Struktur und der Altersstruktur der Gesellschaft – weniger Kinder, die Menschen werden älter, weniger Arbeitsplätze mit langfristigen Perspektiven bei hoher Arbeitslosigkeit – haben dazu geführt, dass die Renten der gesetzlichen Rentenversicherungen im Laufe der Zeit geringer geworden sind und einige Rentenarten abgeschafft wurden: So gibt es keine Berufsunfähigkeitsrente mehr, es sei denn, man ist vor 1961 geboren, und auch die Witwen- und Witwerrenten sind deutlich eingeschränkt worden. Damit die Altersarmut nicht ansteigt, ist eine neue Rente eingeführt worden, die »Riester-Rente«, die erstmals anerkennt, dass das Kapitaldeckungsverfahren, also ein langjähriger Ansparprozess, dem Umlageverfahren überlegen ist. Auch die Leistungen der gesetzlichen Krankenversicherungen sind eingeschränkt worden und die Notwendigkeit die Kosten zu verringern, wird mit ziemlicher Sicherheit zu weiteren Streichungen führen.
Das bedeutet, Sie müssen sich mit Ihrer Absicherung beschäftigen und entscheiden, welche zusätzlichen Versicherungen notwendig sind. Das Kapitel »Sicher alt werden« enthält alle notwendigen Informationen, um die richtigen Entscheidungen treffen zu können. Eine Versicherung, die dort nicht aufgeführt wurde, weil sie die Altersvorsorge nicht direkt betrifft, die Sie aber unbedingt benötigen, ist die Privathaftpflichtversicherung. Eine Privathaftpflichtversicherung versichert Sach- und Personenschäden: von der übergelaufenen Waschmaschine – dem eher harmlosen Schaden – bis zu dem Radfahrer, den wir beim Überqueren der Straße umstoßen, weil wir nicht richtig aufgepasst haben, und der durch den Sturz seinen Beruf nicht mehr ausüben kann. Die Beiträge zur Privathaftpflichtversicherung sind so preiswert, dass niemand darauf verzichten sollte.
Und natürlich die Berufsunfähigkeitsversicherung. Jung abgeschlossen sind die Beiträge günstig und der Versicherungsschutz ist unerlässlich für den Fall der Fälle. Alle anderen Versicherungen entscheiden Sie individuell. Jeder hat ein anderes Sicherheitsbedürfnis und bei den Überlegungen, welche Absicherungsstrategien für Sie und Ihre Familie richtig sind, sollten Sie die Frage »Was ist, wenn ...« mit Ihrem Partner ausführlich diskutieren.
Aber Sie wollen nicht nur in Sicherheit alt werden, sondern Sie möchten zu festgelegten Zeitpunkten für bestimmte Ziele und auch im Alter Geld zur Verfügung haben. Um im Alter auf finanziell sicheren Beinen zu stehen, ist langfristiges Sparen erforderlich.
Auch beim Sparen und Geldanlegen stellt sich die Frage: »Kann ich mit einem Verlust leben?« Wenn Sie diese Frage verneinen, ist die gewählte Anlageform nicht für Sie geeignet. Dann gilt es, entweder weniger Geld in dieser Anlageform zu investieren oder sie grundsätzlich zu meiden.
Aber wer langfristig investiert, kann auch vertretbare Risiken eingehen. Geldanlagen mit guten Chancen sind nicht ohne Risiken zu haben, aber bei langen Anlagezeiträumen wird das Risiko ausgeglichen.
Die Beispiele auf den folgenden Seiten sind als Anregungen zu verstehen. Da jeder andere Ideen, Lebenskonzepte, Wertvorstellungen und Sicherheitsbedürfnisse mitbringt, ist es nur in einer persönlichen Beratung möglich, auf Sie persönlich ausgerichtete Konzepte zu erstellen.
In jedem Lebensalter ergeben sich andere Schwerpunkte der Absicherung, neue familiäre Situationen benötigen den darauf abge-

stimmten Versicherungsschutz, und je kürzer die Zeit bis zum Rentenalter ist, umso sicherer sollte das Geld angelegt werden.

Strategien für 20-Jährige

Die Schule ist beendet, die Entscheidung, ob Ausbildung oder Studium, getroffen. Einige ganz Schnelle haben die Ausbildung bereits beendet und einen Job bekommen. Sie sind jetzt endlich unabhängig, und es gibt viel zu entdecken. Sie haben Geld – dürfen es nach eigenen Vorstellungen ausgeben, anlegen, spekulieren, vermehren.

Die Ausbildung – der erste Job

Jahresbruttoeinkommen anfänglich 7 200 Euro, danach ungefähr 20 000 Euro

Tim befindet sich in der Ausbildung und wohnt noch bei den Eltern. Die Ausbildungsvergütung beträgt 600 Euro. Auch wenn er etwas Geld zu Hause abgeben muss, verfügt er über so viel Geld wie noch nie zuvor. Er hat bereits Geld angespart.

Schon durch die Wahl des Girokontos spart Tim Geld. Banken bieten für junge Menschen bis zum 27. Lebensjahr gebührenfreie Girokonten an, auf denen die Einlagen verzinst werden. Direktbanken bieten weitere Möglichkeiten, wie beispielsweise die kostenlose Ausgabe einer Kreditkarte.

Tim schließt einen Aktiensparplan über vermögenswirksame Leistungen ab. Er spart jeden Monat 34 Euro und bekommt jährlich vom Staat 82 Euro hinzu. Damit werden jährlich 490 Euro angespart. Zahlt sein Arbeitgeber eine Sparzulage, verringert sich der monatliche Sparbeitrag entsprechend. Da er langfristig Geld ansparen möchte, hat er sich für einen internationalen Aktienfonds entschieden.

Einen weiteren Betrag in Höhe von monatlich 40 Euro könnte Tim in einen Bausparvertrag

Durchdenken Sie beizeiten Ihre Absicherungs- und Anlagestrategie.

einzahlen. Hier wird der Staat am Jahresende 10 Prozent, also 48 Euro, drauflegen. Spart Tim weitere 512 Euro in einem Bausparvertrag an, kommt die Wohnungsbauprämie von 51,20 Euro hinzu.

Als sparsamer Auszubildender könnte Tim so auf einen jährlichen Sparbetrag von 1 400 Euro eine staatliche Zulage von 181,20 Euro erhalten.

Da Tim keine Lust auf Bausparen hat, spart er in einem breit gestreuten internationalen Aktienfonds monatlich einen Betrag an, um die langfristig guten Renditechancen zu nutzen. Ab 50 Euro monatlich werden von den verschiedensten Fondsgesellschaften Sparpläne angeboten.

Das angesparte Geld sollte gut verzinst, aber auch mit der Möglichkeit, es kurzfristig zu nutzen, angelegt werden. Hierzu bieten sich Bundeswertpapiere an, die immer eine marktgerechte Verzinsung aufweisen und entweder an der Börse gehandelt oder als Bundesschatzbrief bereits nach einem Jahr verkauft werden können.

auf einen blick

- ✔ Girokonto mit Verzinsung des Guthabens, möglichst gebührenfrei
- ✔ Vermögenswirksame Leistungen – Aktiensparplan
- ✔ Internationaler Aktienfonds
- ✔ Berufsunfähigkeitsversicherung

Hat Tim die Ausbildung beendet und eine feste Stelle gefunden, wird er sofort eine Berufsunfähigkeitsversicherung abschließen. Die monatliche BU-Rente wird entsprechend dem Nettogehalt festgelegt und der Vertrag mit einer Laufzeit bis zum 65. Lebensjahr abgeschlossen. Der Vertrag ist dynamisch, damit die versicherte Rente immer dem Nettoeinkommen entspricht. Wird die Differenz zwischen versicherter Rente und dem Nettoeinkommen zu groß, weil die Dynamisierung schneller steigt als das Einkommen, darf höchstens zweimal die Dynamik ausgesetzt werden, ohne dass eine erneute Gesundheitsprüfung erforderlich ist. Steigt das Einkommen schneller als die versicherte Rente, wird Tim den Versicherungsschutz erhöhen. Der anfängliche Monatsbeitrag liegt knapp unter 50 Euro.

Nach Ablauf der ersten vermögenswirksamen Sparverträge plant Tim, neue abzuschließen. Steigt Tims Einkommen über 20 961 Euro, erhält er keine vermögenswirksamen Leistungen mehr. Die Sparverträge sollten dann beendet werden. Nach dem Ablauf der Bindungsfrist von sieben Jahren kann er über das Geld verfügen.

Das Studium – der erste Job

Jahresbruttoeinkommen 42 000 Euro

Nicola hatte nach dem Abschluss einer Fachhochschule das Glück, gleich einen überdurchschnittlich gut bezahlten Arbeitsplatz zu finden, der bereits nach der Probezeit mit 42 000 Euro im Jahr vergütet wird. Sie schließt eine private Krankenversicherung ab. Für die gesetzliche Krankenversicherung müsste sie den Höchstbeitrag entrichten, wohingegen der Beitrag in einer privaten Krankenversicherung bei umfassenderem Versicherungsschutz deutlich bessere Leistungen aufweist. Nicolas Beitrag wird etwa 75 Prozent des Höchstbeitrags der gesetzlichen Krankenversicherung betragen. Sie entscheidet sich für einen Vertrag mit einer höheren Selbstbeteiligung, da die Krankheitskosten eher gering sein werden. Da sich ihr Arbeitgeber mit 500 Euro im Jahr beteiligt, wählt Nicola eine Selbstbeteiligung von 1 000 Euro, wodurch sich die monatlichen Beiträge im Vergleich zur gesetzlichen Krankenversicherung für eine Frau auf etwa 50 Prozent reduzieren.

Natürlich schließt Nicola eine Berufsunfähigkeitsversicherung in Höhe des monatlichen Nettoeinkommens ab. Diese wird dynamisiert, um auch in Zukunft immer passend zum Einkommen versichert zu sein. Erhöht sich das Einkommen langsamer, als die Dynamik die versicherte Rente ansteigen lässt, kann Nicola mit der Dynamik zwischendurch ein oder zwei Mal aussetzen. Erhöht sich das Einkommen schneller als die Dynamik, wird der entsprechende Betrag nachversichert.

Nicolas Arbeitgeber bietet die Möglichkeit an, eine Direktversicherung abzuschließen. Dieses Angebot nutzt sie, um die Grundsicherung im Alter zu beginnen. Sinnvoll ist der Abschluss einer fondsgebundenen Lebensversicherung mit dem Passus »Beitragsbefreiung bei Berufsunfähigkeit«, um das Urlaubs- und Weihnachtsgeld darin anzusparen. Da die Bei-

auf einen blick

- Girokonto mit Verzinsung des Guthabens
- Private Krankenversicherung
- Berufsunfähigkeitsversicherung
- Direktversicherung als fondsgebundene Lebensversicherung (Riester-Zulagen möglich)
- Spareinlage mit hohen Zinsen
- Bundesschatzbriefe Typ A
- Aktienfonds

träge aus Sonderzahlungen stammen, müssen keine Sozialabgaben darauf entrichtet werden. Wenn Nicola die Direktversicherung bis zum 65. Lebensjahr kontinuierlich beibehält und einen Betrag von 1 752 Euro jährlich anspart, stehen ihr zum 65. Lebensjahr bei einer durchschnittlichen Wertsteigerung von jährlich 8 Prozent etwa 500 000 Euro zur Verfügung. Beträgt die durchschnittliche Wertsteigerung 10 Prozent, stehen zum Ablauf etwa 850 000 Euro zur Verfügung. Aufgrund der Inflation haben die Beträge in 40 Jahren nur noch etwa 50 Prozent des heutigen Wertes. Es besteht die Möglichkeit, die Zulagen nach dem Altersvermögensgesetz in den Vertrag einfließen zu lassen. Dadurch wird aus unversteuertem Einkommen angespart und erst die Entnahmen im Alter sind steuerpflichtig.
Einen Teil der zum Monatsende auf dem Konto verbliebenen Gelder legt Nicola als Spareinlage mit einem guten Zinssatz als Rücklage für den Notfall, für Anschaffungen und Urlaub an. Mit einem weiteren Teil kauft sie Bundesschatzpapiere Typ A. Diese können nach einem Jahr wieder verkauft werden oder sie bilden langfristig eine sichere finanzielle Basis. Die Zinsen werden jährlich ausgezahlt und reinvestiert, um den Sparerfreibetrag in Höhe von 1 550 Euro auszunutzen, aber nicht zu überschreiten.
Sobald wieder etwas Geld übrig ist, wird Nicola es in einen internationalen Aktienfonds einzahlen.
Bei langfristig gutem Einkommen könnte sich Nicola eine eigene Wohnung kaufen. Sollte diese irgendwann zu klein werden, kann sie vermietet oder verkauft werden und mit den Mieteinnahmen oder dem Verkaufserlös ein größeres Objekt finanziert werden.

Strategien für 30-Jährige

Mit 30 sind die grundsätzlichen Weichen gestellt. Beruflich sitzen die meisten fest im Sattel, haben den Arbeitsplatz, den sie sich vorgestellt haben, und wissen, in welche Richtung sich ihr Leben entwickeln soll. Die Vielfalt der Vorstellungen lässt sich nicht einfach zusammenfassen. Jeder hat so seine Träume und das Alter scheint weit entfernt.

Single – normales Einkommen

Jahresbruttoeinkommen 21 000 Euro

Nach dem Realschulabschluss, einer anschließenden Berufsausbildung und einigen Arbeitsplatzwechseln ist jetzt bei Andreas etwas Ruhe eingekehrt. Nachdem er die Wohnung eingerichtet und ein passendes Auto gekauft hat, kann er jetzt mehr sparen. Zwar hat er schon während der Ausbildung Sparverträge für die vermögenswirksamen Leistungen abgeschlossen, aber die Gelder aus den ersten Verträgen sind in die Wohnungseinrichtung geflossen und teilweise zum Autokauf verwendet worden. Nun befinden sich bereits die neuen Verträge in der Ruhephase und stehen

auf einen blick

- ✔ Girokonto mit Verzinsung des Guthabens
- ✔ Vermögenswirksame Leistungen – Aktienfonds
- ✔ Vermögenswirksame Leistungen – Bausparvertrag + Wohnungsbauprämie
- ✔ Berufsunfähigkeitsversicherung
- ✔ Zusatzversicherung für das Krankenhaus
- ✔ Private Rentenversicherung – Riester-Zulagen
- ✔ Depot bei der Bundeswertpapierverwaltung
- ✔ Spareinlage mit hohen Zinsen
- ✔ Internationaler Rentenfonds

ihm im nächsten Jahr zur Verfügung. Der Aktienfonds soll bestehen bleiben und das Guthaben aus dem Bausparvertrag dort eingezahlt werden. Auch für die dritte Runde des Sparens über vermögenswirksame Leistungen wählt Andreas einen Bausparvertrag und einen internationalen Aktienfonds. Außerdem nutzt er jedes Jahr das Weihnachtsgeld, um den Mindestbetrag von 512 Euro in den Bausparvertrag einzuzahlen und damit Anspruch auf die Wohnungsbauprämie zu haben.
Als Rücklage besteht ein Depot bei der Bundeswertpapierverwaltung mit 3 500 Euro, die in Bundesschatzbriefen angelegt sind.
Zu Beginn der Berufstätigkeit hat Andreas eine Berufsunfähigkeitsversicherung abgeschlossen, diese läuft weiter und die Dynamik ist gerade gestoppt worden, da sich sein Einkommen nicht ganz so schnell entwickelt.
Um bei einem Krankenhausaufenthalt oder einem Unfall besser versorgt zu werden, schließt Andreas eine Krankenhauszusatzversicherung ab. Diese bezahlt die Unterbringung im Zweibettzimmer und die Behandlung durch den Chefarzt.
Zur langfristigen Absicherung entschließt sich Andreas für eine private Rentenversicherung mit Riester-Zulage, in der er jeden Monat 40 Euro anspart. Hierzu kommt in diesem und im nächsten Jahr die Grundzulage von je 38 Euro. Aus diesem Vertrag ergibt sich ab dem 65. Lebensjahr eine zusätzliche Rente von etwa 220 Euro.
Bei einem sehr geringen Einkommen ist es günstiger, die staatlichen Zulagen aus den vermögenswirksamen Leistungen mit einer Förderung von 12,9 Prozent einschließlich der Wohnungsbauprämie in Anspruch zu nehmen, als die Sparraten in einen nach Riester geförderten Vertrag auf 4 Prozent des sozialversicherungspflichtigen Bruttoeinkommens im Jahr 2008 zu erhöhen.
Als sparsamer Single könnte Andreas auch beide Sparformen nutzen, wobei dann die vermögenswirksamen Sparverträge nach Ablauf der Sperrfrist so angelegt werden, dass er kurzfristig darüber verfügen kann.
Wenn zwischendurch Geld übrig bleibt, steht eine gut verzinste Spareinlage zur Verfügung. Benötigt er das Geld nicht innerhalb eines Jahres, wird er es in einen internationalen Rentenfonds umschichten. Dort ist es, wenn er es unbedingt braucht, jederzeit verfügbar, ansonsten nimmt es an der Wertentwicklung der internationalen Rentenmärkte teil.

Single mit Top-Einkommen

Jahresbruttoeinkommen 60 000 Euro und mehr

Annas Anstrengungen haben sich gelohnt, der Karriereweg geht steil nach oben. Ihr Jahreseinkommen beträgt über 60 000 Euro und das Auto wird von der Firma gestellt.

auf einen blick

- ✔ Private Krankenversicherung
- ✔ Berufsunfähigkeitsversicherung
- ✔ Betriebliche Altersversorgung – Pensionsfonds (Riester-Zulage)
- ✔ Festverzinsliche Wertpapiere
- ✔ Aktienfonds
- ✔ Rentenfonds
- ✔ Aufbau eines Aktiendepots

Die Berufsunfähigkeitsversicherung hat Anna gleich beim Eintritt in das Unternehmen abgeschlossen; noch ist sie aufgrund der Dynamik angemessen.
Da Anna bereits während des Studiums eine private Krankenversicherung hatte, wurde der Vertrag mit Beginn der Berufstätigkeit umgestellt. Jedes Jahr wird geprüft, ob das Krankentagegeld dem Einkommen entspricht, damit hier keine Lücken entstehen.
Während der Probezeit hat Anna das am Monatsende verbleibende Geld erst einmal auf ein gut verzinstes Sparbuch gelegt. Nachdem die Probezeit erfolgreich überstanden war, kaufte sie für dieses Geld festverzinsliche Wertpapiere bei der Bank. Diese Rücklage, die etwa drei Monatsgehältern entspricht, soll als solide Grundlage bestehen bleiben.
Die Firma hat einen Pensionsfonds gegründet, in dem Anna jedes Jahr 1 507 Euro anspart. Darauf wird die Riester-Zulage gewährt.
Jeden Monat zahlt Anna zwei Drittel des vorgesehenen Sparanteils in einen Aktienfonds und das verbleibende Drittel in einen internationalen Rentenfonds.
Von den Sonderzahlungen, Urlaubs- und Weihnachtsgeld, legte sie ein kleines Aktiendepot an, das sie regelmäßig beobachtet und in das weitere Gelder eingezahlt werden.

Alleinstehende Frau mit Kind

Jahresbruttoeinkommen 24 000 Euro
Als alleinerziehende Mutter mit Kind und einem durchschnittlichen Einkommen fällt es Frau Sebald besonders schwer, regelmäßig Geld anzusparen.
Damit das Kind jederzeit gut abgesichert ist, wurde eine Risikolebensversicherung mit der Absicherung der Berufsunfähigkeit gekoppelt. Im Todesfall wird eine Summe von 100 000 Euro ausgezahlt, so dass die Ausbildung des Kindes gesichert ist. Auch bei Berufsunfähigkeit kommen beide finanziell klar.
Da der Arbeitgeber eine Arbeitgebersparzulage zahlt, spart Frau Sebald die vermögenswirksamen Leistungen in einem Aktienfonds an. Nach sechs Jahren Ansparzeit belässt sie das Geld in dem Aktienfonds und schließt einen neuen Vertrag ab. Auf dieses Investmentkonto überweist Frau Sebald immer wieder kleinere Beträge, die aus dem Weihnachts- oder Urlaubsgeld zur Verfügung stehen, ebenso die Geldgeschenke der Eltern. Allerdings muss sie ab und an etwas für Anschaffungen entnehmen.
Die Großeltern des Kindes zahlen jeden Monat 50 Euro in einen Investmentfonds ein, der sowohl Aktien als auch Rentenpapiere kauft, und von dem Kindergeld spart Frau Sebald ebenfalls 50 Euro auf einer gut verzinsten Spareinlage an. Hiervon werden Sonderausgaben wie Klassenfahrten oder ein Auslandsaufenthalt finanziert.
Frau Sebald hat eine private Rentenversicherung abgeschlossen, in die sie seit acht Jahren jeden Monat 50 Euro für das Alter einzahlt. Jetzt wird sie diesen Vertrag beitragsfrei stellen und einen neuen abschließen, um die

auf einen blick

- ✔ Risikolebensversicherung gekoppelt mit einer Berufsunfähigkeitsversicherung
- ✔ Unfallversicherung für den Invaliditätsfall
- ✔ Vermögenswirksame Leistungen – Aktienfonds
- ✔ Private Rentenversicherung – Riester-Zulage
- ✔ Sparplan in einem gemischten Investmentfonds für das Kind
- ✔ Spareinlage

Riester-Zulagen zu erhalten. Ab 2008 beträgt die Kinderzulage 185 Euro im Jahr. Wenn sie wie bisher 50 Euro monatlich anspart, erhält sie zwar nicht die höchstmögliche Zulage, dennoch spart sie so jedes Jahr deutlich mehr an: Der Zinseszinseffekt wirkt sich im Alter günstig aus.
Da bei einem Unfall, den Frau Sebald oder ihr Kind erleiden könnte, eine finanzielle Notlage entstünde, weil keine ausreichenden Rücklagen bestehen, hat sie eine Unfallversicherung mit einer Invaliditätsleistung von 50 000 Euro und einer 350-prozentigen Progression abgeschlossen, so dass bei Vollinvalidität 175 000 Euro zur Auszahlung kommen. Hierfür zahlt sie einen Jahresbeitrag von 115 Euro.
Als Reserve für den Notfall hat Frau Sebald ein Konto mit drei Monatsgehältern, das besonders gut verzinst wird. Von Zeit zu Zeit überprüft sie, ob die Konditionen noch immer hervorragend sind; wenn nicht, wird das Geld bei einer anderen Bank angelegt.

Ehepaar mit zwei Kindern

Jahresbruttoeinkommen 60 000 Euro
Herr und Frau Ebeling wünschen sich für ihre Kinder ein Haus mit Garten, wo diese spielen und sich frei bewegen können, und sparen gezielt darauf hin. Nun ist es geschafft. Die Kinder sind im Kindergarten und Frau Ebeling kann ihren alten Arbeitsplatz mit einer Teilzeittätigkeit (zwei Drittel der normalen Arbeitszeit) wieder aufnehmen. Beide Ehepartner haben eine Berufsunfähigkeitsversicherung abgeschlossen. Frau Ebeling hat auf Anraten der Eltern eine kleine Lebensversicherung abgeschlossen, die jeden Monat mit anfänglich 50 DM und jetzt mit 30 Euro weiter angespart wird. Weiterhin hat sie jeden Monat 300 Euro in einen Rentenfonds eingezahlt. Herr Ebeling hat während der Ausbildung einen Banksparplan abgeschlossen und zusätzlich einen kleinen Bausparvertrag über die vermögenswirksamen Leistungen und so die Wohnungsbauprämie erhalten. Irgendwann hatte er einen Aktienfonds gekauft und dort eine Zeit lang regelmäßig eingezahlt.
Jetzt spart er das Geld, das auf dem Konto am Monatsende übrig ist, durchschnittlich ein Betrag von monatlich 500 Euro, dort an.
Nun besteht ein Guthaben von 80 000 Euro, das zur Finanzierung eines Hauses eingesetzt werden soll. Das Guthaben in der Lebensversicherung muss nicht angetastet werden.
Beim Bau eines Hauses erhält das Ehepaar Ebeling mit zwei Kindern eine Eigenheimzulage von 2 556 Euro im Jahr und zusätzlich je Kind 767 Euro acht Jahre lang ausgezahlt. Dies sind insgesamt 32 720 Euro.
Die Planung sieht wie folgt aus: Da die bisherige Kaltmiete in Höhe von 700 Euro entfällt und monatlich im Durchschnitt 800 Euro gespart werden konnten, darf die monatliche Kreditbelastung 1 500 Euro betragen. Von dem vorhandenen Geld sollen auch noch die Kücheneinrichtung im neuen Haus finanziert und einige

auf einen blick

- ✔ Berufsunfähigkeitsversicherung
- ✔ Risikolebensversicherung
- ✔ Private Rentenversicherung (Riester-Zulage)
- ✔ Aktienfonds
- ✔ Rücklage auf einem Sparkonto
- ✔ Rentenfonds
- ✔ Kapitallebensversicherung
- ✔ Bausparvertrag

Möbel gekauft werden. Die Entscheidung ist gefallen. Herr und Frau Ebeling haben ein Grundstück gekauft. Nun müssen für den Bau des Hauses 270 000 Euro aufgebracht werden. Um nicht bei Kostenüberschreitungen und Nebenkosten (Notargebühr, Grunderwerbsteuer) in Schwierigkeiten zu kommen, rechnen die beiden mit insgesamt 300 000 Euro. 50 000 Euro werden aus Eigenkapital aufgebracht.
Von den Ersparnissen behalten die Ebelings 30 000 Euro für die Kücheneinrichtung, Möbelkauf und Umzug zurück. Der verbleibende Betrag soll auf einem gut verzinsten Sparbuch als Notgroschen angelegt werden. 250 000 Euro müssen finanziert werden. Da über acht Jahre die Eigenheimzulage gezahlt wird, werden zwei Hypothekendarlehen abgeschlossen. Das erste Darlehen lautet über 223 000 Euro mit einer zehnjährigen Zinsfestschreibung von 6 Prozent. Die monatliche Belastung hierfür beträgt 1 330 Euro im Monat. Nach Ablauf der zehnjährigen Zinsbindungsfrist beträgt der Darlehenssaldo noch 185 690 Euro. Das zweite Darlehen beläuft sich auf 27 000 Euro mit einer Laufzeit von acht Jahren. Dies wird nur einmal jährlich getilgt, nämlich zum 15. März, wenn die Eigenheimzulage in Höhe von 4 090 Euro gezahlt wird. Die jeweils zu zahlende Rate beträgt 4 101 Euro bei 6 Prozent Zinsen.
Bei etwa gleich bleibenden Zinsen und gleich bleibenden monatlichen Rückzahlungen benötigt das Ehepaar Ebeling 30 Jahre, um das Eigenheim zu bezahlen.
Um im Todesfall eines Partners das Haus entschulden zu können und auch noch weiteres Geld zur Verfügung zu haben, beschließen beide, eine Risikolebensversicherung über 250 000 Euro abzuschließen und die Versicherungssumme über die gesamte Laufzeit in gleicher Höhe bestehen zu lassen. Mit einem Jahresbeitrag um 1 000 Euro ist das Budget der beiden dann ausgelastet. Beide zahlen die Beiträge zur Berufsunfähigkeitsversicherung weiter, die bestehende Lebensversicherung von Frau Ebeling wird beitragsfrei gestellt und beide schließen eine private Rentenversicherung über einen monatlichen Betrag von 30 Euro ab und nutzen so die Zulagen der Riester-Rente sowie die Kinderzulage. Höhere Sparbeträge sind wegen der Finanzierung des Hauses nicht möglich. Um im Alter ausreichend versorgt zu sein, versuchen beide, zusätzlich Gelder in verschiedenen Investmentfonds anzusparen. Dies kann unregelmäßig geschehen, ist aber unbedingt notwendig, um im Alter ausreichend versorgt zu sein. Weiterhin müssen die Berufsunfähigkeitsrenten immer dem Gehalt angepasst werden, da finanzielle Lücken bei der Höhe der Finanzierung nicht aufzufangen sind.

Paar, zusammenlebend – beide selbstständig

Jahresbruttoeinkommen wechselnd, jeweils durchschnittlich 30 000 Euro

Bei Selbstständigen ist die Bildung von Rücklagen und die eigene Absicherung besonders wichtig, da das Auf und Ab des Einkommens

– besonders am Anfang der Selbstständigkeit – regelmäßige Sparraten kaum zulässt.
Martin und Beate haben sich für eine private Krankenversicherung entschieden, da sie hier eine bessere Absicherung bekommen, die auch ihre Wünsche nach alternativer Heilbehandlung berücksichtigt. Außerdem ist der Beitrag günstiger als in der gesetzlichen Krankenversicherung. Es wurde eine Selbstbeteiligung von 1 000 Euro vereinbart.
Außerdem haben beide eine Berufsunfähigkeitsversicherung abgeschlossen, gekoppelt an eine Risikolebensversicherung, jeweils zugunsten des Partners, um beim Tod dem anderen die Möglichkeit zu geben, in Ruhe eine neue Wohnung zu suchen und das Büro aufzulösen.
Da Martin beruflich sehr viel unterwegs ist, hat er eine Unfallversicherung mit einer hohen Invaliditätssumme abgeschlossen.
Beates Selbstständigkeit hat bereits eine gewisse Stabilität und ein monatliches Grundeinkommen erreicht sie immer. Bis zu diesem Zeitpunkt hat sie Rücklagen in Bundeswertpapiere investiert, das Depot mit 12 000 Euro soll als sichere Grundlage bestehen bleiben. Seitdem die Einkünfte regelmäßiger geworden sind, hat Beate eine private Rentenversicherung mit einer Beitragsbefreiung bei Berufsunfähigkeit abgeschlossen, sie zahlt dort jeden Monat 150 Euro ein. Daraus wird im Alter eine Rente, einschließlich der nicht garantierten Überschüsse, von etwa 1 100 Euro. Wenn der Monat finanziell gut gelaufen ist, investiert sie zusätzlich einen Betrag in einen internationalen Aktienfonds. Die Rücklagen für Steuerzahlungen werden auf einem gut verzinsten Konto angesammelt, bei dem ohne Kündigung jederzeit über Geld verfügt werden kann.
Martins Selbstständigkeit ist noch von Schwankungen geprägt. Regelmäßige monatliche Rücklagen sind noch nicht möglich. Allerdings hat ihm ein größerer Auftrag im letzten Jahr ein schönes Plus beschert. Von den nach Steuern verbleibenden 23 000 Euro hat er 15 000 Euro genutzt, um eine private Rentenversicherung abzuschließen. Der Betrag ist in ein Depot einer Versicherungsgesellschaft eingezahlt worden und wird dort verzinst. Fünf Jahre lang werden daraus gleich bleibende Beträge in den abgeschlossenen Rentenversicherungsvertrag einbezahlt. Inklusive der Überschüsse wird die monatliche Rente etwa 170 Euro betragen. Das ist ebenfalls eine erste Grundlage für das Alter.
Die anderen 8 000 Euro hat Martin je zur Hälfte in einen internationalen und einen europäischen Aktienfonds eingezahlt. Sollte noch in diesem Jahr ein Betrag längerfristig angelegt werden können, wird er Anteile eines amerikanischen Aktienfonds auf Eurobasis kaufen. Seine Rücklagen für die Steuer legt er

Ganz besonders wichtig ist die Altersvorsorge für Selbstständige.

auf einen blick

Beates Strategie

- ✔ Berufsunfähigkeitsversicherung mit Risikolebensversicherung
- ✔ Private Krankenversicherung
- ✔ Depot bei der Bundeswertpapierverwaltung
- ✔ Private Rentenversicherung
- ✔ Aktienfonds
- ✔ Rücklagen für die Steuern auf einem Sparkonto

Martins Strategie

- ✔ Berufsunfähigkeitsversicherung mit Risikolebensversicherung
- ✔ Private Krankenversicherung
- ✔ Unfallversicherung
- ✔ Einmaleinzahlung in eine private Rentenversicherung
- ✔ Verschiedene Aktienfonds
- ✔ Festgeld für die Steuerzahlungen

bei seiner Geschäftsbank als Festgeld zu guten Konditionen an.
Um einmal im Jahr einen gemeinsamen Urlaub machen zu können, haben beide ein gemeinsames Konto eingerichtet, auf das jeder, wenn er kann, Geld einzahlt. Ziel ist, dass beide mindestens 1200 Euro aufbringen. Wenn es einem von beiden nicht gelingt, überlegen sie, was mit dem vorhandenen Geld möglich ist. Bei den vielen günstigen Urlaubsangeboten hat es noch immer geklappt, einmal 14 Tage andere Luft zu schnuppern.

Strategien für 40-Jährige

Bis 40 haben Sie vieles erreicht: Die Kinder sind schon größer, das Gehalt ist gestiegen, das eigene Haus gebaut und die finanziellen Weichen für die Zukunft gestellt. Für einige wird sich vielleicht alles ändern: Es wird eine neue Familie gegründet, der bisher ausgeübte Beruf gewechselt oder das Angestelltenverhältnis verlassen, um eine selbstständige Existenz aufzubauen. Die Zukunft erscheint noch einmal offen ...

Single – normales Einkommen

Jahresbruttoeinkommen 35 000 Euro

Jochen hat seine Wohnung Stück für Stück mit Designermöbeln eingerichtet und lebt klein, aber fein. Versicherungen hält er für überflüssig, daher hat er nur eine Berufsunfähigkeitsversicherung über die Hälfte seines Nettoeinkommens abgeschlossen. Da das Unternehmen, für das er 15 Jahre erfolgreich tätig war, letztes Jahr Konkurs anmelden musste, hat sich sein Einkommen verschlechtert. Seine betriebliche Altersversorgung ist ihm geblieben, da der Pensionssicherungsverein eingesprungen ist: Mit 65 erhält er daraus eine zusätzliche Rente von 155 Euro im Monat.
Jochen hat sich schon immer für Aktien interessiert und jeder Euro, der übrig ist, wird genutzt, um Aktien zu kaufen.
Er hat beim Crash im Sommer 2001 einige Federn lassen müssen, aber sein Depotwert steht mit 85000 Euro noch immer gut da. Wenn sich die Aktien weiter wie bisher entwickeln – er rechnet mit durchschnittlich 9 Prozent pro Jahr – kann er daraus 790000 Euro bis zum 65. Lebensjahr erzielen. Wird er nur 6 Prozent erreichen, verfügt er mit 65 Jahren über 380000 Euro.
Da er einiges verloren hat, wird er in Zukunft jeden Monat 100 Euro in einem Investment-

auf einen blick

- ✔ Berufsunfähigkeitsrente
- ✔ Betriebliche Altersversorgung
- ✔ Investmentfonds mit Riester-Zulage
- ✔ Aufbau eines Aktiendepots

fonds ansparen und die Riester-Förderung nutzen. Bei seinem jetzigen Einkommen erhält er dann den Höchstsatz.

Ehepaar, beide Beamte – zwei Kinder

Jahresbruttoeinkommen 60 000 Euro
Herr und Frau Schmidt haben sich schon als Beamte auf Probe in einer privaten Krankenversicherung abgesichert und auch die Kinder sind dort seit Geburt versichert. Das vor über zehn Jahren gekaufte Reihenhaus ist noch mit 85 000 Euro belastet und die monatlichen Raten von 1 130 Euro sind gut zu verkraften. Beide haben beim Beginn der Berufstätigkeit eine Kapitallebensversicherung mit einer Dienstunfähigkeitsrente abgeschlossen und diese über die Jahre regelmäßig dynamisiert. Die Dynamik haben sie jetzt gestoppt, da die Absicherung für den Fall der Dienstunfähigkeit ausreicht, sie beträgt momentan 1 500 Euro und im Todesfall würden 85 000 Euro ausgezahlt, damit wäre das Haus entschuldet. Wenn sie bis zum 65. Lebensjahr den Beitrag von 100 Euro weiterzahlen, wird die zur Verfügung stehende Summe einschließlich der Überschussbeteiligungen für jeden etwa 250 000 Euro betragen.
Da die ganze Familie häufig Radtouren unternimmt und die Kinder viel Sport treiben, besteht eine Unfallversicherung mit Invaliditätssummen von 100 000 Euro pro Person und einer 350-prozentigen Progression, so dass im Höchstfall 350 000 Euro bei Vollinvalidität gezahlt werden.
Für die beiden Kinder ist regelmäßig Geld angespart worden. Die Großeltern haben bei der Geburt den Grundstock mit Bundesschatzbriefen gelegt und zu den Geburtstagen und zu Weihnachten wurde immer wieder eine kleine Summe dort eingezahlt. Regelmäßig haben Schmidts auch einen Teil des Kindergeldes dort angelegt. Beide Kinder werden im Alter von 18 Jahren über ein Depot von etwa 25 000 Euro verfügen können.
Auch die Eltern besitzen ein Depot im Wert von 50 000 Euro bei der Bundeswertpapierverwaltung.
Erst vor kurzem haben Schmidts angefangen, sich näher mit Geldanlagen zu beschäftigen. Seitdem haben sie Geld in vier verschiedene Aktienfonds eingezahlt: in einen deutschen, einen europäischen, einen US-amerikanischen und einen internationalen Aktienfonds.

auf einen blick

- ✔ Kapitallebensversicherung mit Dienstunfähigkeitsrente
- ✔ Private Krankenversicherung
- ✔ Unfallversicherung
- ✔ Depot bei der Bundeswertpapierverwaltung
- ✔ 4 verschiedene Aktienfonds
- ✔ Immobilienbeteiligung in den USA

Der Depotwert beträgt etwa 26 000 Euro. Hier werden jeden Monat Gelder angelegt.
Für laufende Ausgaben besteht ein Konto bei einer Bank, die Beamten eine kostenlose Kontoführung anbietet und mehr als 3 Prozent Zinsen auf dem Girokonto gutschreibt. Daher nutzen beide die Girokonten auch als Reserve für den Notfall und besondere Geldausgaben, die im Laufe eines Jahres anstehen – Urlaubsreisen oder kleine Renovierungen und Instandsetzungsarbeiten.
Um die Geldanlagen breiter zu streuen, entnehmen Schmidts von den festverzinslichen Wertpapieren die Hälfte und investieren den Betrag in einen US-amerikanischen geschlossenen Immobilienfonds. Zurzeit übersteigen die jährlichen Auszahlungen die in Deutschland zu erzielenden Zinsen und bei einem erfolgreichen Verkauf der Immobilie rechnen beide mit einer guten Rendite. Die Ausschüttungen in Dollar sollen in den USA angelegt werden und für eine USA-Reise in vier oder fünf Jahren genutzt werden.

Frau, geschieden mit Kind – Beamtin

Jahresbruttoeinkommen 42 000 Euro

Nach der Scheidung und einer Orientierungsphase zum Wiedereinstieg in den Beruf ist Frau Sommer nun als Lehrerin tätig. Die Anwartschaft bei der privaten Krankenversicherung wird in eine Krankenversicherung mit Leistungsanspruch umgewandelt. Da Ansprüche auf Beihilfeleistungen bestehen, versichert sie auch die Tochter in der privaten Krankenversicherung in einem Beihilfetarif.
Da die gemeinsam mit dem Ehemann gekaufte Immobilie von keinem der beiden allein zu finanzieren gewesen wäre, musste diese verkauft werden. Die eigenen vier Wände waren für Frau Sommer immer von großer Bedeutung. Deshalb erwirbt sie mit dem Geld aus dem Immobilienverkauf und dem Versorgungsausgleich eine Dreizimmer-Altbauwohnung mit Balkon. Das Hypothekendarlehen wird über eine Lebensversicherungsgesellschaft finanziert, da sie dort seit langem eine Lebensversicherung anspart, und mit dem Auszahlungsbetrag wird dann das Darlehen abgelöst. Bis zu diesem Zeitpunkt müssen die Beiträge für die Lebensversicherung und die Zinsen für das Darlehen bezahlt werden.
Die Zinsen sind langfristig festgeschrieben, um die monatlichen Ausgaben planen zu können. Der Aufwand für die Zinsen und die Beitragszahlungen für die Lebensversicherung, die eine Dienstunfähigkeitsrente enthält, beträgt monatlich 650 Euro. Bei Ablauf der Lebensversicherung bleiben zur Alterssicherung, wenn die Überschüsse wie vorausberechnet eintreten, etwa 40 000 Euro.
Das Wohngeld für die Wohnung ist höher, als beim Kauf zu erkennen war. Damit beträgt die monatliche Belastung für Finanzierung und Wohnen 1100 Euro, das entspricht etwa 50 Prozent des Einkommens und fällt deutlich zu hoch aus.
Das Frau Sommer zur Verfügung stehende Einkommen reicht nicht aus, um den Verlust der Altersversorgung, der durch die Unterbrechung der Berufstätigkeit von acht Jahren entstanden ist, zu schließen. Solange die Tochter

auf einen blick

- ✔ Kapitallebensversicherung mit Dienstunfähigkeitsversicherung
- ✔ Private Krankenversicherung
- ✔ Spareinlage mit einer höheren Verzinsung

noch zu Hause wohnt und sich in der Ausbildung befindet – was noch fünf Jahre dauern wird – kann sie keine Rücklagen bilden.
Jeden Monat überweist Frau Sommer Geld auf eine Spareinlage mit guten Zinsen, von dem dann Klassenreisen, Sprachurlaub und der eigene Urlaub finanziert werden können. Auch für die vorgesehene Neuanschaffung eines Autos in den nächsten zwei Jahren ist dies eine Rücklage.
Sobald keine Unterhaltsverpflichtungen für die Tochter mehr bestehen, muss Kassensturz gemacht und nochmals kräftig für das Alter gespart werden.

Ehepaar, beide mit gutem Einkommen – keine Kinder

Jahresbruttoeinkommen 170 000 Euro

Nach dem Abschluss des Studiums hat sich Frau Winter für eine angestellte Tätigkeit in der Personalabteilung eines großen Unternehmens entschieden und Herr Winter ist als Rechtsanwalt selbstständig. Da Frau Winter sehr vorsichtig ist, hat sie sich entschieden, in der gesetzlichen Krankenversicherung zu bleiben. Allerdings hat sie eine Zusatzversicherung für das Krankenhaus abgeschlossen und eine Krankentagegeldversicherung, um bei längerer Krankheit weiter ihr Nettoeinkommen zur Verfügung zu haben.
Herr Winter hat sich privat versichert und ein hohes Tagegeld zur Absicherung bei einer länger andauernden Krankheit abgeschlossen.
Als Angestellte ist Frau Winter in der Bundesversicherungsanstalt pflichtversichert. Ihr Arbeitgeber zahlt für sie die Beiträge zur Direktversicherung, in die eine Berufsunfähigkeitsrente eingeschlossen ist. Diese beträgt allerdings nur 800 Euro im Monat. Da sie sich nicht vorstellen kann, berufsunfähig zu werden, hat sie auf eine weitere Versicherung verzichtet.

Herr Winter ist Mitglied im Versorgungswerk der Rechtsanwälte und hat zusätzlich eine private Lebensversicherung mit einer Berufsunfähigkeitsrente über 3 500 Euro monatlich abgeschlossen. Beide haben eine Unfallversicherung mit einer Invaliditäts-

auf einen blick

Frau Winter

- ✔ Direktversicherung mit Berufsunfähigkeitsabsicherung als betriebliche Altersversorgung
- ✔ Zusatzversicherung für das Krankenhaus und Krankentagegeldversicherung
- ✔ Unfallversicherung
- ✔ Festverzinsliche Wertpapiere
- ✔ Internationale Investmentfonds
- ✔ Geldmarktfonds

Herr Winter

- ✔ Private Kranken- und Krankentagegeldversicherung
- ✔ Kapitallebensversicherung mit Berufsunfähigkeitsabsicherung
- ✔ Unfallversicherung
- ✔ Verschiedene Aktienfonds
- ✔ Festgeld für die Steuerzahlungen

Gemeinsames

- ✔ Wohnhaus – schuldenfrei
- ✔ Zwei vermietete Eigentumswohnungen

summe von 150 000 Euro und 350 Prozent Progression.
Als Herr Winter sich selbstständig machte, haben seine Eltern einen Teil des Erbes an ihn ausgezahlt. Davon wurde ein Haus gekauft. Im Erdgeschoss befindet sich die Kanzlei, in der darüber liegenden Etage und im Dachgeschoss die private Wohnung. Das Haus ist inzwischen schuldenfrei.
Frau Winter hat alle verbleibenden Beträge in einem festverzinslichen Wertpapierdepot angelegt und seit zwei Jahre spart sie regelmäßig jeweils 200 Euro monatlich in zwei internationalen Aktienfonds an. Weitere 200 Euro werden Monat für Monat in festverzinsliche Wertpapiere investiert und 200 Euro für Anschaffungen in einem Geldmarktfonds angelegt. Ihr Guthaben beläuft sich auf etwa 210 000 Euro.
Herr Winter spart nicht Monat für Monat Geld an, sondern entscheidet sich immer dann für eine Geldanlage, wenn mindestens 15 000 Euro auf seinem Konto sind. Er nutzt verschiedene Fonds: einen offenen Immobilienfonds, einen europäischen Rentenfonds, drei internationale Rentenfonds, zwei deutsche Aktienfonds und zwei internationale Aktienfonds, einer davon auf Dollarbasis. Insgesamt verfügt er bereits über Kapitalanlagen in Höhe von 380 000 Euro.
Rücklagen für die Steuerzahlungen bildet er auf verschiedenen Festgeldkonten.
Um Steuern zu sparen, haben beide gemeinsam zwei Dreizimmerwohnungen in der Innenstadt einer mittelgroßen Stadt, direkt am Stadtpark gekauft, die vermietet sind. Die monatliche Belastung nach Abzug der Miete beträgt 1 000 Euro, nach Steuern beträgt die Belastung noch etwa 500 Euro monatlich.
Beide planen, in 15 Jahren aus dem Berufsleben auszusteigen und von ihrem ersparten Geld zu leben. Bei den monatlichen Sparleistungen ist das realistisch.

Strategien für 50-Jährige

Dem Kassensturz mit 50 kommt eine besonders große Bedeutung zu. Bis zum Ausscheiden aus dem Berufsleben sind es noch mindestens 10, höchstens jedoch 15 Jahre und damit ist dies die letzte Gelegenheit, die finanzielle Situation im Alter zu überdenken und vielleicht doch noch besser zu gestalten. Für manch einen wird erstmals der Zeitpunkt gekommen sein, an dem tatsächlich Geld zurückgelegt und bewusst gespart werden kann. Besonders alleinerziehende Frauen, die häufig weniger gut bezahlte berufliche Positionen innehaben, können erst dann an ihr Alter denken, wenn die Kinder selbst verdienen und ihnen ihr Geld allein zur Verfügung steht.
Vielleicht haben Sie auch einfach vergessen, dass Sie selbst einmal älter werden? Dann heißt es, die Ärmel hochkrempeln und jeden Euro zur Seite legen, damit im Alter der Gürtel nicht allzu eng geschnallt werden muss.

Mit 50 Jahren wird es allerhöchste Zeit, Rentenlücken zu schließen.

Single – niedriges Einkommen

Jahresbruttoeinkommen 24 000 Euro

Bis zu ihrer Scheidung war Frau Wolf mit ihrem Mann in der Gastronomie selbstständig. Danach hat Frau Wolf wieder angefan-gen, als Angestellte im Schreibdienst einer großen Versicherungsgesellschaft zu arbeiten. Mit den Beiträgen zur BfA während der letzten 14 Jahren, den Jahren der Berufsausbildung, der beruflichen Tätigkeit danach, den Kindererziehungszeiten und dem Versorgungsausgleich beträgt ihre BfA-Rente zum jetzigen Zeitpunkt 600 Euro monatlich. Ab dem 65. Lebensjahr wird sie, wenn sie weiterhin so arbeitet wie bisher, laut Hochrechnung eine Rente von 850 Euro erhalten.

Die Betriebsrente wird etwa 60 Euro im Monat betragen. Zu dem Monatseinkommen von 1 200 Euro bleibt eine Differenz von 290 Euro.

Beim Tod ihrer Tante hat Frau Wolf 30 000 Euro geerbt. Davon wurden 16 000 Euro in ein Depot bei einer Versicherungsgesellschaft eingezahlt; inklusive der nicht garantierten Überschüsse ergibt dies ab dem 65. Lebensjahr eine Rente von 200 Euro monatlich.

auf einen blick

- ✔ Vermögenswirksame Leistungen – Aktienfonds
- ✔ Private Rentenversicherung – Einmaleinzahlung
- ✔ Bundeswertpapiere
- ✔ Offener Immobilienfonds
- ✔ Internationale Rentenfonds

Die verbleibenden 14 000 Euro hat sie angelegt: 4 000 Euro in Bundesschatzbriefen, um gegebenenfalls auch darüber verfügen zu können, 6 000 Euro in einen offenen Immobilienfonds und 4 000 Euro in einen internationalen Rentenfonds. Seitdem Frau Wolf wieder angestellt tätig, hat sie Geld über die vermögenswirksamen Leistungen in einem internationalen Aktienfonds angespart und auch die meiste Zeit die staatliche Sparzulage erhalten. Das Guthaben beträgt dort knapp 12 000 Euro. Dieses Geld soll noch fünf Jahre dort liegen bleiben und dann in einen Rentenfonds geswitcht werden. Da kein Anspruch auf staatliche Zulagen mehr besteht, wurde kein neuer Vertrag abgeschlossen.

Immer wenn es möglich war, hat Frau Wolf Geld bei der Bundeswertpapierverwaltung eingezahlt; das Depot weist ohne die jüngst getätigte Zahlung 9 000 Euro auf.

Eine kleine Spareinlage – für den Notfall, Reparaturen, Wohnungsrenovierung und Urlaub – beläuft sich auf ein Guthaben von 3 100 Euro. Jetzt schließt sie noch einen Vertrag über eine private Rentenversicherung mit 50 Euro im Monat ab, um die Riester-Förderung zu erhalten. Das für eine geplante größere Reise notwendige Geld in Höhe von 4 000 Euro soll aus dem Aktienfonds entnommen werden.

Wenn die Geldanlagen eine durchschnittliche Entwicklung nehmen, stehen Frau Wolf zum 65. Lebensjahr 86 000 Euro zur Verfügung und die monatlichen Renten betragen etwa 1160 Euro, also fehlen zum jetzigen Nettoeinkommen nur 40 Euro. Diese werden dann aus dem zur Verfügung stehenden Vermögen finanziert.

Frau, Ehemann verstorben, zwei Kinder

Jahresbruttoeinkommen 33 000 Euro

Während Frau Jung für ihre Kinder allein verantwortlich war, da der Vater früh verstorben ist und die Halbwaisenrenten nicht nennens-

wert zum Leben beigetragen haben, hatte sie eine Risikolebensversicherung mit einer Berufsunfähigkeitsabsicherung. Seit die Kinder auf eigenen Füßen stehen, hat sie die Risikolebensversicherung auf den geringstmöglichen Betrag reduziert und die Berufsunfähigkeitsrente so herabgesetzt, dass mit der BfA-Rente ihr Nettoeinkommen zur Verfügung stehen würde. Die Zusatzversicherung für das Krankenhaus, die bereits seit 30 Jahren besteht, hält sie aufrecht.
Nachdem beide Kinder selbst verdienen, konnte Frau Jung endlich ein neues Auto kaufen und die Wohnung ihren eigenen Bedürfnissen entsprechend renovieren. Nun sind die wenigen Ersparnisse weitestgehend aufgebraucht. Jetzt muss eine Strategie entwickelt werden, Geld zu sparen, um im Alter gut leben zu können.
Das Sparguthaben auf einer überdurchschnittlich gut verzinsten Spareinlage beträgt nur noch 2 500 Euro. Das monatliche Nettoeinkommen von Frau Jung beträgt etwa 1 500 Euro, die schon erworbenen Rentenansprüche von 800 Euro werden laut Hochrechnung auf 1 120 Euro ansteigen.
Es besteht eine »Rentenlücke« von knapp 400 Euro. Frau Jung entscheidet sich, eine Direktversicherung über den Arbeitgeber abzuschließen und jährlich 1 752 Euro, den Höchstbetrag, in eine private Rentenversicherung einzuzahlen. Hierfür nimmt sie die Riester-Zulagen in Anspruch. Dadurch erhält sie im Alter eine zusätzliche Rente in Höhe von 220 Euro einschließlich der nicht garantierten Überschüsse.
Weiterhin versucht sie, monatlich einen Betrag zwischen 50 und 100 Euro in einen internationalen Aktienfonds einzuzahlen. Wenn sich das Gehalt verbessern sollte, wird sie weitere Gelder ansparen.
Nach dem Tod des Vaters hat Frau Jung einen Anteil des Hauses geerbt, in dem die Mutter und der ältere Bruder mit seiner Familie leben. Nach dem Tod der Mutter wird der Bruder die Geschwister auszahlen und sie wird etwa 25 000 Euro erhalten.

auf einen blick

- ✔ Risikolebensversicherung mit Berufsunfähigkeitsabsicherung
- ✔ Zusatzversicherung für das Krankenhaus
- ✔ Sparbuch
- ✔ Direktversicherung als private Rentenversicherung mit Riester-Zulagen
- ✔ Internationaler Aktienfonds

Frau, geschieden, keine Kinder, Künstlerin, selbstständig

Jahresbruttoeinkommen 20 000 Euro

Während der Ehe war das Künstlerinnendasein für Frau Vogel kein Problem, da ihr sehr gut verdienender Mann ihre Projekte finanziert und Verluste steuerlich geltend gemacht hat. Seit Jahren ist Frau Vogel in einer privaten Krankenversicherung. Wegen ihrer unregelmäßigen Einkünfte und mangelnder Absicherung beschließt sie, als selbstständige Künstlerin Mitglied der Künstlersozialkasse zu werden.
Damit ist auch die Entscheidung für die gesetzliche Krankenversicherung gefallen, da die Beitragsbemessungsgrenze mit dem Einkommen aus künstlerischer Tätigkeit nie überschritten werden wird. Frau Vogel behält eine Zusatzversicherung für das Krankenhaus

bei, da die lange Vorversicherungszeit in einer privaten Krankenversicherung und die dort gebildeten Altersrückstellungen zu einem sehr günstigen Beitrag geführt haben.
Beiträge zur Rentenversicherung wurden nur während einer Angestelltentätigkeit an einer Hochschule direkt nach dem Studium gezahlt. Danach kam die Heirat und es wurden keine weiteren Beiträge entrichtet. Da der Ehemann ebenfalls selbstständig war und keine Beiträge an die BfA gezahlt hat, wurde auch kein Versorgungsausgleich vorgenommen. Die momentane Altersrente von Frau Vogel beträgt zurzeit 155 Euro monatlich.
In Zukunft leistet Frau Vogel Beiträge zur gesetzlichen Rentenversicherung entsprechend ihrem Einkommen. Die Künstlersozialkasse (KSK) tritt wie ein Arbeitgeber auf und zahlt den hälftigen Anteil der Beiträge zur Kranken-, Pflege- und Rentenversicherung. Damit wird sich innerhalb von 15 Jahren die Rente, wenn für die gezahlten Beiträge pro Jahr ein Entgeltpunkt gutgeschrieben wird, auf 530 Euro erhöhen.
Im Rahmen der Ehescheidung wurde die Lebensversicherung des Ehemannes geteilt und Frau Vogel hat die Hälfte des Rückkaufswertes in Höhe von 44 000 Euro ausgezahlt bekommen. Weiterhin wurde die gemeinsame Wohnung verkauft. Der Verkaufserlös betrug 500 000 Euro, davon wurden die noch auf der Wohnung liegenden Verbindlichkeiten in Höhe von 180 000 Euro abgezogen und die Hälfte davon, also 160 000 Euro, flossen auf ihr Konto. Der Wert des Unternehmens des Ehemannes wurde mit 90 000 Euro geschätzt. Daraus erhielt sie 45 000 Euro. Insgesamt hat Frau Vogel 249 000 Euro bei der Trennung des Vermögens erhalten.
Da es besonders wichtig für sie ist, das Atelier zu behalten, und dort die Möglichkeit bestand, einen weiteren Raum hinzuzubekommen, der für Wohnzwecke geeignet ist, hat sie sich entschlossen, die Räumlichkeiten zu kaufen. Diese wurden bar bezahlt. Der Kaufpreis einschließlich aller Kaufnebenkosten betrug 150 000 Euro.
Da Frau Vogel ihr Geld immer schnell für künstlerischen Aktivitäten ausgibt, hat sie sich entschieden, von den verbleibenden 99 000 Euro eine private Rentenversicherung abzuschließen, damit ihr Alter besser abgesichert ist. Sie ließ ein Depot bei einem Versicherer einrichten und von dort werden über fünf Jahre gleich hohe Beiträge in die private Rentenversicherung eingezahlt. Ab dem 65. Lebensjahr erhält sie eine monatliche Rente inklusive der nicht garantierten Überschüsse von voraussichtlich 1 150 Euro.
Wenn die Rente aus der KSK tatsächlich 530 Euro betragen wird, kann Frau Vogel angemessen leben und die Nebenkosten für das Atelier und die Wohnung finanzieren. Sollte sie einmal nicht mehr künstlerisch tätig sein, stellt sie sich vor, das Atelier und die angrenzenden Wohnräume zu verkaufen.
Die verbleibenden 19 000 Euro hat sie aufgeteilt: 4 000 Euro wurden in einem internationalen Rentenfonds angelegt, 4 000 Euro in

auf einen blick

- ✔ Zusatzversicherung für das Krankenhaus
- ✔ Private Rentenversicherung – Einmaleinzahlung über ein Depot
- ✔ Verzinstes Girokonto
- ✔ Internationaler Aktienfonds
- ✔ Internationaler Rentenfonds
- ✔ Wohnung und Atelier schuldenfrei

einem internationalen Aktienfonds und 11 000 Euro auf einem gut verzinsten Girokonto mit jederzeitiger Verfügbarkeit, da hieraus laufende Zahlungen und der Lebensunterhalt finanziert werden müssen, weil die Einkünfte aus künstlerischer Tätigkeit sehr unregelmäßig anfallen.

Ehepaar, beide Kinder sind aus dem Haus

Jahresbruttoeinkommen 48 000 Euro

Nachdem beide Kinder aus dem Haus waren, hat Frau Fuchs wieder angefangen, halbtags zu arbeiten. Da der Sohn gerade erst die Ausbildung abgeschlossen hat und jeden Monat finanziell unterstützt wurde, um das Aufbaustudium zu finanzieren, können jetzt erstmals Rücklagen für das Alter gebildet werden.

Die Rentenansprüche von Herrn Fuchs aus der BfA betragen aktuell 1 100 Euro und werden sich bis zum 65. Lebensjahr auf 1 550 Euro erhöhen. Frau Fuchs hat eine Minimalrente in Höhe von 280 Euro erreicht und kann diese bis zum 65. Lebensjahr auf 440 Euro steigern. Momentan beträgt das gemeinsame Nettoeinkommen 3 100 Euro, so dass im Alter eine Differenz von 1 110 Euro besteht.

Herr Fuchs hatte die Möglichkeit, sehr früh Geld in eine Kapitallebensversicherung als Direktversicherung einzuzahlen. Anfänglich hat er 200 DM im Monat gezahlt, jetzt beträgt der monatliche Beitrag 100 Euro. Momentan stehen 85 000 Euro als Rückkaufswert zur Verfügung. Bei Weiterzahlung bis zum 65. Lebensjahr werden es 160 000 Euro sein. Wenn er diesen Betrag im Alter verrenten lassen würde, beträgt die monatliche Rente einschließlich der Überschüsse etwa 850 Euro.

Weiterhin haben beide zusammen im Laufe der Zeit ein kleines Ferienhaus in Schweden finanziert, das einen Wert von 80 000 Euro haben dürfte. Dies soll jedoch erhalten bleiben, da sie sich vorstellen, dort im Alter den Sommer zu verbringen, und auch die Kinder und Enkelkinder dies einmal nutzen sollen.

An weiteren Geldanlagen bestehen noch festverzinsliche Wertpapiere im Wert von 11 000 Euro und ein Rentenfonds mit 3 500 Euro.

Zu Beginn der beruflichen Tätigkeit hat Frau Fuchs einen Vertrag über vermögenswirksame Leistungen abgeschlossen, um die Arbeitgebersparzulage zu bekommen, die bei ihrem Arbeitgeber 18 Euro im Monat beträgt, so dass der eigene Anteil nur noch 16 Euro ausmacht. Die staatlichen Zulagen erhält sie nicht, da das zu versteuernde Einkommen zu hoch ist. Da sie gerade erst begonnen hat den Vertrag zu besparen, weist er noch kein nennenswertes Guthaben auf.

Jetzt werden jeden Monat 100 Euro in einen internationalen Rentenfonds und in einen internationalen Aktienfonds eingezahlt, um im Alter etwas mehr Geld zur Verfügung zu haben. Bei einer durchschnittlichen Wertsteigerung von 7 Prozent für den Rentenfonds und 9 Prozent für den Aktienfonds können bis zum 65. Lebensjahr 69 000 Euro angespart werden.

auf einen blick

- ✔ Kapitallebensversicherung als Direktversicherung
- ✔ Bundeswertpapiere
- ✔ Internationaler Rentenfonds
- ✔ Internationaler Aktienfonds
- ✔ Vermögenswirksame Leistungen – deutscher Aktienfonds
- ✔ Ferienhaus – schuldenfrei

Ehepaar, fünf Kinder

Jahreseinkommen 130 000 Euro

Das Ehepaar Hohner betreibt gemeinsam eine Arztpraxis in einer Kleinstadt. Das Haus, in dem sich auch die Praxisräume befinden, ist Eigentum. Beide sind über die Ärzteversorgung abgesichert. Da sie sich sehr jung selbstständig gemacht haben, rechnen beide mit einer Altersrente von jeweils 2 200 Euro.
Beide haben eine Kapitallebensversicherung mit einer Berufsunfähigkeitsabsicherung abgeschlossen, die jetzt nicht mehr dynamisiert wird und zum Ablauf jeweils 130 000 Euro erbringen wird. Wenn sie Glück haben, können sie die Praxis verkaufen und vielleicht das gesamte Haus, da sie gern ein neues bauen möchten.
Private Rücklagen bestehen in Bundesschatzbriefen und festverzinslichen Wertpapieren im Bankdepot zu einem Gesamtwert von etwa 80 000 Euro.
Von ihren fünf Kindern leben nur noch zwei zu Hause. Der Älteste hat sein Studium bereits abgeschlossen und ist berufstätig; die beiden anderen befinden sich in Referendariat und praktischem Jahr und sind in Kürze fertig.
Sie selbst und beide Kinder sind privat krankenversichert. Es besteht eine Unfallversicherung mit einer hohen Invaliditätsleistung.
Für die Kinder wurden bei der Geburt von den Großeltern Lebensversicherungen abgeschlossen, die diese auch bezahlt haben, so genannte Ausbildungsversicherungen.
Die Policen für die beiden jüngsten Kinder sind Investmentfondspolicen. Die größeren Kinder haben die Auszahlungen bereits erhalten, die jüngeren bekommen diese zum 25. Lebensjahr.
Wenn die monatlichen Unterhaltszahlungen für die größeren Kinder wegfallen, die zurzeit immerhin 1 600 Euro im Monat betragen, soll ein Bauplatz für das Haus im Alter erworben werden.

auf einen blick

- ✔ Kapitallebensversicherung mit Berufsunfähigkeitsrente
- ✔ Private Krankenversicherung
- ✔ Unfallversicherung
- ✔ Ausbildungsversicherungen (Investmentfondspolicen)
- ✔ Bundeswertpapiere
- ✔ Wohn- und Praxishaus – schuldenfrei

Der Kassensturz mit 60

Der letzte Kassensturz vor Rentenbeginn zeigt, ob die eingeschlagene Strategie erfolgreich war. Je früher der Beginn und je häufiger die Lage durchdacht und den sich verändernden Lebenssituationen angepasst wurde, umso angenehmer wird die finanzielle Situation im Alter sein.
Wenn Sie früh angefangen und regelmäßig gespart haben, werden Sie mit Zins und Zinseszinsen einen Teil der Alterssicherung mit Leichtigkeit zusammenbekommen. Je später Sie anfangen, umso größer sind die Kraftanstrengungen, das Polster für ein sichereres Alter zu bereiten. Doch – es lohnt sich immer! Jeder während des Berufslebens zurückgelegte Euro erleichtert das Leben im Alter, für einige ermöglicht er auch Luxus, den sie sich vorher nicht leisten konnten oder wollten.
Im Alter kann man das, was man für sich im Laufe des Lebens angespart hat – vielleicht zusammen mit dem Partner oder der Partnerin und der Familie – genießen.

Alleinstehende Frau

Jahreseinkommen 29 000 Euro

Frau Baum hat ihr ganzes Leben als Arzthelferin gearbeitet, während der Ehe und als der Sohn klein war, halbtags. Seit ihrem 15. Lebensjahr gibt es mit Ausnahme der Mutterschaftszeiten keine Unterbrechungen der Beitragszahlungen. Der Versorgungsausgleich hat für sie kaum zusätzliche Entgeltpunkte gebracht, da auch ihr damaliger Mann wenig verdient hat. Das Nettoeinkommen beträgt zurzeit 1 250 Euro.

Bei der BfA hat sie sich gerade ihre Altersrente ausrechnen lassen. Diese wird 848 Euro ab dem 65. Lebensjahr betragen.

Mit 25 Jahren hat Frau Baum eine private Rentenversicherung über einen Betrag von monatlich 50 DM abgeschlossen, in den sie bis zum 65. Lebensjahr einzahlt (jetzt 26 Euro). Hieraus wird sie 218 Euro monatliche Rente inklusive der Überschüsse erhalten. Der Betrag wird jedes Jahr um 2,5 Prozent erhöht. Über die vermögenswirksamen Leistungen hat sie Geld in einem Bausparvertrag angespart, den sie sich hat auszahlen lassen. Den Betrag von 11 000 Euro hat sie in einen offenen Immobilienfonds eingezahlt. Ein weiterer Vertrag aus den vermögenswirksamen Leistungen läuft im übernächsten Jahr aus und sie rechnet mit einer Auszahlung von 6 000 Euro, da sie hier manchmal mehr eingezahlt und die Bausparprämie erhalten hat. Auch dieses Geld wird Frau Baum in den offenen Immobilienfonds einzahlen, da dieser relativ geringe Schwankungen aufweist und das Risiko überschaubar bleibt. Sie hat sich ausrechnen lassen, dass sie 20 Jahre lang monatlich 145 Euro als Rente entnehmen könnte.

Auf einem Sparbuch hat sie nochmals 11 000 Euro angespart. Von diesem Konto hat sie bislang immer ihren Urlaub finanziert, Geld für die Wohnungsrenovierung oder für größere Anschaffungen entnommen. Von einem Teil dieses Geldes will sie Bundesschatzbriefe kaufen, um etwas höhere Zinsen zu erzielen.

Die regelmäßigen monatlichen Rentenzahlungen werden 1 066 Euro betragen, also 184 Euro weniger als das jetzige Nettoeinkommen. Wenn sie monatliche Entnahmen aus dem offenen Immobilienfonds vereinbaren würde, hätte sie 1 211 Euro zur Verfügung.

auf einen blick

- ✔ Gesetzliche Rentenversicherung (BfA)
- ✔ Private Rentenversicherung
- ✔ Vermögenswirksame Leistungen – Bausparen
- ✔ Offener Immobilienfonds
- ✔ Bundesschatzbriefe
- ✔ Sparbuch

Witwe – allein lebend

Jahresbruttoeinkommen 8 000 Euro

Als Herr Schuster vor 15 Jahren starb, waren die beiden Kinder gerade mit der Ausbildung fertig. Da die Ausbildung der Tochter sowie deren Miete für eine kleine Wohnung und der Lebensunterhalt finanziert werden mussten, waren keine großen Ersparnisse vorhanden. Frau Schuster selbst war immer nur teilzeitbeschäftigt, und als das erste Kind geboren wurde, hat sie ganz aufgehört zu arbeiten und erst 20 Jahre später wieder angefangen. Auch jetzt arbeitet sie Teilzeit, da eine andere Tätigkeit nicht zu finden ist.

Ihr monatliches Einkommen beträgt 530 Euro, ihre Witwenrente 620 Euro. Da sie spar-

auf einen blick

- Gesetzliche Rentenversicherung (BfA)
- Bundesschatzbriefe
- Vermögenswirksame Leistungen – Bausparen, internationaler Aktienfonds
- Bundesschatzbriefe
- Sparbuch

sam ist, reicht es, um damit klarzukommen. Sie leistet sich jedes Jahr drei Wochen Urlaub im Süden, immer in der Nebensaison, da es dann preiswerter ist und sie sich ein bisschen Luxus gönnen kann. Ihre eigene Rente ab dem 65. Lebensjahr wird niedriger sein als das bisherige Einkommen und 460 Euro betragen. Seitdem Frau Schuster wieder berufstätig ist, hat sie kontinuierlich Geld über die vermögenswirksamen Leistungen in einem Bausparvertrag angespart. Das Guthaben beträgt 14 500 Euro. Momentan läuft noch ein Vertrag über vermögenswirksame Leistungen in einem internationalen Aktienfonds. Hier stehen ihr mit 65 nochmals etwa 4 000 Euro zur Verfügung. Für das Geld aus dem Bausparvertrag hat sie jetzt Bundesschatzbriefe gekauft, so dass sie nach einem Jahr jederzeit über das Geld verfügen kann.
Und für Notfälle hat sie ein Sparbuch, auf dem 2 000 Euro liegen.

Ehepaar, beide berufstätig, beide geschieden

Jahresbruttoeinkommen 55 000 Euro

Herr und Frau Henze sind beide als kaufmännische Angestellte in einem mittelständischen Betrieb tätig, wobei sie halbtags arbeitet. Es ist für beide die zweite Ehe. Frau Henze ist erst seit ihrer Scheidung berufstätig, davor war sie Hausfrau, hat aber über den Versorgungsausgleich zusätzliche Rentenansprüche erwerben können. Da Herrn Henzes erste Ehefrau ebenfalls während der Ehezeit nicht berufstätig war, ist der Versorgungsausgleich zu seinen Lasten gegangen und hat seine Rentenansprüche deutlich gemindert.
Beide haben Kinder aus der ersten Ehe, die schon lange aus dem Haus sind. Die zwei Kinder von Frau Henze haben bei ihnen gewohnt, seine Kinder sind bei ihrer Mutter geblieben und er hat Unterhalt gezahlt. Da sie auch noch zwei gemeinsame Kinder haben, konnten sie kaum Geld für das Alter ansparen.
Das derzeitige Nettoeinkommen beträgt 2 500 Euro. Die Renten aus der BfA zum 65. Lebensjahr sehen wie folgt aus: Sie erhält monatlich 780, er 860 Euro. Gemeinsam stehen ihnen damit 1 640 Euro zur Verfügung.
Vor zwei Jahren haben beide begonnen, jeden Monat in drei verschiedenen Aktienfonds Geld anzusparen. Sie zahlen 80 Euro in einen deutschen, 85 Euro in einen europäischen Aktienfonds und 90 Euro in einen internationalen Aktienfonds, zusammen 250 Euro monatlich. Bis zum 65. Lebensjahr rechnen sie mit einer jährlichen Wertsteigerung von

auf einen blick

- Gesetzliche Rentenversicherung (BfA)
- Deutsche, europäische und internationale Aktienfonds
- Festverzinsliche Wertpapiere

8 Prozent. Dann stünden ihnen 28 815 Euro ab dem 65. Lebensjahr zur Verfügung.
Beim Tod seines Vaters hat Herr Henze ein Depot mit festverzinslichen Wertpapieren im Wert von 25 000 Euro geerbt, das bestehen bleiben soll. Bei Fälligkeit haben sie immer wieder für das zur Verfügung stehende Geld festverzinsliche Wertpapiere erworben. Bei einer Wertsteigerung von 4 Prozent ergibt dies in fünf Jahren 30 500 Euro.
Sie haben sich beraten lassen und überlegen nun, ob sie ab dem 65. Lebensjahr das Geld in einen internationalen Rentenfonds einzahlen und einen Auszahlplan über 25 Jahre vereinbaren sollen. Bei einer angenommenen Wertsteigerung von 6 Prozent im Jahr erhalten sie jeden Monat 380 Euro. Dies würde ihre Situation im Alter komfortabler machen.

Ehepaar – beide berufstätig

Jahresbruttoeinkommen 132 000 Euro
Herr und Frau Leis haben keine Kinder, lebten immer gut, sind viel mit Freunden unterwegs gewesen und haben weite Reisen unternommen. Frau Leis war angestellt, Herr Leis ist selbstständig. Sie haben eine große Wohnung in einem alten Stadthaus gekauft und im Laufe der Zeit ausgebaut und eine kleine Ferienwohnung in Holland, direkt an der Nordsee. Beide Wohnungen sind bezahlt. Die Stadtwohnung hat einen Wert von etwa 280 000 Euro, die Ferienwohnung von 90 000 Euro.
Ihr monatliches Nettoeinkommen beträgt 5 200 Euro. Im Alter möchten sie gern genauso viel Geld zur Verfügung haben, benötigen aber mindestens 4 000 Euro, um so weiter leben zu können wie bisher. Über Geld haben sie sich nie Gedanken gemacht und doch regelmäßig gespart. Dies ist der erste Kassensturz, um die finanzielle Situation im Alter zu betrachten.
Das Ergebnis:
Zum 65. Lebensjahr wird ihre Rente 1 150 Euro und seine BfA-Rente 580 Euro betragen. Herr

auf einen blick

- ✔ Gesetzliche Rentenversicherung (BfA)
- ✔ Private Rentenversicherung
- ✔ Aktien-Investmentfonds
- ✔ Aktien
- ✔ Selbst genutzte Wohnung – schuldenfrei
- ✔ Ferienwohnung – schuldenfrei

Leis hat zwei Lebensversicherungen abgeschlossen, von der eine jetzt fällig wird in Höhe von 140 000 Euro. Um die monatlichen Einkünfte zu erhöhen, soll diese Lebensversicherung verrentet werden.
Damit beide im Alter eigene Renten in etwa gleicher Höhe haben, die jedem auch nach dem Tod des Partners zur Verfügung stehen, wird der Betrag aufgeteilt: 90 000 Euro fließen in eine Rentenversicherung auf seinen Namen, 50 000 Euro in eine Rentenversicherung auf ihren Namen. Beide Versicherungen haben eine Rentengarantiezeit von 15 Jahren. Ab dem 65. Lebensjahr erhält Herr Leis eine Rente inklusive der Überschüsse von 730 Euro, Frau Leis von 390 Euro.
Zum 65. Lebensjahr bekommt Herr Leis eine weitere Lebensversicherung ausgezahlt, laut Hochrechnung in Höhe von 205 000 Euro. Auch diese Versicherung soll verrentet werden. Für ihn wird der Betrag von 105 000 Euro verrentet, für sie 100 000 Euro. Es soll wieder eine Rentengarantiezeit von 15 Jahren vereinbart werden. Dann betragen die Renten mit Überschüssen für ihn 710 Euro, für sie 620 Euro.
Herr Leis erhält also eine Rente von 2 010 Euro

und Frau Leis 2 160 Euro ab dem 65. Lebensjahr. Die Gesamtrente beträgt 4 170 Euro. Weiterhin wurden einige Einzelaktien gekauft, deren Wert nach dem Kurseinbruch im September 2001 um etwa 50 Prozent gesunken ist. Der Depotwert beträgt momentan 27 000 Euro. Die Aktien sollen aber erst dann verkauft werden, wenn die Kurse wieder die Kaufpreise erreicht haben. Dies dürfte jedoch noch einige Jahre dauern.
Das Ehepaar legte in verschiedenen europäischen und internationalen Aktienfonds Geld an. Der Depotwert beträgt momentan etwa 23 000 Euro. Bis zum 65. Lebensjahr sollen jeden Monat 500 Euro angespart werden. Bei einer durchschnittlichen Wertsteigerung von 7 Prozent beträgt das Investmentdepot zum 65. Lebensjahr dann etwa 68 000 Euro.
Als Angestellte wird Frau Leis im Alter automatisch Mitglied der Krankenversicherung der Rentner.
Der Beitrag wird entsprechend ihrer BfA-Rente berechnet. Herr Leis ist freiwilliges Mitglied einer gesetzlichen Krankenversicherung. Aufgrund der Gesetzesänderung vom 1.4.2002 kann er wählen, ob er Pflichtmitglied in der Krankenversicherung der Rentner wird oder als freiwilliges Mitglied im Alter versichert sein möchte. Bei der Wahl für die Krankenversicherung der Rentner zahlt er einen Beitrag entsprechend seiner BfA-Rente. Einkünfte aus Kapitalvermögen, Vermietung und Verpachtung sind beitragsfrei. Ob auch auf private Renten in Zukunft Beiträge entrichtet werden müssen, ist derzeit noch nicht entschieden. Damit haben beide die Möglichkeit, im Alter – angepasst an ihre Einkünfte – Beiträge zu entrichten.
Das Ziel, im Alter ebenso viel Geld wie im Berufsleben zur Verfügung zu haben, wurde nicht erreicht. Beim Verkauf einer Wohnung kann der Betrag deutlich angehoben werden, allerdings muss beim Verkauf der Stadtwohnung eine Wohnung angemietet werden und die Miete mindert dann das zur Verfügung stehende Geld.

Anpassen der Strategien an neue Lebenssituationen

Ihre persönliche Absicherungs- und Finanzstrategie sollte in jeder Situation Ihres Lebens zu Ihnen passen und bestehende Lücken des sozialen Sicherungssystems schließen, Ihr Geld sollte so investiert sein, dass die Chancen bestmöglich genutzt und die eingegangenen Risiken finanziell getragen werden können.
Da sich das Leben verändert, wird eine einmal getroffene Finanzstrategie nicht dauerhaft passen. Auch die gesetzlichen und steuerlichen Gegebenheiten verändern sich.
Beispielsweise wurden anfangs mit dem Gesetz zur Vermögensbildung Banksparverträge, Lebensversicherungen und Bausparverträge gefördert. Hier sind Änderungen eingetreten, die in die Sparentscheidungen einbezogen werden müssen.
Oder die neue Riester-Rente. Es lohnt sich, darüber nachzudenken, besonders bei geringem Einkommen und auch für Familien mit Kindern. Dies kann zum Beispiel bedeuten, einen laufenden Sparvertrag zu beenden, eine Lebens- oder private Rentenversicherung beitragsfrei zu stellen und einen neuen geförderten Sparvertrag abzuschließen.
Auch beim Angebot des Arbeitgebers, Gelder in die betriebliche Altersversorgung einzuzahlen oder die Riester-Zulagen über eine Direktversicherung zu nutzen, ist es wichtig, nachzurechnen und zu überlegen, welche Anlageform langfristig besser in das eigene Absicherungskonzept passt.
Aber auch Veränderungen im privaten Bereich bedingen eine Änderung des Absicherungskonzepts. Angenommen, Sie entscheiden sich, zukünftig Ihr Leben mit einem Part-

ner zu teilen, dann ist es notwendig, die jeweiligen Konzepte zu überprüfen, zu verändern und sich damit auseinander zu setzen, wie die Finanzen gehandhabt werden sollen. Folgende Strategien sind möglich:

- Alles Geld wird zusammengelegt und gemeinsam über die Aufteilung entschieden.
- Jeder bringt einen prozentualen Anteil seines Gehalts ein und damit werden genau festgelegte Ausgaben getätigt, beispielsweise die Lebenshaltungskosten, die Miete, das gemeinsame Auto, Anschaffungen für die Wohnung und der gemeinsame Urlaub. Das verbleibende Geld legt jeder für sich an.
- Jeder zahlt die Hälfte der Miete und Lebenshaltungskosten. Anschaffungen werden besprochen und teils gemeinsam, teils von einem finanziert.

Wichtig ist, sich darüber klar zu werden, wie weit man als Paar füreinander verantwortlich ist. Es ist sicher sehr verletzend, wenn man lange miteinander lebt und beim Tod eines Partners dann die Eltern des Verstorbenen die Alleinerben sind und diese das angesparte Geld und vielleicht eine bestehende Lebensversicherung ausgezahlt bekommen.
Auch neu gegründete Familien oder Lebensgemeinschaften, die sich erst in den letzten Jahren zusammengefunden haben, benötigen besondere Finanzkonzepte. Meine, deine, unsere Kinder und wir selbst sind hier unter ein Finanz- und Absicherungsdach zu bringen und dies muss auf jeden Fall gut durchdacht werden.
Bei der Geburt eines Kindes oder wenn Kinder das Elternhaus verlassen, selbst berufstätig werden und keine finanzielle Unterstützung mehr benötigen, sind die getroffenen Versicherungs- und Anlageentscheidungen zu überprüfen. Die Risikolebensversicherung kann jetzt reduziert werden, da nur noch der Partner abgesichert sein muss. Das Krankentagegeld kann ebenfalls reduziert werden, da keine monatlichen Zahlungen mehr an die Kinder geleistet werden müssen. Endlich kann mehr Geld angespart werden, da Beiträge aus den Versicherungen frei werden und durch den Wegfall der Unterhaltszahlungen mehr Geld zur Verfügung steht.
Aber auch ein neuer Arbeitsplatz, eine Veränderung des Einkommens, Arbeitslosigkeit, Krankheit und Berufsunfähigkeit sind Anlässe, zu denen die Finanzen neu strukturiert werden müssen.

Bei der Geburt eines Kindes ergeben sich neue Absicherungsperspektiven.

Ehepaar, 40 Jahre alt, beide berufstätig

Jahreseinkommen 140 000 Euro

Frau und Herr Mohr sind beruflich erfolgreich und haben Karriere gemacht. Sie hatten sich bewusst dafür entschieden, keine Kinder zu bekommen. Beide haben studiert, arbeiten gerne und konnten sich nicht vorstellen, dies einmal aufzugeben. Mit der unerwarteten Schwangerschaft wird alles in Frage gestellt. Dennoch freuen sie sich auf das Kind und überlegen nun, wie sie ihr Leben umgestalten können.

Die wichtigste Entscheidung, die getroffen werden muss, ist, ob Frau Mohr ihren Beruf ganz oder zeitweise aufgeben oder über einen längeren Zeitraum nicht berufstätig sein wird. Herr Mohr überlegt, ob er eine Zeit lang aussetzen kann, um sich um das Kind zu kümmern. Dann entscheiden beide, dass Frau Mohr ein Jahr nach der Geburt des Kindes nicht berufstätig sein wird und danach den bestehenden Arbeitsvertrag kündigen und freiberuflich für den bisherigen Arbeitgeber tätig sein wird. Vorteil ist, dass sie arbeiten kann, wo sie möchte, und sich die Arbeitszeit nach ihren Bedürfnissen einteilen kann. Herr Mohr wird versuchen, im gleichen Unternehmen einen neuen Arbeitsplatz zu finden, der mit weniger Reisen verbunden ist.

Beide sind privat krankenversichert. Nun überlegen sie, ob es sinnvoll ist, diese aufrechtzuerhalten, da während des Mutterschaftsurlaubs die Beiträge selbst gezahlt werden müssen. Sie entscheiden sich, die private Krankenversicherung beizubehalten und das Kind ebenfalls privat beim Krankenversicherungsunternehmen, in dem der Vater versichert ist, zu versichern. Er zahlt einen günstigen Beitrag, dadurch bekommt er für die Versicherung des Kindes 50 Prozent Arbeitgeberzulage und bleibt dennoch unter dem Beitrag der gesetzlichen Krankenversicherung! Wenn seine Frau kein eigenes Einkommen hat, muss der Arbeitgeber auch noch einen Zuschuss zur Krankenversicherung der Ehefrau zahlen, allerdings beträgt der Arbeitgeberzuschuss insgesamt höchstens 50 Prozent des durchschnittlichen Beitrags der gesetzlichen Krankenversicherungen. Daher sollen nach der Geburt die Tarife des privaten Krankenversicherungsschutzes umgestellt und die Selbstbeteiligung erhöht werden, was zu geringeren monatlichen Beiträgen führt.

Beide haben eine Berufsunfähigkeitsversicherung. Diese bleibt unverändert bestehen. Erst wenn Frau Mohr sich selbstständig macht, wird sie ihre Absicherung reduzieren, da sie damit rechnet, ein geringeres Einkommen zu erzielen.

Beide haben eine Direktversicherung als Kapitallebensversicherung abgeschlossen, da die damaligen Arbeitgeber keine anderen Versicherungen akzeptiert haben. Beide Verträge, die bereits seit 15 Jahren laufen, sollen unverändert beibehalten werden. Wenn sie sich selbstständig macht, wird sie den Vertrag anfänglich beitragsfrei stellen und sobald sie ihre Einnahmen überschauen kann, die Beitragszahlung wieder aufnehmen.

Vor zehn Jahren haben Mohrs gemeinsam in der Nähe ihres damaligen Arbeitsortes eine Wohnung gekauft, um darin zu wohnen. Mittlerweile wohnen sie in einer anderen Stadt und die Wohnung ist vermietet. Daher haben sie sich mit der Bezahlung Zeit gelassen, da die Unterdeckung aus Vermietung und Verpachtung die Steuerzahlungen gemindert hat. Da das Einkommen sinkt, wird sich auch weniger steuerlich absetzen lassen. Außerdem ist die monatliche Belastung mit nur einem Einkommen zu hoch.

Sie entscheiden sich, die Wohnung zu verkaufen und stattdessen ein Reihenhaus zu kaufen. Da die Wohnung direkt in der Innenstadt gegenüber einem Park liegt, rechnen sie damit, mehr Geld zu erhalten, als sie für die Wohnung vor zehn Jahren bezahlt haben. Voraussichtlich bleibt nach Ablösung der Hypothekendarlehen ein Guthaben von 30 000 Euro. Sie haben auch schon bei der Bank angefragt, ob diese bereit ist, das Hypothekendarlehen auf den neuen Käufer oder auf ein neues Objekt zu übertragen, damit keine Vorfälligkeitsentschädigung an die Bank gezahlt werden muss. Da die jetzigen Mietzahlungen entfallen, kann mehr Geld zur Tilgung eingesetzt werden. Außerdem haben sie dann Platz für das Kind und ein Arbeitszimmer, in dem Frau Mohr ihre freiberufliche Tätigkeit ausüben wird.

Es bestehen Vereinbarungen mit Investmentgesellschaften, monatlich von jedem Konto Geld zur Anlage in verschiedene Investmentfonds einzuziehen. Diese bleiben so lange unverändert bestehen, bis tatsächlich finanzielle Veränderungen eingetreten sind. Das Guthaben beträgt 170 000 Euro. Wenn ein neues Haus gefunden ist, soll davon ein Betrag zur Finanzierung verwendet werden. Sie haben beschlossen, dass das Hypothekendarlehen maximal so hoch wie die jetzige Miete sein darf.

Ihre Kalkulationsgrundlage sieht so aus, dass sie das zu kaufende Haus, die Krankenversicherungen, die Berufsunfähigkeitsversicherungen und seine Direktversicherung, die Nebenkosten für das Haus und den Lebensunterhalt von seinem Einkommen zahlen können, wenn die Sparverträge gestoppt werden.

Single, männlich, 50 Jahre alt, gründet eine Familie und heiratet

Jahresbruttoeinkommen 45 600 Euro

Als Studienrat hat Herr Braun immer gut verdient. Er hat sein Studium schnell abgeschlossen und ist sofort danach in ein Beamtenverhältnis übernommen worden. Sein monatliches Nettoeinkommen beträgt 3 000 Euro. Seine Frau ist 30 Jahre alt und Musikerin ohne festes Engagement.

Er ist privat krankenversichert, da er als Beamter Beihilfeansprüche hat. Eine Dienstunfähigkeitsversicherung hat er nicht abgeschlossen, da er immer nur für sich selbst zu sorgen hatte. Er hat das Haus seiner Eltern geerbt und viel Geld zur Renovierung verwendet. Ansonsten hat er gut gelebt, immer das neueste Automodell gefahren, und sobald Schulferien waren, saß er im Flugzeug, um ferne Länder zu entdecken.

Herr Braun hat Geld in Bundeswertpapieren angelegt. Der Wert seines Depots beträgt 55 000 Euro. Außerdem hat er eine ganz kleine Lebensversicherung, deren Auszahlungsbetrag mit 65 etwa 65 000 Euro betragen wird. Im Todesfall erhält seine Frau etwa 40 000 Euro. Nachdem er seine Frau kennen gelernt hat, haben beide beschlossen, ganz schnell Kinder zu bekommen – nach kurzer Zeit werden ihre Zwillinge geboren. Kurz vor der Geburt der Zwillinge heiraten sie. Frau Braun versichert sich jetzt ebenfalls privat. Da sie ein Einkommen unter 15 000 Euro hat, bestehen auch für sie über den Ehemann Beihilfeansprüche. Die Zwillinge werden nach der Geburt ebenfalls privat krankenversichert, denn auch sie haben Beihilfeansprüche.

Um seine Familie abzusichern, schließt Herr Braun eine Risikolebensversicherung über

Auch bei einer späten Familiengründung sind neue Absicherungen notwendig.

150 000 Euro mit einer Laufzeit von 20 Jahren ab. Die Beitragszahlungsdauer beträgt 15 Jahre, da er dann in den Ruhestand gehen wird und seine monatlichen Einkünfte geringer sein werden als bisher. Der Jahresbeitrag beträgt 1 600 Euro.
Für jedes der Kinder vereinbart er eine monatliche Zahlung von 75 Euro in einen Mischfonds.
Frau und Herr Braun schließen einen Investmentsparvertrag mit Riester-Zulagen ab. Er nutzt nur die Mindestzulage und zahlt 1 Prozent seines Einkommens ein, die Ehefrau nutzt die Mindestzulage zuzüglich der Kinderzulage. Damit baut sie sich eine eigene Rente für das Alter auf.

Ehepaar in Scheidung, Anfang 40, zwei Kinder

Herr Röske ist selbstständiger Handwerker und hat einen kleinen Betrieb mit vier Mitarbeitern aufgebaut. Frau Röske hat nach der Geburt der Kinder aufgehört zu arbeiten und ohne Vertrag oder Gehaltszahlungen die Büroarbeiten in der kleinen Firma erledigt. Alle vier sind in einer privaten Krankenversicherung versichert. Die monatlichen Beiträge für die Kinder betragen jeweils 100 Euro, der Beitrag für Frau Röske 300 Euro.
Auf den Namen des Mannes bestehen mehrere Kapitallebensversicherungen mit Todesfallleistungen in Höhe von 200 000 Euro im Todesfall. Die Rückkaufswerte in den Versicherungen betragen bei der Scheidung insgesamt 80 000 Euro. Eine Absicherung in der gesetzlichen Rentenversicherung besteht nicht.
Weiteres gemeinsames Vermögen stellt das Unternehmen dar, das im Scheidungsverfahren mit 30 000 Euro bewertet wird, und ein kleines Haus mit einem Verkehrswert von 200 000 Euro, das jedoch mit 200 000 Euro belastet ist. Diese Situation ist dadurch entstanden, dass zu einem Zeitpunkt gekauft wurde, als die Immobilienpreise sehr hoch waren. Beim Kauf vor zehn Jahren lag es an einer wenig befahrenen Straße, nur wenige Minuten vom Ortskern entfernt und doch sehr ruhig. Danach wurde der Bau einer neuen Bundesstraße beschlossen – direkt am Haus entlang. Infolgedessen ist es sehr laut geworden und Haus und Grundstück haben viel an Wert verloren.
Nach der Scheidung stellt sich die Situation für Herrn Röske wie folgt dar: Er ist weiter in der privaten Krankenversicherung abgesichert und hat die Beitragszahlungen für die beiden Kinder übernommen.
Er zahlt an seine Frau die Hälfte des Rückkaufswertes der Kapitallebensversicherungen, also 40 000 Euro, und die Hälfte des Firmenwertes in Höhe von 15 000 Euro.
Seine Lebensversicherung reduziert sich durch die Entnahme eines Teilbetrags des Rückkaufswertes. Trotzdem stehen ihm bei Weiterzahlung der bisherigen Beiträge zum 65. Lebensjahr noch 420 000 Euro zur Verfügung. Ohne Auszahlung eines Teilbetrags hätten im Alter 520 000 Euro zur Verfügung gestanden. Weiterhin zahlt er seiner Ex-Frau und den Kindern jeden Monat Unterhalt in Höhe von 1500 Euro.
Frau Röskes Situation: Sie erhält für sich und die Kinder 1 500 Euro im Monat. Davon muss sie ihre Beiträge zur privaten Kranken- und die Pflichtbeiträge zur Pflegeversicherung in Höhe von 330 Euro zahlen. Da sie nicht berufstätig ist und keine Pflichtversicherung besteht, kann sie nicht Mitglied der gesetzlichen Krankenversicherung werden.
Damit bleibt ihr und den Kindern 1 170 Euro zum Leben.
Die 40 000 Euro aus der Lebensversicherung zahlt sie in eine Kapitallebensversicherung ein, damit die Kinder eine Absicherung haben für den Fall, dass sie verstirbt. Der Vertrag sieht die Möglichkeit einer Rentenzahlung ab dem 65. Lebensjahr vor. Die Rente einschließlich der Gewinnanteile soll 1 000 Euro betragen.

Die 15 000 Euro aus dem Firmenanteil legt sie erst einmal auf ein gut verzinstes Sparbuch, bis sich die Situation geklärt hat.
Sie sucht eine Tätigkeit als kaufmännische Angestellte, in die sie ihre Erfahrungen im Familienbetrieb einbringen kann. Damit würde sie Pflichtmitglied der gesetzlichen Kranken- und Rentenversicherung.
Den zusätzlichen Aufbau einer Altersversorgung kann sie zur Zeit nicht finanzieren. Auch erhält sie keine Zulagen entsprechend der Riester-Rente, da sie kein sozialversicherungspflichtiges Einkommen hat.
Beim Aufbau einer privaten Altersversorgung ist es immer sinnvoll, für jeden Partner einen eigenen Vertrag abzuschließen, da der Zinseszinseffekt beim Rückkauf eines Vertrages zunichte gemacht wird – hätten zwei Verträge bestanden, hätte Frau Röske ihren Vertrag einfach mitnehmen können.

ANLAGESTRATEGIEN

Immer mehr Menschen macht es Spaß, sich um das eigene Geld zu kümmern und selbst aktiv Anlageentscheidungen zu treffen. Seit dem Aktienboom der 90er Jahre ist Geldanlegen in aller Munde. Es gibt zahlreiche Fernsehsendungen zum Thema Börse, Artikel in Zeitungen über Anlagestrategien und Bücher mit Detailinformationen rund ums Geld. Einige der selbst ernannten Gurus wollen uns glauben machen, dass wir – wenn wir uns an ganz einfache Regeln halten – in kürzester Zeit Millionär werden. Wenn diese Möglichkeit für alle bestünde und alle Gefahren der Aktien- und Anlagemärkte vorauszusehen wären, bleibt die Frage: Warum gelingen nicht wenigstens den Bankstrategen und Fondsmanagern mit ihrem Fachwissen diese Wertzuwächse?
Dennoch ist es möglich, wenn man sich ernsthaft mit den Aktien- und Anlagemärkten beschäftigt, den Erfolg seiner Geldanlagen zu verbessern. Dies gilt auch für Investmentfonds, die aufgrund der im Fonds vorgenommenen Diversifizierung das Anlagerisiko minimieren. Möglich ist das für jeden Anlegertyp. Welcher Anlegertyp sind Sie? Zur Einstufung genügt die pauschale Frage: Wie viel Prozent Ihres Geldes können Sie riskieren, also vielleicht verlieren, ohne Ihre Existenz zu gefährden?
Die Risikofreudigkeit sollte mit zunehmendem Alter abnehmen. Weil die Zeit, die zur Erholung nach einem Aktiencrash bleibt, kürzer wird, müssen die Anlageentscheidungen immer wieder angepasst werden. Aufgrund von Gewinnen und Verlusten einzelner Anlagen verschiebt sich die Risikoaufteilung des Depots und muss daher regelmäßig angepasst werden.
Häufig werden Versicherungen als Unfug abgetan und man zieht in Erwägung, Geld anzulegen und im Falle von Berufsunfähigkeit, Krankheit oder Unfall davon zu leben. Dies ist sicher möglich, wenn 30 Jahre angespart wurde. Aber das Schicksal ist unberechenbar. Es kann bereits nach dem ersten Ansparjahr zuschlagen – und dann ...?
Wenn jemand mit 35 Jahren berufsunfähig wird und eine monatliche Rente von 1 500 Euro versichert hat und diese jährlich um 3 Prozent erhöht wird, erhält er aus dem Versicherungsvertrag bis zum 65. Lebensjahr immerhin 876 290 Euro.
Bei Entnahme aus einem Depot müsste ein Betrag von 356 000 Euro vorhanden sein, um den durchschnittlichen Entnahmebetrag von 2 592 Euro (1 500 Euro im Monat zuzüglich 3 Prozent Steigerung jedes Jahr) bei durchschnittlicher Wertentwicklung bis zum 65. Lebensjahr zu erreichen. Das Geld im Depot wäre dann aufgebraucht.
Daher ist es sinnvoll, die Grundabsicherung über Versicherungen vorzunehmen, das heißt,

für den Fall der Berufsunfähigkeit Vorsorge zu treffen, eine Krankenversicherung zu haben und, wenn die Möglichkeit besteht, über eine betriebliche Altersvorsorge Geld anzusparen und Steuern zu sparen oder staatliche Zulagen zu nutzen. Wenn möglich, sollten Sie den Passus »Beitragsbefreiung bei Berufsunfähigkeit« in den Vertrag einschließen, damit das angestrebte Ziel auf jeden Fall erreicht wird. Entsprechend Ihrer eigenen Risikobereitschaft und dem Eintrittsalter kann das Geld sowohl in herkömmliche Versicherungen, beispielsweise eine Kapitallebensversicherung oder eine private Rentenversicherung, angelegt werden als auch in eine Fondspolice mit einem breiten Spektrum an Investmentfonds, die der persönlichen Situation entsprechend gewählt werden können.

Der risikofreudige Anleger

Der risikofreudige Anleger ist jung, erfolgreich und findet die Aktienmärkte faszinierend, auch verfügt er über Geld, mit dem er gleich anfangen kann zu investieren. Er spart auch an und investiert dieses Geld entsprechend seinen Vorgaben.

Das Depot mit 25 Jahren

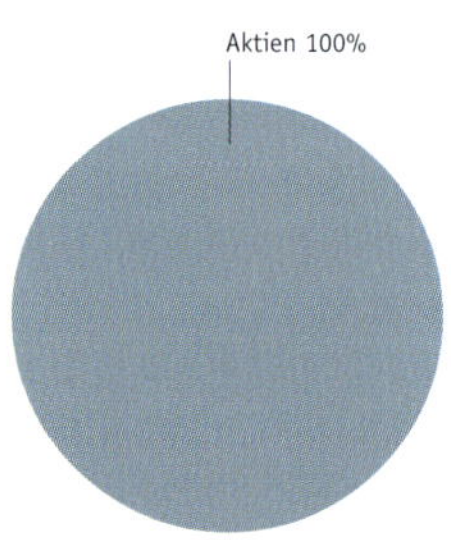

Sein Depot passt er seiner derzeit noch relativ hohen, mit zunehmendem Alter aber jedoch immer geringer werdenden Risikobereitschaft an.

Das Depot mit 35 Jahren

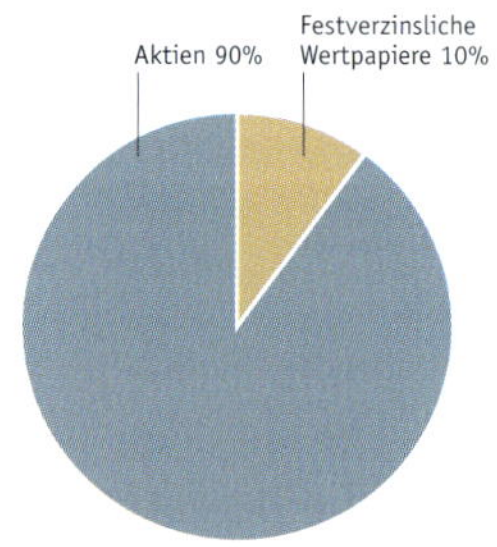

Der Aktienanteil nimmt im Laufe der Zeit ab, der Anteil an festverzinslichen Wertpapieren nimmt entsprechend zu.

Das Depot mit 45 Jahren

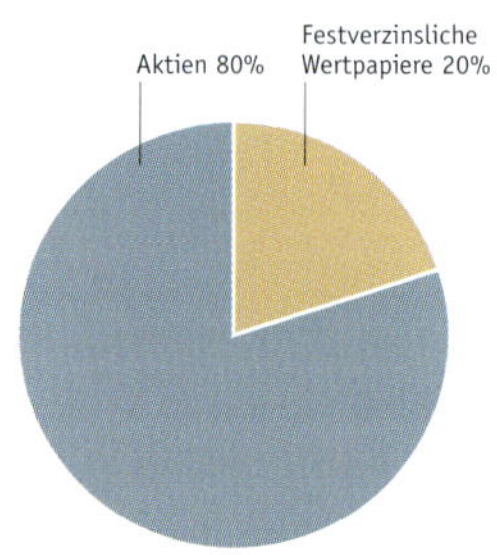

Mit weiter zunehmendem Alter werden immer weniger risikoreiche Aktien oder Aktienfonds gekauft, um die Risiken zu verringern und dennoch die Chancen der Kapitalmärkte wahrzunehmen.

Das Depot mit 55 Jahren

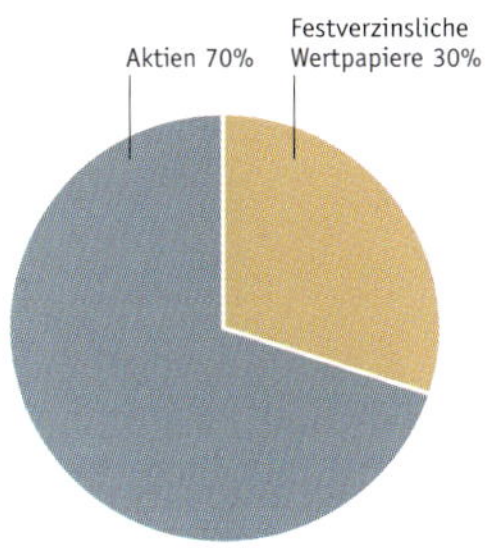

Bei Rentenbeginn beträgt der Anteil der Aktien nur noch 60 Prozent, der Anteil der festverzinslichen Wertpapiere ist hingegen auf 40 Prozent gestiegen. Das Depot sieht dann folgendermaßen aus:

Das Depot mit 65 Jahren

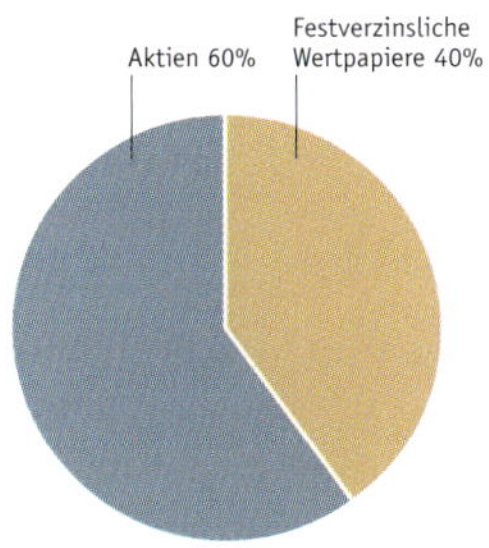

Der ausgewogene Anleger

Er findet Aktien und Aktienfonds durchaus interessant. Aber Sicherheit ist ein wichtiger Faktor für ihn. Dies überträgt er auf sein Depot und entscheidet sich, mit einem Drittel seiner Anlage auf »Sicherheit« zu setzen, und zwar mit festverzinslichen Wertpapieren, die immer mindestens ein Double-A (AA) haben müssen. Auch bei der Aktienauswahl ist er etwas weniger risikofreudig. Er hält mehr Blue Chips im Depot und wenig Aktien des Neuen Marktes. Entscheidet er sich, seine Anlage in Form von Investmentfonds zu gestalten, kommen Emerging Market Funds, wenn überhaupt, nur in sehr kleinen Beimischungen vor.

Das Depot mit 25 Jahren

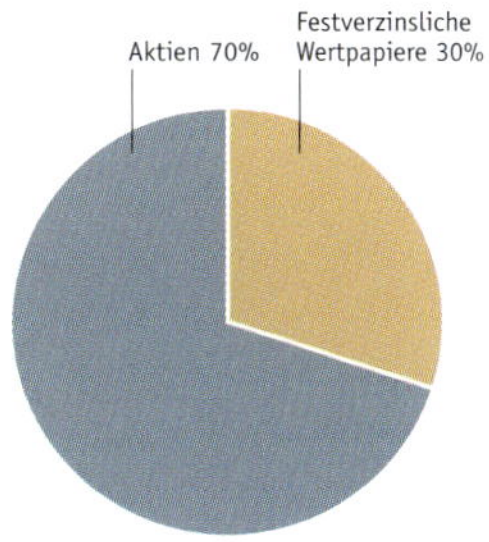

Er fährt alle 10 Jahre seinen Anteil an Aktien zurück und erhöht entsprechend den Anteil an festverzinslichen Wertpapieren.

Das Depot mit 35 Jahren

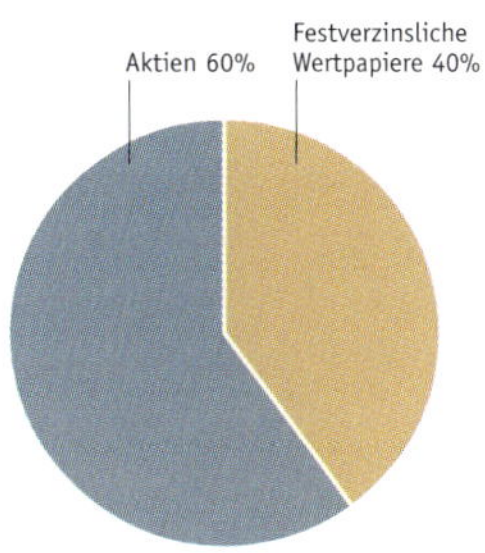

Mit 45 wird der Aktienanteil dementsprechend um weitere 10 Prozent reduziert.

Das Depot mit 45 Jahren

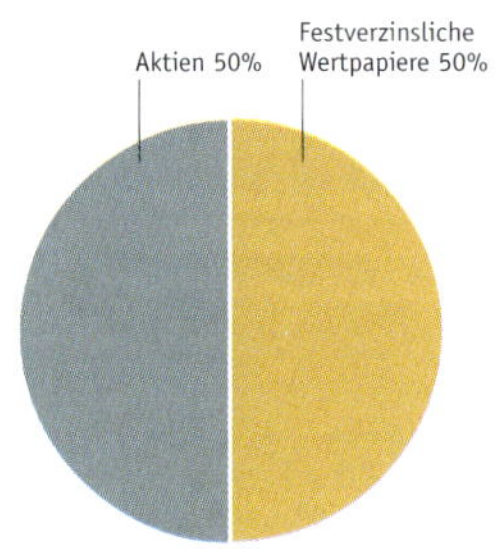

Mit 55 Jahren schließlich überwiegen die festverzinslichen Wertpapiere.

Das Depot mit 55 Jahren

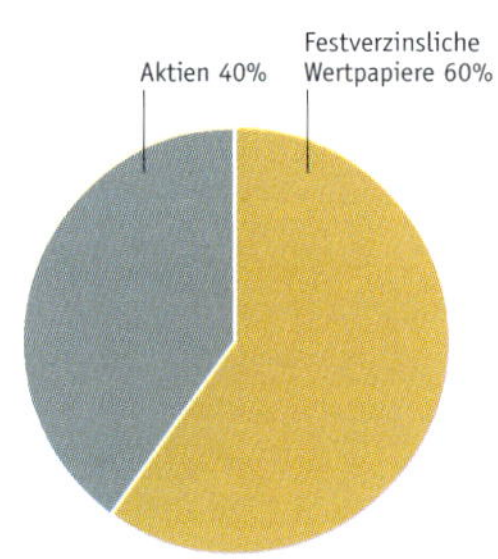

Zuletzt enthält das Depot nur noch 30 Prozent Aktien, der Anleger ist also deutlich risikobewusster und weniger renditeorientiert geworden. Nunmehr befinden sich einzig und allein noch Blue Chips sowie ausgesuchte Firmen aus dem Nemax und dem S&P 500 im Depot. Alle spekulativen Werte sind verkauft worden.

Das Depot mit 65 Jahren

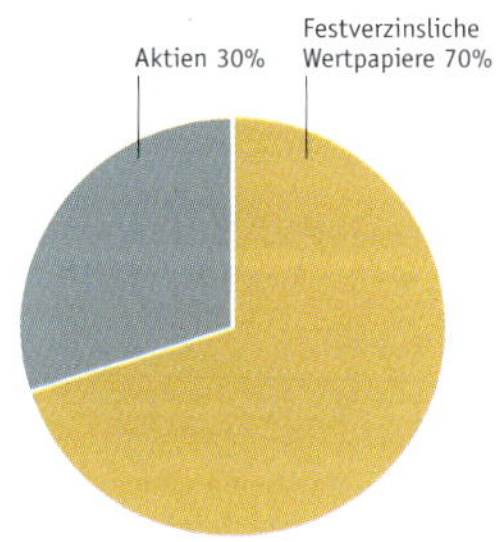

Der vorsichtige Anleger

Er überlegt genau, wie er sein Geld anlegen will! Dennoch traut er sich zu, mit einer vorsichtigen Strategie gute Erfolge zu erzielen, und er hat Spaß daran, sich mit Geld und seinen Anlagen zu beschäftigen. Er liest viel, besucht ab und an ein Seminar, um sein Wissen zu vergrößern, und versucht bei allen Entscheidungen, die Gründe dafür und dagegen genau abzuwägen. Er entscheidet sich, mit 50 Prozent festverzinslichen Wertpapieren und 50 Prozent Aktien zu beginnen.

Das Depot mit 25 Jahren

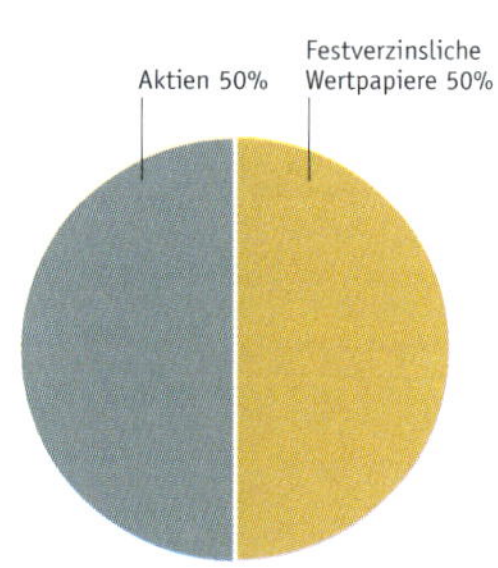

Er kauft Aktien, die in den Indizes gelistet werden, und informiert sich ausführlich über diese Firmen. Auch beseitzt er eine Ablage, in der alle wesentlichen Informationen genau dokumentiert werden. Die festverzinslichen Wertpapiere haben alle eine sehr gute Bonität. Er achtet darauf, seine Portfoliostruktur möglichst zu erhalten, um das Risiko nicht zu vergrößern. Sein Depot wird im Laufe der Zeit immer sicherheitsorientierter. Mit 35 Jahren sieht es so aus:

Das Depot mit 35 Jahren

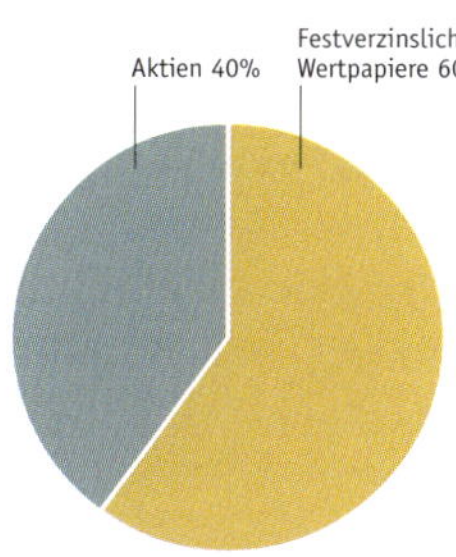

Mit 45 hat er sein Depot noch weiter auf Sicherheit angelegt:

Das Depot mit 45 Jahren

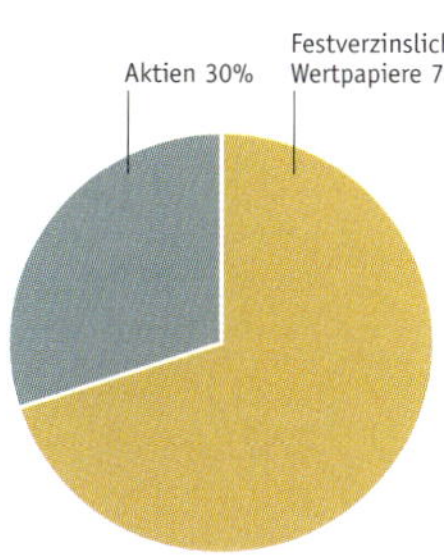

Nach weiteren 10 Jahren reduziert er den Aktienanteil nochmals um 10 Prozent.

Das Depot mit 55 Jahren

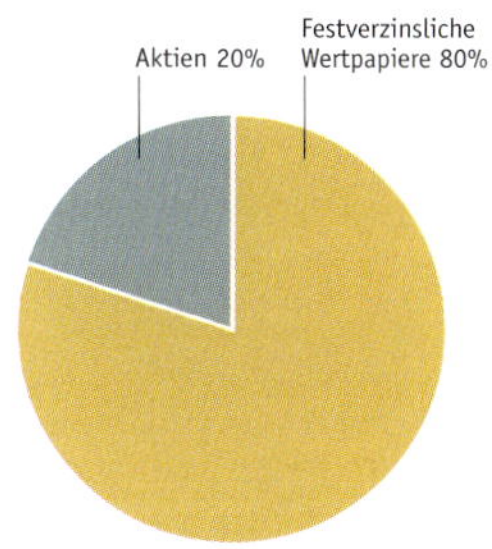

Ab dem 65. Lebensjahr hält er schließlich nur noch einen 10-prozentigen Aktienanteil.

Das Depot mit 65 Jahren

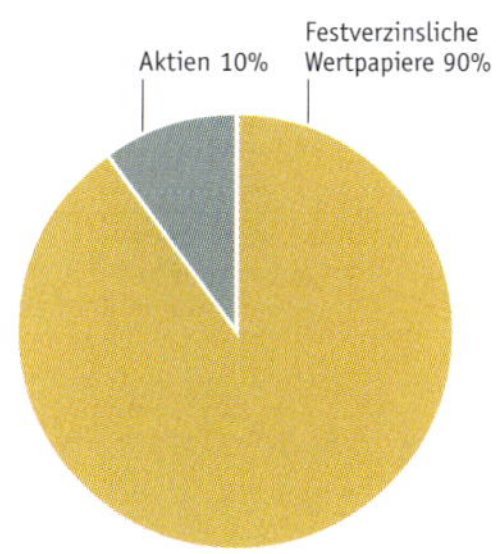

Ihr persönlicher Weg

Jeder Lebensweg verläuft anders. Einige wissen sehr schnell in ihrem Leben, wo es langgehen soll, haben Glück und finden den passenden Arbeitsplatz und haben ein Händchen für den Umgang mit ihrem Einkommen. Sie kommen stets mit ihrem Einkommen aus, schaffen es immer, Geld zu sparen. Ihnen

Genießen Sie Ihr Geld!

gelingt es, auch mit wenig Geld Urlaub zu machen oder ein Haus zu bauen.
Wiederum andere verdienen zwar immer sehr gut, brauchen aber auch viel Geld, um ihre Ansprüche zu finanzieren. Sie konsumieren viel, leben gut, aber für größere Rücklagen reicht es meistens nicht aus.
Und viele liegen auf dieser Skala irgendwo dazwischen. Zu manchen Zeiten wird regelmäßig gespart, zu anderen ist es nicht möglich, aber langfristig gesehen gehen sie den goldenen Mittelweg.
Es gibt keine starren Regeln, wann jemand wie viel sparen soll, um im Alter gut versorgt zu sein. Nur eines ist klar: Die gesetzliche Rente reicht nicht, um im Alter den gewohnten Lebensstandard aufrechtzuerhalten.
Jeder Zeitpunkt, zu dem Sie beginnen, Geld zurückzulegen, ist der richtige! Treffen Sie Ihre Entscheidungen in aller Ruhe, lassen Sie sich von niemandem hetzen. Es gibt keine Versicherungs- oder Anlageentscheidung, die Sie »jetzt und sofort« treffen müssen. Es gibt auch kein Angebot auf dem Finanzmarkt, das so einmalig ist, dass man tatsächlich etwas verpasst, wenn man nicht zugreift. Und die Zinsen wachsen nie in den Himmel. Die Zinsen der sicheren Geldanlagen liegen immer etwa auf dem Niveau der Bundeswertpapiere. Alles, was darunter liegt, sollten Sie meiden, es sei denn, es handelt sich um sehr kurze Anlagezeiträume, wie beispielsweise beim Festgeld. Alle Zinsversprechungen, die ein Vielfaches davon betragen, bergen auch ein entsprechend höheres Risiko. Auch hat niemand Geheimtipps, die alles andere in den Schatten stellen.
Egal, wann Sie beginnen, Geld anzusparen, Rücklagen zu bilden und Versicherungen abzuschließen, werden Sie sich klar darüber, warum Sie Ihre Entscheidung so und nicht anders treffen. Hierbei kann Ihnen ein Vermögensberater zur Seite stehen, doch die Entscheidung kann Ihnen niemand abnehmen – die treffen nur Sie allein und Sie tragen hierfür auch allein die Verantwortung.
Keine Strategie passt für jeden. Ein 20-Jähriger kann auch mal eine Anlage mit einem sehr hohen Risiko eingehen. Er hat Zeit, um nach Börsenturbulenzen die Erholung abzuwarten. Ein 70-Jähriger hat diese Zeit nicht. Er kann sich dieselbe Anlage nur leisten, wenn er über so viel Geld verfügt, dass ein Totalverlust sein Leben nicht wesentlich verändert.
Insbesondere Selbstständige sollten sich eine sichere Basis für das Alter schaffen. Diese sollte nicht zur Sicherung von Firmenkrediten eingesetzt werden und auch in schlechten wirtschaftlichen Zeiten möglichst unangetastet bleiben. Außerdem sollten Sie mit Ihrem Steuerberater eine Strategie entwickeln, um die Rücklagen für das Alter vor einer Insolvenz zu schützen.
Nutzen Sie die Informationen dieses Buches! Genießen Sie Ihr Geld! Legen Sie es an! Beobachten Sie es und überdenken Sie in regelmäßigen Abständen Ihre Entscheidungen! Auch aus kleinen regelmäßigen Sparbeträgen werden über lange Zeit große Summen!

service

Adressen, die weiterhelfen

→ **Bundesanstalt für Finanzdienstleistungsaufsicht**
Umfasst die Aufsicht für das Kreditwesen, die Banken, die Versicherungen und die Wertpapieraufsicht und ist Beschwerdestelle für alle Ungereimtheiten
Graurheindorfer Straße 108
53117 Bonn
Tel. 0228 / 41 08-0
www.bafin.de

→ **Bundesanstalt für Finanzdienstleistungsaufsicht – Wertpapierhandel**
Hinweise zur Geldanlage, keine aktuellen Tipps, jedoch Grundsätzliches. Aufsichtsbehörde, die Beschwerden entgegennimmt
Lurgiallee 123
60439 Frankfurt am Main
Tel. 069 / 95 95 2 – 0
Fax 069 / 95 95 2 – 123
www.bafin.de

→ **Bundesrepublik Deutschland – Finanzagentur GmbH**
Informationen über Bundeswertpapiere und ausführliche Erklärungen zu den Unterschieden der einzelnen Wertpapierarten
Lurgiallee 5
60295 Frankfurt am Main
Tel. 069 / 95 11 40
Fax 069 / 95 11 41 16
E-Mail: deutsche-finanzagentur.de
www.deutsche-finanzagentur.de

→ **Bundesverband der Allgemeinen Ortskrankenkassen**
Informative Internetseite mit ausführlichem Lexikon des Gesundheitswesens und einem Web-Katalog mit Hinweisen zu Webseiten
Kortrijker Straße 1
53177 Bonn
Tel. 0228 / 843 – 0
Fax 0228 / 843 – 502
www.aok.de/bundesverband

→ **Bundeswertpapierverwaltung (BWPV)**
Per Internet oder Überweisung können Wertpapiere und Münzen gekauft und Sparverträge oder regelmäßige Münzaufträge eingereicht werden.
Außerdem steht hier ein Bundesschatzbriefrechner zur Verfügung, mit dem für jeden Tag der Laufzeit der Zinsanteil berechnet werden kann.
Bahnhofstraße 16–18
61352 Bad Homburg v. d. Höhe
Tel. 06172 / 108 – 0
Fax 06172 / 108 – 450
www.bwpv.de

Die Service-Center der Bundeswertpapierverwaltung sind Montag bis Donnerstag von 7.30 bis 15.30 Uhr und Freitags von 7.30 bis 14.30 Uhr telefonisch erreichbar.
Tel. 06172 / 108 – 222
Tel. 030 / 69034 – 222

→ **Deutsche Bundesbank**
Informationen zum europäischen Geld- und Bankensystem, wirtschaftliche Rahmendaten und allgemeine Informationen zum Thema Geld
Wilhelm-Epstein-Straße 14
Postfach 100602
60006 Frankfurt am Main
Tel. 069 / 9566-3511/3512
Fax 069 / 9566-3077
www.deutsche-bundesbank.de

→ **Bundesministerium für Arbeit**
Informationen zur Riester-Rente, zu vermögenswirksamen Leistungen und zur betrieblichen Altersversorgung
Info-Telefon zu Riester-Rente 0800 / 15 15 15 0
Montag bis Donnerstag 8.oo –20.oo Uhr
Referat Information, Publikation, Redaktion
Postfach 500
53105 Bonn
Tel. 0180 / 515 15 10
Fax 0180 / 515 15 11
E-Mail: info@bma.bund.de
www.bma.bund.de

→ **Bundesverband Deutscher Banken**
Geldinfos und Finanztipps. Beschwerdestelle bei Problemen mit einer Deutschen Bank; Informationen über die Einlagensicherung
Burgstraße 28
10178 Berlin
Tel. 030 / 1663 – 0
Fax 030 / 1663 – 1399
E-Mail: bankenverband@bdb.de
www.bdb.de

→ **Bundesverband Deutscher Investmentgesellschaften (BVI)**
Interessenverband der Fondsgesellschaften. Bietet Privatanlegern interessante Informationen zum Thema Investmentfonds.
Eschenheimer Anlage 28
60318 Frankfurt
Tel. 069/154090-0
Fax 069/154090-238
www.bvi.de

→ **Bundesversicherungsanstalt für Angestellte (BfA)**
Informationen über die gesetzliche Rentenversicherung und Online-Anforderung von Kontenklärungen und Rentenverläufen; ausgezeichnetes Nachschlagewerk zu allen Themen der gesetzlichen Rentenversicherung
Postfach
10704 Berlin
Tel. 030 / 865 – 1
Fax 030 / 865 – 27240
E-Mail: bfa@bfa-berlin.de
www.bfa.de

→ **Deutsches Institut für Altersvorsorge (DIA)**
Interessante Veröffentlichungen zu Altersvorsorge, Geld, Sparen; Glossar zu allen Stichpunkten der Altersversorgung; Rechner zur Vermögensbildung und Rentenberechnung
Hohenstaufenring 29–37
50674 Köln
Tel. 0221/92394-0
Fax 0221/92394-9
E-Mail:info@dia-vorsorge.de
www.dia-vorsorge.de

→ **Gesamtverband der Versicherungswirtschaft (GdV)**
Umfangreiches und verständliches Informationsmaterial zu den verschiedenen Versicherungsthemen
Glossar zu allen Versicherungsbegriffen von Abkürzungsversicherung bis Zuwachsversicherung
Friedrichstraße 191
10117 Berlin
Tel. 030 / 202 06 – 604
www.gdv.de

→ **Verband der privaten Krankenversicherung**
Interessenvertretung der privaten Krankenversicherungsunternehmen; Informationen über die Unterschiede zwischen privater und gesetzlicher Krankenversicherung; informative Internetseiten
Bayenthalgürtel 26
50968 Köln
Tel. 0221 – 37662 – 0
Fax 0221 – 37662 –10
www.pkv.de

→ **Versorgungsanstalt des Bundes und der Länder (VBL)**
Informationen über die Zusatzversorgung der Angestellten und Arbeiter des öffentlichen Dienstes; Informationen und Merkblätter für bestimmte Versicherungssituationen. Die VBL vergibt Wohnungsbaudarlehen und vermietet Wohnungen aus eigenem Bestand.
Hans-Thoma-Straße 19
76133 Karlsruhe
Tel. 0721 / 155 – 0
Fax 0721 / 155 – 666
E-Mail : vbl@vbl.de
www. vbl.de

→ **www.comdirect.de**
Internetseite der Direktbank comdirect mit Informationen zu Anleihen, Aktien, Investmentfonds und aktuellen Börsendaten

→ **www.fb-research.de**
Internetseite von Franke & Bromberg, die sich mit dem Thema der privaten Berufsunfähigkeitsversicherung beschäftigen und ein Ranking der Versicherer entwickelt haben

→ **www.feri-trust.de**
Informationen über Investmentfonds und Fondsranking

→ **www.funds-sp.com**
Internetseite von Standard & Poor's Fondsvergleich und Ranking von Investmentfonds

→ **www.morningstarfonds.de**
Fondsvergleich und Informationen zu Investmentfonds

→ **www.versicherungsnetz.de**
Umfangreiches Glossar zu allen Versicherungsbegriffen und Informationen zu verschiedenen Versicherungssparten

Bücher, die weiterhelfen

- Börsch-Supan, Jörg/Essig, Lothar: *Sparen in Deutschland.* Deutsches Institut für Altersvorsorge, Köln
- Gerhards, Harald/Keller,Helmut: *Gabler Lexikon Baufinanzierung.* Gabler, Frankfurt am Main
- Heeg, Thiemo/Matejka,Anja: *Aktien perfekt auswählen.* Gräfe und Unzer Verlag, München
- Jünnemann, Bernd/Schellenberger, Dirk/Hrsg.: *Psychologie für Börsenprofis.* Schäffer-Poeschel, Stuttgart
- Kostolany, Andre: *Die Kunst über Geld nachzudenken.* Econ, München
- Moritz, Peter/Matejka, Anja: *Aktien analysieren.* Gräfe und Unzer Verlag, München
- Needleman, Jacob: *Geld oder der Sinn des Lebens.* Suhrkamp Taschenbuch, Frankfurt am Main
- Simmel, Georg: *Philosophie des Geldes.* Suhrkamp Taschenbuch Wissenschaft, Frankfurt am Main
- Sonderegger, Maja: *Wie aus Geld Vermögen wird.* Gräfe und Unzer Verlag, München
- Wierichs, Günter/Smets, Stefan: *Gabler Kompakt Lexikon Bank und Börse.* Gabler, Frankfurt am Main

Glossar

➔ **Altersvermögensgesetz**
Seit 2002 wird Sparen für das Alter mit einem Gesetz zur Förderung des Altersvermögens unterstützt. Mit Zulagen, steuerlichen Vergünstigungen und eigenen Beträgen soll Kapital angespart werden, aus dem ab dem 65. Lebensjahr regelmäßige monatliche Zahlungen erfolgen.

➔ **Ad-hoc-Mitteilung**
Eine börsennotierte Aktiengesellschaft muss über alle Entwicklungen, die den Aktienkurs beeinträchtigen können, sofort die Öffentlichkeit informieren.

➔ **Aktienanalyse**
Verfahren zur Beurteilung der Kurschancen einer Aktie

➔ **Aktueller Rentenwert**
Betrag, der einer Jahresrente mit durchschnittlichen Beitragszahlungen entspricht. Er wird vom Staat zum 01.07. eines Jahres festgelegt. Auf diese Weise werden die Renten dynamisiert.

➔ **Anlagehorizont**
Dauer einer Anlage

➔ **Anlagepolitik**
Auswahl der Wertpapiere oder Fonds sowie die Entscheidung wann ge- oder verkauft wird und wie hoch die Bargeldreserve sein soll

➔ **Anteilspreis**
Preis für einen Fondsanteil

➔ **Anteilswert**
Rücknahmepreis, der sich aus dem Fondsvermögen dividiert durch die Zahl aller ausgegebenen Anteile errechnet

➔ **Asset Allocation**
Strategische Aufteilung des Vermögens auf verschiedene Anlageformen, Regionen und Währungen

➔ **Ausgabeaufschlag**
Aufschlag zur Deckung der Vertriebskosten, der dem Ausgabepreis beim Kauf eines Fondsanteils hinzugerechnet wird.

➔ **Ausgabepreis**
Preis zum Kauf eines Fondsanteils einschließlich des Ausgabeaufschlags

➔ **Baisse**
Längere Zeit anhaltende starke Kursrückgänge

➔ **Beitragsbemessungsgrenze (BBG)**
Sie bildet die Grenze, bis zu der vom Arbeitseinkommen Beiträge für die gesetzliche Rentenversicherung entrichtet werden müssen. Für das Arbeitseinkommen oberhalb der BBG sind keine Beiträge zu zahlen.
Wird jährlich vom Staat für die alten und die neuen Bundesländer in unterschiedlicher Höhe festgelegt.

➔ **Beitragsdichte**
Sagt aus, wie dicht der belegungsfähige Gesamtzeitraum mit Beitragszeiten gefüllt ist. Je häufiger keine Beiträge entrichtet wurden, desto geringer die Beitragsdichte.

➔ **Belegungsfähiger Gesamtzeitraum**
In der Regel die Zeit vom 17. Lebensjahr bis zum Kalendermonat vor Rentenbeginn

➔ **Benchmark**
Vergleichmaßstab für die Wertentwicklung eines Fonds

➔ **Berücksichtigungszeiten**
Zeiten der Kindererziehung und nicht erwerbsmäßiger Pflegetätigkeit, die einen Rentenanspruch begründen. Für Berücksichtigungszeiten werden Entgeltpunkte erworben.

➔ **Betriebliche Altersversorgung**
Möglichkeit der Betriebe, für die Mitarbeiter eine zusätzliche Altersvorsorge aufzubauen.

Außerdem besteht die Möglichkeit für den Arbeitnehmer, durch eine Direktversicherung eine zusätzliche Altersversorgung aufzubauen – mit Zulagen entsprechend der Riester-Rente.

→ **Bezugsgröße**
Als Bezugsgröße gilt das durchschnittliche Arbeitsentgelt aller Versicherten der Rentenversicherung ohne Auszubildende im vergangenen Kalenderjahr. Sie beträgt im Jahr 2002 West 28 140 Euro, Ost 23 520 Euro.

→ **Blue Chips**
Bezeichnung für Aktien von Unternehmen mit einer hohen Börsenkapitalisierung und entsprechend hohem Marktgewicht. In Deutschland sind die Blue Chips im Dax zusammengefasst.

→ **Bonds**
Festverzinsliche Wertpapiere, auch Rentenpapiere genannt

→ **Cost-Average-Effekt**
Bei einem gleich bleibenden regelmäßigen Sparbetrag über längere Zeit in einen Investmentfonds erreicht man aufgrund der Kursschwankungen meist einen günstigeren durchschnittlichen Einstandspreis.

→ **Crash**
Starker plötzlicher Kurseinbruch an den Wertpapiermärkten

→ **Dienstbeschädigung**
Begriff der Beamtenversorgung, mit dem ein Unfall im Dienst bezeichnet wird

→ **Diversifikation**
Streuung des Vermögens auf unterschiedliche Anlageformen und Werte

→ **Dividende**
Jährliche Ausschüttung eines Gewinnanteils an die Aktionäre

→ **Eigenbeitrag**
Der vom Sparer selbst eingezahlte Beitrag in einen Altersvorsorgevertrag nach Riester

→ **Emerging Markets**
Staaten in Mittel- und Osteuropa, Südamerika sowie Süd- und Ostasien mit schnell wachsenden Märkten, deren Stabilität nicht als sicher eingeschätzt wird.

→ **Emission**
Ausgabe neuer, noch nicht gehandelter Aktien

→ **Emittent**
Herausgeber von Wertpapieren – Schuldner, der sich zur Rückzahlung verpflichtet

→ **Entgeltpunkte**
Über Entgeltpunkte wird die Höhe der Rente errechnet. Jährlich 1 Entgeltpunkt erhält, wer den Durchschnitt aller Rentenversicherten verdient hat.

→ **Entgeltumwandlung**
Beim Abschluss einer Direktversicherung, die der Arbeitnehmer bezahlt, wird ein Teil des Gehaltes in Beiträge zu einer Lebens- oder Rentenversicherung umgewandelt.

→ **Ergänzungstarif**
Tarif der privaten Krankenversicherung, mit dem Mitglieder der gesetzlichen Krankenversicherung zusätzliche Leistungen versichern können

→ **Ertragsanteil**
Der zu versteuernde Anteil der Rente. Die Höhe des Anteils der Rente, der versteuert werden muss, wird vom Staat festgelegt und ist abhängig vom Alter bei Rentenbeginn.

→ **Freiwillig Versicherte**
Begriff der gesetzlichen Kranken- und Rentenversicherung. Wer aufgrund des Gesetzes versicherungsfrei ist, hat die Möglichkeit, sich

sowohl in der gesetzlichen Rentenversicherung als auch in der gesetzlichen Krankenversicherung freiwillig zu versichern.

→ **Geringfügigkeitsgrenze**
Eine Beschäftigung gilt als geringfügig, wenn weniger als 15 Stunden wöchentlich gearbeitet wird und das regelmäßige Entgelt 325 Euro nicht übersteigt. Für dauerhaft geringfügige Beschäftigungsverhältnisse sind Beiträge zur Rentenversicherung zu zahlen.

→ **Gesamtleistungsbewertung**
Die Zuordnung von Entgeltpunkten für beitragsfreie und beitragsgeminderte Zeiten erfolgt im Rahmen der Gesamtleistungsbewertung. Zur Berechnung einer Rente werden auf diese Weise alle Beitragzeiten, beitragsgeminderte Zeiten sowie beitragsfreie Zeiten berücksichtigt.

→ **Gesamtleistungswert**
Entscheidend für die Berechnung des Gesamtleistungswertes ist sowohl die Höhe aller geleisteten Beiträge als auch ihre Dichte.

→ **Gesamtversorgungsfähige Zeit**
Innerhalb der Zusatzversorgung war die gesamtversorgungsfähige Zeit eine wichtige Berechnungsgröße. Sie bildete die Grundlage für den persönlichen Versorgungsprozentsatz. Die gesamtversorgungsfähige Zeit umfasst alle Zeiten einer Beschäftigung im öffentlichen Dienst und wird durch die vom Rentenversicherungsträger anerkannten Anrechnungszeiten erhöht. Mit der Umwandlung der Zusatzversorgung des Bundes und der Länder in ein Betriebsrentenmodell spielt die gesamtversorgungsfähige Zeit keine Rolle mehr für die Berechnung.

→ **Grundbewertung**
Ergibt sich durch Division der Summe der Entgeltpunkte aus allen Beitragzeiten und Berücksichtigungszeiten durch die Anzahl der belegungsfähigen Kalendermonate.

→ **Hausse**
Länger anhaltende, starke Kurssteigerung an der Börse

→ **Index**
Errechneter Durchschnitt der Kurse am Aktienmarkt von bestimmten Gruppen von Aktien, z.B. Dax, Dow Jones, SMax.

→ **Jahresarbeitsentgeltgrenze**
Entspricht 75 Prozent der Beitragsbemessungsgrenze (s. a. Versicherungspflichtgrenze). Bis zu diesem Betrag verdienende Arbeitnehmer sind in der gesetzlichen Krankenversicherung versicherungspflichtig. Übersteigt das Jahreseinkommen die Jahresarbeitsentgeltgrenze, besteht Versicherungsfreiheit und die Möglichkeit zum Abschluss einer privaten Krankenversicherung.

→ **Kapitalgedeckte Altersvorsorge**
Wegen der demografischen Veränderungen fördert der Staat eine zusätzliche private Altersversorgung, bei der Geld angespart und daraus im Alter eine Rente gezahlt wird.

→ **Konsolidierung**
Stabilisierung der Kursentwicklung nach starken Schwankungen

→ **Leitzinsen**
Von der Bundesbank festgesetzter Zinssatz für Kredite an Banken

→ **Limit**
Feste Kursangabe, bis zu/ab deren Höhe ein Börsenauftrag ausgeführt werden soll

→ **Mindestversorgung**
Soll sicherstellen, dass ein Beamter sowohl im Alter als auch bei Dienstunfähigkeit angemessen versorgt ist.

→ **Nebenwerte**
Aktien von kleinen und mittelgroßen Aktiengesellschaften

→ **Nettorentenniveau**
Das Verhältnis zwischen den letzten ausgezahlten Nettoeinkommen der Erwerbstätigen und der Höhe der ausgezahlten gesetzlichen Rente

→ **No-load Funds**
Bezeichnung für Fonds, die ohne Ausgabeaufschlag verkauft werden

→ **Nominalzins**
Fester Zinssatz eines Wertpapiers

→ **Pauschalversteuerung**
Beiträge zur Direktversicherung werden nicht mit dem persönlichen Spitzensteuersatz besteuert, sondern mit einem pauschalen Steuersatz in Höhe von 20 Prozent zuzüglich Kirchensteuer und Solidaritätszuschlag.

→ **Performance**
Wertentwicklung einer Kapitalanlage

→ **Pflichtversicherung**
Arbeiter und Angestellte und bestimmte weitere Berufsgruppen sind grundsätzlich pflichtversichert. Sie zahlen Beiträge bis zur Beitragsbemessungsgrenze in die Rentenversicherung, Einkommen darüber hinaus ist beitragsfrei.
Bis zur Höhe der Jahresarbeitsverdienstgrenze besteht ebenfalls Versicherungspflicht in der gesetzlichen Krankenversicherung. Bei Überschreiten der Verdienstgrenze wird aus der Pflichtversicherung eine freiwillige Versicherung. Dann ist der Wechsel in eine private Krankenversicherung möglich.

→ **Portfolio**
Zusammensetzung des gesamten Wertpapiervermögens

→ **Rating**
Beurteilung der Zahlungsfähigkeit eines Schuldners (Emittent) durch Agenturen (Moody´s, Standard & Poor´s)

→ **Regelaltersrente**
Bei rechtzeitigem Antrag beginnt die Regelaltersrente einen Monat nach Vollendung des 65. Lebensjahres.

→ **Rendite**
Gesamterfolg einer Anlage in Prozent zum eingesetzten Kapital, bestehend aus Zins- und Dividendenerträgen sowie den Kursveränderungen

→ **Rentenartfaktor**
Für unterschiedliche Rentenarten wie Altersrente, Rente wegen Erwerbsminderung oder Waisenrente gelten verschiedene Rentenhöhen. Dazu werden Faktoren bestimmt. Mit diesen Rentenartfaktoren ist es möglich, die Rentenhöhe auszurechnen, indem die erreichten Entgeltpunkte mit dem aktuellen Rentenwert und dem entsprechenden Rentenartfaktor multipliziert werden.

→ **Rückkaufswert**
Derjenige Kapitalbetrag, der bei außerordentlicher Kündigung einer Lebens-, Renten- oder Unfallversicherung mit Prämienrückgewähr an den Versicherungsnehmer ausgezahlt wird

→ **Solidaritätsprinzip**
Grundsatz in der gesetzlichen Krankenversicherung. Jedes Mitglied zahlt einen Beitrag in Prozent von seinem Einkommen bis zur Versicherungspflichtgrenze.

→ **Steuereingangssatz**
Der Steuertarif in Deutschland ist progressiv gestaltet. Nicht jeder verdiente Euro wird mit demselben Steuersatz besteuert. Ein Grund-

freibetrag von 7 235 Euro ist steuerfrei. Der erste darüber hinausgehende Euro wird mit 19,9 Prozent besteuert. Dieser Steuersatz wird als Eingangssteuersatz bezeichnet.

→ **Thesaurierender Fonds**
Fonds, der die Erträge nicht ausschüttet, sondern wieder anlegt und als neue Anteile kostenlos ausgibt

→ **Trading**
Kurzfristiges Kaufen und Verkaufen von Wertpapieren, um Kursschwankungen gewinnbringend zu nutzen

→ **Verkaufsprospekt**
Der Verkaufsprospekt enthält alle Angaben, die für die Beurteilung einer Investmentanlage notwendig sind.

→ **Versicherungspflichtgrenze**
Entspricht der Jahresarbeitsentgeltgrenze. Bis zu einem bestimmten Einkommen besteht Versicherungspflicht in der gesetzlichen Krankenversicherung. Wer darüber hinaus verdient, kann in der gesetzlichen Krankenversicherung bleiben, es handelt sich dann um eine freiwillige Versicherung. Bei Überschreiten der Versicherungspflichtgrenze besteht Versicherungsfreiheit, also die Möglichkeit, zu einer privaten Krankenversicherung zu wechseln.

→ **Versorgungsausgleich**
Aufteilung zu gleichen Teilen der in einer Ehe erworbenen Rentenanwartschaften bei der Scheidung

→ **Versorgungswerke**
Einrichtungen zur Versorgung von selbstständigen Berufen, die in Kammern organisiert sind: Ärzte, Anwälte, Architekten

→ **Volatilität**
Kursschwankungen einer Kapitalanlage in einem bestimmten Zeitraum

→ **Wartezeiten**
In der privaten Krankenversicherung werden Wartezeiten vereinbart, in denen keine Leistungen für Versicherungsfälle erbracht werden, außer bei Unfällen. Beim Wechsel von einer gesetzlichen zur privaten Krankenversicherung entfallen die Wartezeiten, wenn bereits seit 8 Monaten Versicherungsschutz in der gesetzlichen Krankenkasse bestanden hat.

→ **Zinseszins**
Zinseszinsen entstehen, wenn die Zinsen einer Geldanlage nicht ausgezahlt, sondern dem Anlagekapital gutgeschrieben werden und wieder Zinsen erbringen.

→ **Zulagenstelle**
Zentrale Stelle für Altersvorsorge bei der BfA, die für die Bearbeitung der Zulagenanträge, die Auszahlung der Zulagen, die Rückforderung von zu Unrecht gezahlter Förderung sowie die Bearbeitung von Anträgen auf Geldentnahme zur Eigenheimfinanzierung zuständig ist

→ **Zwischengewinn**
Zinsen und Zinsansprüche der festverzinslichen Wertpapiere in einem Fonds werden täglich von der Depotbank ermittelt. Dieser auch als Ertragsanteil bezeichnete Betrag ist im Anteilpreis enthalten und wird zu einem bestimmten Zeitpunkt als Zwischengewinn ausgeschüttet oder wieder angelegt.

Register

impressum

Redaktionsleitung:
Steffen Haselbach
Redaktion: Andreas Kobschätzky
Lektorat: Leonie Zimmermann
Bildredaktion: Daniela Jelinek
Umschlagfotos: Andreas Hosch, Corbis, IFA, Image Bank, Imagine, Premium, Superbild, zefa.
Umschlag und Gestaltung: indepedent Medien-Design, Petra Schmidt
Herstellung: Ute Hausleiter
Satz: EDV-Fotosatz Huber/ Verlagsservice G. Pfeifer, Germering
Repro: Repro Ludwig, Zell am See
Druck und Bindung: Kaufmann, Lahr
ISBN: 3-7742-4990-3

Auflage	4.	3.	2.	1.
Jahr	2005	2004	2003	2002

GRÄFE UND UNZER

Ein Unternehmen der
GANSKE VERLAGSGRUPPE

Fotos
argus: S. 28, 63, 99, 135, 153. bw photoagentur: S. 128. Corbis: Inhalt, S. 86. G+J Fotoservice: S. 71. IFA Bilderteam: Inhalt, S. 1, 9, 23, 51, 55, 58, 193, 203. laif: S. 90. Mauritius: Inhalt, S. 69, 100, 112/113, 121, 178/179, 205. Premium: S. 6/7. Pictor: Inhalt, S. 37, 61, 67, 212. PicturePress: S. 105, 163, 181. stone: Inhalt, S. 49. Superbild: S. 13, 139, 143, 188. zefa: Inhalt, S. 40, 46/47, 81, 107.

Wichtiger Hinweis
Die Beiträge in diesem Buch sind sorgfältig recherchiert und entsprechen dem aktuellen Stand. Abweichungen, beispielsweise durch seit Drucklegung geänderte Preise, Gebühren, Anlageentwicklungen, WWW-Adressen etc., sind nicht auszuschließen. Weder Autor noch Verlag können für eventuelle Nachteile oder Schäden, die aus den im Buch gegebenen praktischen Hinweisen resultieren, eine Haftung übernehmen.

DAS ORIGINAL · MIT GARANTIE · GU

Das Original mit Garantie

IHRE MEINUNG IST UNS WICHTIG. Deshalb möchten wir Ihre Kritik, gerne aber auch Ihr Lob erfahren, um als führender Ratgeberverlag für Sie noch besser zu werden.
Darum: Schreiben Sie uns! Wir freuen uns auf Ihre Post und wünschen Ihnen viel Spaß mit Ihrem GU-Ratgeber.

UNSERE GARANTIE: Sollte ein GU-Ratgeber einmal einen Fehler enthalten, schicken Sie uns bitte das Buch mit einem kleinen Hinweis und der Quittung innerhalb von sechs Monaten nach dem Kauf zurück. Wir tauschen Ihnen den GU-Ratgeber gegen einen anderen zum gleichen oder ähnlichen Thema um.

Ihr Gräfe und Unzer Verlag
Redaktion Business
Postfach 86 03 25
81630 München
Fax: 089/41981-113
e-mail: leserservice@graefe-und-unzer.de